权威・前沿・原创

2011年
河南经济形势分析与预测

主　编／刘永奇
副主编／刘明宪　金美江

ECONOMY OF HENAN ANALYSIS AND FORECAST
(2011)

社会科学文献出版社
SOCIAL SCIENCES ACADEMIC PRESS (CHINA)

法律声明

序

河南省政府常务副省长 [signature]

刚刚过去的2010年，是“十一五”规划的收官之年，也是我省经济社会发展不平凡的一年。面对复杂形势和严峻挑战，全省人民在省委、省政府的正确领导下，深入贯彻科学发展观，坚持“四个重在”实践要领，大力推进“一个载体、三个体系”建设，以“坚持三保、突出转型、强化态势”为着力点，以“落实完善、创新机制、提高能力”为关键环节，抢抓机遇，开拓进取，奋发有为，胜利完成了“十一五”规划确定的主要目标和任务，经济社会发展呈现好的趋势、好的态势、好的气势。初步核算：2010年全省生产总值22942.68亿元，比上年增长12.2%，高出全国平均水平1.9个百分点；粮食总产达到1087.4亿斤，增产9.6亿斤，连续7年创历史新高；全部工业增加值达到11950.82亿元，比上年增长15.4%，其中规模以上工业企业增加值增速19.0%；全省城镇固定资产投资13934.82亿元，比上年增长21.6%；社会消费品零售总额7893.46亿元，比上年增长19.0%。经济运行质量和效益明显提高。地方财政总收入实现2293.37亿元，增速达19.3%；地方财政一般预算收入1381.01亿元，一般预算支出3413.22亿元，分别增长22.6%和17.5%。全省规模以上工业实现主营业务收入增长29.3%，比上年加快17.2个百分点；规模以上工业企业实现利润3167亿元，位居全国第四。实现利润增长35.9%，比上年加快25.2个百分点，进出口增长32.0%，其中出口达105.34亿美元，增长43.4%，基本恢复到国际金融危机前的水平。

“十一五”期间，全省综合经济实力跨上新台阶，国民经济持续保持了两位数增长。生产总值由1万亿元到突破2万亿元，人均生产总值由不足1400美元到突破3000美元。全部工业增加值由不足5000亿元到突破1万亿元。地方财政总收入由不足1000亿元到突破2000亿元。金融机构各项存款余额由1万亿元到突破2万亿元。粮食生产能力跨上新台阶，由800亿斤到连续五年稳定在1000亿斤以上，五年连创历史新高。全省城镇化率比“十五”末提高近9个百分点，是历史上城镇化进程最快的时期。五年累计新增城镇就业648.4万人、农村劳动力转移就业806万人，完成426万贫困人口脱贫。城镇居民人均可支配收入、农民人均纯收入年均分别实际增长9.6%和9.9%，均高于“十五”平均水平。这五年是社会事业全面进步、人民群众得到更多实惠的五年。

尤其令人鼓舞的是，2010年，河南省委、省政府审时度势、着眼全局，组织动员各界力量、汇集各方智慧，持续、延伸、拓展、深化中原崛起战略，提出了建设中原经济区、加快中原崛起和河南振兴总体战略，在省内外形成广泛共识，产生重大深远影响。2011年1月份，中原经济区正式纳入国务院《全国主体功能区规划》，上升到国家战略层面，河南发展站上了新的起点。中原经济区战略的实施，必将激励全省人民万众一心、奋发图强，加速实现中原崛起和河南振兴，为中华民族伟大复兴作出新的更大贡献！

2011年是实施“十二五”规划和中原经济区建设的开局之年，在全国各地和中部各省竞相发展的大格局中，我省面临着缩小与全国平均水平的差距和实现自身经济转型的双重任务，形势复杂而紧迫，发展任务繁重而艰巨。做好2011年经济工作，努力实现“十二五”规划的良好开局，必须以科学发展观统领经济社会发展全局，着力转变增长方式、调整经济结构、推动经济转型、深化改革开放、促进社会和谐，保持国民经济全面协调持续较快发展。

《河南经济蓝皮书》发挥统计部门优势，深入分析经济运行态势，报告经济社会发展成就，客观真实地记录了河南经济发展的历程，在服务科学决策和科学发展中发挥了重要作用。在新的历史时期，统计科研要以事关我省发展大局和战略性问题为重点，围绕中原经济区建设，加速实现中原崛起和河南振兴进行研究，努力提高研究成果的科学性、前瞻性、创新性和可操作性，更好地服务于省委、省政府科学决策、服务于河南经济社会的科学发展。

2011年2月12日

目录

𝔹Ⅰ 主报告

𝔹Ⅱ 产业经济篇

BⅢ 专题研究篇

𝔹Ⅳ 区域经济篇

皮书数据库阅读使用指南

主 报 告

B.1

2010～2011年河南省经济形势分析与展望

河南省统计局课题组*

2010年，全省上下深入贯彻落实科学发展观，坚持“四个重在”实践要领，大力推进“一个载体、三个体系”建设，以“坚持三保、突出转型、强化态势”为着力点，以“落实完善、创新机制、提高能力”为关键环节，不断加快转型升级步伐，持续增强内生动力和发展活力，全省经济在非常复杂困难的运行环境中保持了积极增长态势，继续朝着宏观调控的预期方向发展。展望2011年，不确定性因素依然较多、结构性矛盾更加突出，宏观运行环境依然十分复杂，保持全省经济平稳较快发展仍需付出艰辛努力。

一　河南经济在困难中保持积极态势

2010年，面对复杂多变的发展环境和挑战，河南经济努力在发展中调整，

---

* 课题总负责：刘永奇；执行负责人：刘明宪；课题组成员：刘永奇、刘明宪、金美江、王作成、孙磊；执笔人：孙磊。

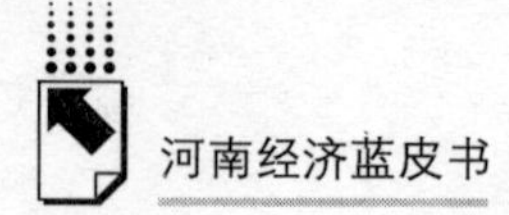

在发展中转变，在发展中提升，在发展中增效，多策并举，破解瓶颈，着力保持经济平稳较快增长。第一季度全省生产总值增长15.7%，上半年增长13.5%，前三季度增长12.3%。初步核算，全年经济增长12.2%，其中，第一产业增长4.5%，第二产业增长14.8%，第三产业增长10.5%。

（一）主要经济指标由回落趋于稳定

工业经济保持较快增长。2010年，面对国际金融危机持续影响、国家调结构转方式力度加大、结构性矛盾突出等多重困难相互叠加、共同作用的复杂形势，省委、省政府围绕“保增长、保稳定、保态势”和破解瓶颈约束，积极主动采取多项应对措施，全省工业生产在曲折中保持较快增长。上半年，全部工业增加值比上年同期增长18.6%，增速较第一季度回落3.0个百分点。其中，规模以上工业增加值同比增长24.8%，较第一季度回落3.1个百分点。工业生产增长速度回落的幅度逐渐缩小，工业运行的稳定性逐步增强。前三季度，全部工业增加值同比增长16.2%，回落幅度缩小至2.4个百分点；其中规模以上工业增加值同比增长20.0%，回落幅度缩小至4.8个百分点。进入11月份以后，在政策措施的持续作用下，规模以上工业增加值增速连续两个月出现回升。全年全部工业增加值同比增长15.4%，其中规模以上工业增长19.0%，增幅比上年加快4.4个百分点。在规模以上工业中，轻工业增长20.0%，增幅比上年加快6.3个百分点；重工业增长18.8%，增幅比上年加快3.8个百分点。非公有制工业增加值增长21.8%，快于全省平均水平2.8个百分点，增幅比上年加快3.5个百分点。

固定资产投资回稳趋升。2010年，全省上下高度重视固定资产投资建设，积极推动重大项目开工建设，全省投资在比较困难的形势下保持快速增长，呈现“前高、中低、后升”的增长曲线。全年全社会固定资产投资比上年增长21.0%，增幅虽比上年回落9.6个百分点，但仍处于高速增长区间。城镇投资增长21.6%，增幅较上年回落9.7个百分点。在城镇投资中，民间投资增长24.2%，较上年回落16.1个百分点。

销售市场保持稳定。2010年，全省实现社会消费品零售总额7893.46亿元，总量仅次于广东、山东、江苏和浙江，居全国第五位，比上年增长19.0%。其中，城镇增长19.4%，农村增长16.3%。分类别看，除电子出版物和音像制品

类下降4.2%外，其余类别均保持增长，其中，家用电器和音像器材类增长39.2%，体育、娱乐用品类增长30.4%，金银珠宝类增长26.7%，化妆品类增长26.0%，日用品类增长23.9%，服装、鞋帽、针纺织品类增长21.8%。

（二）经济效益总体保持了回升势头

从财政收入看，2010年，全省财政总收入比上年增长19.3%，较1～11月加快0.6个百分点；地方财政一般预算收入增长22.6%，较1～11月加快1.6个百分点。地方财政一般预算支出增长17.5%。

从城乡居民收入看，2010年，全省城镇居民家庭人均可支配收入比上年增长10.8%，较上半年提高2个百分点。扣除价格因素实际增长7.2%，较上半年提高0.9个百分点；农民人均现金收入增长14.9%，较上半年提高4.4个百分点。扣除物价因素实际增长11.0%，比上半年提高2.8个百分点。

从工业企业效益看，2010年，全省规模以上工业实现主营业务收入比上年增长29.3%，比上年加快17.2个百分点；实现利润增长35.9%，比上年加快25.2个百分点，比1～10月加快2.4个百分点；亏损企业亏损额下降33.7%，较上年多下降32.1个百分点。

（三）转方式、调结构步伐加快

农业生产形势良好。2010年，全省粮食播种面积14610.26万亩，增长0.6%。尽管遭受了低温寒潮、洪涝风雹、农作物病虫害等严重不利因素的影响，但由于全省各地采取了一系列有效措施，增强抗灾防灾能力，加强田间管理，全省粮食再夺丰收。全年粮食总产量1087.4亿斤，比上年增加9.6亿斤，增产0.9%，粮食总产再创历史新高，连续5年超千亿斤，连续11年保持全国第一。全省生猪生产形势明显好转，牛羊生产稳步发展，禽、蛋、奶快速增长。预计2010年生猪出栏增长4.8%，禽出栏增长5.7%；全年肉类总产量、蛋、牛奶分别增长3.8%、1.5%和3.2%。

结构调整步伐加快。装备制造业生产明显加速。2010年，装备、有色冶金、化工、食品、纺织服装等五大战略支撑产业实现增加值占全省工业的比重为54.3%，比2009年提高2.6个百分点。全省高技术制造业实现增加值比上年增长31.9%，增速高于全省平均水平12.9个百分点。全省六大高载能行业实现增加值同比增长15.4%，增速低于全省平均水平3.6个百分点。全省高技术产业投资增长42.6%，分别高于全省城镇投资、工业投资增速21个和25个百分点，增速比上半年加快15.7个百分点。其中，电子及通信设备制造业增长93.5%，加快29.8个百分点；医药制造业增长35.1%，加快3.1个百分点。

节能减排和生态建设取得新成效。2010年，全省不断加大淘汰落后产能工作力度，持续加强重点领域、重点区域、重点行业污染综合整治。预计全年单位生产总值能耗比上年下降3.5%，化学需氧量和二氧化硫排放量分别下降0.8%和1.2%。

产业集聚区发展加快。2010年，按照“企业集中布局、产业集群发展、资源集约利用、功能集合构建，促进人口向城镇转移”要求，全省加快推进180个产业集聚区规划建设，在基础设施、融资担保、财政激励等方面加大扶持力度，不断完善投融资、中小企业担保、土地整治“三个服务平台”，产业集聚区综合带动作用更加凸显，成为经济发展的新亮点。全年产业集聚区完成投资达5330.83亿元，占全省城镇固定资产投资的33.7%以上；规模以上工业主营业务收入超过1.1万亿元、从业人员超过140万人，分别占全省规模以上工业的35%和32%。

房地产调控政策效应有所显现。在国家一系列房地产调控政策作用下，全省房地产市场呈现调整态势。1～12月，全省房地产开发投资比上年同期增长36.1%，增速较上半年回落1.3个百分点。商品房销售面积增长25.8%，比上半年回落4.9个百分点，同比回落10.1个百分点；商品房销售额增长43.5%，比上半年回落3.8个百分点，同比回落11.4个百分点。

总体分析，2010年，河南经济平稳较快增长的基础不断稳固，发展态势总体符合国家宏观调控预期。这表明省委、省政府积极贯彻落实中央宏观调控政策，坚持“四个重在”，努力保增长、调结构、转方式，大力开展大招商、招大商活动，积极推进产业集聚区建设等一系列政策措施是积极有效的。

二　经济运行存在的主要困难与问题

尽管2010年全省经济向好的基础不断巩固，经济趋稳的态势比较明显。但必须看到，全省经济增长的结构性矛盾依然突出，经济回升过程中各层面不平

衡、不均衡问题交织并发，经济增长的内在动力仍显不足。

第一，经济对传统产业依赖性依然较强。纵观全年规模以上工业增长曲线可以发现，工业增长波动曲线与传统行业特别是六大高耗能行业增速波动曲线走势大体一致。即全省工业增长受传统行业特别是六大高耗能行业影响较大。2010年，伴随着六大高耗能行业对规模以上工业增长的贡献率由第一季度的49.3%下降至30.1%，全省工业增加值增速也由第一季度的27.9%回落至19.0%。12月份，六大高耗能工业增加值增速从10月份的同比下降0.3%转为增长5.6%，其对全省工业增长的贡献率由10月份的0.1%提高到15.5%，全省工业增长也由10月份的12.6%回升至12月份的17.1%。

第二，企业生产经营难度增加。一是原材料价格持续上涨，导致利润空间缩小。1~12月，全省工业品出厂价格比上年同期上涨7.8%，涨幅低于原材料、燃料和动力购进价格2.4个百分点。由于原煤、钢材、油等原材料、燃料价格上涨，对企业经营成本造成较大冲击，致使企业盈利空间缩小，经济效益下滑。据对郑州市的调查，第四季度，有80.4%的工业企业认为主要原材料及能源购进价格上涨，有16.8%的企业认为主要原材料及能源购进价格与上季度持平，其景气指数为22.3点，比上季度下降15.6点。二是融资难、流动资金短缺，特别是中小企业对这一问题反映最为强烈。调查显示：第四季度，郑州市大、中、小型企业融资景气指数分别为120.75点、89.62点、80.28点；郑州市中小型企业流动资金景气指数为97.20，低于郑州市流动资金景气水平3.34点。据平顶山有关部门对规模以下企业的调查结果表明，虽然地方政府出台了多项贷款优惠措施，但目前关停并转的规模以下企业中，因资金短缺而停产关闭的企业还是占到了21%。三是劳动力成本上升，企业劳动力流失严重。据调查和农户反映，目前在东部沿海地区务工月收入一般在1800元左右，比上年增加了200元，在本地务工月收入一般在1400元左右，也比上年增加了200元。部分地区出现结构性、阶段性的“招工难”现象。开封市调查队2010年第三季度开展的一项用工调查表明，被调查的86家企业存在5188个用工缺口，平均每个企业有60个岗位虚位以待。

第三，在经济尚处在调整复苏之时，CPI出现了加快上涨势头。11月份，全省居民消费价格（CPI）比上年同期上涨6.5%，创两年来新高。12月份上涨5.2%，涨幅虽有所下降，但环比仍上升0.2%。同比涨幅连续五个月超全国平均水平，环比出现连续六个月上涨的态势。1～12 月，全省 CPI 比上年上涨 3.5%。八大类商品中，只有家庭设备用品及维修服务类下降 0.4%，交通和通信类下降 0.6%，其余均上涨。其中，食品类上涨 7.9%。据近日对一些农贸市场和超市的调查情况显示，随着春节的临近，鸡蛋价格明显上涨，2011 年 1 月 16 日开封县的鸡蛋零售价格为 9.4 元/千克，与上月的 8.4 元/千克相比上涨 11.9%，与上年同期的 6.4 元/千克相比涨幅更是高达 46.9%。据平顶山市调查队的调查数据显示，目前城乡居民对市场物价高度关注，都有自己十分明确的判断。调查中，认为当前物价明显上涨的占 78%，认为小幅上涨的占 22%，对物价“相对稳定”或“下降”无人认同。物价上涨将对部分被访者的家庭生活习惯造成一定影响，89% 的家庭表示会缩减消费加以应对，只有 11% 的被访者表示不考虑缩减，继续随意消费。物价的持续上涨可能给低收入阶层的生活造成压力，影响城乡居民实际收入的增加。

第四，粮食生产尚有减收之虞。从 2010 年 10 月下旬以来，全省大部分地区出现了 50 年不遇的旱情，有可能影响到 2011 年河南小麦生产。据河南省气象局公布的数据，麦播至今，河南省平均降水量较往年同期偏少 86%，为 1953 年以来同期降水最少年份。加之一段时间来大风天气多，土壤失墒加快，由此导致全省大部分地区出现了不同程度的旱情。根据省水利厅统计，截至目前，全省有 1586 万亩小麦受旱，其中重旱 167 万亩。根据气象部门预报，未来一段时间，全省降水量仍将比常年同期偏少，旱情有可能进一步加剧，如果不进一步采取有力措施，将对小麦安全越冬构成严重威胁。

三　2011 年河南经济面临的机遇与挑战

展望 2011 年，有利因素与潜在风险同时存在，短期矛盾和长期问题相互交织，下行和上拉两股力量相互角逐，系统性和结构性风险仍比较突出，运行环境依然复杂，河南经济在由回升迈向复苏的过程中仍有反复调整振荡的可能。

（一）宏观环境总体缓慢改善

1. 全球经济总体将保持缓慢复苏

从 2009 年第三季度到 2010 年，美、欧、日等经济体已实现连续四个季度环

比正增长，按照传统经济学定义，发达经济体经济衰退已经结束，并进入复苏状态。世界大型企业联合会公布的数据显示，美国10月份先行经济指数环比上升0.5%，表明未来几个月美国经济将缓慢增长。根据历次重大危机后各国经济复苏的一般特点，结合近期美、欧、日等经济指标的表现和政策取向，综合判断，2011年发达经济体将保持缓慢复苏状态，虽然出现恢复性快速增长的可能性较小，但出现二次探底的可能性也不大。2010年以来，新兴经济体彼此之间经贸合作加强、对发达经济体依赖程度下降，经济复苏势头明显好于发达经济体。预计2011年新兴经济体将平稳较快发展。

2. 国内经济自主增长动力进一步恢复

2010年以来，在前期刺激性政策的惯性释放、外部环境恢复性改善、消费高位运行等因素的作用下，中国宏观经济正由政策刺激下的较快增长转为稳定增长阶段，国民经济自主增长动力的进一步恢复有助于国民经济保持平稳较快增长。

第一，2011年是“十二五”规划的开局之年，着眼于经济社会平稳较快发展，宏观调控政策将保持连续性，增强针对性和灵活性。保持经济平稳较快发展、推进结构调整和发展方式转变，确保“十二五”规划开好局、起好步，是2011年宏观调控的基本政策取向。2011年世界各国经济表现和货币政策将出现进一步分化。虽然受制于流动性过剩与降低通胀预期，我国货币政策不大可能比前两年宽松，但在经济自主增长能力没有全面恢复的形势下，货币政策也不可能全面紧缩，而是更多地转向稳健，回归常态化。2011年，以加强调结构、转方式为政策引导，以完成在建项目，增加低收入群体收入，加强“三农”、教育、科技、社会保障和就业、医疗卫生、保障性住房、节能减排等经济社会发展关键环节，并以对民族地区、边疆地区的支持为目标，积极的财政政策仍将持续。加上前两年适度宽松货币政策的持续效应，2011年货币流动性总体上仍能满足经济社会平稳较快发展需要。

第二，在调结构、转方式政策引导下，内需仍将保持增长。一是以科学发展为主题、以加快转变经济发展方式为主线的规划思路，预示着“十二五”时期，我国将进一步加快发展方式转变，推进经济结构战略性调整，节能环保、新一代信息技术、生物、高端装备制造、新能源、新材料和新能源汽车等七个战略性新兴产业发展规划将全面启动，有利于带动河南相关产业的发展。二是消费保持平稳增长具备诸多有利因素。2011 年国家扩大消费政策将沿着增强居民消费能力的方向进一步强化。近年来就业形势和工资水平变化为扩大消费增强了后劲，社会保障制度建设也有助于减轻居民消费的后顾之忧，消费结构加速升级将带动汽车、房地产及高档消费品更多地进入居民家庭。消费需求在较长一段时期内仍将保持较快增长的势头。三是投资需求仍将在较高平台上保持较快增长。2011 年，出口和消费实际增长水平即使有所降低，也仍会处于正常、合理水平，这将为制造业投资增长提供一定的需求基础。同时，2011 年是我国“十二五”规划的开局之年，各地重大规划项目陆续开工建设，特别是中西部地区基础设施建设空间较大，对投资增长将形成重要支撑。

（二）需求增长缓慢将是宏观经济持续回升的主要制约因素

1. 世界经济走向持续复苏尚需时日

IMF 发布的 2010 年秋季《世界经济展望》报告认为，目前多数发达国家实体经济恢复缓慢，失业率居高不下，消费者信心不足，房地产市场持续低迷，完全消化危机冲击尚需时日。希腊、爱尔兰主权债务危机发生以后，部分欧洲国家开始降低公务员工资和政府福利支出等，以削减财政赤字、化解债务风险，加上刺激性政策的力度和效果明显减弱，复苏进程不平衡，新一轮宏观调控政策自顾性加剧，协调难度增大，均不利于世界经济整体复苏。报告预计，2010、2011 年世界经济增幅分别为 4.8% 和 4.2%。G20 财长峰会也认为，虽然世界经济缓慢复苏，但面临的下行风险不可忽视。2010 年 11 月 3 日美联储宣布推出第二轮定量宽松货币政策，将会加剧美元向全球的溢出效应，给其他国家带来汇率波动，对国际金融体系造成严重冲击，同时也给世界经济复苏的前景蒙上了一层“浓重阴影”，使我国外贸出口增长面临诸多不确定性。

2. 经济稳定增长的压力依然很大

2011 年中国经济的自主增长动力将进一步增强，但保持稳定增长的压力依然很大，宏观经济将面临许多两难矛盾和问题。既要推动经济平稳较快增长，又要有效防止产能过剩继续扩大；既要把控制价格过快上涨、管理好通货膨胀预期作为调控的重点，又要加快资源价格改革、疏导价格矛盾；既要严格执行稳健的货币政策，又要避免由于资金链断裂伤害中小企业的稳定发展；既要坚持房地产调控政策不动摇，又要防止造成房地产企业健康发展的过度损害；等等。与此同

时，支撑中国经济摆脱危机影响、率先复苏的要素条件也在发生变化，市场需求对经济持续稳定增长的约束力有可能进一步强化。一是国内需求热点尚未形成，投资、消费增速可能会稍有回落。2011 年，国家应对危机的四万亿投资将进入扫尾阶段，对经济增长的支撑作用将明显减弱。为应对国际金融危机近两年国家出台了一系列的刺激消费政策，消费市场出现了“寅吃卯粮”现象。由于当前我国城乡二元结构仍然突出，前两年消费快速增长的局面特别是某些商品排浪式需求增长局面将不大可能持续。二是房地产市场调整的压力加大。2010 年以来，国家出台了一系列抑制房价过快上涨的政策举措，但收效甚微。进入 2010 年第三季度以来，全国房地产市场仍然呈现价涨量升的态势。以此为前提，抑制房地产投机需求政策将在持续中进一步加码，使房地产市场出现实质性调整，房地产市场短期“软着陆”诱发宏观经济下行的力量将进一步强化。三是国内流动性持续收紧，将抑制社会总需求的快速扩张。为对冲国外热钱的流入，抑制国内流动性过剩对商品市场与房地产市场的冲击，国家收缩流动性的政策举措将更加坚决并不断强化，从而在短期内影响市场需求。

（三）在复杂形势下，只要处置得当，河南经济仍有望继续运行在较高平台上

尽管宏观经济运行环境异常复杂，不确定因素仍然较多。但综合分析，2011 年河南经济持续平稳较快增长潜力大、机遇多、后劲强的特征没有改变，仍处于难得的重要战略机遇期。

一是产业转移步伐加快，将进一步增强河南经济发展动力。在后国际金融危机时代，我们正在经历新一轮境内外产业加快转移的大潮。独特的区位优势、基础产业优势、丰富的劳动力资源优势与省委、省政府持续开展“大招商、招大商”活动、产业集聚区建设效应相互叠加，使得河南经济社会跨越式发展的内在动能正在有效累积。

二是中原经济区战略的起步实施。在对中原崛起战略进一步持续、延伸、深化和拓展的基础上，省委、省政府提出了以河南为主体，建设中原经济区、加快中原崛起和河南振兴的战略构想，将使河南经济社会发展能够在新的历史时期谋求新优势、争取新发展，进一步拓展河南经济社会发展的战略空间。

三是城镇化快速推进，将为经济发展提供强有力的内需支撑。一般认为，人

均生产总值达到3000美元时，城镇化水平应该在60%左右。河南是全国第一人口大省，2009年，全省城镇化率只有37.7%，比全国平均水平低8.9个百分点，居全国各省市区倒数第5位、中部地区倒数第1位，全省农村有大量的劳动力需要转移，城市化发展的空间巨大。根据诺塞姆曲线来判断，一般城市人口占全部人口的比重在30%～70%之间为城市化发展的加速阶段，在此阶段，人口、资金等生产要素将迅速向城镇集聚，城镇化水平也将迅速提高，进而推动工业化加快发展，这将会为全省经济发展提供强有力的内需支撑。

四是从人均GDP来看，2010年全省人均GDP已突破3000美元，根据国际经验正处于1000～6000美元的黄金发展期。若比照全国其他部分省份人均GDP 2000～3000美元所经过的平均时间推算，河南将于2015年达到5000美元水平，而在3000～5000美元这个阶段，各省的GDP年均增速多在13%～15%之间，明显快于人均GDP 1000～2000美元阶段的增速。根据中国社会科学院经济学部课题组关于工业化阶段指标对河南工业化进程的测度，目前乃至“十二五”时期，河南处于工业化中期阶段，是快速发展的黄金时期。

五是一系列打基础、管长远政策举措效应将逐步显现。近年来，围绕着中原崛起、河南振兴的总目标，省委、省政府坚持以开放招商、产业集聚区、项目建设三项重点工作带动全局，以加快城乡建设扩大内需，以改革创新破解发展难题，多策并举，实施了一系列打基础、管长远的政策举措。2006～2009年，全省城镇投资年均增长35.1%，实际利用外商直接投资年均增长40.6%。财政一般预算支出年均增长27.0%，高于收入6.7个百分点。从建设周期看，这些项目将陆续发挥作用，为全省经济社会平稳较快发展注入新动力。

展望2011年，制约河南经济发展的结构性问题与深层次矛盾仍非常突出，资源约束进一步强化，国家宏观调控政策对河南经济增长的拉动力仍然较弱，保持全省经济平稳较快发展，在区域竞争中保先争位仍面临较大压力。

第一，国家扩大内需政策对河南经济的带动作用相对较弱。2011年乃至整个“十二五”时期，国家将实施一系列持续扩大内需的政策，不断提高国内消费对经济增长的贡献水平。但与中部其他省份相比，河南消费品工业产品种类偏少，档次偏低、竞争力偏弱，国家刺激消费的一系列政策措施短期内对河南的拉动作用较小。以“家电下乡、汽车下乡”为例，近年来，湖北省汽车工业发展迅猛，已经成为拉动工业增长的新兴主导力量，拥有东风汽车等在全国同行业中

排名相当靠前的大型知名企业。安徽电器、汽车、通用设备制造业发展势头强劲，拥有西门子、日立、荣事达、美菱、康佳、江淮汽车、奇瑞汽车等一批在国内外具有较高知名度的企业，成为全国重要的家电制造、汽车制造基地。而目前，河南在全国排名靠前的工业产品主要是煤、铝、纱、水泥等初级产品，汽车、空调、冰箱等终端工业品产量较少，如2009年河南汽车产量12.46万辆，而安徽一个月产量即达到10.5万辆，东风集团一个月产量更超过20万辆。因此国家实行的“家电下乡、汽车下乡”等一系列刺激消费的政策措施，对河南经济直接的、即期的带动作用较弱。

第二，国家节能减排政策对河南抑制作用大。“十二五”时期，国家将进一步加快调结构、促转型工作力度，节能减排将在持续中加强。据相关报道，“十二五”时期，国家不仅有节能硬性指标，更有减排硬性指标，在操作上将改变“十一五”时期“一刀切”的工作方式，在行业、地区、企业等方面更加强调针对性，在时空安排上更强调均衡性，在力度上更追求有效性。河南“两高”行业所占比重明显高于湖北、湖南、安徽和江西等省份，相当一部分企业经营规模小，资金实力弱，落后产能比重大，中央宏观调控控制“两高”行业的政策对河南的抑制作用仍很突出。

第三，经济运行困难多。其一，2010年新开工项目的数量减少将影响未来一段时间内河南投资的增长。河南投资项目的建设周期平均为1.5～2.5年，开工的第二年是投资的高潮期，2010年1～10月全省新开工项目个数同比减少5180个。新开工项目投资规模增长27.3%，增速比第一季度回落33.8个百分点。因此2010年新开工项目对来年投资增长的贡献将有所走低；当前，房地产业投资占全省城镇投资的21%以上，房地产业调整预期增强也将影响下一步投资的增长。其二，资金趋紧。2011年，国家货币政策将由适度宽松向稳健过渡，资金全国性趋紧的形势已经明朗。但河南将面临更为严峻的资金紧张局面。一是金融生态环境相对较差。据中国社科院最新研究成果，河南金融生态环境相对较差，在全国列第29位，在中部地区居末位。二是河南收入比水平较低，资本形成能力较弱。2010年前三季度，河南收入比（指一个地区的存款总额在国民收入中的占比）为1.4，低于全国2.7的平均水平，更远远低于发达地区（如上海4.2）。在中部六省中也处于相对落后水平，落后于山西（3.2）、湖北（2.0）、江西（1.9）、安徽（1.8）、湖南（1.6）。三是金融体系不完善，资金掌控能力不足。目前，河南尚缺乏全省性的独立法人金融机构，而安徽、湖南、湖北等省均成立有具有独立法人的金融机构，资金调控的空间大，优势明显。四是吸引外资能力相对较弱。2010 年前三季度，安徽实际到位外省资金 5303.1 亿元，增长 51.0%。而河南实际到位外省资金全年仅 2700 亿元左右。

第四，产业竞争力不足。在调结构、转方式的关键时期，科技支撑无疑是非常重要的。但 2009 年，河南研发投入（R&D）占 GDP 的比重仅为 0.9%，低于“十二五”预期目标 0.6 个百分点，居全国第 23 位，在中部地区排名最后。河南综合科技进步水平指数在全国排名第 25 位，在中部地区排名仅高于江西，居第 5 位。据中国社会科学院日前对全国各地综合竞争力研究结果，近年河南综合竞争力在全国的位次呈现下移的态势。

综合分析各种因素，虽然我们还面临不少困难，宏观环境不确定、不稳定的因素依然很大，但总体上机遇大于挑战的格局没有改变。2011 年，河南经济将在调整中逐步迈向复苏，经济增长的稳定性将有所增强，但在全国或中部的排位仍不容乐观。

四　保持 2011 年河南经济又好又快发展的对策建议

2011 年是实施“十二五”规划和中原经济区规划的起步之年，同时也处于河南经济由回升向好向稳定增长转变的关键时期，全省经济工作应以加快转变经济发展方式为主线，以自主创新为驱动力，以保障和改善民生为根本目的，着力处理好保增长、调结构与管理通胀预期之间的关系，进一步增强调控的针对性和灵活性，巩固和扩大应对国际金融危机的成果，努力提高经济增长的质量与效益，确保“十二五”规划开好局、起好步。

（一）高度关注宏观环境变化，确保经济社会发展的稳定性

在认真落实国家宏观调控政策的同时，密切关注经济形势特别是一些先行指标的变化，加强对经济运行的调控，着力解决突出问题，处理好稳增长、调结构与管理通胀预期的关系，一是抓好落实，确保中央和省一系列调控政策措施的落实，并切实发挥效力。二是抓好资金调度。在资金十分紧张的形势下，确保有限资金用在刀刃上，确保资金调度的及时性、有效性，千方百计保持经济平稳较快

发展。三是密切关注物价走势。综合采取各类手段防止CPI过快增长，采取有效措施消除或减弱价格上涨对生产及居民生活的不利影响。

（二）加大项目与投资工作力度，确保投资对全省经济发展的支撑作用

坚持“三具两基一抓手”，把实施项目带动作为加快经济发展方式转变和经济结构调整的重要抓手，围绕“一个载体、三个体系”建设，在先进制造业、新兴产业、基础设施、农村公益、民生等领域，加大项目谋划推进力度，健全项目协调推进机制，加快项目建设进度，切实提高投资效益。抓好中央新增投资计划项目续建实施。制定出台鼓励引导民间投资政策的配套措施，引导民间资本参与全省重点工程建设，以优化投资结构促进产业结构升级，增强发展后劲。

（三）继续把招商引资、承接产业转移作为重大举措

坚持以城市新区和产业集聚区建设为主要抓手，把承接产业转移与推动产业升级紧密结合起来，进一步放大示范效应。积极抓好招商推介、基础设施建设、资金筹措和管理升级，促进资源、产业和人气的快速集聚。围绕珠三角、海西、环渤海等重点区域和台港澳商、闽商和日韩等重点客商，依托资源、区位、劳动力和产业基础等优势，加强与沿海地区政府和企业的沟通合作，创新规划建设、项目共建、委托管理、投资合作和税收分享等机制，合作共建特色园区。强化与广东、浙江、江苏、福建等省份的合作，做大做强鹤壁和内黄陶瓷、周口鞋业、洛宁玩具等一批产业集群。围绕中原经济区建设和河南“十二五”规划重点，瞄准世界500强、国内500强和行业龙头企业，推进重大战略合作项目。

（四）强化结构调整

一是借外力调结构。主要是引进对河南产业结构优化升级具有重大影响、对区域经济发展具有重大带动作用的战略投资者。借助战略投资者的品牌优势、市场优势、技术工艺优势和雄厚资本，提高产业竞争力。二是借平台调结构。主要是提升各类园区的经济承载力，着力打造活力产业园区、实力产业园区，提升品位，强化园区的项目承载能力和配套服务功能，做响园区品牌，充分发挥集聚效应和规模效应，促进产业向园区集聚，企业向园区集中，努力打造产业集群、企

业集聚、资源集约的“块状经济”。三是借创新调结构。主要是以科技创新促进产业层次由“低”转“高”。一方面重点改造提升资源优势明显、基础稳固、带动力强的传统产业，引导骨干企业切实增强自主开发、自主创新能力，开发一批科技含量高、技术领先、市场对路的高附加值产品；另一方面按照创新引领、重点突破、开放带动、集聚发展的原则，选择基础好、支撑条件强的战略性新兴产业领域，大力发展新能源、电子信息、生物医药等新型产业。积极发展循环经济，降低各种资源消耗指标，构筑新的产业格局。四是加快发展服务业。实施服务业提速计划，着力抓发展规划、抓政策完善、抓载体建设，努力使全年服务业增速高于GDP增速。

（五）统筹城乡发展

一是扎实做好农业农村工作。全面落实强农惠农政策，巩固和加强农业农村发展基础。大力发展现代高效农业，推进农村劳动力培训和转移，不断推进农业组织形式和经营方式创新拓宽农民增收渠道。二是加快推进城乡一体化发展。以破除城乡二元结构为突破口，大力推进城乡规划、产业布局、基础设施、公共服务、劳动就业“五个一体化”。进一步推进户籍制度改革，完善社会保障制度，在一些条件成熟的地区全面推开“三集中”、“三置换”（工业向园区集中、人口向城镇集中、居住向社区集中，鼓励农民以集体资产所有权置换股份合作社股权、以土地承包经营权置换城镇社保、以宅基地和住房置换城镇住房）的政策措施，让有条件的农民有序转为市民，进一步拓展全省经济社会发展空间。加快推进新型城市化，完善城市布局和形态，提高城镇综合承载能力，促进大中小城市和中心镇协调发展。

（六）加强和改善民生

要借国家新一轮惠民政策的东风，把为民办实事做得更好。一是增加居民收入。努力实现居民收入增长和经济发展同步、劳动报酬增长和劳动生产率提高同步，切实落实中央和省“十二五”规划建议精神。二是努力扩大就业。要注意引导吸纳劳动力潜力大的传统产业、服务业、中小企业、民营经济的发展，广开就业门路。要充分开展有针对性的职业培训，不断完善就业指导、职业介绍等就业服务，帮助失业人员尽快走上就业岗位。要扩大小额担保贷款，鼓励失业人员适当创业。要逐步健全失业保险体系，扩大失业保险的覆盖面，加大保障力度。三是完善住房保障体系。统筹推进房地产业发展与城镇化进程，建立既促进房地产业健康、有序、快速发展，又降低农民入城成本、加快城镇化进程的长效机制。目前，全省90平方米以下住房比重仅占住宅投资的25.1%，远低于70%。应适当增加中低价位、中小套型普通商品住房和公共租赁房供应，加快保障性住房建设，继续支持居民自住和改善型住房消费。认真落实国家促进房地产市场健康发展的政策措施，加强市场监管，稳定市场预期。四是改善社会事业。要特别注意继续加强基层医疗卫生服务体系和基层计划生育服务体系建设，继续改造建设一批县级医院和乡镇、社区卫生服务设施，完成重点中医院建设，启动实施精神卫生防治体系建设规划。同时，积极改善农村和贫困地区办学条件，推进农村初中校舍改造、特殊教育学校建设和中小学校舍安全工程。

B.2

河南省经济社会发展“十一五”回顾与“十二五”展望

河南省统计局课题组*

“十一五”期间，在河南省委、省政府的正确领导下，全省人民深入贯彻落实科学发展观，努力构建和谐社会，积极推进“两大跨越”和“两大建设”，经济社会发展呈现速度快、效益好、结构优的发展态势。

一 “十一五”时期河南省经济社会发展现状与特点

（一）“十一五”河南省经济社会发展现状

2006～2010年，河南省国民经济保持较快增长，全省经济总量实现翻番，粮食总产连创历史新高，经济结构进一步优化，宏观经济效益明显改善，人民生活水平进一步提高，和谐社会建设取得新进展，中原崛起迈出坚实步伐，基本实现了“十一五”规划目标。

1. 经济总量实现翻番

“十一五”期间，河南省GDP总量在2005年突破1万亿元基础上连创新高，2009年突破19000亿元，达19480.46亿元，2010年达22942.68亿元，GDP总量居全国第五位。2006、2007年GDP连续两年增长14%以上。受国际金融危机和宏观调控因素影响，2008～2009年GDP增长速度有所回落，两年分别增长12.1%和10.9%，2010年GDP增长12.2%，“十一五”全省GDP年均增长12.8%，比“十五”时期年均增长速度高1.4个百分点，比

---

* 课题组负责人：薛承旭；执笔：顾俊龙、常伟杰。

“十一五”计划目标高 2.8 个百分点，为改革开放以来第二个 GDP 高增长时期（见图 1）。

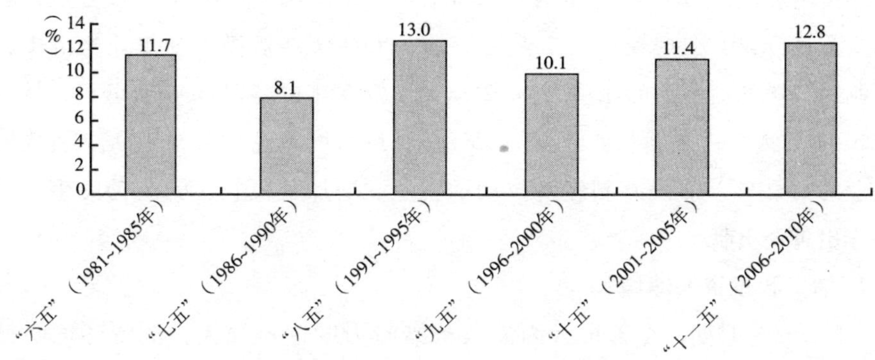

图 1 “六五”以来 GDP 年均增速

2. 粮食生产取得重大突破，成为全国最重要的粮食主产区

“十一五”期间，河南省持续加大投入，加快中低产田改造步伐，提高农业机械化水平，加强农业基础设施建设，粮食综合生产能力稳步提高。实施了最严格的耕地保护制度，连续 10 年实现了耕地占补平衡。相继实施夏粮生产、秋粮生产“抗灾保丰收”等行动计划，组织开展“百厅（局）包百县”、万名科技人员包万村等重大活动。各种农业补贴更调动了广大农民的种粮积极性。2010 年全省粮食总产达到 1087.4 亿斤，再创历史新高，实现了连续 7 年丰收，连续 5 年超千亿斤，其中小麦产量占全国的比重达 26.5%，居全国第一位，为国家粮食安全作出了重要贡献。

3. 经济结构调整效果明显

一是第二、三产业比重明显提升，优势产业表现更加突出。“十一五”期间，河南三次产业结构由 2005 年的 17.9∶52.1∶30.0 演变为 2010 年的 14.2∶57.8∶28.0，第二、三产业增加值占 GDP 的比重达 85.8%，比 2005 年提高 3.7 个百分点。其中工业增加值占 GDP 的比重为 52.1%，比 2005 年提高 5.8 个百分点。2009 年食品、有色、化工、装备制造、纺织服装等优势行业产业优势更加突出，实现增加值占规模以上工业增加值的 51.7%，比 2005 年提高 4.2 个百分点。二是物流、金融等现代服务业发展迅速，成为新的经济增长点，2010 年，河南省新兴服务业增加值比重达 45.7%，比 2005 年提高 3.4 个百分点。交通、批零贸易等传统服务业比重有所降低，2010 年传统服务业占第三产业增加值比重为 42.5%，比 2005 年降低 6.1 个百分点。三是非公有制经济比重迅速提升。2010 年全省非公有制经济增加值占 GDP 的比重为 60.5%，比 2005 年提高 10.1 个百分点，年均提高 2 个百分点。在规模以上工业经济中，2009 年在规模以上工业经济中，非公有制工业增加值所占的比重为 70.2%，比 2005 年提高 25.6 个百分点，从业人员 295.41 万人，占工业从业人员的 65.8%，应缴增值税 643.39 亿元，占规模以上工业的 65.9%。非公有制经济拉动了就业，增加了税收，为改善民生、促进发展作出重要贡献。

4. 消费和投资快速增长

"十一五"时期，全省扩大内需政策措施力度逐年加大，消费环境明显优化，消费潜力持续释放，特别是"万村千乡"市场工程，家电、汽车、摩托车下乡工程等激活了农村消费市场，城乡消费品市场全面繁荣。2010 年全省社会消费品零售总额达到 7800 亿元，"十一五"年均增速达 18.2%，高于"十五"年均增速 5.8 个百分点。投资总量达到历史最好水平，实现了万亿元投资的新突破。2010 年完成全社会固定资产投资 16585.85 亿元，是 2005 年的 3.8 倍，"十一五"年均增长 30.5%，高于"十五"时期年均增速 6.2 个百分点。城镇固定资产投资完成 13934.82 亿元，位居山东、江苏、辽宁之后，总量列全国第 4 位、中部六省第 1 位。"十一五"期间全省投入 280 亿元，新改建农村公路 9.2 万公里，农村公路通车里程达到 22 万公里，位居全国前列。全省高速公路通车里程突破 5000 公里，连续五年蝉联全国高速公路通车总里程第一。郑州新区、洛阳新区初具形象，城市新区、产业集聚区建设快速推进，南水北调、客运专线、物流港、航空港、大型水利设施等正在加紧建设或建成，极大地改善了基础设施条件，为河南经济发展提供了有力支撑。

5. 克服金融危机影响，对外开放取得新成就

2008 年国际金融危机冲击使河南进出口遭受严重影响，但河南坚决贯彻落实中央应对金融危机的一揽子计划，克难攻坚，奋力开拓，"十一五"时期，全省对外经济总体上取得了显著成就。一是进出口在经历了下跌之后快速增长。2010 年，全省进出口总额达到 177.9 亿美元，是 2005 年的 2.3 倍，年均增长 18.1%，在经历了 2009 年的下跌之后，已经恢复并超过金融危机前的水平。2010 年实际利用外商直接投资 62.4 亿美元，是 2005 年的 4.9 倍，年均增长

38.4%。全省累计实际利用外资199.78亿美元，是“十五”时期的5.7倍，已有68家世界500强企业来河南投资落户。在引进外资的同时，河南抓住沿海产业转移的有利机遇，开展大规模的招商引资，一批重大项目开工建设或建成投产，富士康、海马、奇瑞汽车等陆续落户河南。此外河南还加强了与央企的合作，河南省共与36家中央企业签署战略合作协议，在基础设施、能源、化工、电子信息、装备制造、新型建材、新型电池以及金融、物流、医药等领域引入央企，取得了显著成效。

6. 城乡居民收入进一步增加，农民收入结构进一步改善

“十一五”时期，是河南人民生活改善最多、收入增长最快的时期之一，2006、2007年两年城乡居民收入保持两位数增长，农民人均纯收入增幅连续两年超过城镇居民。2010年全省城镇居民人均可支配收入为15665元，比2005年增加6997元，年均增长10.0%，比“十一五”目标高2.0个百分点，是改革开放以来增长最快的五年；农民人均纯收入达到5288元，比2005年增加2417元，年均增长9.9%，比“十一五”目标高3.9个百分点，增长速度仅次于改革开放以来的“六五”时期。农民人均收入构成变化很大。虽然家庭经营纯收入仍是农民主要收入来源，但所占比重逐年下降，工资性收入和转移性收入比重不断提高。2009年，河南农民人均纯收入中家庭经营纯收入比重由2005年的67.2%下降到60.1%，下降了7.1个百分点。工资性收入所占比重由29.5%上升到33.7%，上升了4.2个百分点。“十一五”期间，国家先后出台了粮食直补、良种补贴、农机具购置补贴、农资综合直补和“家电下乡”补贴等一系列优惠政策，不断加大补贴力度，带动了农民转移性收入年均增长34.6%，占纯收入的比重由2.1%上升到2009年的5.0%，增加2.9个百分点。

7. 财政收入实现翻番，金融对经济发展的支撑更加有力

财政收支实现新突破，2008年财政一般预算收入突破1000亿元，财政一般预算支出突破2000亿元，到2010年，财政一般预算收入实现1381.01亿元，一般预算支出实现3413.12亿元，分别是2005年的2.6倍和3.1倍，双双实现翻番。金融业迎来发展良机，一批中小银行和投资公司相继成立，投融资平台建设取得新突破。全省成立了文化产业、铁路、交通、水利四大建设投资公司和中小企业担保公司。洛阳、许昌、新乡、郑州的商业银行先后变身为跨区域经营的全国性银行。这些机构的成立拓宽了融资来源渠道，增强了河南金融的融资能力。2010 年河南金融机构各项存款余额达到 23148.83 亿元，比 2005 年末净增 13144.87 亿元；金融机构贷款余额达到 15871.32 亿元，比 2005 年末净增 8436.79 亿元，存贷款余额与 2005 年相比实现翻番。

8. 社会事业发展取得显著进展

“十一五”时期河南更加注重协调发展，更加重视民生改善，着力推进和谐社会建设，努力扩大就业，完善社会保障体系，加大社会事业发展投入，科教文卫体等各项社会事业快速发展。五年来，全省财政社会保障支出累计 1669 亿元，年均增长 21.8%；教育支出累计 1563 亿元，年均增长 32.4%；医疗卫生支出累计 527 亿元，年均增长 50.7%。一是就业形势稳定趋好。2010 年，全省城镇新增就业 132.1 万人，农村劳动力转移就业总量达到 2361 万人，后者居全国第一。五年累计新增就业超过 418 万人，不仅解决了金融危机时期全省返乡农民工就业问题，而且每年新增就业不低于 50 万人。二是社会保障不断完善。2009 年，全省筹措财政资金 512 亿元用于民生投入，比上年增加 42 亿元。城镇职工和城镇居民医保覆盖面分别达到 94.3% 和 83.0%，新型农村合作医疗参合率达 94.2%，在校大学生参保率达 89%。“十一五”时期，全省财政筹措用于“十项民生工程”的资金超过 2000 亿元，占财政一般预算支出的 17% 左右。城乡低保补助水平、农村五保对象供养标准继续提高，城乡医疗救助体系进一步完善。新型农村合作医疗参合率提高到 94.2%，启动 21 个县（市、区）新型农村社会养老保险试点。三是科教文卫等社会事业全面发展。科技发展助推河南经济。2009 年，研究与试验发展（R&D）经费支出 149 亿元，是 2005 年的 2.8 倍，年均增长 29.9%。全年共取得国家科技进步奖 25 项，省级科技进步奖 342 项；申请专利 19590 件，授权专利 11428 件，分别是 2005 年的 2.2 倍和 3.1 倍。截至 2010 年末，全省共有国家级企业技术中心 40 个，省级企业技术中心 521 个，省重点实验室 62 个，国家级创新型试点企业 14 家，省级创新型试点企业 140 家。教育事业蓬勃发展。从 2005 年开始，全省对农村义务教育阶段学生实施了“两免一补”政策，从 2007 年开始，对农村义务教育阶段学生免除了学杂费和课本费，从 2008 年秋季开始所有城市义务教育阶段的学生免除了学杂费和课本费。高等教育、职业教育、成人教育也取得了丰硕成果。2009 年底，全省拥有普通高等学校 89 所，比 2005 年增加 6 所；普通高等学校在校生人数

136.88万人，比2005年增长60.7%；职业技术培训学校在校生19.92万人，是2005年的2.8倍。文化产业发展取得新突破。全省先后举办和参与了第二届中博会、中原国际文化产业博览会、中原国际动漫节等大型文化产业交易会，成功推出50集文化专题片《文化河南——中原列传》、动画片《少林海宝》和《大河秀典》、《禅宗少林·音乐大典》、《大宋·东京梦华》等大型文艺演出。医疗卫生条件明显改善。2009年末共有卫生机构病床床位30.24万张，是2005年的1.4倍。每万人拥有卫生机构床位数和医生数分别为30.3张、14.0人，分别比2005年增加8.4张、2.6人。

9. 产业集聚区打造新的增长点

产业集聚区是全省科学发展的示范载体和构建“三大体系”的重要依托。全省规划建设180个产业集聚区，制定了一系列优惠政策，倾全力促其加快发展。2008年以来，全省产业集聚区异军突起，成为所在区域的增长极。2010年全省产业集聚区投资达5330.83亿元，占全省投资的33.7%左右，比上年大幅增长；规模以上工业营业收入达到1.26万亿元，占全省规上工业营业收入的34.9%，增长36.3%，比全省规上工业增速高17.3个百分点。产业集聚区已经成为拉动当地经济增长的主要力量。“十二五”时期经济社会发展的主要目标完成情况见表1。

表1 “十一五”时期经济社会发展的主要目标完成情况

指标名称	“十一五”目标		实际完成	
	2010年总量	2006~2010年均增长(%)	实际完成	年均增长
生产总值(2005年价格,亿元)	17000	10	19331	12.8
财政一般预算收入(亿元)	900	11	1381.01	20.8
全社会固定资产投资(亿元)	8810	15	16585.85	30.5
	累计33950		累计54563	—
第二、三产业增加值比重(%)	87	—	85.8	—
非公有制经济增加值比重(%)	60以上	—	60.5	15.1
外贸进出口总额(亿美元)	160	15.6	177.9	18.1
实际利用外资(亿美元)	累计110	15	62.4	37.3
城镇居民人均可支配收入(2005年价格,元)	12735	8	13711	10.0
农村居民人均纯收入(2005年价格,元)	3840	6	4594	9.9

（二）“十一五”时期河南省经济社会发展的主要特点

1. 经济增长呈前高后低走势

从经济运行周期看，经济运行整体呈前高后低走势。1990 年以来，河南经济可分为三个经济周期，1990～1999 年为一个经济周期，2000～2009 年又是一个经济周期，“十五”前两年处于经济周期的调整期，随后进入上升期，持续到“十一五”时期，在 2007 年达到本轮经济运行周期的峰值后，因受国际金融危机和国家宏观调控政策影响，2008 年开始进入第二个经济周期的下行期，2009 年到达经济周期的谷底。2010 年经济增长进入新一轮经济周期的上行期。“十一五”所在经济周期增长速度快，波动幅度小，这与宏观调控政策判断正确、调整及时、政策力度把握得当是分不开的。通过逆周期调节，宏观经济避免了经济高速增长时期严重的通货膨胀，也减缓了经济下行时期不利因素对经济带来的伤害。

2. 工业大省地位更加巩固，竞争新优势正在积蓄

一是工业规模大，产业体系较为完备。2010 年全省工业增加值完成 11950.82 亿元，在全国的位次由 2005 年的第 6 位上升到目前的第 5 位，工业增加值占 GDP 比重为 52.1%，比“十五”末提高 5.8 个百分点。工业增加值规模已连续多年保持在全国前列。全省规模以上工业企业主营业务收入完成 36047.78 亿元，是 2005 年的 3.65 倍，居全国第 5 位；利润总额 3166.68 亿元，是 2005 年的 4.7 倍，居全国第 4 位。全省产业体系完备，涵盖了 39 个工业行业大类中的 38 个，形成了若干特色工业生产体系，成为名副其实的工业大省。粮食及肉类精深加工、氧化铝、电解铝、钼、速冻食品、煤炭加工转化能力均居全国首位。二是传统优势产业保持强劲增长势头。食品、有色冶金、化工、装备制造、纺织服装等五大战略支撑产业实现增加值占全省规模以上工业增加值的比重从 2005 年的 50.4% 提高到 2010 年的 54.3%，对全省工业经济增长的贡献率从 2005 年的 56.0% 提高到 2010 年的 60.8%。三是新能源、新医药、新材料等迅速发展，优势凸显。金刚石和超薄电子玻璃产品在国内市场占有率超过 50%，多晶硅和太阳能电池产业初步形成。华兰生物的甲流疫苗产量占全国总量的 45%；宇通集团研发的混合动力城市客车中标多个城市，隧涵掘进装备盾构成套设备实现产业化。半导体照明、光伏材料、薄膜电池、高速轨道交通装备、智能电网装

备、节能环保等方面也取得了新突破。四是一批规模大、效益好、市场竞争力强、具有自主创新能力的大企业迅速崛起，部分企业品牌知名度高，竞争力强，于全国行业领先。食品行业的双汇集团、华英禽业、莲花味精，有色金属行业的金龙铜管、栾川钼业，煤炭行业的河南煤业、中平能化，汽车行业的宇通客车，非金属矿物制品业的黄河集团、西保集团，化工行业的风神轮胎、神马集团等公司已经成为国内外知名企业甚至是该行业的“领头羊”。2010 年主营业务收入超过 100 亿元的工业企业集团达到 30 家，比 2005 年增加 23 家，其中超过 1000 亿元的有 2 家，填补了“十五”时期的空白。

3. 城市化提速

“十一五”时期是全省城镇化大发展、大提速的时期。2009 年城镇化率为 37.7%，比“十五”末提高 7.0 个百分点，平均每年提高 1.5 个百分点，已跨越 35% 的转折点，进入城镇化快速推进阶段。经过“十一五”时期的发展，目前全省已基本形成了四个层次的城市发展框架，一是郑汴新区。郑汴新区包括郑州、开封各一部分，中牟县、两个城市新区、六个产业集聚区。目前郑汴新区开发进度提速，大批项目入驻，产业加快聚集，新区建设成效显著，成为带动全省经济社会发展的核心增长极。二是 18 个省辖市城区（含城市新区）组成的区域性中心城市，目前人口 1829 万（截至 2009 年底），建成区面积 1462 平方公里，生产总值 5590 亿元，分别比 2005 年增长 108.2%、110.6%、117.4%，占全省的 18.4%、76.4%、28.7%。三是以县城为主体的中小城市。“十一五”期间，县城快速扩张，县城基础设施条件显著改善，成为农村人口转移的主要选择地。四是产业集聚区。已经建设的 180 个产业集聚区，是城市化新的重要组成部分和新的增长点。产业集聚区建设的两年来，建成区面积已经扩大到 1013.52 平方公里，比 2008 年增长 141.1%。目前以郑州为中心，以城际快速轨道交通和高速铁路为纽带，规划的通达洛阳等 8 个省辖市的“半小时交通圈”和一小时通达南阳等 9 市的“一小时交通圈”正在加紧建设。

4. 经济增长的质量不断提高

一是工业企业效益稳步趋好。尽管遭受金融危机的严重影响，全省工业利润仍保持较快增长，“十一五”规模以上工业企业主营业务收入年均增长 28.9%，利润年均增长 37.8%，2010 年利润是 2005 年的 4.7 倍。二是单位增加值能耗、主要污染物排放量不断降低。2009 年，全省单位 GDP 能耗为 1.156 吨标准煤/万元，比2005年降低17.2%；万元工业增加值能耗2.708吨标准煤/万元，比2005年降低32.6%。2009年，全省二氧化硫排放量135.50万吨，比2005年降低16.6%；COD排放量62.62万吨，比2005年降低13.1%。“十一五”规划确定的降耗和减排目标全面完成。三是财政收入增势趋好，经济发展质量明显提高。2010年，全省财政一般预算收入1381.01亿元，五年年均增长20.8%。财政收入占GDP的比重达6.0%，比2005年提高0.9个百分点。其中，税收收入1016亿元，年均增长22.7%，占地方财政一般预算收入的比重达73.6%，比2005年提升5.6个百分点，财政收入质量明显提高，宏观经济效益明显改善。

5. 统筹发展取得新突破

一是统筹城乡发展取得重大突破。农村实现了村村通柏油（水泥）路；农村电网改造完成，实现了城乡同网同价；农村沼气、自来水大规模建设；支农惠农取得突破性进展。通过实施家电、汽车、摩托车下乡等政策，河南销售家电下乡产品近1600万台（件），销售额近320亿元，发放补贴近40亿元，使1000多万农户受益。“十一五”全省累计发放粮食直补、农资综合直补、农机具购置补贴、农作物良种补贴等四项惠农补贴380.8亿元，使广大农民受益。二是统筹经济社会发展取得重大突破。2010年财政对社会事业的投入超过1400亿元，是2005年的3.6倍，增长超过一般预算支出增速4.1个百分点，占财政支出的比重上升到42%，比2005年提高16.2个百分点。免费义务教育首次实行，农村新型合作医疗全面推开，新型农村社会养老保险积极试行，一批文艺精品成功推出。三是统筹人与自然和谐发展取得新进展。生态省建设全面推进，COD、二氧化硫、固废治理和减排取得明显成效，区域性生态得到修复。四是统筹区域发展取得重大突破。河南首次提出了中原经济区发展战略，明确了“四个定位”、“五新目标”，并力争上升到国家战略，规划了以中原城市群为重点的城市化战略格局，以粮食生产核心区为重点的农业战略格局，以“四区两带”为重点的生态安全战略格局，使区域发展战略的视野更广、思路更清晰，任务更明确。综上所述，“十一五”时期河南省克服了金融危机的严重影响，经济社会发展取得了巨大成就，“十一五”规划所确定的目标基本实现，经济社会发展保持了良好发展局面，为实现跨越发展蓄积了优势、创造了条件，为“十二五”持续发展、加快全面小康社会建设打下了坚实基础。

二 “十一五”时期的发展经验与启示

“十一五”发展成绩来之不易，这是全省上下深入贯彻科学发展观，坚持“四个重在”的实践要领，奋力开拓进取的结果，是积极应对和化解百年不遇的金融危机影响结果，是持续探索不以牺牲农业和粮食、生态和环境为代价的“三化”协调科学发展路子的结果，是加快“一个载体、三个体系”建设，统筹区域发展的结果，是全省上下团结一致、真抓实干、发奋进取的结果。

1. 实施“战危机、保增长”攻坚战，化解金融危机影响，实现经济持续增长

国际金融危机波及河南，多数行业、企业生产经营陷入困境，大批劳动力返乡，经济增速下滑。面对严峻的形势，在中央应对国际金融危机的正确引导下，河南省提出了“三保两抓一推动”，全力战危机、保增长，2009 年全力推进重大项目投资建设，落实家电下乡政策，积极帮扶困难企业，实施企业服务年活动，增强银企合作，扩大融资规模，实施结构性税费减免等政策，全省经济增速在抗击金融危机的影响下，实现了两位数的增长，粮食生产持续丰收，民生持续改善，社会大局稳定。

2. 重点进行结构调整

一是通过投资调整产业结构。通过“三千工程”、实施“8511”投资促进计划等措施，重点在农林水利、交通、能源、城镇建设、自主创新、产业升级、节能减排、社会事业 8 大领域，开工建设 500 个以上超亿元重大项目，扎实推进“一个载体、三个体系”建设，加快结构调整和发展方式转变，着力培育竞争新优势。二是通过产业振兴规划促进结构调整。编制完成装备制造、汽车、食品、纺织、有色、化工、生物、电子信息、畜牧、花卉等一批产业调整振兴规划，通过这些规划引导投资，促进产业结构调整。三是通过产业转移促进产业结构调整。全省抓住应对国际金融危机这个机遇调结构、转方式，淘汰落后产能，同时抓住沿海产业转移的机遇，有选择地承接优势产业，大力发展高新技术产业，加快新能源、新材料、生物医药、信息技术等领域项目的引进。四是深化改革，推进企业兼并重组，提高产业集中度和资源配置效率。煤炭企业整合成中平能化和河南煤业化工两大企业集团，铝工业、钢铁工业、装备制造业、纺织服装业等加快重组。通过重组，资源得到有效利用，产能提升，成本降低，资产增值，企业竞争力明显提升。

3. 加强统筹兼顾力度，促科学发展

一是持续抓好“三农”。强力推进水库除险加固、县乡公路建设、农村沼气、安全饮水、农村危房改造和扶贫，改善农村生产生活条件。改造中低产田、增加有效灌溉面积、实施种粮补贴，提高粮食综合生产能力，促进高效特色农业持续发展和农民增收。二是全面铺开新型农村合作医疗和免费义务教育，积极推进保障性住房建设和城乡居民社会保障体系。大力扶持职业教育和高等教育，支持乡镇卫生院改善条件，稳步推进文化艺术团体改制。三是重视抓民生改善。持续以办好“十大实事”为切入点，加强民生工程建设；出台推动全民创业实施意见，多策并举扩大就业，五年新增就业超过418万人，“零就业”家庭连续为零；提高城乡低收入家庭提高补助水平和农村五保户供养水平；提高城乡医疗救助水平，扩大社会保障覆盖面，提高财政补贴标准。

4. 大力推进产业集聚区建设

全省把产业集聚区建设作为实现科学发展突破口和实现中原崛起的战略支撑点加快发展。一是高标准规划180个产业集聚区。每个县（市）规划一个产业集聚区，要求产业集聚区规划、土地利用总体规划、城市总体规划“三规合一”，在功能和内涵上要求实现“四集一转”。二是建立产业集聚区发展机制。主要包括电价政策、用地政策、税收政策，以及基础设施投资建设机制、土地保障机制、投融资机制、自我积累机制、考核奖评机制等，从产业集聚区不同方面出台政策，推进产业集聚区发展。三是以产业集聚区为平台开展招商引资。不断完善产业集聚区配套服务功能和公共服务体系，把产业集聚区打造为招商引资的政策高地。

5. 坚持不懈抓好企业服务

一是开展企业服务年活动，为企业营造良好的发展环境。二是搞好投融资平台建设。解决企业特别是中小企业融资难问题。三是大力支持中小银行、担保公司发展。鼓励中小银行、担保公司发展，缓解融资难问题。四是实施优惠电价政策，对产业集聚区符合产业政策的项目生产经营用电执行省网直供电价，降低企业生产成本。五是减少和规范行政审批事项。省级审批项目大幅度减少，审批时间普遍缩短，省市县三级普遍设立行政服务大厅，提高了办事效率。

三　发展中存在的突出问题

回顾"十一五"，河南经济和社会发展取得了很大成绩，但结构性矛盾仍较突出，一些薄弱环节和问题亟待破解。

1. 发展速度还不够快

与全国31个省份相比，改革开放以来的32年间，河南只有12个年份GDP增速高于31个省市平均的增长速度（见图2）。"十五"时期河南GDP增长速度在全国的位次分别居第18、25、22、10和5位，五年的平均增速为11.4%，低于31个省（市、区）平均增速0.5个百分点。"十一五"期间河南GDP增长速度在全国的位次分别是第8、17、16、22和23位，五年的平均增速为12.8%，低于31个省（市、区）平均增速0.2个百分点。与中部六省相比，"十五"期间，河南GDP年均增长速度高于中部平均增速0.3个百分点，"十一五"期间，河南GDP年均增长速度低于中部平均增速0.4个百分点，十年间，河南有6年GDP增速低于中部平均增速，1年持平。当前在区域发展竞争日趋激烈、各省竞相发展的形势下，实现更快的增长速度面临着严峻挑战。

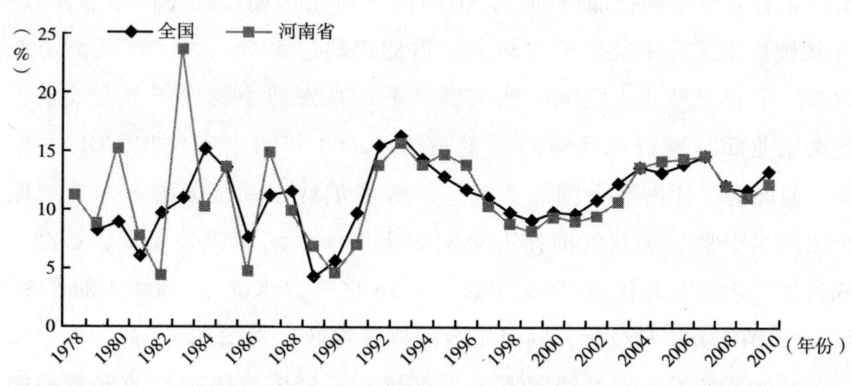

图2　河南GDP增速与全国平均增速对比

2. 投资效益低

河南投资虽然增长很快，投资规模超过16000亿元，但投资的效益在下降，单位投资带来的GDP增量在减少。从投资效果系数（GDP增量/当年投资）看，1979年以来投资效果系数呈波动下降的态势，已经由1979年的1.14降至2009

年的0.11（见图3）。30年过后，百元投资带来的GDP增量只有之前的1/10。与全国相比，2009年河南投资效果系数仅是全国的73%，在全国31个省（市、区）中位居第23位，处于全国偏下水平，在中部六省中居第4位。与国际比较，美国1961~2003年固定资产投资效果系数长期维持在0.2左右，而河南投资效果系数下降过快而且偏低，说明投资过快增长没有带来宏观经济效益的同步增长。

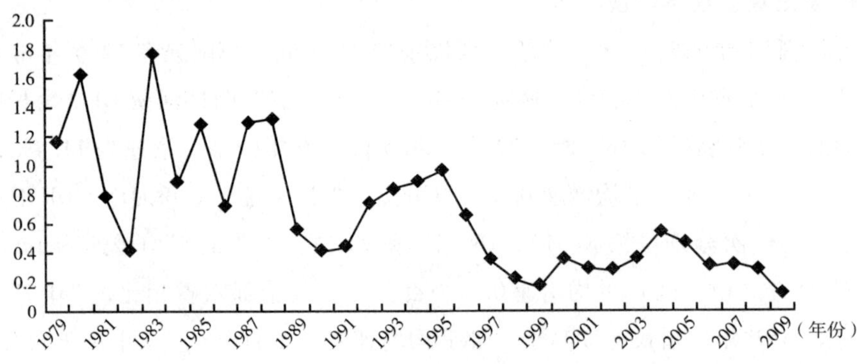

图3 河南投资效果系数

3. 资源环境约束趋紧

虽然全省工业结构在加快调整，但河南工业结构偏重的特征依然比较明显，2009年规模以上工业中能源原材料工业占比仍超过50%，六大高耗能工业占比超过36%。目前这些工业是河南的支柱产业，在发展中付出了很大代价，继续发展此类工业面临着资源环境的严重制约。2009年河南省实现GDP占全国的5.33%，但能源消耗占到全国的7.19%、煤炭消耗占到全国的8.21%、原油消耗占全国的5.38%、天然气消耗占全国的4.91%。河南成为煤炭、石油、天然气净调入省。水资源总量由2005年的558.56亿立方米降至2009年的328.77亿立方米，四年内减少41.1%，同时工业固体废物产生量增加了74.59%。从单位增加值消耗的资源看，现有资源不足以支撑未来经济发展和产业发展的能源需求。因此，调整结构、转变发展方式、破解资源环境约束任务艰巨。

4. 统筹发展压力大

统筹城乡发展的重点和难点在“三农”。尽管统筹发展取得很大成绩，但与“三农”发展的需要、与社会事业发展的巨大需求相比，任务还十分艰巨。一是农村地域广、人口多，历史欠账多，包袱重，基础设施薄弱。据测算，新中国成

立以来，全省农村基础设施累计投资不足城镇基础设施投资的1/10，如果考虑单位面积投资强度，城乡差距更大。二是人口多，社会事业发展滞后，缺口大，负担重。从社会保障看，城镇居民保障缺口大，农村社会保障薄弱，缺口更大。据初步估算，城镇居民人均保障收入3493元，农村居民仅有260元，两者相差13倍，城镇人均社保支出913元，农村社保支出273元，两者相差近4倍。再从社会事业发展情况看，优质教育资源和卫生资源主要集中于县城及以上城市。城镇居民人均公共服务消费2958元，农村则为787元，两者相差3.8倍，这还不包括城镇居民享有的免费公共服务。农村距实现老有所养、病有所医、享有与城镇均等的公共服务还相差甚远。

四 “十二五”时期河南发展前景展望

（一）“十二五”时期河南面临的有利机遇

从国际环境看，虽然全球金融危机的后续影响仍然存在，主要经济发达国家的需求仍处于低速增长，国际金融波动起伏的态势仍在延续，但总的看，世界和平与发展主流、经济全球化的趋势不会改变，为河南经济持续加快发展提供了良好的外部机遇。

从国内环境看，三方面因素支撑河南加快发展。一是“十二五”时期是全面建设小康社会的关键时期，也是我国加快工业化、城镇化的阶段，人民收入继续提高，需求持续扩大，经济增长的内生性动力不断增加，河南加快发展处于有利环境。二是“十二五”时期我国经济将进入新一轮经济增长周期。从经济增长周期判断，2010年以后经济将逐步走出金融危机的阴影，进入缓慢的上升通道。在经济周期的上升期，市场环境较为宽松，需求较为旺盛，有利于经济保持持续快速增长。三是受结构升级和资源约束，我国东部产业向内地转移规模将持续扩大，有利于河南加快承接。

从省内环境看，一是河南省制定了《中原经济区发展规划纲要》，提出“力争五年彰显优势和十年实现崛起”的宏伟发展目标，有利于推进河南的跨越式发展。二是“十二五”时期河南仍处于工业化中期阶段，经济社会转型在进一步加快，由此带来的新需求和新机遇，必然促进经济持续快速增长。三是河南将

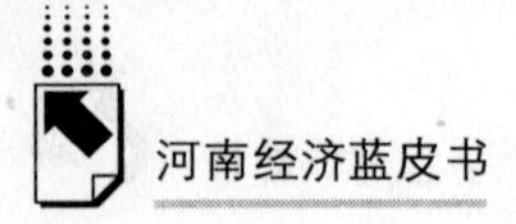

在国家促进中部崛起和中原经济区建设上得到更多政策优惠，发展环境更为有利。

（二）“十二五”时期主要经济指标预测

对“十二五”主要经济指标的预测，我们以历史数据为基础，利用经济模型和经济变量之间的关系，综合考虑政策因素，对 GDP 增长速度、投资消费、城乡居民收入等指标进行了测算，其结果如下。

1. GDP 增长速度及三次产业发展

根据测算，到 2015 年，河南省 GDP 将达到 34000 亿元左右，年均增长 9%，其中第一产业增长 3%，第二产业增长 10%，第三产业增长 10%，到 2015 年，全省三次产业结构为 10 : 60 : 30，表现为在第一产业生产能力不断增强的同时，第二、三产业取得更大的发展，占地区生产总值的比重达到 90%，成为农业比较先进、制造业比较发达、服务业快速发展的省份（见表 2）。

表 2 “十二五”GDP 及三次产业增加值预测

	2010 年		2015 年		
	增加值(亿元)	比重(%)	增加值(亿元)	比重(%)	年均增速(%)
生产总值	22700	100	34000	100	9
第一产业	3200	14. 1	3700	10	3
第二产业	13100	57. 7	21000	60	10
第三产业	6400	28. 2	10300	30	10

2. 投资和消费

对于地处内陆的河南，投资和消费是拉动经济增长的主要动力。随着人民收入水平的提高和工业化、城市化进程对投资需求不断扩大，投资和消费对经济增长的拉动作用更强。初步预测，2010 年居民消费和资本形成均超过 1 万亿元，到 2015 年，最终消费规模超过 1. 6 万亿元，资本形成总额规模超过 2. 5 万亿元（见表 3）。2015 年与 2010 年相比，最终消费年均增长 9%，资本形成总额年均增长 11%。

3. 居民收入

据预测，城镇居民人均可支配收入和农村居民人均纯收入将有较大幅度的提高，同时二者之间的差距稍有扩大。2000 年以来，全省城镇居民可支配收入年均

表3　最终消费和资本形成总额预测

单位：亿元

	2010 年		2015 年	
	最终消费	资本形成	最终消费	资本形成
合　计	10400	16000	16000	27000

增长9.5%，农民人均纯收入年均增长7.6%，根据上述速度外推，初步预测2015年城镇居民人均可支配收入为26000元，农民人均纯收入为7900元。

综合预测，经过五年的发展，河南经济社会发展都将取得更大的进步。经济总量继续扩大，经济结构显著改善，科技创新对经济增长的贡献率明显上升，人民生活水平显著提高，统筹发展取得显著成效，发展的协调性进一步增强，全面建设小康社会取得重大进展，部分目标任务将提前实现，为2020年全面实现小康社会目标打下坚实基础。

五　“十二五”时期河南加快发展的对策建议

“十二五”指导思想和基本目标已经确定，关键是抓落实，抓发展。总的建议是以科学发展为统领，坚持“四个重在”实践要领，多策并举，努力破解“四道难题”，确保“十二五”规划目标任务如期完成。

1. 认真落实规划

河南省“十二五”发展规划即将出台，同时《中原经济区建设纲要（试行）》也将在“十二五”期间付诸实施。在总体规划确定的大前提下，还需制订具体详细的部门规划、产业规划和近、中、远期目标，进一步做细做实规划，制定相应政策，形成可操作的配套政策作保证体系。

2. 研究全面建设小康社会进度目标，做出系统安排

当前河南全面建设小康社会总体实现程度达到73.4%，各项指标进展不平衡，经济类指标实现程度较低。“十二五”是全面建成小康社会的关键时期，部分指标可能提前完成或接近完成，但也会有部分指标离目标值差距较大。因此，要对照全面小康社会目标，未雨绸缪，分析每项指标完成进度，对差距较大的薄弱环节，要高度关注，制定政策、强力突破，确保“十二五”时期全面小康社会建设取得重大进展。

3. 在追求速度的同时，还需加大统筹工作的力度

河南提出中原经济区建设要“力争五年彰显优势、十年实现崛起”的目标。在“十二五”发展建议中提出了“两高一低”的发展目标。发展速度“快”是实现上述目标的必然要求，没有较快的速度谈不上实现崛起、谈不上全面建成小康社会，更谈不上改善民生。所以河南的经济社会发展要立足于“快”，要求速度，要为“快”发展做好谋划，要为“快”发展制定各项政策，要以加快工作节奏、提高工作效率推动“快”发展。在求“快”发展的同时，加大“五个统筹”的工作力度，重点解决“三农”问题、社会发展问题、生态环境问题等，加大力度解决经济社会发展的薄弱环节，加快实现“三化”协调。

产业经济篇

𝔹.3

2010 年及“十一五”河南省农业农村经济发展报告

陆 洁　冯建中　乔西宏　郑 洁*

“十一五”时期，河南省坚持把“三农”工作放在重中之重，加大“三农”投入力度，不断完善强农惠农政策，加强农业基础设施建设，农业综合生产能力稳步提高，全省农业经济在困难的环境中保持了持续稳定增长的态势，成为经济社会发展的突出亮点。河南以占全国 1/16 的耕地，生产出占全国总量 1/10 的粮食，除了解决河南近 1 亿人口的粮食消费，每年还调出 300 多亿斤的原粮及加工制成品，为国家粮食安全作出了重要贡献。

一　2010 年及“十一五”农业农村经济持续稳定增长

1. 农业生产快速发展，成为全省经济发展的突出亮点

2010 年，河南省努力克服极端气候灾害、部分农产品价格大幅波动的不利

* 陆洁、冯建中、乔西宏、郑洁，河南省统计局。

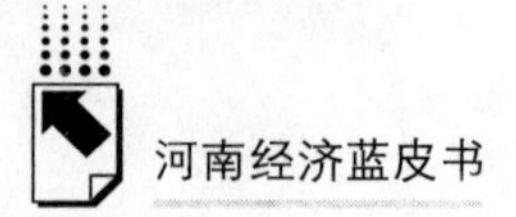

影响，农村经济继续呈现出良好的发展势头。据测算，2010 年全省第一产业实现增加值 3263 亿元，按可比价格计算（下同）增长 4.5% 左右，保证了“十一五”目标的顺利实现。“十一五”期间，全省上下抓住建设社会主义新农村和以工促农、以城带乡的政策机遇，接连抗击冰冻雨雪和 50 年不遇的冬春连旱，抵御国际金融危机的严重冲击，在困难的条件下，保持了农村经济的良好发展势头。预计“十一五”期间第一产业增加值年均递增 5.0% 左右，超过计划目标，成为全省经济发展的突出亮点。五年间，第一产业增加值累计总量达 12822.2 亿元左右，远远超过前几个五年计划期，是“十五”的 0.8 倍、“九五”的 1.4 倍、“八五”的 4.3 倍，农业大省向农业强省转变步伐在加快，成为河南农业经济发展最好的时期。

2. 粮食连续五年超千亿斤，综合生产能力明显提高

2010 年，全省粮食播种面积 14610.26 万亩，增长 0.6%。在遭受了低温寒潮、洪涝风雹、农作物病虫害等不利影响下，全省粮食再夺丰收。夏粮产量 618.1 亿斤，增产 5.1 亿斤，增长 0.8%；秋粮产量 469.3 亿斤，增产 4.5 亿斤，增长 1.0%。全年粮食总产量 1087.4 亿斤，比上年增加 9.6 亿斤，增产 0.9%，粮食总产再创历史新高，连续 5 年超千亿斤，连续 11 年保持全国第一，成为名副其实的“中国粮仓”。“十一五”期间，河南全面实施了粮食核心区建设，增产 300 亿斤粮食生产能力规划纳入国家战略。河南粮食总产量五年累计达到 5309.8 亿斤，比“十五”期间累计增产 1161.5 亿斤，平均每年新增粮食 232 亿斤，新增粮食产量占全国增量的 1/3 以上，夏粮产量占全国夏粮的比重超过1/4，河南粮食总产量占全国比重由“十五”末的 9.5% 提高到目前的 10.0%。与此同时，粮食单产创下历史新高。2010 年，河南粮食单产突破 700 斤大关，达到 744.2 斤，比 2005 年增加 76.8 斤，实现了由中低产到中高产的跨越。

3. 现代畜牧业快速发展，优质畜产品生产基地建设成果显著

2010 年以来，河南省畜牧业继续保持稳步发展的势头，生猪生产先抑后扬，价格由低到高逐步回升，预计 2010 年生猪出栏 5390.5 万头，增长 4.8%，禽出栏 85101 万只，增长 5.7%；全年肉类总产量 638.38 万吨、蛋 388.6 万吨、奶 291 万吨，分别增长 3.8%、1.5% 和 3.2%。“十一五”期间，以建设优质畜产品生产加工基地为重点，大力发展现代畜牧业，形成了黄河滩区绿色奶业示范带、中原肉牛产业带、京广铁路沿线生猪产业带等优势区域。积极引导支持集约

化养殖企业发展。全省出栏千头以上的猪场达到9738个，其中万头以上的猪场460个，出栏10万只以上的肉鸡场446个，存栏5万只以上的蛋鸡场227个，存栏500头以上的奶牛场239个，生猪、肉鸡、蛋鸡规模养比重分别达到60%、96%、70%，比“十一五”初期均有大幅度提高，肉蛋奶产量分别位居全国第三、二、四位。

4. 农业结构调整取得新进展

农业内部产业结构趋于多元化，粮食生产得到加强。“十一五”末农业产值占农林牧渔业总产值比重比“十五”末上升3.8个百分点；肉类总产量中，牛羊禽肉的比重已达到34.6%，比“十五”末提高了0.5个百分点；同时品种品质结构得以优化。全省小麦、玉米和水稻的优质化率分别达到69.8%、81.8%和93.9%，比2005年分别提高了15.5个、27.6个、7.9个百分点，优质麦的产量普遍高于普通小麦。积极推进农业地区分工，初步形成优势、特色农产品区域化布局。豫北、豫中的优质小麦基地规模继续扩大，其中30万亩以上连片种植的县30多个；沿黄地区优质水稻基地，豫东、豫西南的优质棉花基地以及瓜菜、水果、中药材、花卉苗木等基地建设都已粗具规模，特色农业比重不断扩大，休闲、旅游农业园区发展到612个。

5. 农业产业化迅猛发展，实现了“国人粮仓”到“国人厨房”的嬗变

河南省专门制定了农业产业化龙头企业认定标准，对龙头企业进行重点扶持，不断壮大其规模，提高其辐射带动能力，已形成了覆盖全省的农业龙头企业群体。2010年，全省各类农业产业化龙头企业6000多家，比2005年增加4700多个。其中国家级龙头企业39个，省级重点龙头企业562家，年销售收入超亿元的达500多家，30亿元以上的有10家。粮食、肉类、乳品精深加工能力分别达到3500万吨、807万吨、370万吨，食品工业销售收入达到3800多亿元。成为全国最大的粮食加工转化基地、最大的肉类加工基地、最大的速冻食品生产基地，食用菌、味精、方便面和调味品的产量均居全国首位，面粉、挂面产量居全国第一，方便面食品占全国市场份额30%，速冻食品占全国市场份额的60%以上，实现了从“卖原粮”到“卖产品”的转变。

6. 全省农民收入突破5000元关口，结构明显优化

从2005年开始河南免除农业税，农民种粮不但不缴税，政府还对种粮农民进行补贴。补贴种类2006年就有种粮直补、优质专用小麦良种补贴、专用玉米良种补贴、农用机械购置补贴、农村劳动力转移培训和测土配方施肥补贴，农民种粮用柴油、化肥等七项之多，由原来的“一交”变成现在的“多送”，一亩地的各种补贴由2005年的12.3元，增加到100多元钱，农民种地成本的1/4由政府承担，农民每种一亩就减负增收七八百元，有力地促进了农民收入的快速增长。预计2010年农民人均纯收入将突破5000元重要关口，年均增长预计达10%左右，远超“十一五”年均增长6%的预期目标，是改革开放以来农民收入增长较快的时期之一。农民收入结构变化也呈现新的特点：工资性收入比例不断提升，由2004年的29.5%上升到33.7%，五年间上升了4.2个百分点；转移性收入成为农民收入的重要增长点，2005~2009年，转移性收入年均增长达34.6%，占纯收入的比重五年间增加了2.9个百分点；与此同时，受农村土地征占用补偿水平提高、农民土地流转等影响，农民获得的财产性收入年均增长14.9%，成为近年来农民收入增长的突出亮点。

7. 农村消费不断提升，农民生活水平稳步提高

河南农村居民人均生活消费支出2009年达到3388.47元，比2005年增长79.1%，年均增长15.7%。农村居民恩格尔系数由2005年的45.4%下降到2009年的36.0%。农户改善住房热情高涨，档次提升。2009年全省竣工住宅13818.76万平方米，比2005年增长48.4%。农民人均住房面积由2005年的27.21平方米增加到2009年的33.50平方米。室内配套设施也不断提升完善，26.5%的农户用上了自来水，27.1%农户使用了清洁能源燃料，13.6%农户装上了空调。2009年全省农民用于购置家庭生活设备及用品的支出人均203.81元，比上年增长20.2%，每百户拥有移动电话126.24部，比2005年增长1.5倍；家用电脑、私人轿车也开始进入农民家庭，每百户拥有量分别达到4台和2辆。很多农民和城市人一样，住上了好房子，用上了好电器，过上了好生活。

8. 共享发展成果，农村社会事业发展加快

自2006年起，河南省委、省政府坚持每年为人民群众办好“十件实事”，并形成了长效机制，2006~2009年为农民办实事共投入950多亿元。截至2009年底，农村公路总里程达到21.82万公里，全省所有乡（镇）全部通了水泥（油）路；98%以上的建制村通了水泥（油）路。农村社会保障水平进一步提高，到2010年，有400万贫困人口脱贫，900万农村人口解决饮水困难，新型农村合作医疗农民参合率96.5%，提前实现了基本覆盖农村居民的目标。农村养老院达2470个，收养

人数20.28万人，有413.41万人次农村贫困户人口得到救济，农村低保人数由2005年的53.28万人，增加到2009年的363.91万人，基本实现了应保尽保。

二 政策、科技、投入是促进农业农村经济发展的强大动力

1. 政策支持是坚持农业基础地位的保障

“十一五”期间，河南省委、省政府对农业农村的重视空前，出台政策力度前所未有。2004～2010年，连续七个以三农为主题的一号文件，含金量高、推动力大、操作性强、受益面广，对夯实农业基础、巩固农业农村发展的好形势，发挥了重要作用。2006～2010年，全省累计兑现种粮农民的各种补贴380.8亿元，户均补贴1800多元。从2006年开始，中央财政和省财政对产粮大县实行奖励政策，4年累计奖励资金达到49.22亿元。近两年，以最低价收购的“托市小麦”在全国占的比重都在45%左右。各项支农惠农政策不折不扣得到落实，农民种粮的积极性得到提高，为全省粮食持续发展提供了源动力。

2. 农业基础设施的改善，为发展现代农业创造良好条件

“望天收，天帮忙”是农业生产的一个重要特点，但近年来极端天气频仍，“老天爷”不但不帮忙，还添了不少乱。在这样的条件下能否获得丰收，考验的就是农田基础设施。2006～2009年间，河南用于农林水利的投资达835.04亿元，比“十五”多557.14亿元，占一般预算支出的9.8%，比“十五”提高2.6个百分点，大大增强了农业抗灾夺丰收的能力。2009年，全省有效灌溉面积达到5033千公顷，比2005年增加169千公顷，占耕地面积的63.9%，比2005年提高2.4个百分点，有六成多的耕地得到了有效灌溉。“十一五”期间，农机购置补贴规模逐年大幅增加，农机装备总量和农机作业水平显著提高。全省农作物耕种收综合机械化水平达到65%，比2005年提高16个百分点，农业生产方式实现了从人畜力向机械作业为主的历史性跨越。

3. 农业科技水平的提升成为粮食增产的强大动力

“十一五”期间，河南把提高农业科技水平作为重要抓手，大力实施科技兴农战略，农业新品种、新技术、新方法不断得到推广应用。一是优质高产新品种的选育及推广应用加快。1996年以来，全省小麦、玉米已经实现两次品种更新换代，从2007年起，小麦已开始第3次更新换代，每一次品种更新都使粮食单

产提高10%以上。小麦、玉米、水稻等良种覆盖率达到98%以上。主导品种更加突出，郑麦9023、周麦18、新麦18等15个优质高产品种的种植面积占全省小麦播种面积的80%左右；郑单958、中科4号、浚单20号等10个品种占玉米种植面积77.6%。全省科技成果转化率达到40%以上。二是实施粮食丰产工程。集成技术、集成资源取得了明显成效。2010年全省共建小麦万亩示范田327个，平均单产达到531.42公斤，比全省平均产量高出36.8%。三是实施优粮工程项目。全省已建成54个有害生物预警与控制区域站，45家农作物种子质量监督检验中心，近400万亩小麦良种繁育基地，小麦测土配方施肥面积达到2769万亩，占全省小麦面积的35%。

4. 农业社会化服务能力不断增强

全省农民专业合作社蓬勃发展，2010年发展到1.7万多家。服务环节正从产中向产前、产后扩展，服务领域覆盖了农、林、牧、渔、农机等各个领域，成为农业经济发展的新事物，也是农民持续增收的重要渠道。

三 河南农业农村发展面临的主要问题

一是农业基础设施脆弱，抗御自然灾害的能力不强。河南全省有5000多万亩中低产田需要改造，特别是农田水利建设欠账太多。根据调查，河南40%以上的机电井为20世纪80年代以前所建，70%以上的小型水库为70年代所建，已年久失修，严重影响到抗灾能力的发挥。大中型水库病险率高，水利骨干工程完好率不足50%，防灾抗灾能力不强，小型农田水利设施建设滞后，还有近40%的耕地“望天收”，保持粮食稳定增产难度加大。

二是粮食生产的制约因素日益突出。河南省人多地少，人均耕地1.1亩，仅相当于全国平均水平的79%，农业资源短缺和生态环境脆弱，在目前已经较高的水平上继续增产，难度越来越大。农业劳动力老龄化、妇幼化趋势明显。据2009年调查资料显示，农村劳动力整体素质低下，不利于新品种新技术的推广应用。

三是近年农资价格大幅度上涨，种粮比较效益低下。据河南省统计局对粮食生产成本的专题调查：2010年全省夏粮平均单产388.3公斤，依照国家制定的小麦最低平均收购价每公斤1.76元计算（白麦每市斤0.90元，红麦和混合麦每市斤0.86元，两个价格简单平均计算），则种植每亩小麦的主产品产值为683.4

元，按户均种植小麦5.3亩计算，户均种植小麦的收益为1402.4元，仅相当于外出打工一个月的平均收入。加之农产品价格走势的不确定性增强，农产品价格总水平偏低，影响农民种粮积极性。粮食主产区“高产穷县”问题突出，缺乏支持粮食生产的动力和能力。这些问题带有普遍性，需要着力解决。

四是农民收入水平总体偏低，进一步提高难度加大。河南农民人均纯收入在全国31个省区市排第17位，处于中等偏下，省内地区间农民收入差距较大，农民年人均纯收入高的地区超过10000元，低的地区仅有2000多元。农民持续增收的长效机制尚未完全建立，一些长期困扰农民增收的深层次矛盾仍未根本解决。拉动农民增收的亮点不多，动力不足。

四 2011 年及“十二五”农业农村经济发展建议

1. 实施粮食核心区建设，提高土地产出能力

从改造中低产田的实践来看，每改造一亩中低产田，可平均增产150～200公斤粮食生产能力。以粮食生产核心区95个县为重点，科学规划，连片开发，建设高标准农田。继续实施大中型灌区续建配套工程，解决农田灌排设施不足的问题；加快病险水库除险加固工程进度，提高水资源保障，全力以赴保证粮食丰产丰收。

2. 建立完善粮食综合收益补贴制度，调动农民种粮积极性

在种粮收益中，粮食价格起着决定性的作用。以2010年种植小麦为例，在其他因素不变的前提下，每公斤收购价格若提高或降低0.1元，那么小麦每亩收益就会增加或减少38.8元。因此，合理的粮食收购价格是种粮农民收益的基本保障，也是稳定粮食生产确保国家粮食安全的重要措施。另外，在新增补贴资金的分配中要直接与粮食产量、商品量和优质粮生产挂钩，产量越多、商品量越大、优质粮生产得越多，得到的补贴就越多，以此调动各地政府和农民粮食生产的积极性。更要借鉴发达国家对农业补贴的有效经验，以保障农民亩均种粮收益为目标，完善粮食直补政策，确保国家粮食安全。

3. 发展家庭农场和种粮大户，推进土地适度规模经营

建立适应市场经济要求的土地流转制度，允许和鼓励农民按照依法自愿有偿原则，以入股、租赁、置换、转让、抵押等多种形式流转土地承包经营权。

B.4

2010年及“十一五”河南省工业经济发展报告

刘明宪　朱启明　李　鑫*

2010年是“十一五”时期河南省工业面临环境最为复杂的一年。在复杂的宏观经济形势面前，全省上下深入贯彻科学发展观，在国家宏观调控政策的正确引导下，有针对地采取措施，努力解决工业经济运行中的矛盾和问题，着力打基础、增效益、求质量、上水平、调结构、转方式，全省工业经济在复杂的形势下取得较好成绩，有力支撑了全省经济增长。总体判断，2011年及“十二五”时期河南工业面临的环境依然十分复杂，“十二五”前期河南在区域经济竞争中面临较大压力和挑战，但积蓄的优势将在“十二五”后期逐渐显现，整个“十二五”时期河南省工业仍将处于较快发展时期。

一　全省工业经济发展的基本情况和特点

1. 全力应对复杂困难局面，工业生产保持较快增长

2010年，国际金融危机对河南工业经济的影响仍在持续，加快经济发展方式转变更加迫切，国家及省淘汰落后产能、节能减排等政策措施力度逐步加大，河南工业经济的结构性矛盾凸显，支柱产业生产受到抑制，加之低基数对增速上行的翘板效应逐渐消退以及煤矿安全生产形势异常严峻，种种因素的叠加作用使工业增速出现较大幅度的回落。面对异常复杂的形势，省委、省政府围绕“保增长、保稳定、保态势”，破解瓶颈约束，积极主动采取多项应对措施，工业生产增长速度回落的幅度逐渐缩小，工业运行的稳定性逐步增强。全

* 刘明宪、朱启明、李鑫，河南省统计局。

年全部工业增加值同比增长 15.4%（见图 1），全省工业经济在困难中仍保持了较快增长。

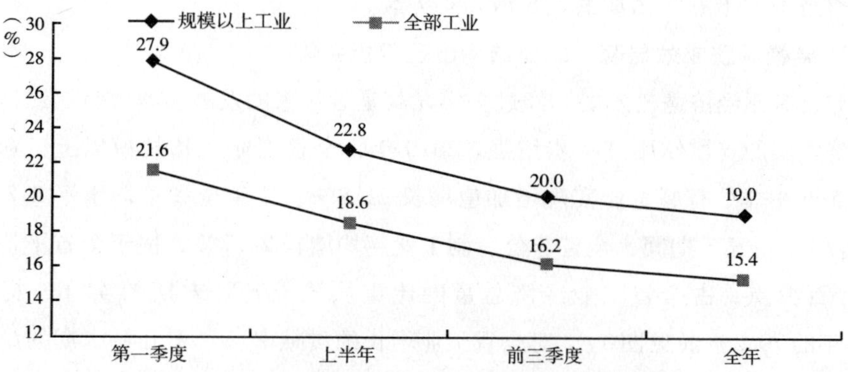

图 1　2010 年各季度全省工业增加值增速

纵观“十一五”期间，河南工业经济经历了资源能源需求旺盛带来的繁荣，又经受了金融危机影响、宏观调控着力点变化、资源约束增强、煤炭安全形势严峻等多种考验，总体上保持了较快增长的态势，全部工业年均增长 16.1%，比“十五”时期年均增速高出 1.3 个百分点。

2. 经济规模快速扩张，总量跃上新的台阶

随着工业的快速增长，工业经济规模迅速扩张，对国民经济的支撑和带动作用明显增强。2010 年全省全部工业增加值达到 11950.82 亿元（见图 2），比 2009 年增加 2050.55 亿元，比“十五”末期增加 7054.81 亿元，占全省 GDP 的比重

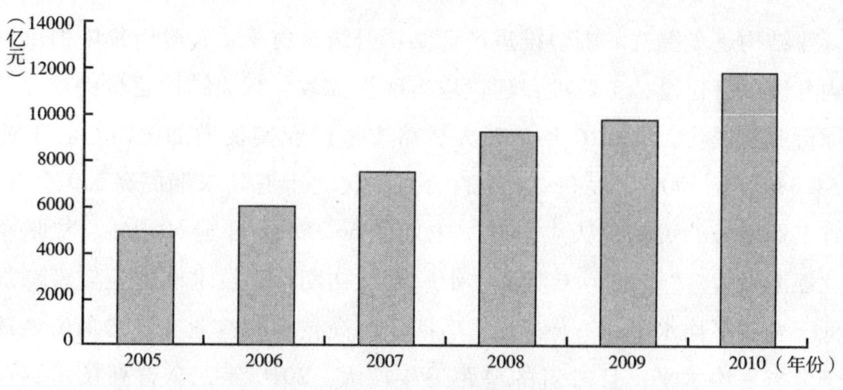

图 2　2005 年以来全省全部工业增加值各年总量

达52.1%，比2009年提高1.3个百分点，比“十五”末期提高5.8个百分点；规模以上工业企业实现主营业务收入36047.78亿元，实现利润3166.68亿元，分别相当于“十五”末期的3.6倍和4.7倍。

3. 结构调整成效显著，工业结构出现积极变化

非公有制经济蓬勃发展。经过多年尤其是近年来的发展，非公有制经济对工业经济发展的支撑作用进一步增强。2010年，全省工业（指规模以上工业，下同）企业中非公有制企业实现增加值增长21.8%，快于全省平均水平2.8个百分点。“十一五”期间，全省非公有制工业年均增长24.7%，快于全省平均水平4.5个百分点；占全省工业经济总量的比重从“十五”末期的44.6%提高到2010年的70.2%（见图3），对全省工业增长的贡献率从“十五”末期的63.7%提高到2010年的76.5%。

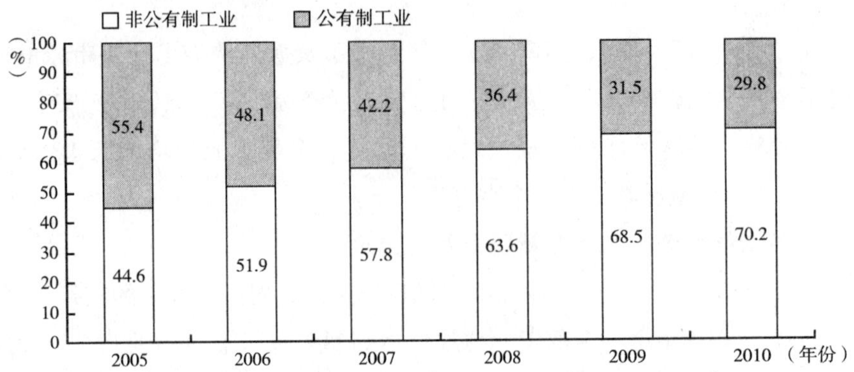

图3　2005年以来全省工业中公有制及非公有制实现增加值所占的比例

行业结构逐步提升。围绕推进产业结构升级，省委、省政府集中力量支持重大结构升级项目建设，工业项目建设取得明显成效，行业结构逐步提升。一是战略支撑行业规模壮大。2010年，五大战略支撑产业实现增加值占全省工业的比重为54.3%，比2009年提高2.6个百分点，比“十五”末期提高3.9个百分点；对全省工业增长的贡献率从“十五”末期的56.0%上升至60.8%。二是高技术制造业逐渐发力。“十五”末期及“十一五”初期，高技术制造业实现增加值增速尚低于全省平均水平；“十一五”后四年，高技术制造业实现增加值增速已逐渐高于全省平均水平，且二者的差距逐年拉大。2010年，全省高技术制造业实现增加值同比增长31.9%，增速高于全省平均水平12.9个百分点。“十一五”

期间，高技术制造业年均增长23.6%，快于全省平均水平3.4个百分点。三是高载能行业结构调整成效显现。2010年，全省六大高载能行业实现增加值同比增长15.4%，增速低于全省平均水平3.6个百分点；“十一五”期间，高载能行业年均增长18.0%，增速低于全省平均水平2.2个百分点；占全省工业的比重从“十五”末期的47.3%下降至41.2%（见图4）。

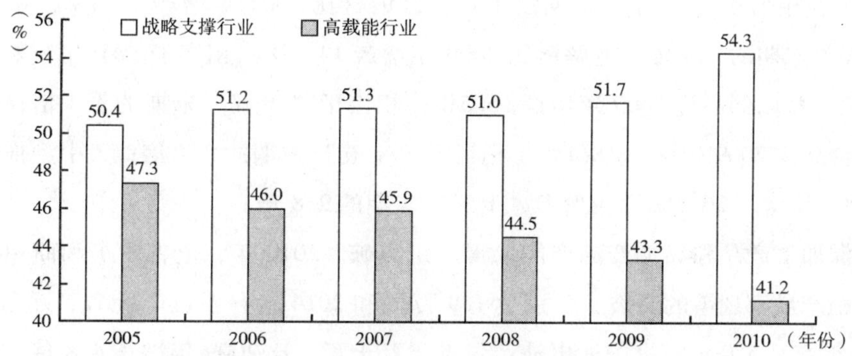

图4　2005年以来全省战略支撑行业及高载能行业实现增加值占比

落后产能淘汰成效显著。近年来，随着加快产能过剩行业结构调整、抑制重复建设、促进节能减排政策措施的实施，淘汰落后产能工作取得了明显成效。2010年，267家淘汰落后产能企业全部关停应淘汰设备。“十一五”期间，全省共关停不符合国家产业政策、污染严重的水泥机械化立窑、湿法旋窑等水泥产能2300万吨以上，已经全部淘汰了立窑水泥生产线；关停小火电机组约1000万千瓦。

4. 竞争优势逐步凸显，质量效益不断向好

企业集团培育取得新进展。近年来，省委、省政府努力推动行业间和企业间的战略合作与联合重组，大力引进战略投资者，增强企业的竞争优势；同时强力推进产业链整合，提升整体竞争优势。初步预计，2010年主营业务收入超百亿元的工业企业达到30家，比2009年增加6家，比“十五”末期增加23家；超千亿元的工业企业2家，比2009年增加1家，比“十五”末期增加2家。

工业效益整体良好。2010年，反映投入产出效果的成本费用利润率为9.4%，高于全国平均水平2.6个百分点，比2009年提高0.3个百分点，比“十五”末期提高2.2个百分点；反映企业发展能力的资本保值增值率为118.3%，比2009年提高0.1个百分点，比“十五”末期提高0.9个百分点；反映经营风险的资产负债率为56.5%，保持在合理区间内；反映产销衔接水平的产品销售率为98.3%，38个行业大类和纳入统计的119种主要产品中分别有36个行业和99种产品的产销率维持在96%以上的较好水平。

5. 产品产量大幅增长，产品档次得到提升

传统优势工业品产量大幅度增长。2010年，全省发电量比2009年增长10.4%，相当于“十五”末期的1.6倍；钢材比2009年增产13.4%，相当于“十五”末期的2.4倍；电解铝比2009年增产14.3%，相当于“十五”末期的1.9倍；畜肉制品比2009年增产16.5%，相当于“十五”末期的1.4倍；速冻米面食品比2009年增产18.1%，相当于“十五”末期的2.4倍；大中型拖拉机比2009年增产26.8%，相当于“十五”末期的2.8倍。

深加工产品和高端产品产能取得一定突破。2010年，全省轿车和商用冷藏展示柜产量实现零的突破，分别达1.9万辆和2014台；手机产量2.2万台，比2009年增长5.0倍；太阳能电池产量1.2万千瓦，比2009年增长4.8倍；数控金属切削机床产量1981台，比2009年增长11.5%。

2010年，在环境复杂多变的情况下，河南工业经济取得了较好的成绩，为“十一五”规划主要目标的完成奠定了基础，标志着河南进入了蓄势崛起的新阶段。以上成绩的取得，是省委、省政府带领全省人民，坚持发展第一要务，以“坚持三保、突出转型、强化态势”为着力点，以“完善落实、创新机制、提高能力”为关键环节，以开放招商、产业集聚区、项目建设三项重点工作带动全局，以城乡建设扩大内需，以改革创新破解发展难题，同时不断丰富和改善调节调控手段，着力解决工业经济运行中出现的矛盾和问题，努力在发展中调整、在发展中转变、在发展中提升、在发展中增效的必然结果。

二　工业经济发展中的主要问题

在充分肯定2010年乃至整个“十一五”时期河南工业经济发展取得成绩的同时，也要清醒地认识到，河南工业经济发展中不平衡、不协调、不可持续问题依然较为突出，短期矛盾和长期问题交织的局面依然存在。要保持持续较快发展，“难在持续”。

1. 结构性矛盾抑制工业经济持续较快增长

近两年来，国家不断加大淘汰落后产能、抑制过剩产能和节能降耗的力度，同时不断加大对先进制造业与高新技术产业的扶持力度，但河南工业结构仍具有较为明显的“重、低、粗、散”特征，工业经济的持续较快增长面临挑战，工业增速在中部地区的位次不断后移。

（1）过度依赖资源的发展模式难以为继。但由于长期以来对不可再生资源的持续开采特别是过量开采，资源储量迅速下降乃至枯竭，资源保障能力严重不足的矛盾日益突出。据相关资料显示，目前全省人均矿产资源占有量仅为全国平均水平的25%左右，金矿、铜矿、普通萤石等13种矿种储量消耗的比例高达40%以上；煤矿只剩下几十年的开采时间，铝土矿仅能满足14～17年的开发需求。

（2）初级、中间产品占比高，工业经济保持稳定增长的难度较大。河南资源工业较为发达，原煤、火电、电解铝等初级产品和中间产品数量较多，在全国排名较为靠前；但大多数行业链条不完整，科技含量和附加值较高的高加工度产品较少，如装备制造业中数控金属成型机床产量仅占全国的0.1%；石化产品中石油化工及高端石化产品比重不及30%；有色金属工业的精深加工技术与国际先进水平差距较大；钢铁行业产品中除了安钢、舞钢的中厚板外，绝大多数附加值较低。由于整体技术含量低，河南工业的附加值不高，增加值率仅相当于湖北的82.3%、湖南的80.1%和安徽的83.8%。金融危机爆发以来河南工业的表现也说明，这种集中于价值链低端和产业链前端的产品结构适应市场波动或政策调整的能力非常弱；在这种产品结构下，保持工业经济稳定增长的难度比较大。

（3）先进产能少、优质增量比重较小，不能较好适应需求结构的升级要求，制约了工业经济增长的动能，并导致河南工业增速在中部六省的位次后移。2010年前11个月，全省工业增速比第一季度放缓8.6个百分点，放缓幅度比全国平均水平多4.8个百分点；增幅在中部地区居第6位，比第一季度后退3位。究其原因，一方面，占比较小的装备制造业及消费品工业对工业稳定增长的支撑力度相对不足。当前市场需求较大、列入“调整振兴计划”并受到重点扶持的装备制造业和汽车、食品、纺织、电子信息及其他轻工业等消费品工业增速虽较为稳定，但占比仅为48.5%，明显低于湖北、安徽等中部省份（见图5）。因此，与中部其他省份相比，河南工业受国家刺激消费政策带动作用小。另一方面，占比较高的落后产能和高载能产业放大了增速放缓效应。河南要淘汰的落后产能所涉及的企业单位数占全国总计的 11.0%，高居全国第一位；高载能行业占比高达 41.2%，明显高于湖北、安徽等中部省份。因此，与中部其他省份相比，河南工业受国家宏观调控抑制作用较大。

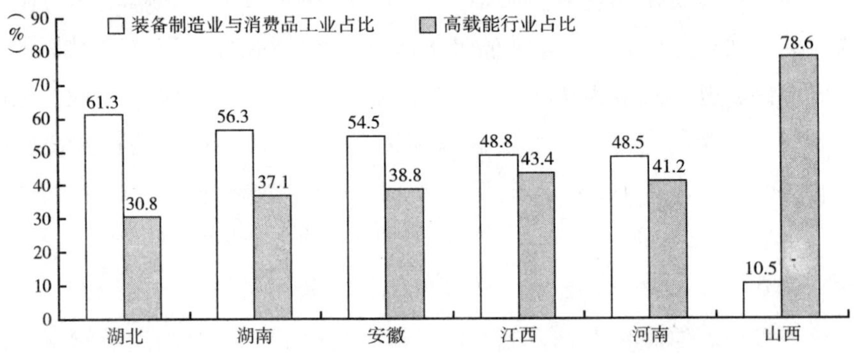

图 5　中部六省各种工业实现增加值占比

（4）组织结构散，技术改造缺乏坚实的基础，抑制产业的发展潜力。近年来，通过大力实施“双百”计划和产业升级工程，支持优势企业加快并购步伐，烟草、造纸等行业的产业集中度明显提高。但整体来看，企业规模仍然偏小，产业组织结构仍然处于小而散的状态。2010 年，全省 38 个行业大类中有 32 个行业集中度低于 50%。目前，河南省多数行业内企业规模不经济，行业聚集效果不明显，导致生产要素的聚集度低和分散使用。这使有规模经济要求的企业因达不到有效规模而缺乏效益；而且一般性竞争行业的企业对技术研究与开发的投入普遍不足，技术落后、设备老化。

2. 企业成本上升过快挤压利润空间

2010 年前 11 个月，全省工业品出厂价格同比上涨 7.7%，而原材料、燃料和动力购进价格同比上涨 10.1%。工业品价格“高进低出”现象依然存在，造成下游产品生产企业成本负担较重。2010 年以来全省工业企业主营业务成本增速持续快于主营业务收入，导致企业利润增速逐月放缓，从年初的 70.9% 降至 1～11 月的 34.3%；日前对大中型企业实施的调查结果也显示，能源原材料价格上涨过快是导致企业利润增幅减少或造成利润下降的最重要因素。

3. 小型企业融资压力依然较大

2010年，全省小型企业创造增加值占全省的45.2%，远高于大型企业的25.8%和中型企业的29.0%，小型企业的单位数占比更是高达89.8%。小型企业是河南工业的生力军，但其在发展中遭遇的融资难问题却更为突出。据调查，目前高达54.6%的小型工业企业认为流动资金紧张，而大中型企业仅占21.4%。由于难以从正规渠道获取贷款，小型企业不得不求助于非正规渠道，从而导致利息支出增长较快，从而减弱了工业的盈利能力。据测算，如果小型企业的利息支出增速等同于大中型企业，则小型企业和全省工业的利润增速将会分别抬高1.3个和0.4个百分点。

三　对“十二五”时期工业经济发展环境的基本判断

当前，河南工业经济仍处在由回升向好向稳定增长转变的关键时期。展望“十二五”时期，国内外经济环境依然十分复杂，积极和消极因素相互交织在一起，给全省工业经济的平稳运行带来的机遇和挑战并存。

1. 面临的挑战：“十二五”前期河南在区域经济竞争中压力较大

“十二五”时期，国家进一步强调坚持扩大内需战略，并把刺激居民消费需求放在更加突出的位置。而与中部其他省份相比，河南虽在结构调整上下了很大工夫，但多年形成的产业结构调整起来需要一个过程，预计“十二五”前期符合国家产业政策要求、适应需求变化的产业增长整体上仍抵消不了“双高”产业下滑的幅度。因此在“十二五”前期，河南工业仍会受制于而不是受益于中央的宏观调控政策，在区域经济竞争中面临严峻的挑战。

2. 发展的机遇：“十二五”后期河南工业发展的优势有望逐步彰显

展望“十二五”期间尤其是“十二五”中后期，河南工业也具有独特的优势。

一是下游市场需求的逐渐恢复将加大对上游资源能源的需求。河南的资源性行业在2003～2008年经济加速期得到了快速发展，并具备了一定优势，在全国均处于较为先进的水平。“十二五”时期，中部地区及全国其他地区工业经济的发展，尤其是先进制造业、消费品工业、战略支撑产业的快速发展，将会加大对上游资源能源的需求，从而给能源原材料工业的进一步发展提供充足的市

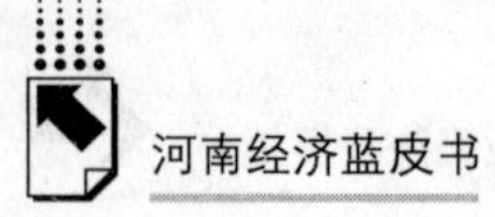

场空间。

二是逐渐积蓄的跨越发展力量对河南工业的带动作用将逐步彰显。从2010年的情况看，河南省跨越发展的力量进一步积蓄。第一，招商引资成效显著。2010年是历年来豫客商最多、签约项目和合同金额最多、招商规模最大、招商成效最为显著的一年，当年全省实际利用外商直接投资62.4亿美元，增长30.2%。第二，产业集聚区建设成效显著。前11个月完成亿元及以上项目投资2244.04亿元，占全省亿元及以上投资的52.6%。第三，能源原材料行业的兼并重组步伐加快。以煤炭行业为例，截至11月28日，列入兼并重组的466家煤矿中已有456家正式签订协议。可以预见，“十二五”时期，大招商、招大商、产业集聚区建设及企业兼并重组对河南工业的带动作用将逐步彰显。

综合判断，由于“十二五”前期调整压力较大，短期内河南工业增速仍有可能低于中部地区平均水平，高于全国平均水平的优势也很可能会暂时缩小；但随着国际国内经济的逐步好转，外部需求的强劲以及“调结构、转方式”效果的逐步显现，河南工业独特的优势在“十二五”中后期将逐步发挥出来，整个“十二五”时期河南工业仍会处于较快的发展时期，年均增速继续超过全国平均增速的可能性极大，超过中部地区平均水平也有望实现。

B.5

"十一五"河南省节能降耗分析报告

陈向平　常冬梅　王学青　杨　琳*

"十一五"以来，河南省坚持科学发展、和谐发展，认真贯彻落实国家和省一系列节能降耗政策措施，积极推进经济转型升级，主动调整优化产业结构，加大产业结构调整和节能降耗工作力度，努力推动"两型"社会建设，全社会能源消费增势逐年趋缓，单位 GDP 能耗降幅不断扩大，主要耗能产品单耗下降明显，节能降耗取得了明显成效。但是，由于产业结构"粗、重、低"的特点，经济增长对能源、资源的依赖程度比较高，持续巩固节能降耗成果，推动经济科学发展和可持续发展，形势依然严峻，任务还很艰巨。研究分析并努力解决好节能降耗过程中存在的不平衡、不协调、不可持续等深层次矛盾和问题，对加快经济发展向绿色、循环和低碳方向转变具有重要意义。

一　"十一五"以来河南省节能降耗取得的成绩

1. 河南以较低的能耗增速支撑了 GDP 较快的增长

"十一五"前四年，全省以年均 7.5% 的能耗增速支撑了 13.0% 的 GDP 增长。2009 年，全省能源消费总量 19751 万吨标准煤，与 2005 年相比，增长 35.0%，年均增长 7.5%；全省电力消费量 2081.38 亿千瓦时，增长 53.9%，年均增长 11.4%；全省 GDP 增长 63.0%，年均增长 13.0%，能耗、电耗平均增速分别低于同期 GDP 增速 5.5 个、1.6 个百分点。无论能耗还是电耗，逐年增速均呈前高后低，节能降耗成效明显。经济增长中的能源利用效率明显提高。初步预计，"十一五"期间全省平均能源消费增速将在 7.9% 左右，GDP 增速平均在 12.8% 左右。具体见表 1。

* 陈向平、常冬梅、王学青、杨琳，河南省统计局。

表 1　2006 年以来河南省能源消费总量与 GDP 增速对比

单位：%

	2006 年	2007 年	2008 年	2009 年	2010 年预计
能源消费量增长速度(%)	11.0	9.9	6.4	4.1	8.0
GDP 增长速度(%)	14.4	14.6	12.1	10.9	12.0
能源消费增速与 GDP 增速相差百分点	3.4	4.7	5.7	6.8	—
能源消费弹性系数	0.76	0.68	0.53	0.38	—

注：能源消费弹性系数主要用来反映能源消费增长速度与国民经济增长速度之间的比例关系，通常用两者年平均增长率间的比值表示。

2. 单位 GDP 能耗降幅不断扩大

“十一五”以来，全省高度重视节能降耗工作，政策执行有力，措施落实到位，单位 GDP 能耗持续下降，降幅逐年扩大（见表 2），节能降耗总体形势不断向好。2006～2009 年，全省单位 GDP 能耗累计下降 17.03%，比全国平均水平多降 2.65 个百分点，完成“十一五”节能目标的 83.7%，实现了目标完成进度与时间进度保持同步。根据相关能耗数据测算，全省有望完成“十一五”时期累计下降 20% 的任务目标。

表 2　2005～2009 年单位 GDP 能耗及降低率

		2005 年	2006 年	2007 年	2008 年	2009 年	“十一五”前四年累计下降
单位 GDP 能耗（吨标准煤/万元）	河南	1.396	1.355	1.298	1.232	1.156	
	全国	1.220	1.206	1.160	1.102		
单位 GDP 能耗上升或下降(±%)	河南		-2.98	-4.11	-5.11	-6.16	-17.03
	全国		-1.79	-3.66	-4.59	-2.2	-14.38

注：2009 年全省单位 GDP 能耗及降低率为初步核算数，全国单位 GDP 能耗及降低率为公报数。

3. 主要耗能产品单耗下降明显

“十一五”以来，全省主要单位产品能源消耗指标较 2005 年均大幅下降，重点监测的万吨及以上耗能工业企业产品单耗中，主要指标值降幅超过 20% 的有原煤生产、机制纸及纸板、炼焦、烧碱、水泥、平板玻璃、氧化铝等。“十一五”全省主要耗能产品单耗下降情况如表 3 所示。

表3　主要耗能产品单耗对比

主要单耗指标	2005年	2010年	降幅(%)
吨原煤综合能耗(千克标准煤/吨)	16.39	7.70	-53.02
火力发电标准煤耗(克标准煤/千瓦时)	366.85	315.38	-14.03
合成氨综合能耗(千克标准煤/吨)	1426.80	1243.06	-12.88
吨水泥熟料综合能耗(千克标准煤/吨)	323.99	112.68	-65.22
机制纸和纸板综合能耗(千克标准煤/吨)	590.11	318.44	-46.04
氧化铝综合能耗(千克标准煤/吨)	1032.18	562.28	-45.53
电解铝综合能耗(千克标准煤/吨)	2017.68	1726.71	-14.42
吨钢综合能耗(千克标准煤/吨)	533.46	476.00	-10.77
单位铝锭综合交流电耗(千瓦时/吨)	15028.64	13993.26	-6.89

4. 煤炭消费比重下降，电力消费比重上升，三次产业生产与能耗结构出现新变化

“十一五”以来，全省煤炭消费比重逐年缓慢降低，电力消费比重逐年上升，煤炭消费比重从2005年的87.2%下降到2009年的87.0%，下降0.2个百分点；电力消费比重从2005年的37.7%上升到2009年的38.8%，上升1.1个百分点。全省第一、二、三产业用能结构由2005年的3.3∶77.6∶19.1变化为2009年的2.7∶80.4∶16.9。

5. 工业领域节能成效明显

工业是国民经济最大的用能部门，能耗增减变化左右着全省能源消费总量的规模和速度。“十一五”以来，随着加快产能过剩行业结构调整、抑制重复建设、促进节能减排政策措施的实施，全省工业领域节能成效明显。2009年，全省单位工业增加值能耗2.71吨标准煤/万元，比2005年下降32.6%，降幅分别超过第一、三产业8.0个、2.1个百分点，低于第二产业8.9个百分点；预计2010年全省单位工业增加值能耗2.4吨标准煤/万元左右。2009年全省电力、有色、黑色、非金属、化工和煤炭等六大高耗能行业增加值和能源消费量占规模以上工业的比重为43.3%和78.0%，比2005年分别下降3.9个和4.2个百分点。纳入全国考核的88项单位产品能源消耗指标有58种下降，占68%。全省工业加工转换总效率70.2%，比2005年提高9.2个百分点。其中：电力行业通过关小上大，规模能耗效益显现，尤其是随着一批大型火力发电高参数、大容量机组的投产，火力发电效率达到36.8%，比2005年提高5.6个百分点。

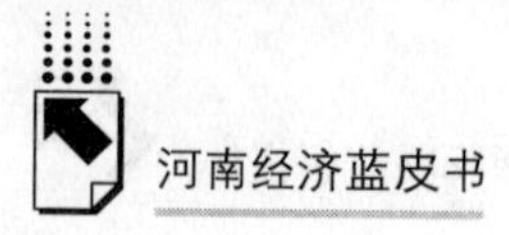

二 河南省节能降耗存在的不利因素和结构性矛盾

"十一五"以来，特别是最近两年全省节能降耗取得的成效，一方面说明中央和省委、省政府制定的一系列政策措施是正确的，这是贯彻落实科学发展观、实现经济增长与节能降耗同步推进的初衷所在，更是我们借"机"发力、乘"机"而起、加快崛起的动力所在；另一方面还必须清醒地认识到，2008 年下半年以来，部分高耗能行业（如有色金属冶炼及压延等）因受国际市场冲击，产量大幅萎缩，直接拉动了能耗增速回落，节能降耗成效还具有不稳定性和不可持续性。在"后危机"时期特别是 2009 年第三季度以来，随着全省经济的逐步回升，一些高耗能行业又呈加速增长之势，影响节能降耗深入推进的不利因素和结构性矛盾更加充分地暴露出来。

1. 能耗总量大，单位增加值能耗高

2009 年，全省能源消费量占全国的 6.4%，连续多年居全国第 5 位，分别是中部六省中山西、安徽、江西、湖北、湖南的 1.3、2.3、3.5、1.5 和 1.7 倍。2005 年以来，单位 GDP 能耗均高于全国平均水平 10% 以上；2008 年，单位 GDP 能耗居全国第 13 位，分别是广东、江苏、浙江、山东的 1.7、1.5、1.6 和 1.1 倍，比安徽和江西省高出 13.4% 和 31.4%。电力消费量居全国第 6 位。单位 GDP 电耗居全国第 10 位，分别是广东、江苏、浙江、山东的 1.2、1.1、1.1 和 1.3 倍，在中部六省中仅低于山西省，比安徽、江西、湖北、湖南分别高 14.5%、34.3%、14.8% 和 29.8%。能耗总量大、单位 GDP 能耗高，在全国缺乏比较优势，节能降耗仍然任重道远。

2. 长期累积的结构性矛盾进一步凸显

近年来，河南经济正处于工业化加速发展阶段，单位能耗最高的第二产业在国民经济中的比重逐年提高，耗能较小的第三产业发展相对滞后、比重过低。2005 年以来，全省第三产业增加值占 GDP 的比重一直在 30% 左右徘徊，2009 年仅有 29.3%，比 2005 年下降了 0.7 个百分点，低于全国平均水平 14.1 个百分点，比广东、江苏、浙江、山东分别低 16.4 个、10.3 个、13.8 个和 5.4 个百分点，比中部六省中山西、安徽、江西、湖北、湖南分别低 9.9 个、7.1 个、5.1 个、10.3 个和 12.1 个百分点，处于全国最后一位。第二产业增加值占 GDP 的比

重由2005年的52.1%上升到56.5%，超过全国平均水平10.2个百分点，比广东、江苏、浙江、山东分别高7.3个、2.6个、4.7个和0.7个百分点，比山西、安徽、江西、湖北、湖南高2.2个、7.8个、5.3个、9.9个和13.0个百分点。第三产业单位增加值能耗仅相当于第二产业的17.1%，在各产业单位增加值能耗不变的情况下，如果第二产业增加值比重下降1个百分点，第三产业比重上升1个百分点，就能够影响单位GDP能耗多降低1个百分点左右。第三产业发展滞后，比重偏低且不升反降，决定了全省能源消费总量较高，决定了单位GDP能耗居高不下，也使得节能降耗与产业结构发展不平衡的矛盾更加凸显。

3. 重工业化趋势难以抑制

河南是资源大省，把资源优势转变为经济优势，必然要加快发展高耗能原材料工业和制造业。目前全省以资源转化为主的电力、煤化工、石油化工、冶金、建材等重化高耗能工业占工业总量的比重高达55.5%，并且较东部沿海地区有着明显的比较优势，其产品在全国也占有举足轻重的位置，如氧化铝占全国产量的37.6%、电解铝占24.8%、合成氨占10.7%，水泥、火电、焦炭、平板玻璃比重也都在5.0%以上。较长一段时期内，这些行业和产品仍是推动全省经济发展的支撑力量，经济结构继续向重型化方向发展也就不可避免。如果单纯从节能降耗角度看，迅速改变重化工业结构对降低GDP能耗意义重大。但从短期看，调整难度较大，面临的问题较多，特别是如果进行简单、机械的关停，必将对保持全省经济社会持续、稳定、和谐发展产生不利影响。从长远看，加快产业结构调整也需一定的时间，因此，以资源转化为特色的重型化工业结构还将持续，经济增长对能源、资源依赖性较强的问题还将存在。

4. 煤炭消费比重高，污染排放量大

河南省能源消费长期以来主要以煤炭为主，天然气、石油、水电等优质能源消费比例偏低。2009年，全省煤炭消费量占能源消费总量的80%以上（世界煤炭消费水平平均比重为26.5%，工业化国家为21.4%），其中每年用于发电、供热的煤炭超过1亿吨，占全省煤炭消费总量的40%以上，省外输入电量仅占全省电力消费量的0.7%。大量消费煤炭不仅直接导致能源利用效率低下，而且对改善生态环境也会带来不利影响。据有关部门测算，目前排放在大气中的二氧化硫与烟尘总量约有90%和70%来自燃煤，这种能源消费结构也是造成全省二氧化碳排放量大的主要原因之一。

三　对进一步推进节能降耗与优化结构的对策建议

结构不优是影响节能降耗的决定性因素，推动产业结构优化是最大的节能降耗，需要充分运用节能降耗已经取得的成果，借鉴已经积累的经验，建立节能降耗长效机制，加速汰劣调结构，努力增优保增长，确保实现节能目标和保持经济平稳较快发展两不误，双促进。

1. 抓住产业结构优化升级这一关键

全省“十一五”以来节能降耗工作取得的成绩绝大部分是受淘汰落后产能、产品单耗下降以及能源加工转换率提高等直接节能因素的影响，而由于产业结构优化所引起的结构节能在本省并不明显。由于产业结构的不合理、不优化，“十一五”期间，结构节能对全省节能降耗甚至是负影响，这就要求我们在“十二五”期间，把调整、优化产业结构放在重要位置，抓住本省推进“中原经济区、三化协调示范区”建设，加快促进产业结构优化升级的关键，在推动农业规模化生产、产业化经营，提高农业劳动生产率，增强第一产业竞争力的同时，继续把加快第二产业发展放在突出位置，进一步做大工业经济总量，有效降低第二产业单位增加值能耗。以抓工业发展的力度和魄力，推动商贸流通、住宿餐饮、交通运输等传统服务业扩大规模、提升层次、塑造品牌，推动物流、金融、文化、旅游等现代服务业迅猛崛起，提高第三产业比重，努力实现经济增长由主要依靠第二产业带动向依靠第一、二、三产业协同带动转变，真正实现结构“节”能，而不是结构“耗”能。

2. 突出工业结构调整这一重点

加快组织实施十大产业调整振兴规划，积极运用高新技术和先进适用技术改造提升有色、黑色、化工、钢铁、建材等传统重化高耗能工业，加快技术装备更新、工艺优化和产品升级换代，注重深加工，延长产业链，提高重工业发展质量，变“高投入、低产出、高消耗”为“低投入、高产出、低消耗”；加快发展装备制造、汽车及零部件等先进制造业，壮大电子信息、生物制药、新能源、新材料、节能环保等战略新兴产业，培育一批具有核心竞争力的轻工业品牌，提高装备制造业、高新技术产业和轻工业占工业增加值的比重，走出一条能源消耗低、环境污染少、经济效益好的新型工业化道路。

3. 紧扣淘汰落后产能这一抓手

认真贯彻落实省政府《关于淘汰落后产能工作实施意见的通知》（豫政［2010］56号）要求，发挥市场作用，坚持依法行政，落实目标责任，优化政策环境，加强协调配合，将电力、煤炭、钢铁、水泥、有色、焦炭、造纸、制革、印染等14个重点行业淘汰落后产能任务分解落实到有关部门、省辖市、县（市、区）和有关企业，按要求内容和时间进度淘汰落后产能，拆除落后设施装置，防止落后产能转移。提高市场准入门槛，进一步健全新开工项目管理部门联动机制，严格限制高耗能、高排放项目开工建设。对单纯扩大产能的项目停止审批、核准或备案，对未通过环评和节能审查的项目不准开工建设，对违规建成的"两高"项目责令停止生产。

4. 明确优化能源消费品种结构这一方向

严格控制煤炭消费数量，推广各种经济有效的煤炭洁净技术，减少能源消耗和污染排放；提高外来电力消费比例，减缓全省火力发电过快增长势头；推广使用天然气、液化天然气、水电等清洁能源，促使能源产品换代升级；积极开发新能源，寻找替代能源，充分开发和利用沼气、太阳能等清洁能源，积极推进核能建设，不断改善能源生产和消费结构，促进低碳经济发展。

5. 坚定发展循环经济和低碳经济这一目标

循环经济、低碳经济以低消耗、低排放、高效率为基本目标，是节能降耗的重要途径。要抓住国家把河南确定为循环经济试点省的机遇，以资源高效利用和循环使用为核心，按照减量化、资源化、再利用原则，重点开展以提高矿产资源利用水平、余热余压综合利用水平和废气、废水、废渣综合利用水平的循环经济试点，推动重点矿山和矿业城市资源节约和循环利用。特别是当前在推进产业集聚区建设中，要坚持技术含量高、资源消耗低、环境污染小的原则，引导集聚区产业循环式组合、功能循环式配套，鼓励企业循环式生产，倡导社会循环式消费，使循环经济成为河南地域品牌。

B.6

“十一五”河南省服务业发展分析及“十二五”展望

王世炎　朱怀安　李贵峰　张旭建*

“十一五”时期，河南省把发展服务业作为经济增长的重要动力，坚持以科学发展观为统领，认真贯彻落实国家关于促进服务业发展的各项政策措施，在国际金融危机蔓延和全球经济增长放缓的影响下，服务业仍保持稳定快速增长，对保增长、保民生、保发展以及优化产业结构，缓解就业压力，保持社会稳定作出了重要贡献。

一　“十一五”期间河南省服务业发展基本情况

1. 服务业稳定增长，总规模不断扩大

“十一五”期间，全省服务业增加值增速一直稳定在两位数以上，年均增长12.2%，比“十五”时期的10.7%高出1.5个百分点。从1978~2009年的32年间，服务业增加值年均增幅13.2%，比GDP年均增幅高出2个百分点（见图1）。

服务业总体规模快速扩大。2009年河南服务业增加值总量突破5000亿元（按当年价计算），达到5700.9亿元，为2005年的1.79倍，年均增加629.9亿元，为“十五”期间年增加量的1.99倍。服务业总量居全国第九位，居中部六省第一位。

2. 服务业对经济发展的拉动作用不断增强

从三次产业对经济的拉动作用看，“六五”时期GDP年均增长12.7%，其中第一产业拉动3.4个百分点，第二产业拉动4.4个百分点，第三产业拉动4.9个百分点，三次产业对国民经济增长的贡献率分别为26.8%、34.6%和38.6%，

* 王世炎、朱怀安、李贵峰、张旭建，河南省地方经济社会调查队。

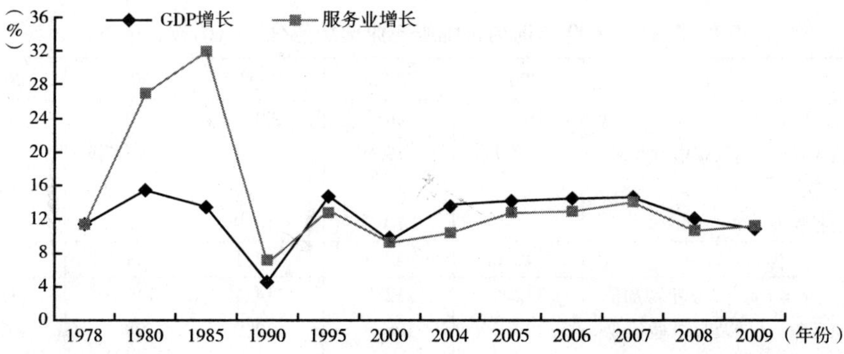

图1 1978～2009年河南省国内生产总值及服务业增加值增长趋势

这一时期是改革开放初期，产业结构尚不协调，三次产业对GDP的贡献较为平均。随着改革开放的深入和产业结构的不断调整，三次产业对GDP贡献呈现第一产业逐期下降，第二、三产业逐步上升的趋势。"十一五"时期，GDP年均增长13.0%，其中第一产业拉动0.8个百分点，第二产业拉动8.6个百分点，第三产业拉动3.6个百分点。

3. 产业结构不断优化，现代服务业得到较快发展

"十一五"期间，伴随着新型工业化的推进和城市化进程的加快，在传统服务业保持快速增长的同时，现代服务业、新兴服务业也得以较快发展，河南服务业产业结构不断优化。

首先，传统服务业保持稳定增长。"十一五"期间，批发零售业增加值年均增长11.1%，2009年增加值1057.8亿元，占全省服务业增加值的18.6%，占GDP的5.4%；交通运输、仓储和邮政业增加值年均增长5.3%，2009年增加值823.6亿元，占全省服务业增加值的14.4%，占GDP的4.2%。近年来，国家利用国债资金对全国流通业结构调整项目予以支持。这些项目的启动和建成，提高了所在地区农产品流通效率，促进了流通产业结构升级和结构调整，有力地推进了全省流通业的快速发展（见表1）。

其次，现代服务业及新兴服务业获得较快发展。"十一五"时期，信息传输计算机服务和软件业、租赁和商务服务业、教育、公共管理和社会组织等行业年均增长速度均在15%以上，显示了较好的发展势头。2009年，现代服务业增加值3293亿元，占服务业增加值的57.8%，比2006年高6.1个百分点。其中，全

表 1　2005～2009 年河南传统服务业增加值分行业构成、速度

年　　份	2005	2006	2007	2008	2009
构成(服务业增加值为 100)	100	100	100	100	100
交通运输、仓储及邮电通信业	19.7	19.9	19.2	15.7	14.5
批发零售业	19.4	18.3	17.0	18.0	18.6
住宿餐饮业	9.5	10.2	10.9	10.0	9.2
合　　计	48.6	48.4	47.1	43.7	42.3
指数(上年=100)服务业增加值	112.8	112.9	114.1	110.7	111.1
交通运输、仓储及邮电通信业	109.2	108.9	112.0	98	102.7
批发零售业	111.3	109.7	107.5	111.3	116.1
住宿餐饮业	112.8	122.6	114.4	101.7	99.0

省四大支撑行业竞相齐发。2009 年，全省物流业增加值 685.7 亿元，比上年同期增长 7.6%，占全省服务业增加值总量的 12.2%。全省接待海内外旅客和旅游总收入分别由 2006 年的 13139 万人次和 1039 亿元增加到 2009 年的 23325 万人次和 1985 亿元，年均分别增长 15.4% 和 17.6%。全省金融业增加值由 2006 年的 219.7 亿元增加到 2009 年 474.4 亿元，年均增长 22.9%，由占服务业总量和 GDP 的 5.9% 和 1.8% 分别提高到 8.4%、2.5%，显示出较强的发展实力。2009 年全省文化产业增加值比上年同期增长 15.1%，文化产业品牌建设成效显著(见表 2)。

表 2　2005～2009 年河南现代及新兴服务业增加值分行业构成、速度

年　　份	2005	2006	2007	2008	2009
构成(服务业增加值为 100)	100	100	100	100	100
信息传输、计算机服务和软件业	4.5	4.8	4.6	4.8	4.5
金融业	5.7	5.9	6.7	8.1	8.8
房地产业	9.4	9.4	9.9	10.0	10.9
租赁和商务服务业	2.8	2.5	2.4	2.6	2.9
科学研究技术服务和地质勘查业	2.4	2.2	2.0	2.2	2.1
水利、环境和公共设施管理业	1.0	0.9	1.0	1.0	1.0
居民服务和其他服务业	4.0	4.5	4.0	2.2	2.6
教育	7.2	7.3	8.1	8.0	8.8
卫生、社会保障和社会福利业	4.2	3.9	3.9	4.0	3.7
文化、体育和娱乐业	1.0	1.0	1.1	1.3	1.1
公共管理和社会组织	9.2	9.2	9.2	12.1	11.3
合　　计	51.4	51.6	52.9	56.3	57.7

续表 2

年　　份	2005	2006	2007	2008	2009
指数(上年=100)服务业增加值	112.8	112.9	114.1	110.7	111.1
信息传输、计算机服务和软件业	117.2	120.1	113.4	128.4	102.8
金融业	104.5	113.6	123.9	126.7	127.8
房地产业	110.0	114.2	116.5	105.5	113.2
租赁和商务服务业	121.1	102.5	112.2	121.8	126.2
科学研究技术服务和地质勘查业	117.9	106.2	112.2	116.0	109.4
水利、环境和公共设施管理业	131.6	102.7	122.2	116.3	118.9
居民服务和其他服务业	109.2	122.7	104.1	61.1	138.2
教育	118.5	115.8	128.7	108.2	120.9
卫生、社会保障和社会福利业	117.6	108.2	115.5	113.3	105.1
文化、体育和娱乐业	119.9	111.5	126.1	129.8	92.7
公共管理和社会组织	119.0	114.8	115.0	146.0	106.2

4. 从业人数稳步增长，成为吸纳就业的重要领域

随着河南服务业的快速发展以及服务业领域的进一步扩大，服务业吸纳劳动力的功能得到更好的发挥。"十一五"期末，全省服务业从业人员总数1509万人，"十一五"年均增长4.4%，比"十五"高0.1个百分点；占全省从业人数的25.4%，比"十五"期末高2.9个百分点。第一产业从业人数逐渐减少，从"六五"期末的81.2%减少到现在的46.5%，第二产业和第三产业从业人数所占比重均呈上升趋势。

5. 服务业投资增长较快，房地产业、水利环境和公共设施管理业、交通运输仓储和邮政业尤为明显

"十一五"以来，河南省服务业投资一直以20%左右的速度增长，年均增长28%，尽管增速低于全省平均水平，但比"十五"时期高7个百分点。服务业投资占全社会固定资产投资总额的44.7%，尽管比第二产业低5.8个百分点，但高于第一产业40.1个百分点。"十一五"期间，服务业各行业中固定资产投资额最大的行业是房地产业，其4年的投资总额已经超过了8000亿元，占全省服务业固定资产投资额的49.3%；水利、环境和公共设施管理业、交通运输仓储和邮政业，分别占服务业固定资产投资总额的13.7%，13.3%（见表3）。

表3 “十一五”时期河南服务业固定资产投资情况

单位：亿元

行　　业	2006年	2007年	2008年	2009年	“十一五”期间	
					投资总额	占比(%)
服务业	2952.5	3608.4	4530.7	5962.7	17054.3	100
交通运输仓储邮政业	696.7	508.4	485.5	583.9	2274.4	13.3
信息传输、计算机服务和软件业	53.9	59.0	55.6	76.1	244.6	1.4
批发和零售业	191.0	235.8	280.2	370.2	1077.3	6.3
住宿和餐饮业	48.1	77.9	114.1	166.3	406.4	2.4
金融业	3.9	7.2	8.1	12.7	31.9	0.2
房地产业	1199.3	1802.2	2424.3	2987.5	8413.3	49.3
租赁和商务服务业	20.4	24.1	22.5	31.0	98.0	0.6
科学研究、技术服务和地质勘查业	20.4	19.1	23.9	41.2	104.5	0.7
水利、环境和公共设施管理业	340.7	456.7	612.3	934.3	2343.9	13.7
居民服务其他服务业	47.9	38.1	52.3	66.0	204.3	1.2
教育	139.4	149.5	162.6	235.5	687.0	4.0
卫生、社会保障和社会福利业	43.2	63.3	84.8	132.8	324.1	1.9
文化、体育和娱乐业	44.6	69.6	90.7	149.7	354.6	2.1
公共管理和社会组织	102.9	97.6	114.0	175.5	490.2	2.9

二 “十一五”期间服务业发展存在的主要问题

1. 服务业占GDP比重偏低

长期以来，河南省第三产业占GDP的比重就一直低于全国平均水平，“六五”低2.8个百分点，“七五”低3.06个百分点，“八五”低6.31个百分点，“九五”低6.2个百分点，“十五”低8.75个百分点，“十一五”低11.3个百分点。但从“七五”以后差距呈现逐步扩大趋势，特别是全国第一次经济普查后，全国的服务业增加值占GDP的比重大幅度提高，而河南却变化不大，经过调整的服务业占GDP的比重比全国低得更多，而且呈现扩大态势（见表4）。

2. 投资结构不合理

“十一五”期间，河南对房地产业、交通运输业等资本密集型为主的服务业投资比例大、增幅高，特别是房地产业总投资达8413.3亿元，占服务业总投资额

表4　全国和河南省各个时期服务业比重

单位：%

地区	六五	七五	八五	九五	十五	十一五	2006年	2007年	2008年	2009年
河南	21.0	27.3	29.0	30.0	32.2	29.4	30.1	30.0	28.3	29.3
全国	23.8	30.3	35.4	36.2	41	40.7	39.3	40.1	40.1	43.4

的近50%。2006～2009年，河南生产性服务业固定资产投资占整个服务业投资的比重分别为33.4%、23.7%、19.3%、18.7%，呈逐年下降之势。这样，势必影响全省服务业的快速发展和经济增长的后劲。

3. 现代服务业拉动作用不强

2009年，以金融业、房地产业、通信业、教育、文化体育和娱乐业、卫生社会保障和社会福利业等现代服务业占服务业的总量不足60%。河南现代服务业发展不充分，结构不合理，制约着河南经济的快速发展。

4. 市场化程度低，服务业体系不健全，农村社会化服务体系落后

一是市场化程度低，有效竞争不足。二是与先进省份相比，研发、设计、采购、营销、售后服务等服务体系不健全，特别是面向社会提供服务的研发中心、财务咨询公司、专业营销公司、第三方物流等专业服务机构比较缺乏。三是全省农村的软硬环境较弱，通信、教育、卫生、科技等发展缓慢，文化娱乐、商务租赁、居民服务、社会保障严重滞后。

5. 缺乏品牌优势，龙头企业的带动作用不强

2009年，全省100家服务业重点企业营业收入超过5亿元的只有14家，仅占14%。中国服务业500强企业排名中仅有郑州铁路局（排名第55位）、郑州交通运输集团有限责任公司（排名第415位）榜上有名，仅占全国500强的0.4%，居中部六省倒数第一。目前尚无一家跨省经营的区域性商业银行，无一家5A级物流企业，旅游品牌的整体塑造、服务业体系的建设以及服务质量与云南、海南等发达省份差距较大，信息网络、会展、居民服务业等更不具有竞争优势，也在一定程度上影响了河南服务业的发展。

6. 科技创新不足、高素质人才缺乏

2009年，全省研究与试验发展（R&D）经费支出占生产总值的比重仅为0.77%，远低于全国平均水平；每万名从业人员中从事科技活动人员数为38人，

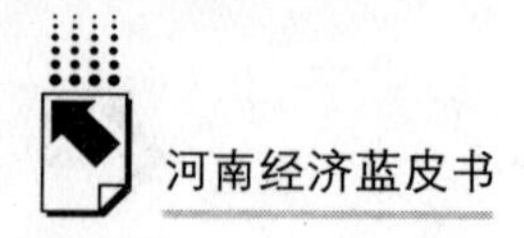

低于全国43人的平均水平；全省专利年申请量和授权量也与发达省份存在较大差距。科技投入的不足，高技术专业人才匮乏，对河南服务业特别是新兴服务业的发展产生不利影响。

三 河南省服务业发展前景展望

展望2011年，"十二五"规划将启动，服务业是"十二五"时期我国经济结构调整的重点之一，全省"十二五"发展规划建议和中原经济区建设对服务业发展都提出了明确要求，要把推动服务业大发展作为产业结构优化升级的战略重点，努力提高服务业在国民经济中的比重和服务业从业人员在全社会从业人员中的比重。预计2011年及"十二五"时期服务业将保持较快发展。

1. 以消费为主体的传统服务业将焕发生机

2011年作为"十二五"开局之年，中央政府把扩大消费、提高消费率提到前所未有的高度，为2011年扩大消费提供了战略导向。随着"十二五"规划的实施和收入分配改革的启动将为居民收入增长提供体制性保障，劳动力市场供求状况也有利于劳动者报酬的稳步提高，社会保障制度建设有助于减轻居民消费的后顾之忧，储蓄消费型增长模式使我国消费有较强稳定性，这将促使消费增速仍然能够保持较高水平，成为拉动经济增长的引擎。全省区位优势突出，以交通运输，批发和零售业，住宿和餐饮业为代表的传统服务业将保持快速增长。

2. 结构转型催生新兴服务业以及现代服务业发展

由于外部经济环境的不确定性，国家已经制定经济转型的方针政策。即我国主导经济发展将从出口及固定资产投资主导变成消费主导。未来一个时期与消费、城镇化及新兴产业相关的行业，如教育、医疗服务、金融服务、铁路、信息技术以及光纤网络等将得到较多的优惠政策，获得较好的发展机会。

3. 生产性服务业进入发展机遇期，物流业有望异军突起

转变发展方式、调整产业结构、促进内需发展是"十二五"时期我国经济发展的重要方向，调整结构的中心是加快新兴产业发展，而走新型工业化道路更需要现代物流、金融保险、研发、商务服务、教育培训等行业的推动，与新兴产业密切相关性的生产服务业将会得到较快发展。2010年省政府编制了河南省现代物流业发展规划（2010~2015），从2011年实施，为物流业的发展提供了制度

保证，独特的区位优势，完善的铁路、公路、航空、通信等基础设施将为物流业发展提供强力支撑，物流业将会在新一轮中经济发展中异军突起。

4. 房地产仍是提升服务业发展的重要力量

由于受经济发展水平的制约，与经济发达省份以及周边省份相比，全省房价仍处于较低水平，加上全省城镇率较低，大力推进城镇化建设仍是加快全省经济发展的重要动力，加上近年来，全省产业集聚区的快速发展，必将推动房地产业的发展。尽管房地产市场平稳健康发展的不确定因素依然较大，但强大的市场需求难以使房价大幅下调，未来一个时期，房地产业仍是全省服务业发展的重要推动力量。

5. 信息传输行业发展空间巨大

伴随着我国企业日趋成熟，设计研发的升级蜕变以及“十二五”政策的扶持，特别是电子商务将被列入战略性新兴产业，具有爆发性发展的物联网、云计算、电子认证、电子支付、现代物流、标准体系、信用体系等纳入其中。近期国家又出台了鼓励软件产业和集成电路产业发展的政策措施，未来一个时期以软件服务为代表的信息传输计算机服务和软件业大有作为。

6. 旅游业发展势头不减

河南省地处中原，区位优势突出，旅游资源丰富，尤其是近几年加大了旅游业发展力度，在打造品牌、形象设计、产品开发、市场开拓以及服务质量和水平上迈出了一大步。发展旅游业已列入全省服务业四大支撑产业，将在政策、资金、税收等方面享受较多优惠。特别是“十二五”时期，国家将实施国民旅游休闲计划，推动旅游较快发展。

B.7

2010年及“十一五”河南省固定资产投资发展报告

罗勤礼 颜瑛 邱倩 徐良*

2010年及“十一五”时期，河南省以科学发展统领全局，立足本省实际，坚持把投资作为拉动经济增长的重中之重来抓，全省投资持续保持快速增长势头，投资规模不断扩大，投资结构不断优化，投资对拉动河南省经济又好又快增长起到了至关重要的作用。

一 2010年及“十一五”河南省固定资产投资运行的基本特征

1. 固定资产投资保持强劲，总量规模不断扩大

2010年，河南累计完成全社会固定资产投资16585.85亿元，比上年增长21.0%，增速同比回落9.6个百分点，低于全国平均增速2.8个百分点。其中，城镇固定资产投资完成13934.82亿元，位居山东、江苏、辽宁之后，总量列全国第4位、中部六省第1位，同比增长21.6%，增速同比回落9.7个百分点，低于全国平均增速2.9个百分点；“十一五”时期，河南省累计完成全社会固定资产投资5.47万亿元，是“十五”时期的4.1倍，年均增长32.3%，比“十五”时期快12.1个百分点，比全国平均增速快6.8个百分点（见图1）。其中累计完成城镇固定资产投资4.56万亿元，是“十五”时期的4.6倍，年均增长33.5%，比“十五”时期快7.8个百分点，比全国平均增速快7.4个百分点。

* 罗勤礼、颜瑛、邱倩、徐良，河南省统计局。

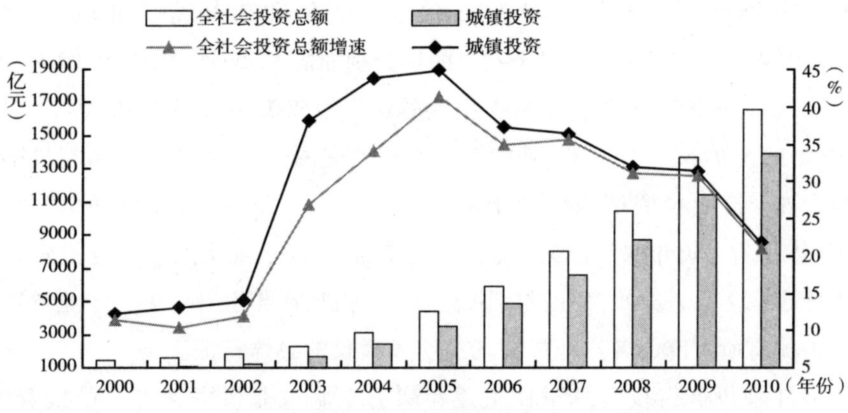

图 1　2000 年以来河南投资走势

2. 投资主体日趋多元，民间投资成为主体

2010 年，全社会民间投资 13026.15 亿元，比上年增长 23.3%，占全社会投资的比重由 2005 年的 55.6% 上升到 2010 年的 78.6%。“十一五”时期，累计完成民间投资 4.04 万亿元，是“十五”时期的 5.9 倍，年均增长 43.1%，比“十五”时期快 19.6 个百分点，高于全社会固定资产年均增速 10.8 个百分点，民间投资已经日益成为推动河南投资增长的主要力量（见表 1）。

表 1　河南“十一五”时期投资主体构成

单位：亿元

年份	全社会固定资产投资	国有及国有控股投资		港澳台及外商投资		民间投资	
		总量	比重(%)	总量	比重(%)	总量	比重(%)
2005	4378.69	1693.90	38.7	249.85	5.7	2434.94	55.6
2006	5907.74	2027.26	34.3	279.72	4.7	3600.76	60.9
2007	8010.11	2126.47	26.5	310.49	3.9	5573.14	69.6
2008	10490.65	2491.71	2.8	338.98	3.2	7659.96	73.0
2009	3704.65	2851.79	20.8	291.46	2.1	10561.4	77.1
2010	16585.85	3135.46	18.9	404.24	2.4	13026.15	78.6

3. 产业投资全面增长，投资结构进一步优化

2010 年，河南全社会第一、二、三产业分别完成投资 824.14 亿元、8240.21 亿元、7521.47 亿元，分别比上年增长 8.2%、18.1%、26.1%. “十一五”时期，河南第一、二、三产业分别累计完成投资 0.26 万亿元、2.75 万亿元、2.46

万亿元，分别是“十五”时期3.96倍、5.32倍和3.36倍，年均分别增长41.1%、36.4%和27.4%，比“十五”时期分别加快32.5个、9.1个和9.0个百分点。第一、二、三产业投资占全社会投资的比重由2005年的3.8∶45.0∶51.2演变为2010年的5.0∶49.7∶45.3，其中第二产业投资占比在2007年开始超过第三产业投资占比，产业投资结构由原来的“三、二、一”转变为现在的“二、三、一”。整体来看，近年来河南第一、二、三产业投资呈现出第一产业投资稳步增长、占比小幅上升，第二产业投资快速增长、占比逐年上升，第三产业投资中速增长，占比有所下降，各产业投资均有明显增长的总体特征。

（1）工业投资占投资总量比重逐年攀升，制造业投资领先工业投资增长。2010年，河南全社会工业投资8228.16亿元，比上年增长18.2%。“十一五”时期，全社会工业投资累计完成2.74万亿元，是“十五”时期的5.38倍，年均增长36.8%，比“十五”时期快8.9个百分点，高于全社会投资年均增速4.5个百分点。工业投资占投资总量的比重由2005年的44.4%上升到2010年的49.6%，进一步提高了河南工业化水平。围绕新型工业化发展道路，河南制造业投资明显加强。“十一五”时期，河南累计完成城镇制造业投资1.99万亿元，年均增长46.0%，高于全省城镇工业投资年均增速7.0个百分点，占城镇工业投资的比重由2005年的66.9%提高到2010年的84.9%，年均提高3.6个百分点。河南工业投资结构进一步优化，工业经济长期倚重能源、原材料工业状况得以改善，从而为河南工业经济持续、健康、稳定发展打下了良好基础。

（2）优势产业投资进一步加强，新兴产业规模不断扩大。“十一五”时期，河南一方面充分发挥自身的区位优势和资源优势，加大对煤炭、冶金、建材、化工等传统支柱产业和优势产业的投资力度，通过项目建设，壮大优势产业基础；另一方面重点培育能源、机械、食品、纺织等新兴支柱和特色产业，通过大投资促进大发展，新兴产业投资规模不断扩大。“十一五”时期，河南煤炭、冶金、建材、化工等河南传统优势产业累计完成投资1.07万亿元，年均增长38.3%，占城镇工业投资的比重为42.9%；电力、机械、食品、纺织、电子等河南新兴优势和特色产业累计完成投资1.15万亿元，年均增长40.2%，占城镇工业投资的比重为46.0%；高技术产业累计完成投资1105亿元，年均增长52.7%，占城镇工业投资的比重为4.4%。

（3）第三产业投资稳步增长，内部结构有所优化。第三产业的快速发展和

不断升级，是河南增加就业、促进消费、减少能耗的重要途径，也是河南推进两大跨越、实现中原崛起的战略选择。“十一五”期间，全社会累计完成第三产业投资 2.46 万亿元，是“十五”时期的 3.36 倍，年均增长 27.4%，比“十五”时期年均增速快 9.0 个百分点。近年来，河南第三产业投资比重虽有所下降，但内部结构出现可喜变化。金融业、科学研究技术服务和地质勘察业、卫生社会保障和社会福利业、文化体育和娱乐业等新兴服务业行业，“十一五”时期投资年均增速均高于第三产业平均增速。

4. 房地产投资增势强劲，成为投资增长的新亮点

2010 年，河南房地产开发投资 2114.08 亿元，比上年增长 36.1%。“十一五”时期，河南房地产开发投资累计完成 6293.61 亿元，是“十五”时期的 5.86 倍，年均增长 42.1%，比“十五”时期快 6.1 个百分点，高于同期全社会投资增速 9.8 个百分点。2010 年，河南房地产开发投资占全社会投资总量的比重为 12.8%，比 2005 年提高 3.9 个百分点，房地产开发投资对全社会投资增长的贡献率由 2005 年的 10.1% 迅速提高到 2010 年的 19.5%。房地产开发投资已经逐渐成为河南投资增长新的重要推动力量。

5. 投融资体制改革成效明显，自筹资金成为融资主要渠道

“十一五”时期，河南不断加大投融资体制改革，拓宽融资渠道，股票、债券、集资、转让经营权等融资方式逐步进入到投资建设领域，河南投资增长的自主性明显增强，对国家预算内资金和贷款的依赖性逐年下降。2005 年城镇投资资金来源中国家预算内资金和贷款合计占资金来源的比例为 21.3%，2010 年这一比例已经下降到 12.7%。与此同时，自筹资金在项目建设资金来源中的比重逐年提高，2010 年，在河南城镇投资资金来源中，自筹资金占资金来源的比例达到 76.2%，比 2005 年提高 9.1 个百分点。

6. 在建项目、新开工项目投资规模继续扩大，大项目投资保持快速增长

2010 年，全省在建城镇项目（不含房地产开发项目，下同）34053 个，比上年减少 2882 个，在建项目投资规模为 25025.55 亿元，同比增长 37.5%。其中，亿元及以上在建项目 2511 个，同比增加 1155 个，投资规模为 15073.98 亿元，增长 58.8%；亿元及以上在建项目完成投资 5030.00 亿元，增长 53.5%，增速高于在建项目投资增速 34.1 个百分点。全省亿元及以上项目完成投资占城镇项目完成投资的 42.5%，同比提高 9.0 个百分点。

2010年，全省城镇新开工项目26755个，比上年减少5180个，新开工项目投资规模为15539.70亿元，增长27.3%。其中，亿元及以上新开工项目2157个，同比增加907个，投资规模为8159.97亿元，比上年增长71.6%；完成投资3025.43亿元，增长59.3%。“十一五”时期，全省累计新开工城镇投资项目11.78万个，比“十五”时期增加8.45万个；新开工投资规模4.46万亿元，是“十五”时期的4.7倍。

二　2010年河南省投资增速回落原因分析及“十一五”投资基本评价

1. 2010年河南省投资增速回落的原因分析

2010年，河南城镇固定资产投资增速持续回落，直到8月份才止落回稳，并且，2010年以来河南城镇投资增速在中部六省位列倒数第一，而且低于全国平均水平，之所以出现这种局面，初步分析，主要是因为存在以下几方面的原因和问题。

（1）国家宏观调控政策逐步趋紧，制约了河南投资的快速增长。河南工业投资严重依赖能源、原材料投资增长的结构性特征较为突出，2010年全省能源、原材料工业投资占城镇工业投资的比重将近50%，随着叫停新建扩能项目等调控政策的出台，这些领域的投资增长不断放缓。2009年9月，国家明确提出对钢铁、水泥、平板玻璃、电解铝、煤化工、多晶硅、风电设备等产能过剩行业投资项目进行控制；2010年5月，国家又出台了新的节能减排措施，一定程度上进一步抑制了河南钢铁、电解铝、烧碱、水泥、锌冶炼等能源原材料行业的投资增长。2010年河南六大高载能行业完成投资占城镇工业投资的32.4%，仅增长7.0%，增速分别比第一季度、上半年、前三季度回落15.2个、6.3个和1.3个百分点，高载能行业投资增长整体上呈现不断下滑态势。

（2）大项目开工不足、投资集中度不高，对投资增长支撑作用不强。2010年，河南亿元及以上在建项目个数达到3511个，占城镇在建项目个数的10.3%，低于全国平均水平1.2个百分点，其中，新开工项目2157个，亿元及以上新开工项目投资规模占新开工项目投资规模的52.5%，低于全国平均水平9.0个百分点左右。另外，2010年全省亿元及以上在建项目平均投资规模为4.29亿元，

仅为全国平均水平的 60.1%。

(3) 新开工项目个数不断减少，投资规模增速下滑。2010 年，河南城镇新开工项目个数达到 26755 个，同比减少 5180 个，新开工项目个数从 2010 年 4 月份开始出现萎缩的苗头，伴随着新开工项目个数同比的不断减少，新开工项目投资规模增速也在不断下滑，2010 年，全省城镇新开工项目投资规模增长 27.3%，增速同比回落 34.9 个百分点。初步分析，新开工项目个数不断减少、投资规模增速大幅下滑的主要原因有以下几点：一是受上年同期新开工项目投资高速增长的影响。2009 年全年全省新开工项目个数达到 31935 个，居全国第 1 位；新开工项目投资规模达到 12211.88 亿元，居全国第 1 位。二是受国家宏观调控政策影响，部分新开工项目未能按计划在 2010 年内开工，或者是“启而未动”没有形成实际工作量，从而导致新开工项目不足所致。

(4) 较大的基数和紧缩的投资需求之间的矛盾限制投资的快速增长。2008 年河南投资规模突破万亿元大关，2009 年达到 13704.65 亿元，2010 年则进一步达到 16585.85 亿元，总量位居全国第 3 位，中部第 1 位。继续保持投资的高速增长，难度很大。另一方面，受国际金融危机的影响，国际国内市场竞争进一步加剧，而河南现有产业的多数产品位于“价值链的低端，产业链的始端”，竞争力不强、抗打击能力弱，投资主体对市场前景不太乐观，影响了投资的积极性。

2. “十一五”时期河南省投资的基本评价

“十一五”时期，固定资产投资对拉动河南经济增长、增强经济发展后劲起到了至关重要的作用，长期以来制约河南经济社会发展的基础设施瓶颈等问题也得到了明显改善，但存在一些长期困扰河南投资健康、持续、稳定发展的困难和问题。

(1) 投资效益整体不高，投资质量有待提升。从衡量投资效益的主要指标投资弹性系数来看，河南投资弹性系数整体上呈下滑趋势，并且持续低于全国平均水平。投资弹性系数度量的是投资增长一个百分点所带动经济增长的百分点数，从相对量的角度来衡量投资效益的大小。河南投资弹性系数从“十五”末期的 2005 年开始低于全国平均水平，在“十一五”期间则持续低于全国平均水平。

(2) 产业间投资增长不均衡，内部行业结构不尽合理。突出表现以下三个方面：河南第一产业投资总量规模占比偏小。2010 年，河南第一产业投资占全

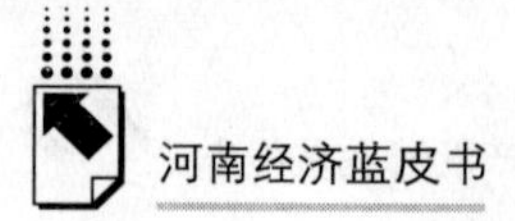

社会投资的比重仅为5.0%，第一产业投资的不足，将对全省经济社会健康协调发展带来不利影响，同时也对河南加快农业结构调整步伐，全面推进农业产业化、现代化，推进粮食生产核心区建设目标的实现带来现实的难度。

第二产业投资内部结构不尽合理。工业投资长期倚重外延式投资增长，内涵型投资增长乏力。2010年河南城镇工业投资中，反映工业投资高级化水平的改建和技术改造投资仅占城镇工业投资总量的9.2%，而新建、扩建项目投资占城镇工业投资的比重高达88.8%；河南长期以来所形成的资源导向型工业产业布局，使得河南在“十一五”时期工业投资增长过于倚重能源原材料工业投资，2010年河南城镇能源原材料工业完成投资占工业投资的比重达到41.3%，高技术产业投资虽经多年发展，但占工业投资的比重仅达到5.2%。粗放型经营为特征的传统产业投资在河南仍有相当比重，河南产业结构升级和调整步伐尚需进一步加快；高耗能行业投资占比偏高。2010年河南六大高耗能行业投资占全省城镇工业投资的比重达到32.4%，这些行业投资比重偏高，对以后一个时期，全省节能降耗和经济的可持续发展带来了现实的和潜在的冲击。

第三产业投资占比不断下降，内部结构失衡有所加剧。2010年，河南第三产业完成投资占全社会投资的比重为45.3%，比2005年下降5.9个百分点；消费性服务业投资内部结构也有所失衡，2010年河南消费性服务业完成投资占城镇第三产业投资的比重达到80.0%，而消费性服务业投资自身的构成中，房地产业和水利环境和公共设施管理业投资合计比重更高达82.9%（两产业占比分别为60.0%和22.9%）。河南消费性服务业投资增长过度依赖房地产、水利等行业投资，教育、卫生社会保障、文化体育等民生行业投资投入不足。

三 2011年河南省固定资产投资走势展望

2010年，面对国际国内复杂多变的经济形势，河南固定资产投资规模适度扩大，投资结构继续向好。展望2011年，河南投资增长机遇和挑战并存，机遇大于挑战，河南投资运行将继续朝着宏观调控的预期方向发展。

第一，河南正处在工业化、城市化加速发展阶段，投资需求巨大，投资领域宽广，需要投资项目的很多，无论是产业发展，还是城乡建设，都有旺盛的投资需求。

第二，国际国内产业向内地转移的速度进一步加快，为河南承接产业转移提供了难得的机遇和条件，这特别有利于河南大规模地引进资金、技术、管理等短缺要素，从而进一步优化资源配置，扩大投资规模。

第三，国家将继续实施扩大内需的经济发展战略，国内市场需求将进一步扩大，这也将有效引导河南各个产业的投资持续稳定增长。

第四，河南已经制定下发了《中原经济区建设纲要》，这将形成河南新一轮的投资建设热潮，特别是围绕着十大支撑体系建设，河南已经规划、储备了一大批项目，这对 2011 年河南投资平稳较快增长将会形成强有力的支撑。

2011 年，机遇与挑战并存，但优势与困难同在，河南固定资产投资保持稳定较快增长也存在着诸多制约因素。

其一，国际金融危机后世界经济恢复缓慢，美国、欧盟等发达经济体经济发展存在许多不确定因素，市场需求低迷，国际竞争加剧，贸易保护主义抬头。

其二，面对不断加大的通货膨胀预期，国家宏观调控政策总体上趋紧，资金、土地等要素供给将继续偏紧。

其三，在国家产业政策贯彻和落实加快转变经济发展方式、调整经济结构、节能减排等大的宏观背景下，河南钢铁、电解铝、水泥、电力、石油等重化工业投资下行压力仍然较大。

其四，河南 2010 年新开工项目的数量减少将对 2011 年的投资增长造成影响。河南投资项目的建设周期平均为 1.5 ~ 2.5 年左右，开工的第二年是投资的高潮期，2010 年河南新开工项目个数同比减少 5180 个，新开工项目规模占施工项目规模的比重由上年同期的 67.1% 下降到 62.1%，这将对 2011 年河南投资的持续快速增长形成较大制约。

B.8
“十二五”河南省建设现代产业体系问题研究

陈维忠*

河南省委八届十一次全会，描绘了建设中原经济区的宏伟蓝图，为河南省今后五年及相当长一个时期的发展提出了思路和目标。现代产业体系是中原经济区建设的基石，工业是拉动河南经济发展的重要力量，“十二五”加快构建现代产业体系是建设中原经济区、加快中原崛起和河南振兴的主要支撑。

一 河南省工业的新起点

“十一五”期间，河南省依托比较优势，积极发展工业，已成为新兴工业大省。2010 年预计全年全部工业增加值突破 1.1 万亿元，连续三年占 GDP 的比重在 50% 以上；其中规模以上工业增加值突破 8800 亿元，比 2005 年增加 5599 亿元；主营业务收入超过 3.2 万亿元，实现利润 2800 亿元，分别是 2005 年的 3 倍多和 4 倍多，营业收入超百亿元的企业达到 29 家，继河南煤化之后，中平能化集团 2010 年营业收入超过 1000 亿元。特别是 2003 ~ 2008 年，河南省规模以上工业增加值平均增速达到 22.4%，长期位居全国第一方阵、中部遥遥领先，度过了“黄金五年”。这段时期，河南工业的快速发展，既为经济社会发展提供了雄厚的物质基础，也使河南工业经济发展站在了更高的起点上。但金融危机以来，河南工业保增长和调结构的“两难”矛盾不断凸显，突出表现为“重（资源型重化比重较重，2009 年底占 69.3%）、低（产业层次低，处于产业链的底端和价值链的前端）、小（企业、企业集群规模小）、少（民营企业、中小企业发

* 陈维忠，河南大学。

展不充分)"，2010 年前 11 个月工业增加值增速、投资增速等主要指标均滑至中部末位，河南工业经历长期高速发展后，面临新的周期性调整压力，河南工业又处于一个关键节点和重要时期。加快走新型工业化道路，在转型升级中促进工业又好又快发展，既是建设中原经济区、加快中原崛起和河南振兴的紧迫需要，也是必然选择。

二 河南省工业的阶段性特征

从工业发展的情况看，河南工业的阶段性特征可以用四个"期"来概括：工业化进程进入加速期，根据霍夫曼比例和钱纳里工业阶段理论，结合我国工业阶段的划分方法，判断得出，河南正处于工业化中前期向工业化中期加速推进阶段。这一阶段，加快走新型工业化道路、提升工业化水平成为全省经济社会发展的内在要求和必然选择。工业结构调整进入关键期，随着工业化、城镇化和农业现代化加快推进，工业结构调整的动力不断增强，政策环境不断优化，工业结构将由能源、原材料型向精深加工发展，由过多地依赖传统产业向装备制造业和高新技术产业等为主转变。要素瓶颈制约进入凸显期，随着社会经济的发展，能源、环境和土地等要素约束进一步加大，环境容量趋于饱和，工业发展空间受到严重制约，生产要素价格趋高导致原有竞争优势弱化，以粗放型发展、数量型扩张为特征的工业增长方式将难以为继。工业部门管理进入创新期，随着经济社会的加快转型，政府管理体制转轨迫在眉睫，倒逼工业部门管理加快模式创新和机制创新。

三 "十二五"河南省工业发展的基本思路

综合判断，今后五年是我们必须紧紧抓住并可以大有作为的战略机遇期。以科学发展观为统领，加快产业结构调整，走新型工业化道路，推动河南工业由大变强，对于建设中原经济区、加快中原崛起和河南振兴具有十分重要的意义。

(一) 构建一个体系

按照"竞争力最强、成长性最好、关联度最高"的原则，壮大战略支撑产业，培育战略新兴产业，强化战略基础产业，增强产业集聚区载体功能，构建结构优化、技术先进、清洁安全、附加值高、吸纳就业能力强的现代产业体系。就是坚持走新型工业化道路，做到“三个结合”，一是发挥比较优势和后发优势相结合，改造提升有色、化工、钢铁、煤炭等传统优势产业，大力发展汽车及零部件、食品、纺织服装等新的经济增长点，积极培育电子信息、生物等新兴产业。二是做大总量和优化结构相结合，增加大项目占整个项目的比重，增加技改项目占整个项目的比重，促进产业发展由“重、低、小、少”向“轻（增加装备制造和高技术产业比重）、高（向精深加工发展）、大（增强大企业数量和综合竞争力）、多（增加民营企业和中小企业数量）”。三是增创制造业新优势和促进服务业大发展相结合，以制造业两端延伸和中间分离为突破口，以软件和信息服务业为重点，拓展生产性服务业发展领域。同时，加强企业文化和企业管理，积极营造企业和企业家成长的环境。

（二）建设四大基地

建设全国重要的先进制造业基地。构建中原经济区，必须立足现实，以技术改造为手段提升5大战略支撑产业（有色、化工、装备制造含汽车及零部件、食品、纺织），促进产业链向精深加工延伸。力争“十二五”末，5大战略支撑产业规模以上工业增加值突破1万亿元，实施翻番，中高级产品比重达到50%以上。以电解铝、甲醇深加工和钢铁水泥节能环保为重点，大力推动有色、化工等重点产业向集约化、系统化和深加工方向发展，积极促进煤电铝产业链、煤化工产业链向高端延伸，由卖资源向卖产品转变；在加快钢铁、水泥企业兼并重组的基础上，注重与产业配套本地化，由生产企业向生产服务企业转变，提升存量。着力增强装备制造业自主创新、服务增值、先进制造和产业配套能力，以洛阳动力谷、中原电气谷、郑州百万辆汽车基地为重点，推动矿山机械、电力装备、工程机械等优势产品和汽车及零部件产业发展，扩大增量。积极承接产业转移，提升纺织服装制鞋等轻工产业品牌化、规模化和吸纳就业能力，培育周口制鞋、内黄陶瓷等特色产业集群，建设全国重要的先进装备制造业基地、精深原材料工业基地和优质名牌消费品工业基地。

建设全国重要的高新技术产业基地。构建中原经济区，必须着眼长远，实施新兴产业倍增计划，加强规划引导和政策支持，大力发展电子信息、生物、节能环

保、新能源、新材料、新能源汽车等战略新兴产业。力争"十二五"末，战略新兴产业占全省工业的15%以上。以富士康项目为引领，着力发展消费类电子，加快专业分工和配套协作，把电子信息产业培育成为新的支柱产业，力争"十二五"末，电子信息产业工业增加值突破2000亿元。组建产业联盟，加快要素集聚，建设具有较强影响力的新能源、新材料、生物和新能源汽车产业基地。

建设全国重要的食品工业强省。构建中原经济区，必须打牢粮食基础，做大做强食品工业，固农兴工、富民强省。食品工业成长性好、关联度高、就业面广，它一肩担两头（2009年食品工业实现增加值1167.5亿元，占全省规模以上工业增加值的14.7%，是河南第一大支柱产业，连续4年位居全国第二位，仅种植优质专用小麦一项，每年带动农民增收40亿元），一业连三业（举例：双汇集团预计2010年底主营业务收入将达到500亿元，今年消耗2500万头生猪、40万头黄牛、30万吨鸡肉，已发展连锁经营400家店，2万多个经营网点），是破解四难的重要突破口（从就业上讲，600万人从事食品及相关配套产业生产，2300万农民从事原料生产），是河南最具比较优势和发展潜力的产业。因此，大力实施食品工业"二次创业"，以"优化、创新"为核心，抓好食品工业企业诚信体系全国试点省建设，提升肉制品、面制品品质，打造全国知名的沿京广现代食品产业带，培育100家重点企业、100个重点品牌和100个创新产品，把食品工业打造成为中原经济区的重要支撑和富民强省的主导产业，把河南建成有重要影响的食品工业强省。

建设全国重要的煤炭安全生产基地。深入推进煤炭企业兼并重组和煤炭资源合理配置，培育壮大骨干煤炭企业，形成三个年产5000万吨以上的大型煤炭企业集团，新建矿井规模不低于45万吨/年，提高煤炭产业集中度，全省全年煤炭产量稳定在2亿吨左右。加强煤矿安全技术改造，深入开展煤矿生产质量标准化工作，提升采掘机械化和自动化水平，增强抗灾能力，煤炭产业支撑工业和经济发展的能力不断增强。积极促进煤层气产业发展。提升煤化工、煤电铝产业链。支持大型电煤储配中心建设。

（三）突出四大举措

1. 在产业结构上，突出特色主导、错位竞争

准确理解和把握现代产业体系的含义，对各市、县而言，主要是客观分析、

准确把握本地优势，按照竞争力最强、成长性最好、关联度最高的原则，选准、抓好若干特色主导产业，通过产业链完善、配套合作、良性互动，着力推动产业集群式链式发展，培育特色鲜明、优势明显的产业集群。根据各市、县特色产业情况，在全省范围内抓 30～50 个左右各具特色的产业集群或基地，扩大增量，提升存量，打造主导产业和特色经济。

2. 在组织结构上，突出龙头带动、完善体系

牵牛要牵牛鼻子，在战略基础产业、战略支撑产业和战略新兴产业中，抓紧梳理出 50～60 条产业链，着力弥补薄弱环节，推动向精深加工方向发展。对当前要突出抓的行业和产业链，通过抓这些行业的龙头企业，带动中小企业集聚，促进生产性服务业和公共服务平台配套，完善产业体系。通过龙头带动、完善体系，促进企业组织优化，着力壮大一批拥有知名品牌和核心竞争力的大型企业集团，培育一大批“专、精、特、新”的中小企业，形成大企业和中小企业双轮驱动的发展格局。

3. 在投资结构上，突出技改提升、创新驱动

技术改造具有技术新、投资省、工期短、见效快、污染少、消耗低、集约利用土地等突出特点，投资乘数效应大，是改造提升传统优势产业的主要手段和通行做法，对能源原材料产业比重大的河南而言尤为迫切。而河南技术改造投入相对不足，2009 年改建和技术改造投入不足 1000 亿元，占投资总额的比重仅占 15%左右，与工业经济发达省份以技改投入为主的投资结构差距很大。按照“补短板、抓亮点”的基本思路，大力实施技术改造，实施“万亿技改促升级三年计划”，2011～2013 年三年内推动技改投资超过 1 万亿元，弥补有色、化工、钢铁等行业低质高耗的短板，打造汽车及零部件、食品、纺织服装的增长点，着力用信息技术和先进适用技术改造提升传统优势产业，突破结构性和素质性矛盾制约，拉长产业链条，提升技术创新能力，推动经济增长方式从粗放型向集约型转变。同时，坚持创新驱动，积极培育和发展电子信息、新能源汽车等战略新兴产业，突破重点领域和关键技术，促进改造提升传统优势产业和培育战略新兴产业协调发展，增强核心竞争力和整体实力。

4. 在空间结构上，突出承接转移、集聚发展

实践证明，现代工业的竞争就是产业集聚集约程度的竞争，大项目的引进和培育、产业链延伸和完善、产业基地建设，是区域经济综合竞争力的重要标志。

要紧紧抓住沿海地区加速向中西部产业转移的历史性机遇，主动承接沿海地区集群式链式产业转移，推动沿海产业在转移中升级，推动产业转移由低端向高端、由粗放向集约、由配套向总装转变，促进优势项目向产业集聚区集中。同时，把180个产业集聚区作为拉动增长、优化结构、增强竞争力的重要载体和平台，要坚持科学规划、融合发展，促进企业集中布局、产业集群发展、资源集约利用和功能集合构建，人口由农村向城市集中，以创建国家和省级新型工业化产业示范基地创建等手段，打造特色优势产业，做大做强一批规模优势突出、功能定位明晰、集聚效应明显、辐射带动有力的产业集群和产业基地。

B.9

“十一五”河南省交通物流业发展报告

王世炎　朱怀安　李贵峰　刘文太*

“十一五”时期是我国物流业发展史上值得浓墨重彩的时期。具有标志意义的《物流业调整和振兴规划》正式出台，全国物流业发展和振兴迎来了难得的发展机遇。河南物流产业在政府积极推动、行业政策环境改善的大背景下，呈现出物流需求规模持续扩大，物流基础设施条件明显改善，企业实力不断增强，物流业增加值稳定增长的良好态势。“十二五”时期，河南物流业的发展既有良好的机遇又面临严峻挑战。因此，加大政府扶持力度，培育壮大优势物流行业和重点物流企业，搭建工商企业与物流企业协作平台，整合物流市场环境，是推动全省现代交通物流业全面发展的必然选择。

一　“十一五”河南省交通物流业发展成就

“十一五”期间，尽管遭遇了百年不遇的全球性金融危机，但河南物流业仍保持了较快的发展态势。

1. 物流产业快速发展

（1）物流规模不断扩大。从完成业务量观测，2010 年，全省全社会货运量完成20.24 亿吨，较2005 年7.87 亿吨增长1.6 倍，“十一五”期间年均增长20.7%；全社会货物周转量完成7136.32 亿吨公里，较2005 年2352.48 亿吨增长2.0 倍，年均增长24.5%。全社会货运量在全国31 个省份中排第三位，在中部六省排第二位；全社会货物周转量在全国31 个省份中排第六位，在中部六省排第一位。

从价值量观测，2009 年，全省社会物流总额为39843.43 亿元，按现价计算

* 王世炎、朱怀安、李贵峰、刘文太，河南省地方经济社会调查队。

比2005年增长94.5%，年均增长18.1%。其中：工业品物流总额为31762.07亿元，年均增长20.7%；农产品物流总额为4092.48亿元，年均增长7.9%；进省货物总额为3516.91亿元，年均增长11.8%；进口货物物流总额为416.17亿元，年均增长18.2%。全省GDP总量与物流总额相比的物流需求系数为2.1，较2005年提高0.2个百分点。

（2）社会物流总费用增幅明显回落。2009年，全省社会物流总费用为3273.56亿元，按可比价计算同比增长10.1%，增幅较2005年回落11.2个百分点。其中，生产流通企业自营物流费用为1584.16亿元，同比增长13.6%，增幅较2005年回落9.9个百分点。社会物流费用1689.40亿元，增长7.2%，增幅较2005年回落12.6个百分点。

（3）物流业增加值稳步增长。从物流业贡献率来看，2009年全省交通、仓储和邮政业（物流部分）实现增加值为685.73亿元，按可比价计算比2005年增长40.1%，年均增长8.9%。其中，货物运输业实现增加值551.20亿元，年均增长4.9%，仓储业实现增加值42.18亿元，年均增长43.5%，装卸搬运和其他运输服务业实现增加值89.44亿元，年均增长43.9%。作为重要的生产性服务行业，物流业已经成为河南国民经济重要产业，在社会经济发展中发挥着重要作用。

2. 物流交通基础设施明显改善

（1）公路建设成就显著。"十一五"期间，全省持续加大对公路建设的投入，以高速公路和农村公路为重点，五年累计完成投资1659亿元。预计2010年底，全省公路通车总里程达到24.6万公里。其中，高速公路5016公里，干线公路1.8万公里，农村公路22万公里。五年新增高速公路2337公里，是新增里程最多的时期，2006年全省高速公路通车里程跃居全国第一位，此后连续五年保持全国第一；预计干线公路到2010年底，二级及以上公路比重达到96%，比2005年提高16.0个百分点。农村公路2007年在中西部地区率先实现了所有行政村通水泥（油）路目标。

（2）铁路建设全面加快。河南抓住国家加快铁路发展的机遇，以客运专线、城际铁路、大能力运输通道为重点，全面加快铁路建设。"十一五"期间，全省铁路建设完成投资923亿元，是投资最多的时期。预计到2010年底，全省铁路正线营运里程达到4245公里，其中客运专线319公里；复线铁路2390公里，复线率56.3%；电气化铁路2505公里，电气化率59%。全省在建铁路里程达到1943公里，其中新建838公里、改建1105公里，为“十二五”铁路快速发展奠定了坚实基础。

（3）民航业快速发展。“十一五”期间，河南实施民航优先发展战略，采取一系列措施加快民航业发展。2010年，预计全省民航机场旅客吞吐量达到900万人次，比2005年增加584万人次；货运量达到8.5万吨，比2005年增加3.8万吨。其中，郑州机场旅客吞吐量预计突破850万人次，年均增长23.4%，货邮吞吐量达到8万吨，年均增长11.2%，在全国排名由第26位上升到第20位。

（4）综合交通枢纽建设取得新突破。强化多种交通方式的衔接，推进综合枢纽建设。开工建设了多种交通方式为一体的新郑州东站和郑州机场综合交通换乘中心；郑州铁路集装箱中心站建成投用，郑州国家一类铁路口岸的货运吞吐能力大幅度提升；郑州、洛阳等9个国家公路运输枢纽建设全面展开；郑州市城市轨道交通规划获国家批复，地铁1号线、2号线开工建设，开通了BRT城市快速公交；打破行业、地域分割，先后开通了郑开、郑焦、郑新、郑许等城际公交。

3. 物流企业实力壮大，物流需求社会化趋势显现

（1）物流企业不断壮大，实力增强。物流企业作为物流业发展的主力军，近年来得到了较快的发展。截至2009年底，全省正常运营的物流企业单位达到3180家，从业人员22.18万人，分别比2005年增长1.6倍和44.9%；物流企业资产达到1256.08亿元，比2005年增长74.0%；主营业务收入826.32亿元，增长1.1倍；实现利润总额共计86.44亿元，增长1.1倍。在全省3180家物流企业中，资产在1000万元以上的企业有557家，占全省物流企业单位数17.5%；主营业务收入在1000万元以上的企业有585家，占全省物流企业单位数18.4%；利润总额在1000万元以上的企业有118家，占全省物流企业单位数3.7%。目前，全省共拥有A级物流企业29家，其中4A级物流企业12家，3A级物流企业14家，2A级物流企业2家。

（2）生产、商贸企业物流转型加速，社会化趋势显现。近年，随着物流业的快速发展，服务质量的不断提高，工商企业逐步意识到了物流链整合在降低企业生产、销售成本、提升核心竞争力方面的重要作用，物流观念逐步由“小而全、大而全”向“主辅分离、服务外包”转变，企业的物流外包业务由简单的运输、仓储向企业整体供应链延伸，第三方物流与工商企业互相联动，共同发展

的趋势显现。如新飞电器有限公司、金龙集团等大型企业成功剥离物流业务与资产，通过招标方式确定了第三方物流供应商；许继集团、许昌电厂、内燃机配件厂、许昌市烟草局等单位相继与万里运输集团签订了长期运输合同；河南煤业化工集团实施重组，成立国龙物流有限公司，搭建了资源型企业大物流框架，当年累计实现销售收入101亿元，位居河南物流商贸企业之首。

二　存在的主要问题

1. 物流业发展水平总体上低于全国的平均水平

社会物流总额与GDP相比的物流需求系数近两年全省维持在2.0倍左右，而全国保持在3.0倍左右；物流业增加值占GDP比重、第三产业的比重都明显低于全国水平。

2. 物流业经营成本上升，总体效益增势趋缓

尽管近两年国家上调了铁路货运、航空燃油附加费等价格，铁路、公路运价有所提升，但由于成品油价格提升更快，物流业运价上涨抵消不了物流企业经营成本的上升。2008年和2009年，全省物流业增加值占GDP的比重，一直维持在3.5%左右，较危机前减少0.9个百分点。从物流企业经营情况看，2009年全省3180家物流企业资产合计同比上升了15.2%，而负债上升了15.4%；企业上缴税金也较上年下降了11.0%。

3. 物流企业规模小，缺乏竞争实力

2009年河南3180家物流企业，资产在1000万元以下的物流企业占80%以上，从业人员100人以下的企业占90%以上，全省至今还没有一家企业跻身全国5A级物流企业行列。物流企业服务水平无论是服务的硬件还是软件，与高效率低成本的现代物流还有较大的差距，物流的统筹策划和精细化组织能力也都明显不足。

4. 企业物流向物流企业转换的步伐缓慢，第三方物流发展滞后，与一些先进省市相比，还存在着相当的差距，企业物流仍然是全社会物流活动的重点

5. 物流专门人才不足和信息平台建设滞后，使物流业的标准化、信息化进程滞后，服务内容、服务质量和服务效率都远不能适应国民经济发展的客观需要

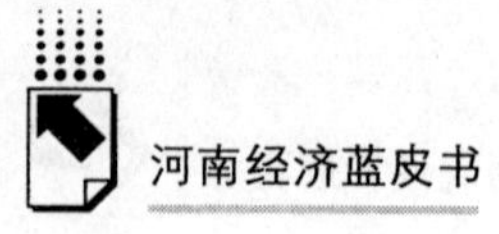

三 发展环境分析

1. 面临的机遇与挑战

首先，河南现代物流业发展潜力和发展空间巨大，具备把现代物流业做大做强的条件和优势。主要表现在：一是经济实力强，产业基础雄厚，生产物流发展的空间巨大。全省经济总量和制造业总体规模居全国第5位，食品、医药、纺织服装、煤炭化工、有色金属、装备制造在全国具有重要地位，粮食和商贸业规模较大，分别居全国第1位和第5位，发展现代物流的产业基础雄厚。二是地处祖国腹地，区位优势突出，分拨物流发展前途广阔。河南地处中部核心区域，承东启西，联南贯北，陆路交通发达，航空运输快速成长，具有发展物流产业的交通区位优势。三是区域腹地广阔，人口多、居民收入增长快，消费物流发展前景看好。以2008年统计资料为例，在中西部地区三大城市群中，以郑州为中心的中原城市群经济总量分别是关中城市群、武汉城市圈的2.33倍、1.51倍，人口规模分别是关中城市群、武汉城市圈的2.18倍、1.30倍，社会消费品零售总额分别是关中城市群、武汉城市圈的2.45倍、1.03倍。四是物流基础设施领先，物流产业发展具有较强的支撑力。河南铁路通车里程居中部地区首位，公路密度是全国的近2倍，高速公路通车里程位居全国第一，已经初步形成了公路、铁路、航空运输并存的综合运输体系。信息基础设施加快发展，电子商务、电子口岸等网络建设取得积极进展。郑州铁路集装箱中心站、郑州航空港保税物流中心等一批大型物流园区建设粗具规模。五是目前国际大型物流企业在我国东部地区布局已经基本完成，布局重点正转向我国中西部地区，河南现代物流业发展面临着重大战略机遇。

其次，河南现代物流业发展同时又面临着严峻的挑战。主要表现在：一是来自于周边省市快速发展的压力。以省会城市为例，近年武汉、重庆、西安等周边省会城市物流业规模远高于郑州市。2008年武汉市社会物流总额达到了10023.79亿元，高于郑州市76.%；在中物联公布的九批A级物流企业名单中，武汉共有24家，多于郑州市3家。二是国家铁路中长期规划增加了中西部地区同东南沿海地区的铁路连接，武汉、西安、重庆铁路编组能力得到快速提升，全国“7918”路网的形成，西安成为五条干线交会点，武汉和重庆分别成为四条

干线交会点，使得河南郑州在铁路、公路方面的领先地位有所弱化。三是基础设施环境仍有较大差距。河南物流基础设施建设虽快但缺乏整体规划和布局，物流中心城市与全国物流枢纽以及省内物流节点城市之间的物流通道不畅。郑州现代物流中心建设进展缓慢，与武汉、重庆相比还有较大差距。四是河南制造业规模量大但产业层次较低，消费需求规模量大，但高端和新型消费比重低，这些也是影响现代物流业发展的重要负面因素。

2. 对策与建议

（1）加快落实河南现代物流发展规划纲要。要进一步强化政府对现代物流发展的引导，加强对全省现代物流发展的统筹规划，重点落实好优势行业发展实施细则。

（2）加强物流资源整合，加大对物流业发展的投入。打破行业和地区界限，实施现有物流设施资源的整合和有效联动。当前，要以郑州国际物流中心建设和冷链、粮食、医药、钢铁、邮政等行业建设为突破口，整合行业物流资源，并加强外部物流系统的协调，构建综合性和专业性的物流中心。加大对现代物流基础设施的投入力度。充分发挥市场机制的作用，积极引导社会资金投入，鼓励不同所有制投资者和外商投资企业积极参与物流园区、物流中心等物流基础设施建设。

（3）努力营造现代物流业发展的良好环境。建立完善集中统一管理的省级物流协会组织，充分发挥其在推广技术标准、交流发展信息、沟通和联系企业方面的作用。健全和规范物流市场，创造公平竞争的环境。完善现代物流发展相关法律法规，加强对物流市场的监管。充分发挥各相关职能部门的作用，加强政府对物流行业的监管和引导，规范市场行为，推进物流市场公平有序竞争。

（4）着力抓好物流标准化、规范化和信息化建设。逐步形成科学合理的物流标准化、规范化推广和服务体系。着力提高物流行业信息化水平，扶持各地建立一批物流行业公共信息平台和全省物流物联网示范工程，积极推广应用 RFID 等技术，支持自动分拣系统、商品物流追溯系统、自动化货物传送装制、无人台车（AGV、RGV、LGV）等在仓库建设中的应用和推广。

（5）实施人才开发战略，加强物流人才培养和引进。以企业为主体，以政府的政策措施为辅助，吸引国内外物流人才加盟河南现代物流行业；同时，采取多种途径的物流人才培养模式，加强对人才的培养。采取“走出去”的方式，选派优秀的人才苗子到省外、国外学习先进的物流技术和管理经验，加快建设一支适应河南现代物流业发展的专门的人才队伍。

（6）深化改革，进一步扩大物流领域的对外开放。一要加快步伐。二要加大力度。创新体制、机制，研究解决行业分割、地方封锁等体制性问题，清理、修订有关不适应现代物流发展要求的政策法规。三要积极实施“走出去”战略，促进省内物流企业与外资、外企开展多种形式的合作，鼓励省内物流企业开拓省外物流市场，积极参与国内、国际竞争。加强与周边省区的合作，按照互利共赢的原则，积极发展区域性物流。

B.10

2010～2011 年河南省金融业形势分析与预测

高玉成　郑豫晓　赵庆光　宋鹏飞*

2010 年，河南省金融运行基本平稳，存款、贷款增速高位放缓，第四季度以来，贷款增势回落势头减缓，信贷结构调整步伐加快。但未来经济增长不确定因素增多，节能降耗、控制物价与保增长面临两难处境，贷款投放制约较多，风险压力加大。

一　河南省金融运行的主要特点

1. 存款增势减弱，活期化趋势进一步增强

11 月末，河南省金融机构人民币（下同）各项存款余额 23229.9 亿元，同比增长 21%，较上年同期回落 4.4 个百分点；较年初增加 4054.8 亿元，同比多增 119.1 亿元。各项存款增速上半年延续上年走势持续下滑，7、8 月份有所反弹，但 9 月份以来，尤其是 10、11 月份明显回落；消除季节因素后，前三个季度存款新增额季环比分别为 25%、15.6% 和 -2.5%，11 月份各项存款月环比折年增长率为 11.5%，较上月回落 9.6 个百分点（见图 1）。

企业存款增速持续大幅回落，企业资金状况不容乐观。11 月末企业存款同比增长 20.2%，同比回落 18.7 个百分点；1～11 月企业存款同比少增额达 282.7 亿元。据商业银行反映，当前部分企业资金紧张程度显现，企业贷款到账后立即支取使用现象增多，派生存款较少。此外企业“两金”占用量持续增加。1～10 月，河南省规模以上工业企业应收账款增长 19.6%，较上年同期回落 0.1 个百

* 高玉成、郑豫晓、赵庆光、宋鹏飞，中国人民银行郑州中心支行调查统计处。

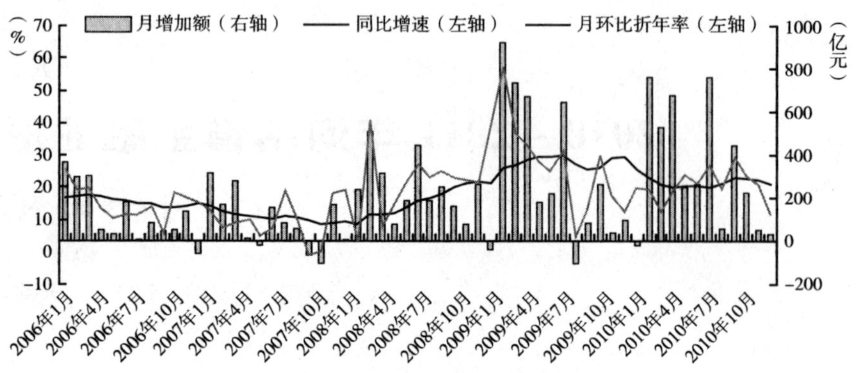

图1　2006年以来河南省存款增长情况

资料来源：中国人民银行。

分点，产成品增长12.3%，较上年同期提高8.5个百分点。

受通胀预期增强，存款实际利率为负影响，储蓄存款分流明显。11月末储蓄存款同比增长14.9%，同比回落3.1个百分点；1～11月储蓄存款同比少增33.1亿元。11月份河南省CPI同比上涨6.5%，而加息后的一年期存款利率为2.5%，扣除物价因素后，存款的持续负利率使资金流出银行体系。与此同时，银行推出的理财产品快速增加，资本、黄金、房地产等市场分流了相当部分储蓄。而各类担保及投融资公司迅速膨胀，以高息吸引大量社会资金和储蓄资金流入，以安阳市为例，目前测算的民间借贷市场资金规模在300亿元左右，其中前10个月流入民间借贷市场的资金在40亿～50亿元之间，民间借贷利率已经升至30%左右。

从期限看，经济主体定期存款意愿降低，活期存款占比大幅提高。1～11月份，新增活期企业存款和活期储蓄存款占比为65.4%，同比提高6.3个百分点。其中，活期企业存款占比高达80.3%，同比提高6.1个百分点；活期储蓄存款占比56.2%，同比提高4.8个百分点。

2. 贷款增速回落势头趋缓，结构调整步伐加快

11月末，河南省金融机构人民币（下同）各项贷款余额15580亿元，较年初增加2142.5亿元，同比少增596.3亿元。1～8月，全省贷款增速持续下滑，从1月末的27.3%下滑至8月末的17.7%；9月份以来，增速趋稳回升，11月末同比增长18.9%，但仍低于上年同期10.7个百分点（见图2）。相对于上年各

季间贷款投放节奏（44.1%∶28.3%∶12.4%∶15.2%），2010 年贷款投放较为均衡，四个季度新增贷款投放比例为 22.8∶39.3∶18.3∶19.6。

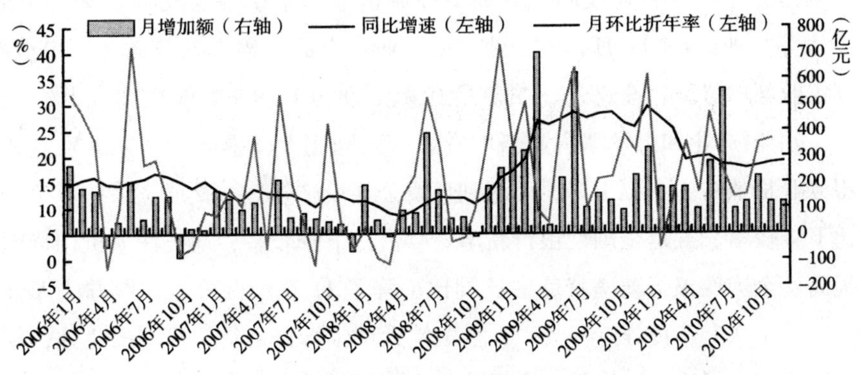

图 2　2006 年以来河南省贷款增长情况

资料来源：中国人民银行。

总量控制下更加注重结构调整的信贷政策效应明显，河南省信贷结构调整步伐加快。一是中长期贷款快速增长，票据贴现大幅下滑。11 月末，全省中长期贷款较年初增加 1644.4 亿元，占新增贷款的 76.8%，同比提高 15.2 个百分点；余额同比增长 28.8%，高出各项贷款平均增速 9.9 个百分点。但是受金融机构压缩信贷规模等因素影响，中长期贷款增势呈放缓态势，第一季度、第二季度、第三季度、10～11 月新增中长期贷款分别为 758.6 亿元、372.3 亿元、353.3 亿元和 160.2 亿元。其中，中长期固定资产贷款 10、11 月份分别减少 32.6 亿元和 7 亿元。灵活性较强的票据贴现作为金融机构调节信贷规模的重要手段，业务量大幅萎缩，11 月末，票据贴现余额较年初减少 453 亿元，同比少增 708.6 亿元，少增量占各项贷款少增量的近 120%；增速同比下降 22.7%，较上年同期回落 83.5 个百分点。二是中小型企业尤其是小型企业贷款占比提高。11 月末，中型企业、小型企业贷款新增额占企业贷款的比重分别为 29% 和 26.1%，与 1 月份相比，分别提高 5 和 9.4 个百分点。三是个人消费贷款大幅增加，但受房地产调控政策影响，增速明显放缓。11 月末，个人消费贷款较年初增加额占贷款增加额的比重为 23%，同比提高 10.6 个百分点；同比增长 58.9%，较上年同期提高 6 个百分点，高出各项贷款平均增速 40 个百分点。个人消费贷款主要集中在个人住房贷款上，11 月末个人住房贷款余额、新增额占消费贷款的比重分别为

77.1%和81.7%。与房地产调控政策出台前相比，个人消费贷款和个人住房贷款增速均呈现大幅回落趋势，11月末二者增速分别低于4月末16.8和16.2个百分点。四是新增贷款行业投向主要集中在制造业、采矿业、交通运输、房地产、批发零售等行业。1～11月，制造业，采矿业、交通运输仓储邮政业、房地产业、批发零售业新增贷款占全部新增贷款的比重分别为19.9%、8.4%、8.1%、5%和4.7%。其中制造业和批发零售业新增贷款占比同比大幅提高，文体娱乐业和租赁商务服务业贷款占比小幅上升，而水利环境公共设施管理、交通、采矿业等新增贷款占比下降较多。五是全国性银行新增贷款占比下降较多，地方法人机构贷款占比大幅提高。全国性银行新增贷款占比同比下降了11.6个百分点，地方法人金融机构同比提高了9.1个百分点。其中，全国性大型银行仍是贷款投放的主体，新增贷款占比达5成，同比基本持平；全国性中小型银行受自身原有较高的存贷比等因素制约，贷款压缩力度较大，新增贷款占比同比降低了11.9个百分点；区域性中小型银行、财务公司新增贷款占比同比分别提高了7.7和5.7个百分点。

3. 利率市场化稳步推进

当前，河南省金融机构存款利率基本按照基准利率执行，没有下浮，且存在通过手续费、奖励等方法鼓励存款，从而变相提高存款利率的现象。国有商业银行对优质客户实行贷款利率下浮，其他客户一般不低于基准利率，上浮区间主要集中在10%～20%；对于城商行、农信社来讲，由于上浮权限较大，利率上浮贷款占比在90%以上。伴随利率市场化推进速度的加快，金融机构实行基准利率的贷款占比呈现下降趋势，基准利率贷款占比从2008年的37.8%左右降至2010年的26.9%左右；上浮利率贷款占比从2008年的45.4%左右升至2010年的52.9%左右（见图3）。利率市场化有效调动了商业银行灵活开展业务的积极性，促进了其收益率的提高；在引导贷款投向中发挥了重要作用，节约了优质贷款客户的资金成本，有效降低小企业等弱势群体的贷款门槛。

4. 信贷资产质量继续“双降”，但未来风险压力加大

10月末，河南省不良贷款、不良率分别较上年末低59.3亿元和1.3个百分点。但关注类贷款增加较多，初步统计，1～11月，全省十家金融机构关注类贷款余额占比为8.3%，新增关注类贷款50.2亿元。关注类贷款增加的主要原因，一是国家对“两高一剩”行业的调控，一些贷款行业风险显现，如省中行把省内部分化工类贷款转入关注类，占新增关注类贷款的近100%；二是在地方融资

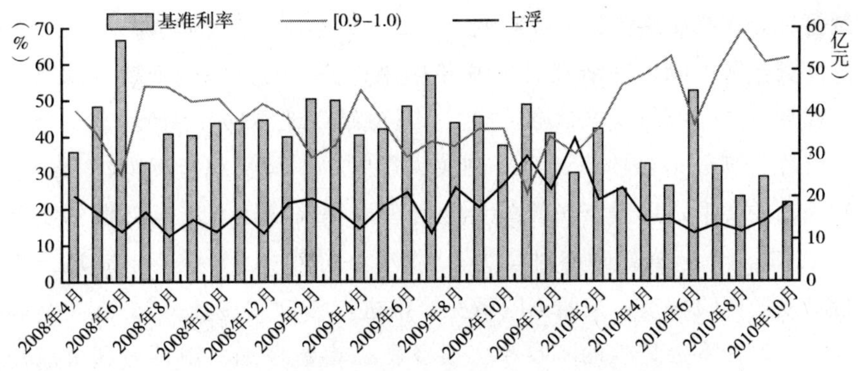

图 3　2008 年以来河南省金融机构贷款利率浮动情况

资料来源：中国人民银行金融机构利率监测调查。

平台贷款清理整顿中，出于审慎管理考虑，把部分融资平台贷款调为关注类。

整体来讲，当前金融机构信贷资产质量较高，风险处于可控范围之内，但未来风险压力较大，一是河南省高耗能行业贷款占比高，受国家调控影响大，而风电设备、多晶硅等新兴行业也出现了一哄而上、重复引进的现象；二是房地产市场走势不太明朗，未来伴随调控力度的加强和效果的显现可能导致部分房地产商资金链条紧张，还本付息受阻；三是部分融资平台项目由于贷款的退出、审批难度的加大而面临资金压力，形成贷款风险隐患。

二　当前金融运行中面临的主要问题

1. 宏观调控政策叠加下，未来信贷投放将面临更大压力

货币政策回归常态已经成为市场各方共识，随着银行体系不断被深度锁定，有限的信贷规模将向国家产业政策支持的行业和地区配置。而产业结构不合理，一直是制约河南省信贷投放的重要因素。2009 年金融机构信贷规模大量投放，河南省贷款增长也相应大幅提高。进入 2010 年，因产业结构和能源材料占比较大等原因，河南省贷款增速出现明显回落，从上年最高点的 29.6% 回落到今年 11 月末的 18.9%。在产业结构问题短期难以根本解决的情况下，河南省贷款投放将面临更大压力，经济增长也将受到影响。

2. 部分行业和领域的贷款风险有所放大

随着国家调控的日益趋严，商业银行对房地产、投融资平台等领域均实行了名单制管理。在商品房销售下降影响资金回笼的情况下，一些难以获得贷款的中小开发商资金链可能出现断裂。2010 年以来，各方对投融资平台贷款风险的关注程度提高，监管部门要求金融机构在6 月底结束地方政府融资平台贷款“解包还原”工作，部分平台项目资金受到较大影响，如郑州银行反映，为达到监管部门对该行的要求，郑州市预算外资金管理局提前归还6 笔未到期的贷款共计6.6 亿元，其中3 笔贷款到期时间为2014 年。同时，国务院要求“适当提高融资平台贷款的风险权重，按照不同情况严格进行贷款质量分类”，在实行新的分类标准后，融资平台贷款的不良率、拨备覆盖率将增加，银行盈利可能受到影响。

3. 全国由外汇占款引发的流动性压力加大，而河南省金融机构流动性状况趋于收紧

近期，由发达经济体宽松货币政策引发的国际流动性泛滥，大量资金流入新兴市场国家。8 月份以来，外汇占款增势加快，尤其是10 月当月新增5190.5 亿美元，创近年来新高，各级货币供应量增速由降转升，尤其是M0、M1 增速大幅提高。具体到河南省，伴随着存款增势放缓、存款准备金率上调、公开市场操作力度加大和利率提高等，金融机构尤其是中小银行和地方法人金融机构流动性收紧趋势明显，初步统计，2010 年以来十家①（下同）金融机构上存资金余额呈下降趋势，尤其是9 月份以来降势明显。2009 年末，2010 年6 月、9 月、11 月，上述金融机构上存资金余额分别为2761.8 亿元、2732.9 亿元、2708.3 亿元和2591.1 亿元。11 月末，全国性大型银行、全国性中小型银行、区域性中小型银行、农村信用社余额存贷比分别为56.3%、126.9%、62.7%和72.5%。第四季度河南省银行家问卷调查显示，本期银行资金头寸景气指数为54.7%，较上季度低1.8 个百分点；预期资金头寸景气指数较上期低2.5 个百分点。

三　未来经济金融趋势分析

1. 2010 年全年指标预测分析

2010 年河南省主要经济指标将由迅速回升过渡到平稳增长的态势。一是在

① 包括国开行、工行、农行、中行、建行、交行省分行，广发、兴业、汇丰银行郑州分行，河南省农信社。

国际金融市场动荡加剧、欧洲主权债务危机蔓延的影响下，全球经济增长速度在2010年明显放缓，国际环境中不稳定不确定性因素明显增多，形成对我国外部需求的较大制约。2008年以来各国为摆脱金融危机都实行了较为宽松的货币政策，国际大宗商品价格过快上涨，在输入型通胀和国内流动性过剩因素的双重夹击下，国内面临全面通胀的压力剧增，因此国家投资性刺激政策逐渐弱化，河南省城镇固定资产投资呈现明显的前高后低，逐步回稳的态势。二是2010年是“十一五”规划的收官之年，为完成节能降耗目标，国家淘汰落后产能的措施严厉，河南省产业层次低、经营粗放，能耗较高、占比较大的六大优势产业增速被进一步压缩。但与此同时，着眼于保持经济稳定较快增长，避免经济出现“硬着陆”，国家和全省宏观经济调控政策不大可能出现明显紧缩，而是在积极财政政策与适度宽松货币政策环境下，宏观调控进一步增强政策针对性和有效性，如收入分配体制改革、沿海产业内地转移办法、保障性住房建设、家电产品以旧换新等扩内需的措施。三是为转变不合理的产业结构。今年以来，河南省大力开展招商引资、产业集聚区建设，转方式、调结构的进程不断加快，更有建设中原经济区的发展背景。四是制造业采购经理人指数（PMI）在经历了连续4个月的回升后，11月份达到55.2%，也是近7个月以来首度重返55%上方，表明国内制造业经济总体呈现稳步增长的上升态势，国内需求的增强将带动上中游产业占比较大的河南经济增长。

通过PBC－ARIMA、E－Views等软件系统，利用2000年以来经济金融时序数据，结合影响其未来走势的政策、制度、周期性和临时性等因素，同时考虑到2009年经济指标呈现“前低后高”特点，我们预计，2010年全省全年贷款预计新增2300亿元左右，余额达到15800左右，同比增长17.6%左右。

2. 2011年展望

2011年，世界经济将逐渐摆脱金融危机影响，发达经济体经济缓慢复苏，二次探底的可能性较小，外部需求会持续向好，经济增长环境将不断改善，但节能减排和经济增长方式转型仍面临较大压力，受惯性投资和2011年“十二五”规划新项目开始的因素影响，投资主导的经济增长方式仍将持续，经济刺激政策将在防通胀和投资下滑、资产泡沫破裂中艰难选择。当前，全省经济一方面要保持较快增长，满足城镇化、劳动力就业、居民收入增长和生活水平提高等民生需求，另一方面又要在“保增长、调结构、防通胀”中寻求平衡，同时还有节能减排压力。假定经济增长对贷款的依赖度保持在2010年水平（依赖度系数为0.812762），且贷款增速高于GDP增速4个百分点，预计2011年末全省贷款余额将达到17900亿元左右，增长14%左右，新增贷款2200亿元左右，与部分金融机构对2011年贷款规模保持不变的预测基本相同。

B.11

河南省消费品市场发展“十一五”回顾与“十二五”展望

赵新池*

“十一五”，是河南扩内需、促消费政策最多、效果最好时期。纵观五年来河南消费品市场发展历程，在国际金融危机以及国内经济社会发展中众多不确定的突发因素的影响下，全省贯彻实施“扩内需、保增长”一揽子计划，积极推动消费品市场保持平稳较快增长，为促进全省国民经济持续健康发展，改善人民生活发挥了重要作用。

一 “十一五”河南消费品市场快速发展

1. 消费品市场规模持续扩大，市场运行质量明显提高

“十一五”，城乡居民收入稳步提高，消费环境日益改善，全省消费规模持续扩大。累计实现社会消费品零售总额29078.15亿元，是“十五”时期2.20倍，五年年均增长18.6%（见图1），比“十五”时期加快6.2个百分点。2010年，全省实现社会消费品零售总额7893.46亿元，总量居全国第五位，与上年同比增长19.0%，是2005年2.35倍；全省消费品市场进入了规模扩张新阶段。

全省消费品市场在保持较快增长的同时，运行质量明显提高。一是市场发展平台提高。剔除价格因素后，“十一五”期间全省社会消费品零售总额实际增幅范围由“十五”的9.3%～12.4%提高到13.1%～19.8%。二是行业逐步实现均衡发展。2005年全省批发零售业、住宿餐饮业零售额分别同比增长14.3%、16.3%，到2010年全省批发零售业、住宿餐饮业零售额分别同比增长18.9%、

* 赵新池，河南省统计局。

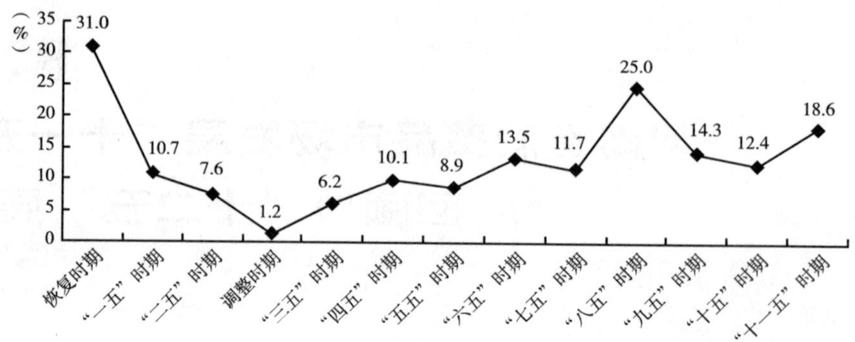

图1　新中国成立以来各时期内河南省社会消费品零售总额年均增长速度

19.0%，行业发展和拉动增长因素趋向均衡。三是规模效应逐渐显现。限额以上企业市场占有率也已由2005年的20.8%提升到30.2%，拉动消费增长的贡献率由2005年的23.6%提升到41.9%。四是人均消费显著提高。2010年全省城乡居民人均消费品零售额为7920元，比2005年增加4481元，年均增长18.2%。五是消费与投资增幅差距缩小。“十一五”中后期，河南消费逐渐改变了“十五”时期始终处于蓄势调整状况，消费增长明显加快。全省零售总额、投资额、出口额同比增速分别由2005年的14.3%、41.3%、22.1%，调整到2010年的19.0%、25.8%、44.9%，由于河南出口总量相对较少，拉动经济增长作用微乎其微，全省经济增长驱动长期倚重投资独大的状况当前有改善迹象。

2. 消费结构升级明显加快，消费热点频现

“十一五”时期，随着全省综合经济实力日益增强，城乡居民收入稳步增长，各级政府不断完善实施“家电下乡”、“汽车摩托车下乡”、“以旧换新”等刺激消费政策，河南省居民消费结构升级明显加快，消费热点商品频现。全省限额以上批发零售业企业统计显示，“十一五”，全省吃、穿、用类商品年均增长分别为27.3%、26.4%、28.9%。主要特征表现为：一是汽车消费加快。2010年，全省限额以上企业实现汽车类零售627.92亿元，同比增长35.3%，是2005年的5.02倍，年均增长38.1%。二是住房热销带动相关商品消费快速增长。2010年，虽然受房地产新政影响，全省限额以上企业实现居住类（五金电料类、家具类、木材及制品类、金属材料类）、建筑及装潢材料类商品零售同比增速有所回落，但同比增长仍分别达到37.1%、32.7%，五年年均增长分别为23.4%

和28.9%。三是家用电器热销。2010年，全省限额以上企业实现家用电器类零售176.51亿元，同比增长27.7%，是2005年的3.10倍，年均增长25.4%。四是享受型商品消费持续升温。2010年，全省限额以上企业实现化妆品类、金银珠宝类、体育娱乐用品类零售同比增长分别为25.6%、25.9%、35.8%，五年来年均增长分别24.5%、34.6%、21.7%。

3. 市场体系不断完善，各种业态和经营主体竞相发展

（1）市场体系建设日益拓展。到2010年底，全省批发和零售、住宿和餐饮业企业5.75万个，个体商业178.40万户，比2005年底分别增加2.27万个、48.66万户，增长幅度分别为65.4%、37.5%。经营网点密度也由2005年底每万人136个发展到2010年底每万人185个。

同时，企业规模和营销实力大幅跃升。2010年，全省限额以上批发零售企业达6637家，住宿和餐饮企业达3595家，分别是2005年的1.60倍和3.84倍。另外，统计年报显示，2009年全省亿元以上商品交易市场140个，成交额1157.96亿元，单个亿元以上商品交易市场成交额比2005年增长45.2%。商业网点规模的快速扩大和经营功能的优化，极大地满足了人民群众的生活消费需求，促进了市场的繁荣壮大，推动了商业主体向更高层次发展。

（2）经营业态不断发展，连锁经营规模发展迅猛。“十一五”时期，各地超级市场、便民店、专业店、专卖店、购物中心、仓储式商场、无店铺销售等多种经营业态的零售企业得到快速发展，河南省零售市场几乎包含了所有零售业态。统计年报显示，2010年，全省5245家综合零售业法人单位中，百货零售店、超级市场、专业店（专卖店）等其他综合零售店所占比重由2005年的68.9%、17.4%、13.7%调整为39.2%、21.8%、39.0%。另外，2009年底全省限额以上连锁零售企业门店（总部）总数为160个，连锁门店8249家，营业面积为490.45万平方米，实现商品零售额345.50亿元；连锁门店、商品零售额、营业面积分别是2005年的2.25倍、3.32倍和3.51倍；其零售额占全社会消费品零售总额的比重达4.4%，比2005年提高1.5个百分点。

（3）商业投资快速增长。“十一五”期间，社会各界投资河南批发零售业和住宿餐饮业1973.24亿元（见表1），是“十五”时期的5.04倍，年均增长29.7%。2010年，全省批发零售业和住宿餐饮业固定资产投资580.07亿元，是2005年的3.68倍，投资力度明显加大。

表1　各时期河南省批发零售业和住宿餐饮业投资情况

单位：亿元

时　期	投资额	时　期	投资额
“一五”时期	1.08	“六五”时期	7.94
“二五”时期	1.06	“七五”时期	8.54
调整时期	0.50	“八五”时期	38.3
“三五”时期	1.15	“九五”时期	72.16
“四五”时期	3.42	“十五”时期	391.72
“五五”时期	4.32	“十一五”时期	1973.24

（4）对外开放不断扩大。2005 年全国零售业对外资全面开放后，港澳台和外资零售企业纷纷入驻河南，加快新店开发并购，向市、县中小城市加速扩张。到 2010 年底，全省限额以上港澳台和外商投资批发零售业和住宿餐饮业法人企业达 77 家，产业单位 227 个，分别是 2005 年的 2.95 倍、2.71 倍；实现零售额 129.68 亿元，是 2005 年的 6.93 倍，年均增长 47.3%。

4. 商业经济社会效益显著

“十一五”时期，随着全省商业企业体制改革逐步完成和开放市场带动，企业规模稳步扩大，经济效益显著提升。一是企业经济效益良好。二是上缴税金大幅增多。“十一五”时期，全省批发零售和住宿餐饮业上缴税金预计超过 1050 亿元，是“十五”时期的 3.31 倍；2010 年预计 340 亿元以上，与上年同比增长约 42.9%，是 2005 年的 3.65 倍，五年来年均增长 29.6% 以上。三是创造就业岗位增多。统计年报显示，2006～2009 年年均增长 6.5%；安置就业人数占全省劳动从业人员的比重由 2005 年的 8.2% 提高到 2009 年的 10.1%，为全省经济社会发展做出了积极贡献。

二　“十一五”时期河南消费品市场发展启示

“十一五”时期，全省消费品市场的快速发展，一是得益于社会经济发展不断实现新的跨越，城乡居民社会保障体系不断拓展与完善，政府公共服务能力不断增强，商品供给整体充裕，人民群众更多享受发展成果；二是得益于近年来全省城镇职工最低工资标准不断提高、农业连年丰收，各级政府支农惠农强农政策

力度不断加大，五年来城镇居民人均可支配收入、农民人均纯收入分别以13.5%、13.8%年均增长，分别比“十五”时期提高了0.8个、6.2个百分点，居民消费能力提升；三是得益于各级政府不断深入实施和完善“家电下乡”、“汽车摩托车下乡”等刺激消费政策，以及加快健全“万村千乡工程”、“双百市场工程”、“农超对接”项目建设，推动了农村消费与城市消费共同发展；四是得益于全省城乡市场开放程度的扩大，大型经贸活动增多。一批大型商业企业入驻河南的带动，以及全省大力开发文化资源，旅游市场的建设，为促进全省消费品市场的快速发展注入新的活力。

同时，也应该看到河南消费品市场发展还存在薄弱环节。如消费对经济增长的贡献率依然偏低，政策刺激拉动作用尚待充分发挥；城乡居民收入差距的扩大严重制约着城乡消费结构平衡，全省城乡人口1∶2与城乡消费5∶1之间矛盾尚待化解；近年来物价上涨影响着居民消费预期。因此，根据“十二五”我国经济发展预期目标和当前河南消费品市场发展实际，从政府政策层面还应着力提高居民收入水平，增强居民消费能力。长期看，加快城市化进程，扩大农村消费需求尤为关键，研究表明，河南城市化率每提高1个百分点，就会约有60万人口从农村到城市，而城市人口的消费是农村的2.4～3.0倍，约拉动社会消费品零售总额增长1.5个百分点。在消费环境方面，努力改善，继续为汽车、通信、家电、房地产及相关服务业大规模的消费增长创造条件。还要有效控制物价合理波动。近年来实践证明，物价较大波动已经对居民生活消费产生不良影响。从经济发展规律来看，CPI保持约2%上涨水平对消费品市场发展较为适度合理，不仅有利于刺激居民保持适当消费需求，达到一个基本平衡状态，也有助于提高人民群众的实际生活水平。与此同时，还应积极培育新的消费热点，倡导健康文明的消费方式，促进资源的循环利用，提高消费的经济效益和社会效益。

三　对2011年河南商品市场发展的初步判断

2011年，是“十二五”开局之年。河南消费需求虽有许多不确定因素，但在扩大消费政策和转变经济发展方式等大环境下，仍具备较快增长的空间。一是“十一五”时期河南消费品市场发展快、规模大，为今后提升消费奠定了良好基础；二是当前中央和各级政府把扩大消费、提高消费率提到前所未有的高度，为

2011年扩大消费提供了战略导向；三是2011年收入分配改革有望取得较大突破，让利于民的收入分配格局有助于提升居民消费的支付能力，加强消费需求的主体基础，促使消费意愿转化成现实消费；四是随着近年来劳动力短缺由偶然转为常态，中低收入群体的打工收入水平正呈上涨趋势，由于低收入群体消费倾向较高，有益于低收入阶层扩大消费需求；五是低碳、节能和绿色消费产品为扩大居民消费注入新元素，以及人民币升值将增强居民对进口商品的消费购买力，有助于推动高端消费品市场的活跃和引领消费需求升级换代，拓展总消费增长空间；六是未来几年各级政府支农惠农政策仍将不断加强，农村社会医疗等保障体系会不断完善，特别是河南推进城镇化空间较大，扩张农村消费潜力较足。因此，从发展看，未来几年河南消费品市场有望继续高于全国平均水平。

但是，从中部六省发展横向比较来看，河南扩大消费需求进程中不利因素依然明显。其一，支撑消费基础相对不够坚实。当前相关经济发展指标显示，河南除社会消费品零售总额增速、城镇居民人均消费性支出增速基本处于中部六省中游位次外，GDP、城镇居民人均可支配收入、农民人均纯收入、农民人均生活消费现金支出等指标增速，以及城镇化率基本处于中部六省末尾，也就是说快速提升全省整体消费水平的内在基础亟须加强。其二，近年来全省城乡居民消费支出增长一直明显高于收入增长，居民消费还需要一定积储。其三，近年来中部六省商品零售价格指数变动较大，对各省消费品市场发展影响程度也难以预测。因此，未来短期内河南消费品市场发展速度要超越中部六省平均水平有难度，还需要全省各级有关部门勇于创新，不懈努力，共同推动河南消费领域实现新的跨越，使消费需求为中原经济区建设发挥推动作用。

B.12

“十二五”时期河南省对外贸易发展报告

郑州海关综合统计处

“十一五”期间，河南省外贸发展跌宕起伏。作为“十一五”开局之年的2006年，河南外贸进出口98亿美元。2007年首次突破百亿美元达到127.9亿美元。2008年是河南外贸发展史上最辉煌的一年，创纪录达到174.8亿美元，比“十五”末的2005年多出近100亿美元。受金融危机的影响，2009年河南省外贸进出口下滑至134.8亿美元，同比下降22.9%。在投资拉动效应、宽松货币和财政政策以及外贸扶持政策等因素的作用下，2010年河南外贸有望恢复至历史高位。在即将到来的“十二五”时期，河南外贸如何发展、发展方式能否有效应对面临的困难和挑战需要认真研究。

2010年，河南省外贸进出口呈现较高的增长态势。据海关统计，2010年，河南省实现外贸进出口总值177.9亿美元，与上年相比（下同），增长32%。其中，进口72.6亿美元，增长18.4%；出口105.3亿美元，增长43.4%。同2008年相比，进口多4.9亿美元，出口少1.8亿美元。整体看，2010年河南进口恢复较好，出口还未走出危机阴影，但从2010年12月河南出口创出历史单月新纪录看，河南外贸出口也正在快速恢复中（见图1）。

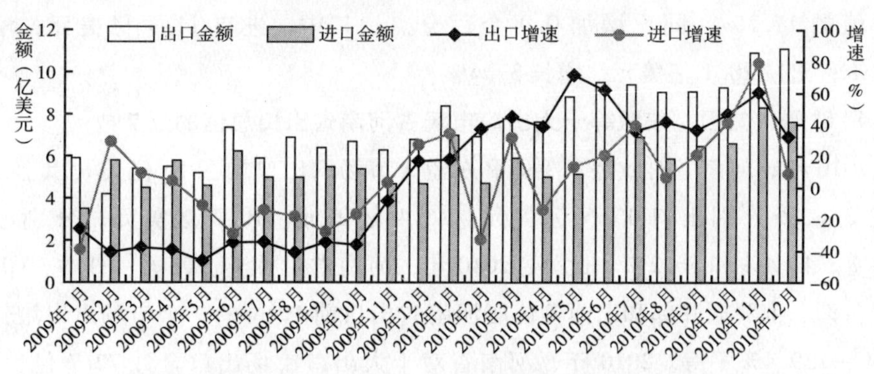

图1　2009年1月~2010年12月河南省月度进出口走势

一　河南省外贸进出口的现状

1. 进口增速低于全国平均，出口增速高于全国平均

2010 年，河南省进出口总值增长 32%，其中进口增长 18.4%；出口增长 43.4%。进出口总体增幅比全国平均水平低了 2.7 个百分点，其中进口增幅低于全国平均 20.3 个百分点，出口增幅高于全国平均 12.1 个百分点。

2. 进口增长主要是进口价格上涨导致，出口增长主要由于出口数量增多因素

2010 年，河南省进口价值指数为 118.4（费氏指数，上年比较期为 100，下同），其中进口价格指数为 130.8，进口物量指数为 90.5。这表明进口增长 18.4% 是由进口商品价格上涨 30.8% 和进口数量减少 9.5% 共同导致的，而进口商品价格上扬是进口值增长的主要因素。

2010 年，河南省出口价值指数为 143.4，其中出口价格指数为 111.8，出口物量指数为 128.3。表明，出口值增长 43.4% 是由出口商品价格上涨 11.8% 和出口数量增加 28.3% 共同作用的结果，而出口数量增多因素要大于价格上涨因素。

3. 一般贸易比重近八成，加工贸易比重不足两成

2010 年，河南省以一般贸易方式进出口值为 140 亿美元，增长 34.8%，占全省进出口总值的 78.7%，同比增加 1.6 个百分点。其中，进口 59 亿美元，增长 20%；出口 81 亿美元，增长 48.2%。

2010 年，河南省加工贸易进出口值 31.4 亿美元，增长 38.9%，占全省进出口总值的 17.7%，同比增加 0.9 个百分点。其中，进口 11.3 亿美元，增长 41.7%；出口 20.1 亿美元，增长 37.4%。

4. 欧盟、美国、东盟等十大出口市场占河南省出口总值的近 7 成

2010 年，河南省对欧盟、美国和东盟 3 市场的出口均在 10 亿美元以上，对上述 3 市场分别出口 17.6 亿美元、16.4 亿美元、10.2 亿美元，分别增长 49.4%、43.4% 和 56.2%。此外，2010 年，河南省对香港、韩国、日本、印度、中国台湾、俄罗斯联邦和巴西等位居河南省出口前 10 位的 7 个市场出口增长从 9.4% ~139.4% 不等。2010 年，河南省对十大出口市场出口合计 72.7 亿美元，占全省出口总值的 69%（见表 1）。

表1　2010 年河南省出口十大市场

单位：亿美元，%

贸易伙伴	2010 年出口值	2009 年出口值	同比增长
欧盟(27 国)	17.6	11.8	49.4
美　国	16.4	11.5	43.4
东　盟	10.2	6.6	56.2
香　港	6.4	5.9	9.4
韩　国	5.4	3.3	62.8
日　本	4.8	3.6	31.7
印　度	3.8	2.4	56.6
中国台湾	2.8	1.5	84.2
俄罗斯联邦	2.8	1.5	80.7
巴　西	2.5	1.1	139.4

5. 澳大利亚、欧盟和日本等十大进口市场占全省进口值的比重超过 8 成

2010 年，河南省从澳大利亚、欧盟和日本分别进口 12.4 亿美元、9.4 亿美元、7.5 亿美元，分别增长 42.2%、7.1% 和 15.1%。2010 年，美国、巴西、东盟、印度、秘鲁、俄罗斯联邦和中国台湾位居河南省进口值第 4～10 位，进口增速从 8.4%～135.6% 不等。河南省从十大进口市场进口合计 60.9 亿美元，占全省进口总值的 83.9%（见表 2）。

表2　2010 年河南省进口十大市场

单位：亿美元，%

贸易伙伴	2010 年进口值	2009 年进口值	同比增长
澳大利亚	12.4	8.7	42.4
欧盟(27 国)	9.4	8.8	7.1
日　本	7.5	6.5	15.1
美　国	6.8	6.0	12.2
巴　西	6.5	4.8	35.9
东　盟	5.5	2.8	96.6
印　度	3.9	3.1	24.8
秘　鲁	3.8	3.5	8.4
俄罗斯联邦	3.1	1.7	82.5
中国台湾	2.1	0.9	135.6

6. 机电、纺织、有色、发制品和农产品出口比重近2/3，机电、铁矿、铅矿、有色和农产品进口比重超过3/4

2010年，河南省出口机电产品25.8亿美元，增长28.4%，占全省出口总值的24.5%。出口纺织品12.2亿美元，增长34.8%；出口有色金属10.5亿美元，增长40.2%；出口发制品9.7亿美元，增长25.1%；出口农产品7.9亿美元，增长56.2%；出口高新技术产品（与机电产品有交叉，下同）6.1亿美元，增长45%。2010年，河南省机电产品、纺织品、有色金属、发制品和农产品出口合计66.1亿美元，占全省出口值的62.7%。

2010年，河南省进口机电产品15.4亿美元，下降5.6%，占全省进口总值的21.2%。进口铁矿砂14.9亿美元，增长50%，占全省进口的20.5%。进口农产品11.2亿美元，增长42.8%。进口铅矿砂10亿美元，增长14.5%。进口有色金属3.9亿美元，下降10.2%；进口高新技术产品5.4亿美元，下降7.3%。2010年，河南省机电产品、铁矿砂、农产品、铅矿砂和有色金属进口合计55.4亿美元，占全省进口值的76.3%。

二　河南外贸急需转变方式，破解发展难题

金融危机对外贸的冲击表面上看是数字的下滑以及倒退两年的贸易萎缩，实质则是对过去所依赖的外贸发展方式乃至经济发展方式的冲击。经济发展方式转变已势在必行，河南外贸也必须顺应在发展中促转变、在转变中谋发展的时代潮流。

1. 应对外需萎缩，河南外贸表现乏力

当国际金融危机袭来时，随着外部市场需求减少，2009年河南省外贸开始下滑，持续衰退了两年，至今出口尚未完全复原。而近一年多来世界经济复苏的推动力量主要来自于力度空前的刺激政策、发展中国家经济的强劲反弹，以及库存调整的周期性因素，充分反映了经济复苏进程曲折而复杂的特点。2010年12月1日，联合国发布的《2011年世界经济形势与展望》报告指出世界经济增长率预计将从2010年的3.6%下滑到2011年的3.1%。国际货币基金组织（IMF）10月份在《世界经济展望》中预测，2010年全球经济增长4.8%，2011年经济增长4.2%。一旦世界经济增长减速，2011年河南省外需市场环境将更加严峻。

如果延续以往的外贸发展模式，当风险再次来临时，河南外贸将难以避免跌入新的低谷。

2. 贸易保护主义愈演愈烈，须尽快转变外贸发展方式才有出路

为促进本国经济尽早复苏，各主要经济体纷纷采取贸易保护主义措施，中国是首当其冲的受害者。河南经济中外贸份额虽然较小，但所受影响依然很明显。2010 年，河南省出口轮胎 4.65 亿美元，增长 58.9%，其中以加工贸易方式出口占 99.3%，这或许能够规避对方的关税壁垒，但是要想突破欧美等国在生产技术、质量、安全方面设置的技术性壁垒，只有提高轮胎行业的科技水平和创新能力。2010 年，河南省出口铜管 3.2 亿美元，增长 3.41%，其中对美国出口 0.88 亿美元，下降 43.7%，如果不能及时转变贸易发展方式，河南省轮胎、铜管行业出口前景将不容乐观。而且，令人担忧的是轮胎特保案中国败诉的裁决可能会产生一定的负面"示范效应"，其他国家可能陆续效仿，并进一步对我国其他商品采取更为严格的贸易保护措施。因此，推动贸易发展方式的转变就显得更为迫切。

3. 经济指标增速居中部后列，河南外贸竞争力呈逐年下降

首先，"十一五"期间，河南省在中部 6 省外贸进出口的位次逐年下滑。2010 年，河南省进出口总值在中部 6 省中排第 4 位，比上年下降 1 位，已被江西省超越。其次，河南省与中部 6 省排名靠前的省份的差距在拉大。2010 年，中部前 3 名的省份进出口总值均已经突破 200 亿美元关口，河南省进出口值比中部第 1 位的湖北少 81.2 亿美元，比上年差距拉大了 43.4 亿美元。与 2010 年超越河南省的江西省相比，进出口值比中部第 3 位的江西省少 36.7 亿美元，其中进口少 7.9 亿美元，出口少 28.8 亿美元。再次，河南外贸增速在中部最低。2010 年，河南省外贸进出口增速为 32%，排名中部最后 1 位。江西省进出口增速 67.9%，中部排名第 1 位，高出河南省外贸进出口增速 35.9 个百分点。河南外贸在中部 6 省中的竞争力明显下滑。近两年来，河南主要经济指标在中部地区的位次后移，特别是 2010 年 1～9 月，出现"三个倒数第一、两个倒数第二"的现象。与主要经济指标的走势相应，河南外贸也已处于被其他省份超越的境地，而且呈现被边缘化趋势。为此，通过外贸转变发展方式来推动河南经济发展的任务将更加紧迫。

4. 面对国家退税政策调整，河南省产品结构调整滞后

近两年来，我国出口退税政策调整频繁，企业适应起来难度不小，甚至存在订单亏损执行的情况。2010 年 6 月 22 日，财政部、国家税务总局下发《关于取消部分商品出口退税的通知》，决定从 7 月 15 日起取消部分钢材、有色金属加工材料等406 个税号的退税率。2009 年河南涉及上述商品累计出口 2. 6 亿美元，占全年出口的 3. 5%；2010 年河南省涉及上述商品出口 3. 1 亿美元，占全年出口的 2. 9%。尽管河南省涉及取消退税的产品出口的份额略有下降，但是增长速度仍然达到 20. 8%，河南省出口产业结构调整势在必行。此外，2010 年河南省“两高一资”（高污染、高能耗、资源性）产品出口 12. 1 亿美元，增长 71. 1%，增速高出全省平均 27. 7 个百分点，占全省出口的 11. 5%。这意味着河南省有超过 1/9 的出口还在依赖“两高一资”产品，与国家倡导的外贸发展模式很不匹配，须尽快扭转。

三　河南省外贸转变发展方式的机遇分析

1. 承接产业转移面临六大利好政策

2010 年 8 月 31 日，国务院发布了《国务院关于中西部地区承接产业转移的指导意见》（国发〔2010〕28 号），对中西部地区有序承接产业转移是个利好。《指导意见》从财税、金融、产业与投资、土地、商贸、科教文化 6 个方面明确了若干支持政策。明确在商贸政策方面支持在条件成熟的地区设立与经济发展水平相适应的海关特殊监管区域或保税监管场所，培育和建设一批加工贸易梯度转移重点承接地等。在科教文化政策上，鼓励东部地区转让先进技术，大力发展跨区域产业技术创新联盟，促进中西部地区完善产业技术创新体系。这个《指导意见》为河南省承接产业转移带来政策春风。

2. 七大新兴战略产业带来新契机

2010 年 9 月 8 日出台的《国务院关于加快培育和发展战略性新兴产业的决定》提出，现阶段主要选择节能环保、新一代信息技术、生物、高端装备制造、新能源、新材料和新能源汽车七个产业作为战略新兴产业，在重点领域集中力量，加快推进。2010 年，我国节能环保、新一代信息技术等战略性新兴产业增加值占国内生产总值的比重仅为 3% 左右，至 2015 年力争达到 8% 左右，到 2020

年要力争达到15%左右。目前，全国各省份基本上处于同一起跑线上，河南省产业升级正面临难得的机遇。

3. 海关特殊监管区将成为外贸发展方式转变的"催化器"和"主战场"

在省、市政府有关部门与海关的共同努力下，2010年12月8日，河南保税物流中心顺利通过海关总署等四部委的正式验收。河南保税物流中心的封关运作，将加快招商引资的步伐，有利于承接东部产业转移。同时，有助于落实河南省"十二五"规划，加快推进物流业的发展，实现中原经济区整体产业升级。10月24日，国务院批复同意设立郑州新郑综合保税区，是中部地区第1家，也是目前中部地区唯一的1家综合保税区，河南省外贸从此在中部地区具有得天独厚的发展潜力。此外，郑州出口加工区B区、洛阳出口加工区也在紧张筹划中。由于具有独特的政策功能，海关特殊监管区对跨国公司的吸引力越来越大。国际金融危机之后，一些外资企业关闭了海外生产基地，优先选择海关特殊监管区域，向我国集中转移。河南省的海关特殊监管区日益完善，已经为河南省的外贸企业搭建了更为便捷服务平台和创造了优质高效的通关环境，必将成为推动企业转型升级的"催化器"和承接产业转移的"主战场"。

4. 大招商带动河南省外贸大发展

2010年富士康项目落户郑州，是河南大招商的重要成果。4月16日在郑州举办世界华商高峰论坛，8月下旬在郑州又举办第六届中国河南国际投资贸易洽谈会，12月河南—东盟投资贸易洽谈会也在郑州举办，同时省委、省政府还开展了企业服务年活动，招商引资、实施开放带动主战略，对促进河南经济转型升级和实现跨越式发展意义重大。

四　转变河南省外贸发展方式的建议

1. 实施产业承接，延长产业链条

结合河南省发展的实际情况，认真研究国家《中西部承接产业转移指导意见》的6大利好政策，出台本省的具体配套落实措施，选取承接转移食品、电子信息、装备制造、有色金属深加工、纺织服装、制鞋、玩具、家电、仪器仪表和医药化工等行业落户河南。同时，也要坚持引领河南传统优势产业转型升级，推动煤、电、铝、钢铁与设备加工制造等一体化整合，拉伸产业链条，努力从原来简单的贴牌生产转向产品设计和市场研发。

2. 既要引进来，又要走出去

河南省大招商活动和企业服务年活动虽取得初步成果，须提升招商质量，争取引进更多全国500强乃至世界500强的龙头企业落户河南。通过海关特殊监管区的优惠政策可以拓展企业发展的空间，有助于推动河南省外贸发展方式的转变，富士康落户河南就是一个较好的例证。一个龙头企业的成功引进，往往意味着一条产业链的成功引进，可以带动河南省经济逐步向高附加值、具备产业竞争优势的方向转变。在引进的同时，更要着力提升内生动力、鼓励省内有条件的企业走出去，开拓国际市场，通过培育河南本土的跨国公司，去掌控境外上游资源，在这个过程中尽快培育出一批具有大视野和运作经验，且熟悉国际市场风险的人才。

3. 加大研发投入，提升产品附加值

河南省应该抓住国家发展新兴产业的战略机遇，针对七大战略新兴产业，做好产业承接和研发。特别是新能源汽车和新能源产业方面各省的起步条件差异不大，只有率先创造出良好的行业发展环境，才有可能成为国家产业布局的重点，抢占战略发展的先机。通过加大研发，不断提高原料性产品的加工深度，不断提高制造业生产中的科技含量与知识含量，进而提高出口产品的附加值，实现外贸发展方式的转变，争取“十二五”期间，在新能源汽车、高端装备制造、新材料等方面有所突破，使河南外贸发展与经济发展出现更多的亮点和精彩。

B.13

2010年及“十一五”河南省房地产开发业发展报告

罗勤礼　赵一放　秦洪娟　朱丽玲*

“十一五”时期，河南省经济持续快速发展，人民生活水平明显提高，为全省房地产业快速发展奠定了坚实的基础。随着城镇化进程和城镇建设步伐的加快，河南房地产业进入了新的发展时期。房地产开发投资快速增长，房屋竣工面积逐年增加，商品房市场交易量不断提高，为改善人民住房条件，促进经济又好又快发展做出了积极贡献。

一　2010年及“十一五”河南省房地产开发市场运行情况

1. 房地产开发企业规模不断壮大，开发资金保障能力有所增强

2010年有开发工作量的房地产开发企业达到4171家，比上年增加373家，比2005年增长1.2倍。2009年底全省房地产开发企业资产总计达3362.09亿元，平均资产额为8852万元，分别比2005年增长243.6%和72.4%。企业实收资本、主营业务收入分别达736.45亿元和893.32亿元，均比2005年增长2.2倍。房地产开发资金来源中，除国内贷款、自筹资金和以定金及预收款、按揭贷款为主的其他资金外，股票、民间融资、信托资金、港澳台资、外资等融资方式逐步引入河南房地产市场，资金来源渠道进一步拓宽。2010年全省房地产开发企业到位资金由2006年的691.79亿元增加到2468.79亿元，年均增长41.4%，与完成开发投资额的比例达到1.17∶1。

2. 开发投资平稳快速增长，施工、竣工规模逐年扩大

2010年，河南省累计完成房地产开发投资2114.08亿元，同比增长36.1%，

---

* 罗勤礼、赵一放、秦洪娟、朱丽玲，河南省统计局。

比上年同期加快7.3个百分点，高于全国平均增速2.9个百分点，总量居全国第10位、中部六省第2位。“十一五”时期全省累计完成开发投资6293.61亿元，是“十五”时期的5.86倍，年均增长42.1%，比“十五”时期快6.1个百分点，高于全国增速17.7个百分点；其中，全省累计完成住宅投资4963亿元，是“十五”时期的6.54倍，年均增长46.9%。“十一五”期间，除金融危机严重影响的2009年，河南房地产开发投资基本保持平稳快速增长态势（见图1）。

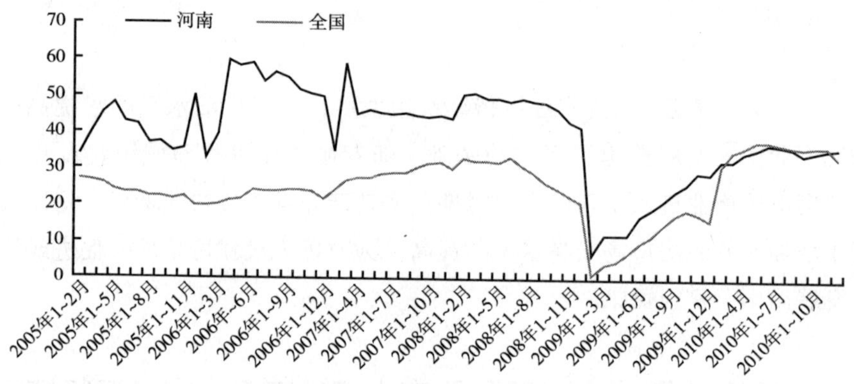

图1　2005年以来全国和河南房地产开发投资增速

快速增长的房地产开发投资推动年度施、竣工规模逐步扩大。“十一五”时期，全省房地产开发企业累计房屋施工面积67942.78万平方米，是“十五”时期的4.11倍，年均增长36.2%，比“十五”时期快12.3个百分点。累计房屋竣工面积15321.06万平方米，是“十五”时期的3.03倍，年均增长28.1%，比“十五”时期快10.1个百分点。其中，住宅竣工面积15104.98万平方米，是“十五”时期的3.46倍，年均增长34.1%。2010年，全省房屋施工、竣工规模迅速回升，分别增长26.9%和30.2%，增速较上年加快11.3个和17.8个百分点；施、竣工面积分别达20394.18万平方米和4427.14万平方米。其中住宅施工面积16902.19万平方米，增长25.5%，增速比上年加快10.1个百分点，住宅竣工面积3852.80万平方米，增长28.8%，增速比上年加快13.6个百分点。

3. 经济适用房建设规模扩大，开发结构趋向优化

首先，全省经济适用房建设规模在政策推动作用下不断扩大。2010年全省经济适用房施工面积由2005年398.04万平方米扩大到877.10万平方米，年均

增长 21.0%，当年增长 14.7%。“十一五”经济适用房累计新开工面积达 1601.49 万平方米，累计竣工面积达 960.37 万平方米，为众多低收入家庭解决了居住困难。其次，开发结构有所优化，中小户型占住宅的比重逐渐提高。2006 年九部委制定的《关于调整住房供应结构，稳定住房价格的意见》明确规定：自 2006 年 6 月 1 日起，凡新审批、新开工的商品住房建设，套型建筑面积 90 平方米以下住房（含经济适用住房）面积所占比重，必须达到开发建设总面积的 70% 以上。在此次调控政策影响下，2010 年，全省 90 平方米及以下住宅的投资 422.33 亿元，同比增长 26.8%；施工面积 4497.32 万平方米，同比增长 28.0%；新开工面积 1727.59 万平方米，同比增长 16.1；竣工面积 825.52 万平方米，同比增长 52.5%。“十一五”期间，全省累计用于 90 平方米及以下住宅的投资 1168.14 亿元，占住宅投资的比重由 2006 年 9.1% 提高到 25.1%；施工面积由 2006 年 433.64 万平方米扩大到 2010 年 4497.32 万平方米，所占比重由 7.9% 提高到 26.6%；累计竣工面积 2195.53 万平方米，所占比重由 6.6% 提高到 21.4%。

4. 房地产市场运行总体平稳，商品房销售持续旺盛

“十一五”期间，虽然由于金融危机的冲击，河南房地产市场出现较大波动，但总体基本保持了快速健康的运行趋势（见图 2）。2005 ~ 2007 年，全国楼市逐步升温，全省商品房销售面积一直保持 40% 以上增速，市场出现排队购房、坐地涨价等不正常现象。针对房地产市场的过热，中央和地方各级政府频频出手调控，对房地产市场的平稳、健康发展起了积极的作用。2007 年，全省房地产

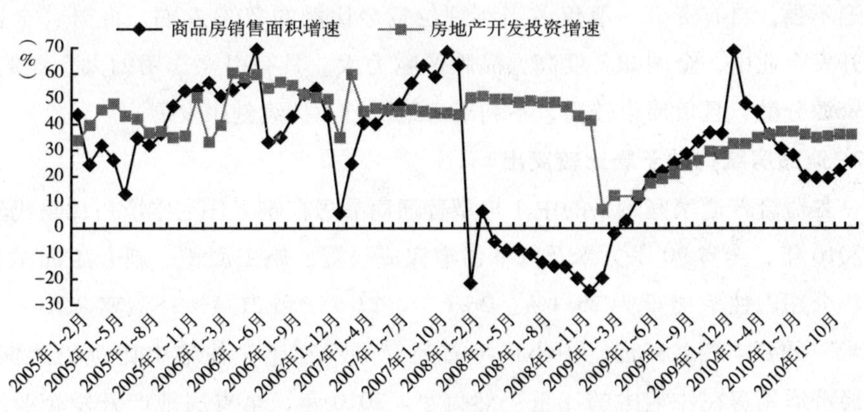

图 2　2005 年以来房地产开发投资和商品房销售面积增速

销售面积3928.04万平方米，同比增长63.0%，较之2006年增速提高23个百分点。2008年，正当国家严格的宏观调控政策发挥作用时，国际金融危机爆发，对我国经济包括房地产业带来很大冲击，全国楼市处于低迷状态。为积极应对危机，保持经济平稳较快发展，中央果断出台了一系列保增长、扩内需的政策措施，与房地产业关系密切的信贷、货币、税收等政策措施也陆续出台，但由于政策效应的时滞性，2008年，全省商品房销售面积锐减至3191.98万平方米，同比下降18.7%。2009年，政策效应逐步显现，全年销售增至4336.90万平方米，同比增长35.9%，楼市又现高温。2009年末以来，国家又出台了一系列调控措施，2010年全省商品房销售面积达5452.23万平方米，同比增长25.8%。其中商品住宅销售面积5092.49万平方米，同比增长26.8%。“十一五”时期，全省累计商品房销售面积达19318.48万平方米、销售额4931.35亿元，年均分别增长28.2%和40.0%，比“十五”时期分别加快6.2个和9.6个百分点。

二　河南省房地产开发企业发展中存在的问题

1. 房地产开发企业规模偏小、资金实力偏弱

2010年，4171家有开发经营活动的企业中，一、二级企业仅占9.5%，比上年略增0.2个百分点，比2005年增加了3.3个百分点；三级企业868家，占20.8%，比上年减少0.5个百分点，比2005年减少了4.5个百分点；四级及以下企业占比高达69.7%，反而比2005年增加了1.2个百分点。房地产商资金实力普遍不强，自有资金一般仅占当年到位资金比例的20%左右。此外，全省房地产开发企业中，全国知名度高、品牌影响力大、具有引领作用的大企业偏少，市场资源分散，且负债率较高，不利于房地产行业持续健康发展。

2. 商品房结构性矛盾比较突出

一是适合普通家庭购买的中小户型普通商品房在整个住宅中所占比重仍然较低。2010年，全省90平方米及以下住宅完成投资、施工面积、新开工面积、竣工面积分别占住宅比重为25.1%、26.6%、23.7%和21.4%，距离“70%·90平方米”的要求相差甚远，中小户型普通商品房在整个住宅中比重仍然偏低。二是经济适用房在住宅中的比重仍然偏小。2010年，全省房地产开发企业承担经济适用房建设完成投资、施工面积、新开工面积、竣工面积分别占住宅比重为

3.7%、5.2%、5.2%和3.7%，市场供求矛盾依然较为突出。

3. 区域之间发展存在较大差异

“十一五”时期，各省辖市房地产市场大有发展的同时，区域间发展不平衡问题更为明显。2010 年郑州市房地产开发投资 775.16 亿元，占全省的 36.7%，洛阳市投资 179.9 亿元，占全省的 8.5%，两个省辖市占到全省的 45.2%，而其余 16 个省辖市投资仅占全省的 54.8%。可以看出，房地产开发投资向省会等中心城市高度聚集，而其他城市房地产开发投资规模小，发展速度缓慢，地区间发展的差异，将影响全省房地产市场的平衡发展。

4. 房价收入比偏高

以 100 平方米的商品住宅为基准推算，2010 年，全省房价收入比达到 8.9 倍，而国际通行的评判标准是房价收入比在 3~6 倍间属正常范围。尽管全省商品房混合均价及涨幅均居全国下游水平，但全省商品房屋平均销售价格已经超过国际通行标准的警戒线，这使大部分中低收入家庭感觉到房价上涨带来的巨大压力，给居民带来较大经济生活负担。

三 2011 年和“十二五”河南省房地产发展趋势的基本判断

1. 房地产发展前景依然看好

第一，“十二五”期间房地产业作为国家经济发展支柱产业的地位不会改变。有研究表明，80%以上的水泥，70%以上的钢铁，包括汽车、家电等方面的消费都与房地产相关，没有新开发的房地产就没有这些耐用消费品的需求。河南省房地产市场经过推进、培育、发展三个阶段，正在走向成熟，房地产业中长期向好的趋势不会改变。第二，城市化进程的加快，将带动房地产业的发展。2010 年河南城镇化率为 39%，要达到 2015 年全省城镇化率 48% 的目标，加快城镇化进程必然是河南“十二五”社会经济发展大计中的关键环节，全省房地产业发展有着稳固的需求支撑。第三，城镇居民对改善住房的需求，将继续促进房地产业的发展。“十一五”时期，全省城镇居民的住房条件有了很大的改观，但河南城镇居民人均住房面积和一些大中城市相比仍有一定的差距，随着人们生活水平的提高，改善性住房需求仍会不断增加，对全省房地产的发展也有一定的促进作用。

2. 制约因素仍需慎重应对

首先，楼市调控面临局面更为复杂。总量扩张与销售下降的矛盾、价格持续上涨与收入反差较大的矛盾、投资高速增长与资金不足的矛盾以及复杂变幻的国内外经济大环境，都给2011年楼市调控带来诸多不确定性因素。其次，房地产市场机制和消费观念的缺陷也将给楼市调控带来一定影响。河南房地产二级市场相对一级市场来说发展更为滞后，中介服务不规范，规模小、收费高、信誉差，致使二级市场信息不畅、收费及成交价格不合理、选择余地小、手续不合法、事后问题多；再加上居民消费观念上总想一步到位，特别是年轻人还未形成“先租后买，先小后大”的理智消费观念，二手房交易占全部房产交易比重偏低，房地产一、二级市场联动效应差，不利于房地产市场的持续发展。

四　促进河南省房地产业健康发展的措施与建议

1. 继续加强和改善宏观调控，做好稳定房价工作

认真贯彻落实国家关于促进房地产市场平稳健康发展的宏观调控政策措施，进一步完善河南配套政策。与此同时，高度关注房地产开发市场出现的新情况、新变化，积极引导和调控房地产市场走势，把增加有效供给和抑制不合理需求作为政策调控的重点。加大正面舆论宣传引导，引导居民适度住房消费。最大限度地满足自住性、改善性需求，抑制投资性和投机性需求；既要抑制商品房价格过快上涨，又要防止价格大幅下降，真正使商品房价格保持合理的水平，促进房地产市场健康稳定发展。

2. 着力调整商品房供应结构，切实增加有效供给

继续加大保障性住房建设的资金投入，严格落实保障性住房建设的有关政策，大力推进保障性住房建设；进一步发展公共租赁住房，积极稳妥地解决低收入困难群体的住房问题；全面落实国家“90/70”的政策要求，引导企业重点发展中低价位、中小套型普通商品住房，适度发展中高档商品房，形成各种价位档次住房供给的合理配置；科学制定城中村、旧城区和棚户区改造中长期规划，引导城中村、旧城区和棚户区改造依法有序推进。

3. 加强土地市场宏观调控管理，切实增加普通商品住房土地供给

抓好新开项目土地供应的分析论证，严格控制高档商品住房的土地供给，加大对中低价位普通商品住房和经济适用房的土地供给力度；严格执行土地一级市场“招拍挂”制度，合理确定土地招投标价格，稳定土地供应市场；及时收缴土地出让金，未缴清土地出让金的，不办手续不发证；建设、规划、国土、房产等相关部门要建立和完善建设用地跟踪制度，加强已出让土地开发的监管，督促开发企业尽快开发手中的土地，防止“圈地”现象的发生；对于承担保障性住房和经济适用房的开发企业，在房地产税收和金融方面，应给予相应的减免和扶持。

4. 加强市场监管，进一步规范房地产市场秩序

进一步加大房地产市场监管力度，严肃查处房地产交易环节以及经营管理中的违法违规行为，建立部门联动机制，加大、加快对捂盘惜售、土地闲置、囤积房源、哄抬房价等严重扰乱市场秩序行为的查处力度；继续完善房地产市场信息披露制度，进一步加强房地产市场监测和分析，准确把握和判断房地产市场走势，及时发现和妥善处理市场运行中出现的新情况、新问题。

B.14

2010年及“十一五”时期河南省就业形势分析

刘晓峰*

“十一五”以来，河南省深入贯彻落实科学发展观，把就业工作作为解决民生之本、构建和谐河南的基础工程狠抓落实，认真贯彻落实党中央、国务院关于做好就业工作的一系列方针政策，全省就业规模扩大，就业形势保持稳定。

一 2010年河南省就业形势总体稳定

2010年，全省上下按照《河南省2010年就业促进行动计划》的部署要求，切实把就业工作作为民生之首，坚持实施更加积极的就业政策，千方百计稳定和扩大就业。

1. 城镇新增就业人员稳步增加

2010年，全省城镇新增就业132.1万人，比上年增加15.3万人，增长13.1%，失业人员再就业38.2万人，帮助困难人员就业17.6万人，分别完成年度目标任务的132%、109%、117%，城镇登记失业率3.38%，低于4.5%的年度控制目标。“十一五”期间，城镇新增就业人员累计达600万人，就业规模不断扩大。

2. 高校毕业生就业工作取得新进展

河南省委、省政府把高校毕业生就业放在就业工作的首位，通过职业指导进校园活动，就业见习促进活动，大学生创业引领计划，民营企业招聘周活动，高校毕业生就业服务月等一系列专项活动，拓宽高校毕业生就业渠道。同时实施基

---

* 刘晓峰，河南省统计局。

层就业计划，鼓励和引导高校毕业生到基层就业，选派大学生村干部，组织志愿服务西部，选派毕业生志愿服务贫困县，多渠道帮助高校毕业生就业。2010 年河南省共有高校毕业生 40.1 万人，同比净增 4 万人。经多方共同努力，截至 2010 年底，全省有 34.57 万高校毕业生实现就业，就业率为 86.2%，高于去年同期水平。

3. 农民工就业形势继续好转

2010 年，随着国内经济复苏，以及近年东南沿海向中西部内陆地区的产业转移规模日益增大，劳动力用工需求加大，农民外出从业环境得到进一步改善，就业渠道进一步拓宽，为农民工外出就业提供了有利空间。省委、省政府把促进农民工就业作为大事来抓，开展“春风”行动、招聘会、送工活动和信息咨询、创业培训、技术支持、小额担保贷款、市场开发等服务，引导农业富余劳动力积极参与新农村建设和县域经济发展，实现就地就近就业。同时，积极开展省际劳务协作活动，采集用工信息，开展劳务对接，推介劳务品牌，扩大省外输出规模，大力促进农民工就业。2010 年底，全省农村劳动力新增转移就业 105 万人，转移就业总量达 2363 万人，其中有近一半农民工实现了省内就业，人数达到 1142 万人，比上年增加了 123 万人。省外就业 1200 多万人。

4. 困难群体就业取得新成效

组织开展春季就业援助行动，大力开发公益性岗位。优先安置“4050”等就业困难人员。全省共开发公益性岗位 12.5 万个，安置“4050”等就业困难人员 10.3 万人。建立零就业家庭帮扶动态消零机制。依托社区公共就业服务平台，建立网格化零就业家庭动态管理地图，进行跟踪回访，对零就业家庭成员就业情况进行动态跟踪，帮助用工单位和就业人员解决困难，实现了全省零就业家庭动态为零，并集中开展就业困难人员政策落实专项活动。

5. 企业用工需求不断增加

随着经济的复苏，企业效益出现好转，用工需求增加。据企业用工情况重点调查，被调查企业 2010 年末从业人员比上季度增长 0.8%，比 2009 年同期增长 3.8%。93% 的企业没有出现停工和放假现象。仅有 3.5% 的企业因金融危机的影响出现停工或放假，说明金融危机对企业用工的影响尚存，但已很弱，就业形势稳定，需求不断增加。

在被调查的企业中，预计 2011 年春季用工人数继续增加。用工增长 2.0%，比本季增长1.2个百分点。其中农民工占净增加人数的48.7%。预计招收高校毕业生占增加人数的21.8%。省委、省政府一系列经济政策在一定程度上促进了企业发展，创造出了更多的就业岗位，增强了吸纳就业的能力。

二 “十一五”河南省劳动就业成效显著

“十一五”期间，全省全面贯彻落实《中华人民共和国就业促进法》和《河南省就业促进条例》，坚持统筹城乡就业、扩大就业和调控失业并重的原则，积极应对金融危机，大力开展全民创业活动，多渠道开发就业岗位，全省就业局势保持稳定，成效显著。

1. 促进就业的长效机制初步形成

“十一五”期间，《河南省就业促进条例》出台，将经过实践检验的积极就业政策措施上升为法律规范，建立健全了公共就业服务、人力资源市场、职业培训、就业援助、失业保险和预防五项制度，形成了较为完整的促进就业工作体系，促进就业的长效机制初步形成。全省实施了以税费减免、小额贷款、社保补贴、就业援助、主辅分离、就业服务、职业培训、失业调控、财政投入、社会保障十大政策为核心的积极就业政策，通过政策扶持强力促进城乡劳动者就业。

2. 政府促进就业的责任体系基本建立

各级政府都成立了促进就业工作领导小组，定期召开联席会议协调解决本地促进就业工作中的重大问题，形成了促进就业的领导和工作机制。特别是建立了促进就业工作的财政投入机制，为促进就业工作长远发展提供了有力的保障。“十一五”期间，全省共筹集就业专项资金93.7亿元，有力地促进了各项政策的落实。各级政府按照“一法一条例”的要求，切实履行促进就业的法定职责，并作为政府政绩考核的重要指标。

3. 市场配置人力资源的基础性作用进一步发挥

全省基本建成了覆盖城乡的人力资源市场体系，全省13个省辖市的人力资源市场面积达到1000平方米以上，51个县级人力资源市场面积达到了300平方米以上。信息服务能力增强，各市都建立了人力资源市场网和“数据集中、服务下延、全省联网、信息共享”的集中式资源数据库，实现了省、市、县三级联网，基本实现“一点登录、全市查询”。

4. 公共就业服务制度进一步健全

省、市、县三级全部建立了公共就业服务机构，全省 479 个街道、1882 个乡镇和 3404 个社区全部建立了人力资源和社会保障工作平台，初步建立了覆盖城乡的公共就业服务体系框架，实现了公共就业服务向基层的延伸。公共就业服务机构累计开展职业介绍 567 万人次，职业培训 200 万人。全省普遍建立了公共就业服务专项活动制度，每年定期组织开展“就业援助月”、“春风行动”、“大中专毕业生就业服务月”、“创业成果展示和项目推介会”等专项服务活动，集中促进就业和创业。“十一五”累计开展创业培训 10 万人，发放小额担保贷款 124 亿元，帮助 31 万人成功创业，带动就业 105 万人。

5. 重点群体就业问题得到较好解决

“十一五”期间，高校毕业生就业形势整体稳定。全省坚持把高校毕业生就业放在就业工作的首位，实施高校毕业生就业推进计划和高校毕业生就业十件实事，高校毕业生初次就业率保持在省定目标之上。就业困难群体得到及时有效援助。“十一五”累计开发公益性岗位 45 万个，安置就业困难人员 44 万人，全省城镇零就业家庭动态为零。农村劳动力转移就业规模持续扩大，层次提升。完善农村劳动力转移就业服务体系，在全省 18 个省辖市建立了劳务输出领导和工作机构，78 个县（市）建立了劳务输出工作网络；实施农村劳动力技能就业计划，累计培训农村劳动力 323 万人；推进劳务品牌建设和劳务基地县建设，全省有 35 个劳务品牌被授予“全国优秀劳务品牌”称号。

三　2011 年河南省就业面临的形势

2011 年，劳动力供大于求的压力持续增长，结构性矛盾日愈突出，稳定就业难度加大；转变经济增长方式和调整结构对就业带来新的挑战；青年就业、农村劳动力转移和下岗失业人员再就业“三碰头”矛盾进一步加剧，河南省就业形势十分复杂严峻。

1. 就业供求总量矛盾尖锐

2011 年全省城镇需要就业再就业人员的总量为 200 万人以上，而经济增长所能提供的城镇就业岗位供给总量预计 100 万个左右，供需缺口 100 万个。农村还有近 1000 万农业富余劳动力需要转移就业，这部分人中大多年龄偏大，知识结构单一，技能匮乏，就业竞争力弱，实现转移就业的难度较大。

2. 就业结构性矛盾更加突出

劳动力素质与产业结构优化升级、转变增长方式的需求矛盾更加突出。随着技术进步的加快和产业结构的优化升级，技能人才将更加短缺。由于一些企业招工条件苛刻，工资水平低，年龄限定在35岁以下，招工比较困难。今后一个时期，春季农民工招工难与秋季大学生就业难、部分企业“招工难”与求职者“就业难”将同时并存，反映出全省就业结构性矛盾的进一步加剧。

3. 就业质量不高

正处在经济快速发展和社会转型的关键时期，劳动关系不可避免地复杂多变。特别是经济结构调整和经济发展方式转变等因素将进一步增加劳动关系的不稳定性。据统计，全省城镇从业人员中30%是灵活就业，就业质量不高，再次失业的风险很大。

4. 经济发展对就业的拉动力不强，高校毕业生就业工作繁重

2011年，全省经济和就业仍将处于后金融危机的影响中，经济增速趋缓，对就业的拉动能力较弱。国际市场需求不振会持续较长时期，人民币升值压力加大，将对全省外贸企业造成不利影响，扩大就业面临较大挑战。2011年，全省高校毕业生将达到44万人，普通中专毕业生20万人，加上前几年毕业尚未就业的毕业生，总数近70万人，高校毕业生就业工作仍然面临着较大压力。

四　河南省就业工作的对策建议

“十二五”期间，河南要认真贯彻落实就业优先的发展战略，努力破解人往哪里去，民生怎么办的难题，形成经济发展与扩大就业良性互动的长效机制，为中原经济区建设提供人力资源支撑。

1. 树立就业优先的理念

“十二五”，作为全国第一人口大省，劳动力资源的比较优势逐步呈现。因此，充分利用河南劳动力资源优势促进河南经济快速发展，为中原经济区建设提供人力资源支撑，符合全省经济社会发展的现实需要，必须给予高度关注，真正把经济增长与扩大就业有机结合起来。

2. 大力拓宽就业渠道

注重发挥全省劳动力资源丰富的比较优势和后发优势，加快经济发展方式转变，增强经济增长对就业增长的拉动能力，努力把经济持续增长的过程变成就业规模持续扩大的过程，实现经济增长与扩大就业的良性互动。在经济结构调整过程中，注重发展生产服务、金融服务、贸易服务、家庭服务等第三产业，支持非公有制经济和中小企业发展，努力增加就业容量；在发展资本密集、高技术制造业同时，兼顾劳动密集型企业发展，开辟新的就业领域。开展大招商活动，积极承接产业转移，发挥人力资源比较优势，吸引和承接一批具有国际竞争力的劳动密集型企业，以项目发展带动就业岗位增加。以产业集聚促进农村人口向城镇转移，发挥吸纳就业的作用。积极促进以创业带动就业，加强创业服务，帮助更多的人创办小型、微型企业，以此带动更多的人实现就业。

3. 实施更加积极的就业政策

按照《就业促进法》和《河南省就业促进条例》的要求，实施更加有利于促进就业的产业、投资、贸易等宏观经济政策，发挥政策促进就业的作用。将高校毕业生就业工作放在首位，加强毕业生就业政策的完善落实。实行更加有利于促进就业的财政政策，加大就业专项资金投入，为促进就业提供资金保障；实行更加有利于促进就业的税收优惠政策，对劳动者自谋职业、自主创业，以及企业吸纳符合条件人员就业，依法给予税收优惠，鼓励劳动者多渠道、多形式就业；实行更加有利于促进就业的金融支持政策，鼓励金融机构对劳动者创业提供小额担保贷款等金融服务，增加小企业融资渠道。

4. 健全公共就业服务体系

加快城乡统一的人力资源市场体系建设，打破行业、地域分割，统筹发挥有形和无形市场的作用，提高人力资源配置效率。加快建设覆盖城乡的公共就业服务体系，推进基本公共就业服务均等化。加强就业信息网络建设，全面推进就业服务制度化、专业化和信息化，为劳动者提供优质高效平等的就业服务。大力发展人力资源服务业，完善政府购买服务成果机制。健全城乡劳动者平等就业制度，完善相关政策，消除就业歧视。

专题研究篇

B.15

推进“三化”协调是“十二五”河南发展的主要任务

王永苏*

“十二五”是河南改革开放发展的关键时期，正确认识河南的基本省情、发展阶段、主要矛盾和制约因素，科学确定发展思路和工作重点，对于中原崛起河南振兴具有重要意义。河南的基本省情仍然是人口多，底子薄，基础弱，人均水平低，仍然处于工业化城镇化的中期偏前阶段，主要矛盾仍然是人民日益增长的物质文化需要与生产力不发达的矛盾，工业化、城镇化、农业现代化之间不够协调仍然是河南发展的重要制约因素，主要表现为工业化城镇化需要占地与保证粮食安全需要保地之间的矛盾。因此，推进三化协调发展是“十二五”乃至更长时期河南经济社会发展的主要任务。三化协调不仅是河南的特色，也是全国的大事。温家宝总理来河南检查指导工作时明确指出，河南持续探索走出一条不以牺牲农业和粮食为代价的“三化”协调科学发展的路子，这个事情有意义，可以

* 王永苏，河南省委政策研究室。

起到示范作用。我们应当贯彻落实温总理的指示，继续坚持以经济建设为中心，在“十二五”和中原经济区的总体布局上突出三化协调，不仅重视推进三化本身，更要重视三化之间的协调，以彰显河南特色；突出工业的主导地位，突出中心城市的主要支撑地位，突出发展特色优势产业集群和基地。工作措施上突出吸引产业转移，突出优化发展环境，突出农民工转市民和农村土地整治，促进产业和人口的集中集聚集群集约发展，实现富民强省和粮食增产双赢，让人民满意，让中央放心。

一 什么是“三化”协调

所谓三化，就是工业化、城镇化、农业现代化。工业化是以农业为主的经济形态向工业为主的经济形态转变的自然历史过程。我们现在所说的工业化一般指新型工业化，就是坚持以信息化带动工业化，以工业化促进信息化，就是科技含量高、经济效益好、资源消耗低、环境污染少、人力资源优势得到充分发挥的工业化。就目前河南的工业化来说，还有一个重要特点，就是以改革开放为动力，与招商引资、吸引产业转移相结合的工业化，而不是封闭保守、仅仅依靠自我滚动发展的工业化。城镇化就是农村为主的社会形态向城镇为主的社会形态转变的历史过程。城镇化的实质是农村人口向城镇的转移，农民向市民的转变，表现为人口的流动和迁徙，结果是人口居住方式的转变，即人口由小规模的分散居住向大规模集中居住转变，获得较高的规模效益和聚集效益，从而为非农产业的持续快速发展创造条件。从这个意义上讲，城镇化绝不是城里人拿钱给农村人，让农村人过上与城里人一样的生活，没有人口的迁徙和集聚，在农村分散进行的建设是不能称之为城镇化的。所谓新型城镇化，是指坚持以人为本，以新型工业化为动力，以统筹兼顾为原则，推动城市现代化、城市集群化、城市生态化，全面提升城镇化质量和水平，走科学发展、集约高效、功能完善、环境友好、社会和谐、个性鲜明、城乡一体、大中小城市和小城镇协调发展的城镇化建设路子。过去的城镇化是只让农民进城干活，不让农民在城里安家的半城镇化、伪城镇化、二元城镇化，是对农民工乃至整个农民群体的不公平。农民工进城打工，回农村老家建房，在城乡之间钟摆式流动，形成农村大量的空巢和准空巢，造成土地、建材、运力、资金的巨大浪费，同时在城里造成农民工与市民之间新的不平等。

新的城镇化应当是农民向城镇持续稳定转移的城镇化，让农民首先是农民工逐步转变为市民的城镇化。总之，新型城镇化就是用科学发展观来统领的城镇化。对于河南来说，新型城镇化与过去的城镇化的一个重要不同还在于农村劳动力从向外省转移为主向省内城市转移为主转变。因为过去河南农民工到省外打工，能不能转为市民河南管不了。随着沿海产业加快向内地特别是河南转移，河南农民工将更多地在省内打工，河南有权力有必要也有条件把他们转变为城镇居民。农业现代化是指从传统农业向现代农业转化的过程。就是用现代工业装备农业、用现代科学技术改造农业、用现代管理方法管理农业、用现代科学文化知识提高农民素质的过程。农业现代化可以概括为“五化”，即机械化、化学化、水利化、电气化、信息化。农业现代化首先是农业机械化，就是运用先进设备代替人力的手工劳动，在产前、产中、产后各环节中大面积采用机械化作业，从而降低劳动的体力强度，提高劳动效率。从这个意义上讲，虽然农业是工业的基础，但后面加上个“化”字就反过来了，即工业化城镇化是农业规模化现代化的基础。就河南来说，实现农业现代化必须推进农业规模化，没有农业规模化，农业的机械化、化学化、水利化、电气化、信息化的成本就比较高，推进就比较慢。

“协调”是指事物间关系的理想状态和实现这种理想状态的过程。系统论认为“理想状态”是指为实现系统总体演进目标，各子系统或各元素之间相互协作、相互配合、相互促进而形成的一种良性循环态势。管理学认为协调主要指实现管理目标的手段和过程，强调的是对各种管理要素的综合考虑。

“三化协调”就是指工业化、城镇化、农业现代化“三化”之间相互促进，共同发展，良性循环，而不是相互矛盾，相互掣肘，制约发展。就是把三化看成是一个有机联系的大系统，综合把握它们之间的相互联系，相互作用，而不能把它们分隔开来，孤立看待，搞其中任何一化的时候都要考虑与其他两化的关系和影响，使之有利于而不是有害于其他两化。三化协调的总目标是又好又快发展，实现小康和现代化，具体目标就是工业化城镇化持续快速发展的同时农业特别是粮食生产能力持续提高，就是走一条不以牺牲农业和粮食为代价的工业化城镇化道路。同时，也不能走一条牺牲工业化城镇化的保粮食安全、实现农业现代化的道路。牺牲工业化城镇化的农业现代化道路没有动力，也不可能实现。三化协调的关键就是非农产业根据比较优势和竞争优势而集中集聚集群集约发展，人口特别是农村人口随着非农产业的集聚发展而迁徙、集中，就像游牧民族逐水草而

居、农业人口逐耕地分散而居那样。农村留少数农民从事规模化现代化的种养业。这个问题的实质就是允许、引导、帮助农民逐收入而居，哪儿收入高、生活好就帮助农民去哪儿，也就是给农民自由迁徙居住的权力，各级政府为居民的迁徙、居住提供服务。

二　为什么要“三化”协调

三化协调的必要性主要有以下几个方面。

1. 三化不协调威胁国家粮食安全，影响经济社会稳定

民以食为天。食物的生产和供应是经济社会存在和发展的基础，也是经济社会稳定的基础。粮食是生产食物的主要原料，是人类生活的必需品。如果说农业是国民经济的基础，那么粮食就是基础的基础。中国作为13亿人口的超大国家，粮食安全不仅是个经济问题，也是极其重要的政治问题、社会问题，必须依靠国内自己解决问题，不可能主要依靠国际市场。改革开放以来国家非农产业特别是工业的发展重点在沿海，沿海地区虽然很适宜种粮食，但改革开放30多年来，沿海的工业化迅猛发展，城镇化遍地开花，已经占用了大量耕地，粮食产量大幅度下降，大多数沿海省份已经成为粮食调入省，过去曾经长期存在的南粮北调的局面早已不复存在，代之以北粮南调、中粮南调。如果我国的中北部也复制沿海地区的发展模式，必然的结果就是工业化城镇化上去，农业和粮食生产下来，从而威胁国家粮食安全。河南由于改革开放滞后，工业化城镇化起步晚、水平低，至今仍然是个农业大省，粮食产量占全国的十分之一，小麦产量占全国的四分之一，河南减产，全国紧张。胡锦涛总书记明确讲，保障国家粮食安全，河南的同志是有责任的。温家宝总理对河南的粮食生产十分重视，基本上是非“三农”不来，非“三农”不看，非“三农”不讲。可以说，河南对国家粮食安全负有特殊责任，粮食生产对河南来说不仅是个经济问题，也是一个重大政治问题，粮食不能少是河南这个地方的政治红线，河南的工业化城镇化必须以农业特别是粮食生产能力不断提高为条件。

2. 三化不协调制约经济社会发展，影响全面小康和现代化

基于沿海地区工业化城镇化大量占用耕地，影响粮食安全的实际，使各方面对于抑制耕地减少，保障耕地红线的呼声日益高涨，控制耕地占用的政策措施越来越严，形成了制约工业化城镇化发展的土地瓶颈。河南全省每年工业化城镇化需要占地大约50万亩，国家每年批给河南的占地指标只有10多万亩，差距很大，报批很难，基本农田占一分就要报国务院批准。不少地方引进非农项目落不了地，客观上已经形成为保国家粮食安全而牺牲河南工业化城镇化速度的局面。而工业化城镇化是河南全面小康和现代化的必由之路。在农业人多地少的条件下，靠农业解决温饱可以，要致富不行；个别农户可以，多数农户不行。农民不减少，致富没希望是千真万确的真理。河南经济社会相对落后的局面在很大程度上是长期的城乡二元体制造成的。个别地方为了发展违规占地，未批先占，以租代征，冒不小的风险。河南省规划100多个产业集聚区和几个新城区，确实占地不少，这对河南发展来说是很必要的，但这些规划及其宣传也会使一些人认为会威胁耕地红线，影响粮食安全，很容易引起严厉查处，致使土地瓶颈对中原崛起、河南振兴的制约十分严重。这个问题不解决，中原就崛起不了，河南就振兴不了。

3. 三化不协调制约第三产业发展，迟滞经济发展方式转变

三化不协调还表现在工业化与城镇化之间的分离，就是工业化与城镇化结合不够，长期强调工业以及其他非农产业下乡，在农村发展非农产业，农民离土不离乡就地就近转移，结果是工业发展上的村村点火，户户冒烟，城镇发展上的村村像城镇，镇镇像农村，产业、人口过于分散，不仅缺乏规模效益和聚集效益，结构升级缓慢，而且污染难以治理，占用大量耕地，同时影响生态环境和粮食安全。近几年这方面的问题虽然有所改观，但并没有从根本上得到解决，分散发展的思维惯性和习惯势力仍然十分顽强，企图让多数农民在农村实现小康和现代化的想法和做法仍不时出现。国家从“九五”以来就强调经济增长方式转变，党的十七大以来又讲发展方式转变，就河南来说，结果之所以不够理想，结构不优、效益不好的问题还比较突出，城市化水平低，产业发展和人口居住过于分散，缺乏较高的规模效益和聚集效益是一个重要原因。规模效益就是由于生产经营规模扩大而使单位产品所需的生产成本降低和效率提高，例如一次做1碗饭和做10碗饭相比，后者的碗均成本更低，效益更高。聚集效益就是由于生产要素的集中所导致的效益提高。例如10个人集中在一起工作生活，解决他们的吃饭问题只需要一个厨师、一套炊具就行了；如果这10个人分散在相距较远的10个地方，解决他们的吃饭问题就需要10个厨师、10套炊具。集中集聚以后节约的

劳动力、提高的效益就是规模和聚集效益。城市这么多大商场、专卖店、洗浴中心、茶社、早餐点等等，在农村根本不可能产生，产生了也会垮掉。主要是因为农村居住分散，村庄规模小，需求不集中，不利于形成企业和产业。从全世界发展的普遍规律看，第三产业占 GDP 的比重与城市化率、城市规模正相关，即城市化率越高，城市规模越大，第三产业的比重和发展水平就越高。反之，城市化率越低，城市规模越小，第三产业的比重和水平就越低。同理，在耕地面积和总人口一定的条件下，城市化率越低，农民越多，农业人均耕地就越少，农业生产经营规模就越小，农业劳动生产率和农产品商品率就越低；城镇化率越高，农民越少，农业人均耕地就越多，农业生产经营规模就越大，农业劳动生产率和农产品商品率就越高。河南的第三产业比重比全国平均水平低 13.3 个百分点，科技教育文化卫生等社会事业发展滞后，主要原因是城镇化水平低，河南城镇化率比全国平均水平低 8.9 个百分点，只有 37.7%，多数人居住在小规模分散的农村，导致服务业发展缓慢，教育科技文化卫生等社会事业投入产出率低，成本高，发展慢，效果差，科技人才和经营管理人才的整体水平低，对科技进步、管理创新的支撑乏力。

4. 三化协调具有现实可行性，河南已经初步走出一条三化协调发展路子

2009 年全国的城镇化率是 46.6%，农村人口只比城镇人口多 6.8 个百分点，而全国的村庄面积是城市建成区面积的 5 倍，说明农村人均非农占地远远高于城市。因为农民在农村住独家小院，城里人主要住高层建筑。城市越大，人均占地越少。北京、上海那样的超大城市人均占地 70 至 80 平方米，中小城市人均占地约 100 ~ 120 平方米，小城镇人均占地一般超过 150 平方米。农村人均非农占地至少在 200 平方米以上，有的地方人均占地高达 300 平方米以上。从农村向城市每转移一个农民能够节约 100 平方米以上的土地，并且越是转往大城市，节约土地就越多。如果到 2020 年河南的城市化率达到 50%，需要向城市转移 1300 万农村人口，可以节约近 200 万亩耕地，约合 1300 平方公里。如果河南的城市化基本完成后城市化水平达到 80% 左右，还要再转移 3000 万农村人口，节约耕地 3000 平方公里以上。随着农民的不断减少，耕地将逐步实现规模经营，形成户均 30 亩、50 亩乃至 100 亩以上的家庭农场，通过规模化实现农业的现代化。

改革开放特别是进入新世纪以来，河南的工业化城镇化速度加快，同时无论是发展速度、发展质量还是发展水平，大城市都比小城镇有优势，100 只小舢板抵不过一艘航空母舰，100 个 5 万人的小城镇抵不过一个 500 万人的大都市。绝不能再走“村村像城镇、镇镇像农村”分散发展的老路，要尽可能促进非农产业和农民向大中城市集中，以获得尽可能高的规模效益和聚集效益，以争取较高的发展速度和质量。农民转移的大方向是城市非农产业，引导农民把主要积蓄用于发展生产，进城就业居住。新农村建设要向城市郊区、产业集聚区倾斜，与非农产业发展有机结合起来，与非农就业无关的村庄撤并应当慎重。各级领导特别是城市主要领导的精力要适当向城市化倾斜，采取得力措施大幅度提高城市的规划建设管理水平，按照汽车进入家庭时代的要求规划建设管理城市，尽快改变城市工作严重滞后于城市发展需要的状况，有效预防和治理“城市病”。

5. 把农村土地整治工程作为三化协调的重点来抓

扎实推进对农村空心村、“空巢”和宜农废弃地的整治，制定政策鼓励农村复耕土地。农村复耕的土地由土地管理部门确认发证并允许到城乡统一的土地交易所出让给城市郊区需要占地的单位和个人，保证农村复耕的土地多于城镇占用的耕地，实现耕地占补平衡，有所结余。建议抓住申报中原经济区的机会，仿照当年菜篮子、米袋子省长负责制的做法，积极向中央要求进行耕地面积省长负责制试点，在保证耕地面积不减少、质量不下降的前提下，把非农用地的审批权和基本农田位置的调整权下放到省一级，解除工业化城镇化的土地瓶颈制约。要切实解决农民工在城镇的就业、户籍、住房、社保、子女就学等问题，使之真正成为市民，融入城市社会。坚持树立以工业化城镇化的发展来从根本上解决三农问题的指导思想。

B.16

“十二五”期间河南省如何激发发展活力

张占仓*

观察全球区域发展的现实不难发现，80%的发达地区都分布在沿海或者沿江地区100英里以内，究其原因，是工业经济时代的沿海或者沿江能够提供低廉的运输条件，可见物流成本对当今世界生产要素流动影响之巨大。像德国鲁尔工业区、英国南部、美国东北部等少数内陆发达地区，基础设施条件都特别好。分析全球的投资分布，跨国公司占全球直接投资的80%以上，说明跨国公司在全球经济发展中居于十分重要的地位，一个比较大区域的发展，如果没有跨国公司的积极参与，资金不足就成为突出问题。金培研究员认为跨国公司投资时最关心的因素是政府的行政效率，因而一个地区或者城市在改善投资环境时有很大的主动性，核心是能否通过改革提高行政效率。

观察全球工业发展的现实又能发现，80%的工业增加值是产业集群创造的，原因在于产业集群拥有经济学追求的最高境界——资源共享机制，能够把同样的产品做得质量最好、价格最低，在市场上形成核心竞争力。基于这三个80%的科学数据及其科学内涵，我们认为河南省“十二五”期间要通过狠抓以下战略举措，激发内在的发展活力。

一　在基础设施建设上形成新优势

河南省不沿海，不沿江，不具备水运成本优势，但是位置居中，现有干线铁路四通八达，高速公路已经形成网络，高速铁路建设正全面推进，还拥有全国八

* 张占仓，河南省科学院。

大枢纽机场之一郑州国际机场和内陆铁路、公路港等设施，基础设施条件在全国中西部地区堪称一流，应该逐步进入发展条件相对成熟期。近几年。确实也有不少世界跨国公司开始进入该地区投资发展，特别是已有68家世界500强企业投资河南，标志着投资环境已经具有一定的吸引力。但是，目前该地区最大的制约因素，仍然是投资不足，在全国发展总体格局中表现得相对迟缓，而且缺乏高科技、高成长、高影响、高贡献的重大项目。借鉴全球发达地区的经验，下一步必须在高端基础设施建设方面形成新优势，特别是在郑、汴、洛、新、焦等地区，对高速铁路、国际机场、城市轨道交通、保税区等高端生产要素集聚影响显著的领域，集中规划和投资，彻底改善基础设施对重大投资项目的制约，在降低商业成本，特别是运输成本上下工夫，为大量流动性非常好、要求投资回报率较高的资本大举进入创造条件，大胆探索内陆人口稠密地区加快发展、实现崛起的新模式。如果以河南省为主体的中原经济区建设方案能够获得国家批准，将对探索内陆地区的发展崛起途径起到巨大的促进作用。

二　在改革开放上实现新突破

由于河南省传统文化沉淀丰厚，而传统文化最突出的特点之一，是相对比较保守，而且容易小富即安。受传统文化影响，河南省在改革开放方面确实相对滞后。比如，政府的行政效率，很难说是高效的。因为我们各级政府确实还没有塑造出科学有序、高效运行的整体形象。在企业市场化改革方面，河南省也比较滞后。如，河南是中国的白酒之乡，但全省白酒企业至今改革严重滞后，很多企业仍然是国有企业的老底子，现在在搞租赁经营，甚至有的是承包经营，真正进行公司制改造的非常少，因此导致白酒企业发展活力不足，在全国白酒市场上缺乏有竞争力的大品牌。时至今日，白酒企业的不少负责人还在呼吁加快公司制改革！再如，省直机关办企业问题，至今仍然在脱钩改制方面进展缓慢，甚至有些还在沿着老路往前走。与此相反，河南的民营企业发展一直远远落后于沿海地区，经济发展的活跃程度一直不好，很难创造发展上的奇迹。在开放方面，2009年，河南省进出口总额占全国的比重仅0.6%，而1980年时就是1.1%，所以我们国家通过加入WTO，实现了“走出去”的重大突破，使经济的开放度达到60%以上，让全世界的市场上都摆满了中国制造的商品，但在这个过程中河南省

的出口商品生产规模并没有大的突破，经济开放度一直非常低，我们1亿人口规模的大省，在全国出口市场上所占份额几乎可以忽略不计。因此，改革开放到今天，我们作为一个内陆省份，在推进市场化改革与推进开放发展方面与沿海地区差距异常之大。“十二五”期间，我们要高度重视制约河南经济发展的要害瓶颈，下决心在改革开放上实现新突破，显著提高各级政府的行政效率，激活内生机制，建立健全公平、开放、规范的市场经济新秩序，为提升经济运行效率创造条件，为全球和全国资本更多地进入创造条件，增添区域发展的动力，激发区域发展的活力。

三　在科技教育发展上实现新跨越

一个区域的发展，只有把科学技术搞上去了，才能够支撑核心技术创新，培育区域发展的核心竞争力。只有把教育，尤其是高等教育搞上去了，人才培养、人才支撑和人才储备问题和老百姓上学难问题才能真正解决。我们所面临的现实是，科技教育水平明显低于全国的平均水平，却老是期望GDP增长速度高于全国平均水平，这从理论上分析是不可行的，也是不可持续的。看一看国际国内的发展实例，无论是早期18世纪英国的工业革命，还是后来德国经过19世纪后半叶的持续努力，到20世纪初成为世界经济与科学中心，二战以后美国通过相当优惠的政策吸引全球科学精英来美国发展，促成了美国称霸世界几十年。我国改革开放以来深圳通过特惠政策在20世纪80年代吸引中级职称以上科技人员，在90年代在全国率先提供科技创业支持等，吸引全国大批年轻科技人才集聚深圳，使其由一个小渔村发展成为当今闻名全球的高科技产业集聚中心，这些都充分说明，科技教育实力是支撑一个国家或地区高速发展的不竭动力。我们要想真正激发发展活力，就要在科技教育发展上下工夫，用更加长远的观点，更加宽阔的胸襟，更加开放的思路，更加前瞻性的魄力，从具体事做起，从今天做起，从自己做起，不图眼前短期利益，为未来着想，为未来投资，认真发展科技教育事业，立志经过一定时期的特殊努力，用全面支持创新、支持创业、支持创造、支持发展等特殊政策，创造更多激励创新创业创造的机会，吸引全球和全国优秀人才，特别是中青年科技人才集聚河南，建设河南，繁荣河南，把全省科技教育水平提升到全国平均水平之上，用扎扎实实的科技教育基础，支

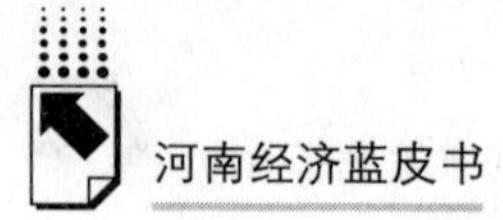

撑中原崛起，河南振兴，彻底改善河南省经济社会发展质量，全面提高发展的实际效益。

四 在“两集融合”发展上迈出新步伐

所谓“两集融合”，就是让产业集聚区与产业集群在地域上融合，或者说让产业集聚区里边填充产业集群，充分利用产业集群的资源共享机制，加快扩大全省工业发展规模，提升工业发展水平，提高工业经济的核心竞争力。近几年，我们规划建设了一批产业集聚区，在集中推进工业化、提高土地资源配置效率等方面显现出明显优势。但是，我们最近连续到很多市县调研过程中发现，时至今日，很多地方对产业集群与产业集聚区的关系没有弄清楚，仍然是招来什么企业，不管是否适合在当地发展，都放在产业集聚区里边，使产业集聚区变成了普通的工业区。这种现象在工业基础比较差的市县更加突出，在一个产业集聚区里边，企业之间关联性非常有限，甚至矛盾性比较突出，根本没有产业集群的概念。这样发展下去，产业集聚区内部企业布局混乱，缺乏科学有序发展的基础，必然影响发展活力与发展后劲，很难形成核心竞争力。所以，我们建议在全省产业集聚区管理方面，要明确提出“两集融合”发展的要求，避免产业集聚区作为普通工业区建设与管理，克服产业集聚区内部企业布局缺乏内在联系的不科学现象，使产业集聚区发展建设少走弯路，真正把全球最前沿的工业布局理念融入我们产业集聚区建设的实践之中，把按照科学规律办事的要求具体化，把科学发展的主题在我们产业集聚区建设的过程中落到实处。

五 在金融业发展创新上闯出新路子

河南省之所以经济发展落后，金融资本不足是实质性制约因素之一。目前，国家财政资源比较充裕，但是不可能一味向一个省过分倾斜，而且河南是人口大省，国家公共财政本身的属性决定了其使用上的局限性，这些资本可以用于救急，不可能用于一般企业发展。市场资本，主要受我国资本市场地域结构的制约，特别是虚拟资本对投资项目地域接近性的青睐，使河南很难得到较多的资本市场资金的支持。就连河南当地真正资金雄厚的企业或个人，想从事证券业的

话，为了获得信息的便利性，也要到上海或者深圳注册公司从业。在银行系统，本来河南省由于经济发展水平较低，属于存款相对较少地区，2009 年存款余额为 1.9 万亿元，占全国 3.2%；全省贷款余额 1.3 万亿元，占全国的 3.4%，全国新增贷款余额 9.6 万亿元，创历史新高，而河南新增 3069 亿元，虽然跟自己比增长幅度较大，但仅占全国的 3.1%，与河南人口占全国 7.5% 相比，仍然属于投资不足地区。众所周知，资金是一个区域经济社会发展的血液，而一个长期资金外流和投资不足地区，一直在失血，怎么可能健康发展呢？当然，2008 年全球金融危机之后，全世界金融业由美国华尔街牵着鼻子走的历史时代结束，转而进入金融业全面创新发展新时期。特别是我国人均 GDP 已超过 3000 美元，进入资本相对充裕期，以商业银行为代表的中国金融业乘势而上，成为全球金融业发展的领导力量之一，为河南在新的历史条件下开展金融业发展创新开辟了广阔的空间。河南要抓住这个机遇，利用国家促进中部崛起的一系列优惠措施，大胆探索，勇于创新，在开放金融市场、活跃金融市场、使用金融创新产品为中小企业服务、开展创业投资、贷款担保、开办村镇银行、创办资本市场、完善期货交易、创办地方商业银行等领域，力争闯出河南自己的新路子，激活金融资本，尤其是民间资本，形成独特的区域性金融中心，吸引全球和全国的资本进入河南，建设河南，发展河南，最终让更多的中小企业获得更加便利的金融服务，让更多的民众懂得通过现代金融市场赚钱，让河南成为金融资本活跃的高地，让老百姓能够从中获得更多新的发展机会。

中部地区投资增长速度已经连续三年快于沿海地区，“十二五”时期，中部崛起面临空前的机遇，需要在全面落实国家《促进中部地区崛起规划》的基础上，加快发展步伐，为国家发展作出更大的贡献。河南省在中部地区占有极其重要的地位，现在面临承接产业转移和自身通过转变经济发展方式，提升发展规模和发展质量的双重战略任务。如果能够在激发内在发展活力方面有所创新、有所突破的话，一定能够在“十二五”期间创造经济发展的新奇迹，为中部崛起作出更大的贡献，并在探索内陆地区发展崛起新模式上为我国中西部地区起到积极的示范作用。

B.17

对“十二五”期间河南省农民增收的分析与思考

王世炎*

党的十七届五中全会提出：要推进农业现代化、加快社会主义新农村建设，统筹城乡发展，加快发展现代农业，加强农村基础设施建设和公共服务，拓宽农民增收渠道，完善农村发展体制机制，建设农民幸福生活的美好家园。因此，实现农民收入的持续、稳定增长，依然是新形势下“三农”工作的出发点和中心任务，认清目前河南农民收入形势，理清农民增收思路，对全面建设小康社会具有重要意义。

一　河南省农民人均纯收入总体水平不高，以家庭经营纯收入为主

河南是全国的农业大省，但如同人均经济总量，农民人均纯收入并不高。2009 年，农民人均纯收入 4807 元，居全国第 17 位、中部六省第 4 位，是全国的 93.3%、江苏的 60.1%、浙江的 48%。其中六成来自家庭经营纯收入，三成来自工资性收入，转移性收入只占 5.0%，财产性收入占 1.2%。差距主要表现在：一是工资性收入偏低，特别是在本地从业收入差距较大。2009 年河南农民人均工资性收入为全国的 78.7%、江苏的 38.3%、浙江的 31.2%。其中在本地从业收入河南的差距更大，分别仅为全国的 64.1%、江苏的 26.5%、浙江的 15.4%。二是家庭经营纯收入中来自非农产业的收入较少。河南农民家庭经营纯收入中非农产业纯收入比全国低 5.2%，仅为江苏的 41.9%、浙江的 24%。三是财产性收

* 王世炎，河南省地方经济社会调查队。

入和转移性收入较低。河南农民人均财产性收入和转移性收入比全国少270元，比江苏、浙江分别少730元和532元。

1. 家庭经营纯收入是河南农民收入最稳固的基础

2. 工资性收入已成为农民增收的最大潜力源

河南与全国和发达地区农民收入的差距主要表现在工资性收入部分。因此，要使河南农民人均纯收入在2020年赶上和超过全国平均水平，必须努力缩小这一块与经济发达地区的差距。

3. 转移性收入是农民收入的亮点

农村税费改革的推进和国家一系列支农惠农强农政策的实施，使河南农民在减轻负担的基础上得到了更多实惠，转移性收入近年来快速增长，随着国家财力的增加，这部分收入对农民收入的贡献会越来越大。

4. 财产性收入是农民富裕和谐的标志

农民通过投资参与到经济发展中，参与社会财富分配的其他形式，有机会分享到经济发展成果，有利于社会和谐。随着农民富裕程度的提高，这部分收入对农民收入的贡献会更大。

二 “十二五”时期河南农民增收面临诸多困难

《中共中央关于制定国民经济和社会发展第十二个五年规划的建议》提出，未来5年要使中国城乡居民收入普遍较快增加，努力实现居民收入增长和经济发展同步。根据河南实际，我们运用灰色预测法预测得出：“十二五”期间河南农民人均纯收入年均增速在9.5%左右，其中：家庭经营纯收入年均增速约7.5%，工资性收入约15%，财产性收入和转移性收入分别约10%和14%。

“十二五”时期，河南要实现农民收入持续快速增长，还面临不少问题和挑战。

1. 农业结构欠优，高效农业比重低

河南农业总产值中种植业比重高，2009年占58.2%，比全国平均水平高7.5个百分点，而相对效益较高的林牧渔业比重不高。而且，近几年来，河南一些地方积极发展粮食生产，却忽视了对高效经济作物的生产。“十一五”以来河南经济作物种植面积是不断减少的，粮经种植比例从2005年的1.92∶1扩大到2009

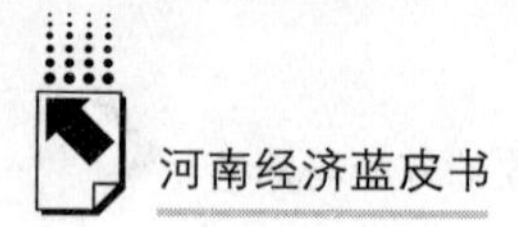

年的 2.15 : 1。2009 年，河南蔬菜、水果园艺作物产值占种植业的比重为 22.1%，而山东为 59.4%；山东蔬菜、水果总产量连续多年居全国第一位，河南产量相当于山东的 71% 和 53%；棉花总产量仅相当于山东的 56.2%。农业结构不优，高效农业占比低，使农民增收受限。

2. 乡镇企业欠发达，吸纳农村剩余劳动力能力差

与经济发达省份相比，河南乡镇企业发展明显落后，吸纳农村剩余劳动力的能力不足，这是造成河南农民收入中来自本地工资性收入比全国及经济发达省份较低的主要原因。2009 年，河南农民人均工资性收入中，本地从业收入比全国少 359 元，比经济发达地区的浙江、江苏分别少 3573 元、2617 元。据农业部门统计，2008 年，河南拥有乡镇企业 23.4 万家，浙江、江苏分别为 55.1 万家、56.3 万家，分别是河南的 2.4 倍和 2.4 倍；当年河南乡镇企业总产值为 11120 亿元，而浙江、江苏分别为 38710 亿元、56473 亿元，分别是河南的 3.5 倍和 5.1 倍。

3. 高素质农村劳动力缺少，制约就业和创收

调查资料显示，平均每百个农村劳动力中，高中及以上文化程度数量所占比重：河南为 17.1%，山东、浙江分别为 22.7% 和 20.2%，初中及以下劳动力数量所占比重则均高于这两个省。调查同时表明，河南高收入农户中的高中及以上文化程度劳动力所占比重为 25.2%，明显高于中等收入户的 16.1% 和低收入户的 13.3%。劳动力文化程度高低与农民收入水平呈明显的正相关关系。农村劳动力素质低下，影响到就业转移和收入水平的提高。

4. 农业生产制约因素较多，靠种粮增收困难增大

河南是全国重要的农业大省，保障国家粮食安全责任重大。因此，不可能撇开发展粮食生产谈农民增收，目前制约河南农业生产因素较多，靠种粮增收困难增大。据河南省地调队 2010 年在部分县（市、区）中开展的粮食、蔬菜、水果生产成本及收益专题调查结果显示，目前河南农民种粮收益依然偏低，农民种植 3.9 亩粮食才抵上 1 亩露地蔬菜或水果的收益，种 9 亩粮食才赶上 1 亩大棚蔬菜的收益。如果只扣除种粮成本，加上种粮补贴后，农民全年种植粮食的亩均收益为 575 元，约为一个农民外出务工一个月收入的三分之一；因此青壮年劳动者大量外出务工，在家搞生产的以妇女和老人居多，普遍信息不灵，接受新事物的能力弱，农业生产质量严重下降，农业发展后劲不足。

5. 农村合作经济组织发展滞后，农民组织化程度低

合作经济组织是推进农业产业化的组织保证，能够有效地解决小农户与大市场的对接。近年来河南农村合作经济组织整体上发展较好，但仍存在一些问题，主要有：组织规模偏小，经济实力弱，带动能力有限；资金短缺，缺少技术、信息支持，政府扶持力度不够等，影响农民增收。

6. 地区发展不平衡，制约农民整体收入提高

改革开放以来，河南农民收入区域间发展不平衡明显。2009 年，高于全省平均水平的有郑州、济源、焦作等 11 个市，低于全省人均水平的有驻马店、商丘、周口等 7 个市。人均纯收入最高的郑州比人均纯收入最低的周口高 4213 元，前者是后者的两倍多。尤其是作为传统农业地区的黄淮四市（信阳、驻马店、商丘、周口），农村人口占到全省农村人口的一半以上，四市加权平均农民人均纯收入仅有 4168 元，比全省农民平均水平低 13.3%，成为全省农民收入的“木桶短板”，制约了河南农民整体收入的提高。

三 “十二五”时期促进农民增收的对策建议

“十二五”时期，促进河南农民增收并实现预测目标，必须创新发展思路，拓宽增收空间，建立农民增收长效机制，实现农民收入的持续稳定增长。

1. 稳定发展粮食生产，优化农业生产结构，强化农民增收的稳固基础

（1）加大农业支持力度，确保粮食增产增收。“十二五”期间要确保粮食稳定生产，调动农民的种粮积极性，必须建立促进粮食生产稳定增长农民增收的长效机制。一要加强农田水利基本建设，加快中低产田改造，切实提高农业生产抗御自然灾害的能力，夯实粮食生产持续增产的能力。二要加强农资价格监管。近年来种粮生产成本上涨的一个重要因素就是农资价格的快速上涨。从各种粮食品种生产成本的构成可以看出，目前种子、化肥和农药等农资投入占生产成本的比重在 35% ~40% 之间，如果不计人工成本，那么所占比重更是高达 70% 左右。因此，稳定农资价格对增加农民收入有着非常重要的作用。建议相关部门加大对农资价格的监测，防止农资价格的过快增长和劣质农资坑农事件的发生，保障粮农收益和权益。三要继续稳步提高粮食价格。在种粮收益中，粮食价格起着决定性的作用。以 2010 年种植小麦为例，在其他因素不变的前提下，每公斤收购价格若提高或降低 0.1 元，那么小麦每亩收益就会增加或减少 38.8 元。因此，应适当加大提高粮食价格的幅度。四要继续加大种粮补贴力度。目前实行的每亩 10 元的小麦种植良种补贴，多数群众认为太低。粮食补贴是农民转移性收入的重要组成部分，要使转移性收入达到 2015 年的预测目标，需要加大对种粮农民的补贴力度。（2）优化农业结构，提高生产效益。在稳定粮食生产的基础上，积极发展特色农业和高效经济作物，并根据农业资源利用和农产品供求的现状，加快林业和畜牧水产业的发展。一要加快高效农业的发展。近年来，随着人们生活水平的提高，市场对设施农产品的需求日益增多，因此，发展设施农业生产可望成为河南调整农业产业结构、增加收入的一种有效手段。二要大力发展畜牧业。河南是畜牧业大省，饲草饲料资源丰富，畜禽品种众多，养殖传统悠久，发展畜牧业具有得天独厚的条件。近年来河南畜牧业持续发展，畜产品产量大幅度增长，但 2009 年，河南农民人均纯收入中来自牧业的收入仅占 9%，通过发展牧业增收还有着较大的空间。

2. 加快发展农村第二、三产业，千方百计抓好农民增收最大的潜力源

（1）扶持引导农村企业发展，促进农民就地转移增收。从江苏、浙江等农民纯收入高的省份来看，农民在本地务工工资性收入已经成为农民收入的主要来源，而 2009 年河南农民在本地从业得到的收入只占农民纯收入的 13.3%，其中，从本地企业获得的收入只有 170 元。可见，就地转移潜力很大，应该大力发展乡镇企业。一是努力发展劳动密集型企业。确定“十二五”时期经济结构调整和经济发展战略的时候，要考虑河南农村劳动力资源丰富、需要转移的农村劳动力较多的现实，乡镇企业的技术选择要把劳动密集型放在重要位置，以提高乡镇企业吸纳劳动力就业的能力。二是强力推进乡镇企业产品上档次、企业上规模，加快技术更新步伐，增强竞争能力和持续发展能力。三是引导和鼓励返乡人员创办乡镇企业。河南大量的在外务工农民工既提高了自己的收入水平，也开阔了眼界，学到了生产和管理技能，为返乡创业提供了物质和技术积累。“十二五”期间，建议相关部门加大引导和政策扶持力度，使农民工回乡创业成为农民工资性收入实现持续稳定增长的新突破口。

（2）积极组织劳务输出，大力发展劳务经济。一是政府部门要加强组织管理，保证农村劳动力合理有序流动。二是加强农村教育，提高整个农村劳动力的文化素质和竞争能力。要进一步认真落实“阳光工程”、“雨露计划”等农村劳

动力教育培训政策，着重抓好劳动力转移和流动前的就业培训、职业培训和专长培训，重视、加强和发展成人教育和职业中学教育，提高农村劳动力的文化素质和劳动技能。三是提高农民工的工资水平，进一步优化农民进城务工环境，消除制约农民工转移就业的体制、机制性障碍。有关资料显示，目前，我国一线建筑工人中的99%、制造业中的70%以上、采掘业中的80%以上、城市环卫绿化家政等人员中的90%以上都是农民工。他们已经成为我国产业工人队伍中的主力军和城市正常运转不可或缺的重要力量。而他们的月平均工资只有约1400元，仅相当于城镇非私营单位在岗职工年平均工资的一半，可见农民工的工资水平亟待提高。

3. 大力发展农民专业合作组织，帮助农民解难增收

近年来，河南农民专业合作组织有了较快的发展，在联结农户、企业和市场，提高农民的组织化程度，促进农业增效、农民增收等方面发挥了积极作用。“十二五”期间要进一步引导农民与专业合作组织合作，帮助农民签订订单，发展订单，促进本地农业生产的产业化经营，推动河南农民专业合作组织朝着健康的方向稳步发展，提高农民的组织化程度和农产品市场竞争力，维护农民合法权益，增加农民收入。

4. 加大农村社保体系建设力度，为农民解忧减负

根据河南省地调队的问卷调查，“农民收入增长缓慢”、“医药费太贵”、“农村养老”是现阶段农村最突出的三大问题，农村养老问题位列第三。加大农村社会保障体系建设力度，已成为保持农村和谐稳定的紧迫问题。建议政府要加快农民养老和医疗保险体系建设，不断完善新型农村合作医疗制度，加强农村卫生服务网络建设和药品监管，完善农村最低生活保障制度，将符合条件的农村贫困家庭全部纳入低保范围。

中央和地方各级财政要逐步增加农村低保补助资金，提高保障标准和补助水平。农民养老保障问题，中央已经做出了决定，河南已在部分县（市、区）开展新型农村养老保险试点，其他县（市、区）也应根据各地的财力积极推进此项工作，尽快为农民彻底解忧减负。

5. 坚持统筹城乡发展和区域经济发展，加快促进农民增收

一是加大对农民收入较低地区的财政支持和倾斜力度，充分发挥财政对收入分配的调节作用，特别是要保障经济落后地区农民基本生活的需要，确保全体农

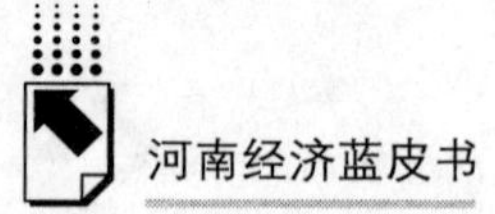

民在基础教育、基本卫生条件等涉及公民基本生存和发展条件等方面享受同等待遇。二是利用财政兼顾公平的功能，对落后地区进行投资或补贴。针对种植业资源丰富但耕地产出效益欠缺的现状，认真落实国家加强对粮食主产区投入的各项政策，合理调整农业生产结构，加大优势农产品的生产与开发力度，实施产业化经营，提高种粮农民收入。

B.18

发挥好城市群在中原经济区建设中的作用

王作成*

《中原经济区建设纲要（试行）》提出把城镇化作为中原经济区建设的关键举措。确立了构建以城市群为主体形态，全国区域中心城市、省域中心城市、县城、中心镇与农村社区协调发展的五级城乡体系，指出要走出一条全面开放、城乡统筹、经济高效、资源节约、环境友好、社会和谐的新型城镇化道路。在这一构想中，中原城市群发挥着重要的作用。

一　中原城市群是中原经济区的支撑骨架

《中原经济区建设纲要（试行）》指出要“提升中原城市群的辐射带动能力”，“依托郑州核心城市和区域中心城市，完善功能，以大带小，加强分工合作，推进中原城市群一体化发展，提升整体竞争力和辐射带动能力，建成沿陇海经济带的核心区域和全国重要的城镇密集区”。把中原城市群建设摆在了非常重要的位置。中原城市群的概念20世纪90年代就已提出，作为政府决策，从提出到现在已经8年多时间，从2006年规划出台算起也有5年多时间，这期间，已实质性地推进了郑汴一体化，形成了中原城市群任意两个城市间两小时通达的公路网，2009年底国家发改委批复的《中原城市群城际轨道交通网规划（2009～2020年）》，提出促成以郑州为中心、洛阳为副中心，以京广、陇海为主轴，连接城市群地区主要的“‘十’字加半环线”网络构架。开通了郑汴城际公交、郑新城际公交、郑许城际公交，“十一五”期间重点建设了郑州到开封、郑州到洛

* 王作成，河南省统计局。

阳、郑州到新乡、郑州到许昌这一核心区域。已经批准建立的郑州、开封、洛阳、新乡、许昌、焦作六个新区形成了向郑州集聚的指向。凡此种种，都表明，中原城市群的建设已经取得了显著的成效。

国务院2009年9月通过的《促进中部地区崛起规划》实施意见中也指出，要抓紧研究中原城市群发展有关问题。意见还提出，加快构建沿长江经济带、沿陇海经济带、沿京广经济带和沿京九经济带，大力发展武汉城市圈、中原城市群、长株潭城市群、皖江城市带、环鄱阳湖城市群、太原城市圈。把中原城市群建设放在了中部崛起战略的重要位置。

实际上，从国家政策层面，城市群建设在国民经济和社会发展中也被赋予了非常重要的地位。早在2006年的“十一五”规划中就指出：“具备城市群发展条件的区域，要加强统筹规划，以特大城市和大城市为龙头，发挥中心城市作用，形成若干用地少、就业多、要素集聚能力强、人口分布合理的新城市群。”当前，我国经济发展开始进入城镇化为主导、城镇化加快发展的阶段，国家更是把城镇化作为扩大内需的战略重点，把推进城镇化作为关系现代化建设全局的重大战略，把城市群作为推进城镇化的主体形态。城市和城市群，被历史性地推上了前台。2010年初举办的省部级转变发展方式研讨班上，李克强副总理明确指出：“城镇化是扩大内需最雄厚的潜力所在，也是经济结构调整的重要内容。从国际经验看，城市群是城市化发展的一条重要途径。城市群可以通过现代交通网络，把大中小城市和小城镇联结起来，促进不同规模的城市和小城镇共同发展。所以，要坚持促进大中小城市和小城镇协调发展，逐步把城市群作为推进城镇化的主体形态。在优化发展东部沿海地区城市群的同时，要在中西部一些资源环境承载能力较强的区域，通过加快承接产业转移、完善公共服务体系和有序集聚人口，培育和发展一批城市群，促进经济增长和市场需求空间由东向西、由南向北梯次拓展。”

由此可见，中原城市群作为中原经济区的骨架，形成对中原经济区的坚强支撑，既有多年来发展的现实基础，也适应国家宏观政策的导向。在中原经济区的建设中，应利用好这个基础，做强这个骨架，强筋壮体。《中原经济区建设纲要（试行）》中也明确提出：依托郑州核心城市和区域中心城市，完善功能，以大带小，加强分工合作，推进中原城市群一体化发展，提升整体竞争力和辐射带动能力，建成沿陇海经济带的核心区域和全国重要的城镇密集区。

当然，这些城市目前来讲并没有成群，由于发展水平的原因，甚至它们之间的竞争关系大于合作关系，但从中原经济区的建设看，这种集群应该是一种必然，目前这个阶段，怎样处理好这些城市的关系，处理好中原城市群和其他中心城市的关系需要进一步研究。

二　推进“核心增长极＋多元支撑＋周边组团”的建设格局

关于中原城市群的建设，省里过去提出了“一极两圈三层”的中原城市群总体框架。“一极”即构建带动全省经济社会发展的核心增长极，就是“郑汴新区”，包括“郑州新区”和“开封新区”。“两圈”即加快城市群轨道交通体系建设，在全省形成以郑州综合交通枢纽为中心的“半小时交通圈”和“一小时交通圈”。“半小时交通圈”就是以城际快速轨道交通和高速铁路为纽带，实现以郑州为中心、半小时通达洛阳等原中原城市群内 8 个省辖市；“一小时交通圈”就是以高速铁路为依托，形成以郑州为中心、一小时通达原中原城市群外南阳等 9 市的格局。“三层”即中原城市群核心层、紧密层、辐射层。核心层指郑汴一体化区域，包括郑州、开封两市区域；紧密层包括原中原城市群内洛阳、平顶山等其他 7 个省辖市区域；辐射层包括原中原城市群外南阳、商丘等 9 个省辖市市区。

在《中原经济区建设纲要（试行）》中，由于中原经济区是以河南为主体、延及周边，是比河南更大的区域，“一极两圈三层”的建构模式发生了一些变化，尽管没有明确一个总的提法，但实际上形成“一核两轴两圈三区”的构建格局。“一核”就是核心区或者核心增长极，是在郑汴新区的基础上拓展到周边城市，即在《纲要》中描述的“高起点建设郑汴新区，强化交通枢纽、金融、贸易、物流等综合服务功能，提升郑州全国区域性中心城市地位，增强郑州省会中心城市辐射作用。推进郑汴一体化发展，实现郑州与洛阳、新乡、许昌、焦作对接联动”；“两轴”是把中原城市群放在国家大的发展格局中定位：“按照国家‘两横三纵’城市化战略格局，依托陆桥通道，强化郑州、洛阳、开封的重要支撑作用，发挥商丘、三门峡等城市的支撑作用，形成沿陇海发展轴。依托京广通道，发挥安阳、鹤壁、新乡、许昌、漯河、平顶山、驻马店、信阳等城市的支撑作用，形成沿京广发展轴”；“两圈”没有更多的变化，仍被表述为：“形成以郑州为中心，以城际铁路和快速通道建设为支撑，快速通达开封、洛阳、许昌、新乡、焦作、漯河、平顶山、济源的半小时通勤圈；以铁路客运专线建设为依托，通达其他中心城市的一小时交通圈”；“三区”可以看做是“三层”的拓展，“以郑州和与之毗邻城市为核心区、以全省 18 个省辖市为主体区、以联动发展的周边地区为合作区”。

在这一框架之下，就需要同时也有必要推进“核心增长极 + 多元支撑 + 周边组团”的建设格局。

所谓核心增长极就是要尽快培育一个中原经济区的核心增长极，引领中原经济区发展，参与国内区域竞争；所谓多元支撑，就是要发挥好每一个中心城市的支撑和引领作用；所谓周边组团，就是河南沿边省辖市与邻省有关省辖市建立双边或多边合作，形成局部经济区或合作共同体，强化经济联系。

首先，要加快培育一个中原经济区的核心增长极。第一，作为经济区建设，中原经济区需要一个核心增长极作为发展引擎来引领区域发展，来强化经济区内的经济联系，来完善经济区的功能。正如长三角经济区有上海、珠三角经济区有深圳、广州，环渤海经济区有北京、天津一样，中原经济区的构建，需要推进其核心增长极的建设。第二，以扩大内需为导向的新一轮发展，中西部地区都面临着机遇，中原经济区若想在发展中取得先机，必须有强有力的竞争平台。河南具备的区位优势、枢纽优势、文化优势、农业和粮食优势、人口优势、资源优势、基础优势和发展空间优势是一种总体优势，是参与区域竞争的重要基础，但这些竞争优势的发挥，最终要体现在产业的落地和发展上，要体现在具体的平台上，能否迅速培育起能够集中担当这些优势的平台，是中原经济区在区域竞争中能否迅速发展的当务之急。

这个核心增长极如何建？经过“十一五”的建设，中原城市群的核心增长极应该继续沿着中原城市群建设规划的路子延伸下去，在规划中提出：“十一五”期间重点建设郑州到开封、郑州到洛阳、郑州到新乡、郑州到许昌这一核心区域，目前应把这一区域在推进区域内六个新区建设的基础上，加快一体化进程，形成大郑州都市圈。在中原经济区建设中发挥引领作用，提升核心区的区域竞争力。

其次，要发挥好各个区域中心城市的作用，形成中原经济区多元支撑的局

面。各个省辖市所在地的城市，既是当地的行政领导所在地，也都有着人口众多、发展空间巨大的腹地，作为区域中心城市有其宽广的作用空间。在中原经济区建设中这些城市都应该发挥重要的作用。如在中原城市群原 9 市之外的南阳市，人口超过 1000 万，经济总量在 2000 万左右，这样一个经济区域的建设就迫切需要一个有带动力的城市来引领。因此，从河南省建设中原经济区来讲，主体区的建设，需要 18 个省辖市所在的城市，都能培育出一个增长极，每个增长极都可以有自己的特色，形成多元发展、多极支撑的局面。

最后，要积极推进“周边组团”的建设。早在上世纪 80 年代，河南一些省辖市与周边地区就开始了各种形式和层次的区域合作，形成了水乳交融、同荣共生的经济联系。其中较有影响的是 1985 年成立的包括晋冀鲁豫 4 省 13 个城市的中原经济协作区，1986 年成立的涵盖苏鲁豫皖 4 省 14 个城市的淮海经济区，以及 1986 年成立的有运城、三门峡、渭南 3 个城市参加的晋陕豫黄河金三角经济协作区等。已经形成的这些“组团”，有一些属于行政推动，但更根本的东西是内在联系的推动，河南的一些地方与相邻外省的地方虽分属不同省份，但不仅地缘相邻、交通相连、经济和人员交往交流频繁；而且语言相通、民俗民风相近，这些是发展“周边组团”的重要基础。在中原经济区建设中，要通过周边组团的建设，优势互补、信息共享、统筹规划、协调发展，探索如何突破省际行政区划制约，实施跨省合作，共同促进合作区的建设。另外，承袭河南区域经济发展过程中形成的一些划分方法，也可进一步探索主体区内部的组团发展，全省可以划为五大组团，即中心组团和周边四大组团，中心组团就是规划中提出的核心区，四大组团是黄淮组团、西南组团、西部组团、北部组团。五大组团发展基础、资源条件相互之间差异较大，组团内部有很多共性的问题需要解决，如中心区组团如何加快对接联动以强化其在国内的竞争力，黄淮组团的工业化、城镇化过程中的粮食生产问题，西部组团的资源和生态保护问题等等。这些组团的发展，更多的应该是从各自的发展条件、发展基础、发展中共同面临的问题出发，通过经济联系来形成，通过市场经济的规律来发挥作用。

B.19

“十二五”规划发展目标的制定要科学合理

赵德友　张喜峥*

2011年是“十二五”规划开局之年。当前，各级党委和政府正在紧锣密鼓地制定“十二五”发展规划，如何科学合理地确定今后五年的经济发展目标至关重要，本文采用计量经济方法对这一问题展开讨论，以期对制订规划目标提供参考。

一　影响经济发展速度的几个因素

经济发展速度是一个综合指标，是经济发展实力的综合体现，其高低除受经济发展水平制约外，还受产业结构和核算方法等因素的影响。

1. 全国核算制度改革对河南的影响

目前，我们国家实行统一管理、分级负责的统计管理体制，GDP实行分级核算，各省市区GDP汇总数据绝对量比国家大10%左右，增长速度比国家高2.5个百分点左右。为加强地区与国家GDP核算数据的衔接，缩小国家与地区GDP数据之间的差距，国家统计局拟从2011年第一季度开始，对各地区GDP进行统一核算，实现国家与地区GDP增长速度的衔接。从2010年上半年国家统一核算试算结果看，各省市区GDP增长速度平均下调2.8个百分点，河南省GDP增长速度将由13.5%调整为10.9%。按照国家统一核算方案和核算结果推算，全省18个省辖市GDP增长速度要下调1.5~5.6个百分点不等（见表1）。

* 赵德友、张喜峥，河南省统计局。

表1　2010年上半年全省及各省辖市GDP增长速度对比

单位：%

	初步核算	统一核算	统一核算-初步核算
全　省	13.5	10.9	-2.6
省辖市汇总	13.8	11.0	-2.8
郑州市	14.7	12.5	-2.2
开封市	12.2	10.2	-2.0
洛阳市	15.6	11.9	-3.7
平顶山市	11.0	9.0	-2.0
安阳市	15.5	11.9	-3.6
鹤壁市	16.7	12.7	-4.0
新乡市	16.8	13.1	-3.7
焦作市	15.1	11.3	-3.8
濮阳市	10.2	7.9	-2.2
许昌市	15.4	11.8	-3.6
漯河市	15.9	11.8	-4.1
三门峡市	21.5	15.8	-5.6
南阳市	12.1	9.9	-2.2
商丘市	11.8	9.5	-2.3
信阳市	11.2	9.6	-1.6
周口市	9.7	8.3	-1.5
驻马店市	9.5	8.0	-1.5
济源市	11.7	9.0	-2.7

2. 产业结构水平高低影响经济发展速度

目前，河南正处于工业化加速发展阶段，这一阶段，第一产业增长速度较低，第二产业特别是工业增长速度较高，第三产业增长速度较为平稳。从近几年全省实际情况看，第一产业一般保持在3%～7%，第二产业一般保持在12%～18%；第三产业一般保持在10%左右，工业中规模以上工业一般在20%左右，规模以下工业一般不超过8%。在上述速度格局下，产业结构水平的高低将直接影响经济增长速度。很显然，如果某地第一产业占GDP的比重较低，规模以下工业占全部工业的比重较低，在各产业增速相同的情况下，GDP增长速度较高，反之则较低。

综合考虑产业结构和工业内部结构，按2010年前三季度全省GDP增长

12.3%，其中第一产业、规模以上工业、规模以下工业、建筑业、第三产业增加值分别增长4.2%、20%、2.6%、11.3%、9.8%计算，18个省辖市中GDP增速最高的达14.9%，最低的仅9.8%，最高与最低相差5.1个百分点（见表2）。

表2 前三季度按全省各产业增速推算的GDP增速与初步核算增速对比

单位：%

	按全省各产业增速推算的GDP增速	初步核算GDP实际增速	实际增速－推算增速
全　省	12.3	12.3	
郑州市	13.3	13.0	-0.3
开封市	10.4	12.2	1.8
洛阳市	12.9	14.3	1.4
平顶山市	13.1	10.1	-3.0
安阳市	13.1	13.5	0.4
鹤壁市	14.6	13.5	-1.1
新乡市	13.0	15.0	2.0
焦作市	14.2	13.0	-1.2
濮阳市	13.9	10.0	-3.9
许昌市	13.0	13.9	0.9
漯河市	13.8	14.7	0.9
三门峡市	14.1	17.0	2.9
南阳市	10.3	10.7	0.4
商丘市	10.3	10.5	0.2
信阳市	10.0	11.0	1.0
周口市	9.8	9.8	0.0
驻马店市	9.8	9.7	-0.1
济源市	14.9	11.6	-3.3

从表2可以看出，综合考虑三次产业结构和工业内部结构，在各行业增长速度一致的情况下，周口市、驻马店市GDP增长9.8%，与全省增长12.3%，济源市增长14.9%是一样的。

将上述数据绘制成等高线（见图1）。所谓等高线是指统一使用全省分产业增加值增长速度和各省辖市产业结构计算的各省辖市GDP增长速度。从前三季度初步核算结果看，增长速度高于等高线的有开封、洛阳、安阳、新乡、许昌、

漯河、三门峡、南阳、商丘、信阳，共10个省辖市，低于等高线的有郑州、平顶山、鹤壁、焦作、濮阳、驻马店和济源，共7个省辖市，周口市初步核算增长速度与等高线持平。

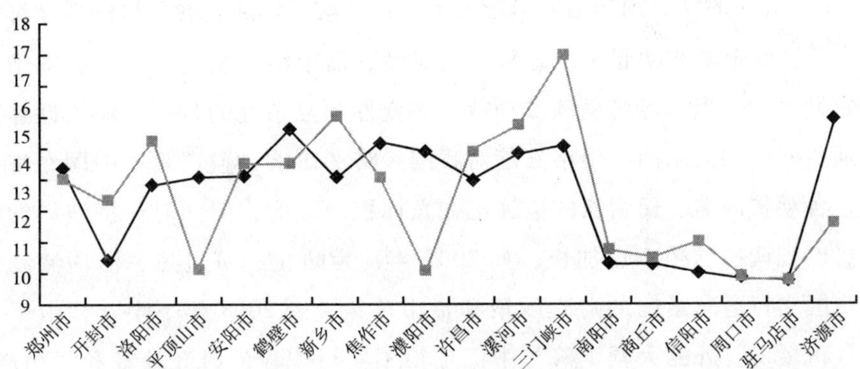

图1　2010年前三季度各省辖市按全省各业增速推算结果与初步核算结果对比

注：虚线为初步核算增速，实线为按全省各业增速推算结果，即等高线。

3. 第三产业核算方法对河南的影响

第三产业增加值核算尤其是季度核算由于资料来源缺乏，更多地根据相关指标的发展速度推算。在全国三产增速已定的前提下，各省市区、全省各省辖市统一使用国家反馈的调整系数计算，决定了各地第三产业增加值增长速度不可能出现大的波动，一般保持在10%左右的增长。这也符合工业化进程加快时期，第一产业低速增长，第二产业特别是工业快速增长，第三产业平稳增长的一般规律。

综上所述，各地在制定“十二五”发展规划时，要充分考虑这些因素的影响，避免制定一些虚高的经济发展目标。

二　确定“十二五”经济发展目标须注意把握的几个问题

“十二五”时期是全面建设小康社会的关键时期，科学制定经济社会发展目标，对于引领党政领导干部树立科学的政绩观，将精力更多地用于调整经济结构、转变经济发展方式、提高经济增长质量和效益、实现可持续发展具有十分重要的意义。

1. 要充分考虑外部经济环境变化对当地经济发展的影响

“十二五”时期，国际国内形势依然复杂严峻，国际金融危机的后续影响依然存在，国际金融波动起伏的态势仍将延续，需求结构发生变化，经济增长的不确定性增大，世界经济呈现波动性、多变性和复杂性的特点，输入性经济波动、通货膨胀和大宗商品价格涨落对我国经济的影响日益严重。中国经济整体向好，各项扩内需、保增长的措施正在发挥积极效应，但同时经济波动的频率加快，宏观调控的频率也加快。如 2007 年，为防止经济过热、治理流动性过剩，中国实行适度紧缩的财政政策和货币政策，到 2008 年下半年，由于全球金融危机爆发，外需大幅下降，中国不得不实行积极的财政政策和货币政策，以达到保发展、保增长、保民生的目标。到 2010 年下半年，由于通货膨胀预期上升，CPI 等主要价格指数出现上涨，中国又采取适度稳健的货币政策，采取提高存款准备金率和上调银行利率、对金融机构实行贷款规模管理等适度收紧的政策措施，以保持经济平稳增长。宏观调控 4 年运行了一个半周期，调整频率明显加快。因此，各地在制定经济发展目标时，要充分考虑外部环境变化对经济发展的影响，把机遇用到极限，把困难考虑到充分，客观、准确判断经济运行趋势，制定的发展目标既要积极，又要稳妥，既要高标准，又要合理适度，通过努力可以实现。

2. 要充分考虑 GDP 核算的影响

地区 GDP 统一核算是大势所趋，国家统计局已研究制定了《地区 GDP 统一核算方案》，并已报国务院，待国务院批复后将在各省市区推进。河南省将根据国家统一核算的总体部署，结合本省实际，稳步推进对省辖市 GDP 的统一核算工作。根据国家统计局《地区 GDP 统一核算方案》和国家统计局对各省市区 2010 年上半年 GDP 统一核算结果，对全省 18 个省辖市 2010 年上半年 GDP 进行试算，结果全省 18 个省辖市 GDP 增长速度全部下调，平均下调 2.8 个百分点。因此，各地在制定“十二五”经济发展目标时，要充分考虑 GDP 统一核算后经济增长速度的回落情况，不要用以往的模式预计，避免制定一些偏离实际的经济发展目标。

3. 要充分考虑经济增长与居民收入增长的协调性

国家“十二五”规划建议提出：“努力实现居民收入增长和经济发展同步、劳动报酬增长和劳动生产率提高同步。”“十二五”全国经济增长目标为7%，城乡居民收入年均增长速度高于7%。在制定经济发展速度目标时，要充分考虑居民收入增长对经济增长速度的要求，如不能实现居民收入的同步增长，高的增长速度就成为无源之水，无本之木。如果某地制定的经济增长目标为13%，要实现居民收入增长与经济发展同步，则城乡居民收入增长速度必须达到13%，考虑价格因素，居民收入增长速度应在16%以上，老百姓的收入五年翻一番，这样的目标能否实现，值得深思。

4. 要充分考虑产业结构对经济发展速度的影响

产业结构对经济增长速度的影响非常明显。如某县在制定年度发展目标时，将GDP增长速度预定为14.0%，该县第一产业增加值占GDP的比重为50%，假定第一产业增加值增长5%左右，第一产业仅拉动GDP增长2.5个百分点，如果要完成14.0%的增长目标，第二、三产业增加值需要拉动11.5个百分点，第二、三产业综合增速必须达到23%以上。而现实情况是，第二产业增长速度一般不高于20%，第三产业增长速度一般在10%左右。因此，该县GDP增长14%的目标是不可能实现的。

根据全国“十二五”规划征求意见稿，“十二五”时期全国GDP年均增长速度发展目标为7%，如果河南省GDP年均增长速度分别比全国高1、2、3个百分点，分别达到8%、9%、10%，其中第一产业分别增长2.5%、3%、3.5%，规模以上工业分别增长10%、11.5%、13%，规模以下工业分别增长3%、4%、5%，建筑业分别增长6%、8%、10%，第三产业分别增长9.5%、10%、10%，假定18个省辖市第一产业、规模以上工业、规模以下工业、建筑业、第三产业增加值增长速度与全省平均水平完全一致，根据2009年各省辖市产业结构推算的各省辖市GDP年均增长速度见表3。从表3可以看出，周口市和驻马店市制定6.8%、7.0%的速度目标，相当于全省实现8%的增速，也相当于济源市实现8.8%的发展目标。周口市和驻马店市制定7.7%、7.9%的速度目标，相当于全省实现9%的增速，也相当于济源市实现10%的发展目标。周口市和驻马店市制定8.5%和8.7%的速度目标，则相当于全省实现10%的增速，也相当于济源市实现11.1%的发展目标。

表3　根据全省“十二五”GDP增长目标推算的各省辖市GDP年均增速

单位：%

	全省年均增长8%	全省年均增长9%	全省年均增长10%
郑州市	8.8	9.9	10.7
开封市	7.4	8.3	9.1
洛阳市	8.2	9.3	10.2
平顶山市	8.2	9.3	10.3
安阳市	8.3	9.4	10.4
鹤壁市	8.5	9.7	10.9
新乡市	8.2	9.3	10.2
焦作市	8.6	9.7	10.8
濮阳市	8.3	9.4	10.5
许昌市	8.0	9.1	10.2
漯河市	8.3	9.4	10.5
三门峡市	8.6	9.8	10.8
南阳市	7.1	8.1	8.9
商丘市	7.1	8.1	8.9
信阳市	7.1	8.0	8.8
周口市	6.8	7.7	8.5
驻马店市	7.0	7.9	8.7
济源市	8.8	10.0	11.1

如果全省“十二五”规划制订GDP年均增长9%的目标，各省辖市比照全省目标制订规划，周口、驻马店的目标参考值为不超过8%，开封、南阳、商丘、信阳的目标参考值为8.0%～8.5%，洛阳、平顶山、安阳、新乡、濮阳、许昌、漯河的目标参考值为9%～9.5%，郑州、鹤壁、焦作、三门峡、济源的目标参考值为9.5%～10.0%（具体参考值见表3）。

5. 要充分考虑产业结构演进规律对产业结构调整的影响

产业结构是指各产业增加值占GDP的比重，一般按当年价格（即现价）计算，这意味着产业结构调整即由各产业增加值可比价增长速度决定，同时又受各产业价格指数的影响，产业结构调整的进程缓慢而复杂，有时甚至会出现反复。因此，各地在制定各产业增长速度目标和产业结构调整目标时，要充分考虑经济发展的阶段性规律。

制定各产业增加值增长速度目标，要充分考虑第一、二、三产业增加值增长速度格局。近年经济发展和GDP核算的实践告诉我们，第一产业增加值增长速度一般保持在3%～7%，第二产业增加值增长速度一般保持在12%～18%，第三产业增加值增长速度比较平稳，一般保持在10%左右，过高的第三产业增长速度目标是不可能完成的。

制定产业结构调整目标，既要充分考虑第一、二、三产业增加值增长速度格局，同时又要深刻认识到价格指数变化对结构调整的影响。三次产业增长速度格局表明，提高第三产业增加值占GDP的比重难度相当大，当价格指数发生变化时，第三产业比重甚至会下降。如2010年，某地第一产业增加值按可比价格计算低速增长，但由于农产品价格大幅上涨，按现价计算的第一产业增加值高速增长，导致其第一产业比重上升，第二、三产业特别是第三产业比重相对下降，其第三产业比重的下降有其客观性。如何看待一些地方第三产业比重偏低的问题，需要具体问题具体分析，第三产业比重偏低是由于复杂的历史原因决定的，如某地国土面积和人口都较少，但其工业非常发达，其工业产品大多销往外地，就有可能出现第三产业比重偏低的问题。

如果全省“十二五”规划经济增长目标为9%，其中第一产业、规模以上工业、规模以下工业、建筑业、第三产业增加值分别增长3%、11.5%、4%、8%、10%，假定18个省辖市第一产业、规模以上工业、规模以下工业、建筑业、第三产业增加值增长速度与全省平均水平完全一致，利用各省辖市“十一五”时期第一、二、三产业平减指数推算各省辖市2015年三次产业结构见表4。

表4　2015年各省辖市三次产业结构推算结果

单位：%

	第一产业	第二产业	第三产业
郑州市	2.5	53.7	43.8
开封市	17.0	48.5	34.5
洛阳市	7.4	58.4	34.2
平顶山市	7.7	68.1	24.3
安阳市	11.0	62.1	26.8
鹤壁市	10.0	70.9	19.1
新乡市	11.0	56.3	32.8
焦作市	6.5	68.9	24.6
濮阳市	12.6	66.4	20.9

续表 4

	第一产业	第二产业	第三产业
许 昌 市	9.8	69.6	20.6
漯 河 市	12.1	70.6	17.3
三门峡市	6.9	68.9	24.2
南 阳 市	18.1	50.9	31.0
商 丘 市	22.8	48.7	28.5
信 阳 市	21.1	45.5	33.4
周 口 市	26.7	47.3	26.0
驻马店市	22.1	44.5	33.4
济 源 市	3.9	77.0	19.1

三 对转变目标考核方式的建议

目标考核是对各地经济社会发展水平的度量，也是政府的一项重要工作，但在目前经济社会发展环境下，目标考核的内容要与转变经济发展方式相结合，在对经济发展速度进行考核的基础上，要更加注重对转变经济发展方式、民生、社会和谐、可持续发展等方面的考核。

1. 改变过去只重视考核 GDP 增速的做法，加强对各产业增速的考核

经济发展速度反映了各地经济实力增长的快慢，但由于各地产业结构不同，部分地区即使各产业增加值增长速度高于全省平均水平，其 GDP 的增长速度也仍有可能低于全省，在这种情况下，一些地区要实现经济增长速度高于全省平均水平，相当困难。因此，在制定“十二五”经济发展速度目标时，要针对不同情况，区别对待，有些省辖市的目标可以低于全省平均水平。在对经济发展速度进行考核时，可分别对第一产业、第二产业、第三产业和规模以上工业增加值的增长速度进行考核，然后，参照三次产业考核目标和该地产业结构对地区 GDP 的增长速度进行考核。另外，可将规模以上工业增加值，第二、三产业增加值增长速度之和作为重点指标予以观察和考核。

2. 加强对各地在转变经济发展方式方面的考核

“十二五”将加快经济发展方式转变，促进经济增长由第二产业带动向依靠第一、二、三产业协同带动转变，促进经济增长由投资拉动向依靠消费、投资、

出口协调拉动转变，促进经济增长由主要依靠增加物质资源消耗向主要依靠科技进步、劳动者素质提高、管理创新转变。加快经济发展方式转变是我国经济社会领域的一场深刻变革，为反映各地在经济发展方式转变方面取得的成效，可建立评价体系对各地“三个转变”实施情况进行考核，引导各地切实转变经济发展方式。

3. 加强对民生问题的考核

“十二五”时期，政府将更加关注民生、重视民生，因此，在对政府绩效进行考核时，要将政府在保障民生、改善民生方面做的工作纳入政绩考核评价体系，把各地解决民生问题的实绩作为考核评价的重要内容，加强对收入分配、劳动就业、社会保障、医疗卫生、食品安全、教育、廉租房建设、公众安全感、越级上访次数等民生问题的监测考核，将民生问题作为头等大事来抓，使全体人民真正能够学有所教、劳有所得、病有所医、老有所养、住有所居，真正能够分享经济发展成果。

4. 加强对各地可持续发展水平的考核

要加强对各地可持续发展水平的考核，重点对万元 GDP 能耗、二氧化碳排放量、化学需氧量排放量、二氧化硫排放量、氮氧化物排放量、氨氮排放量等方面进行考核，在控制人口、保护环境和永续利用自然资源前提下实现经济社会的持续健康发展。制定减排目标时要充分考虑现状，在算准基数的情况下，确定合理的发展目标。比如：一个粮食主产区，其工业发展水平相对较低，排放量的基数较低，若制定较高的减排目标，就很难完成。减排目标还要根据现实情况进行适当调整，如某地在五年规划期内新建了一个电厂，电厂建设符合国家产业政策，要允许地方对目标基数进行调整，否则目标就难以实现，避免出现一边经济发展了，一边又被一票否决了的荒谬现象。

B.20

“十二五”时期保持河南省经济平稳较快增长的政策建议

金美江*

“十二五”开局之年的第一个月，温总理来到河南调研，对中原经济区建设和河南发展寄予厚望。紧接着，国务院颁发的《全国主体功能区规划》将中原经济区纳入国家层面的重点开发区域，定位是：全国重要的高新技术产业、先进制造业和现代服务业基地，能源原材料基地、综合交通枢纽和物流中心，区域性的科技创新中心，中部地区人口和经济密集区，使之成为支撑全国经济又好又快发展的新的经济增长板块。由此可见：河南发展事关全局，中原人不能仅仅满足于“中原熟、天下足”的自豪之中，更要担起保持经济平稳较快增长支撑全国经济的重任。

“十一五”期间，在复杂的内外部经济环境下，我国经济周期波动呈现出典型的“短期化、高频化”特征。河南经济同全国一样，仅2010年，就快速经历了第一季度偏高、第二季度显著回落、第三季度企稳、第四季度趋强的一轮短波动小周期。既有基数的原因、也有国家宏观调控限制高耗能、高排放行业发展的因素，使以能源资源工业为支撑的河南经济，凸显结构性矛盾，复苏轨迹跌宕起伏。经济增长曲折振荡的现实，与我们追求“平稳较快”的理想状态相距甚远。在“十二五”加快转变发展方式的政策环境下，我们必须考虑结构调整带来的影响，积极研究应对思路。

一　开局之年，首要处理好转型升级与保持经济持续稳定增长的关系

2011年是“十二五”开局之年，河南经济开好头、起好步，首先要处理好

* 金美江，河南省统计科研所。

的是转型升级与保持经济持续稳定增长的关系，明确结构调整的思路。现阶段河南产业结构的选择目标不能高不成、低不就，不能因为推进产业升级，就放弃对能源资源型传统优势产业的发展，传统产业的发展要以市场需求为判定标准，对具有优势的传统产业发展不能一概抑制。

1. 现阶段，河南省在产业结构选择上要高也成、低也就，调结构不要把优势调掉了

温总理今年1月22日来河南，强调“中原经济区有很多优势，有丰富的自然资源，还有新中国成立以来形成的比较重要的工业基础，……”。的确，相比一些工业偏轻的省份，河南的工业重是一个优势，是发展的良好基础。因为我们有资源，在全国产业布局规划中是有优势的。所以我们现在该研究的是怎么把重工业调整好、做好重工业的同时把轻工业做好，轻重工业都要尽量拉长产业链条，而不是一概调掉重工业，把重的调掉了，咱们的优势就没有了。可见，轻重工业比例不是当前产业结构的主要矛盾。国家政策约束趋紧，增长难以为继才是产业结构的突出矛盾，对此要有明确的认识。

当前，传统优势产业仍然是全省经济的支撑和有效拉动力量，对保持经济持续稳定增长十分重要，不可或缺。加快转变经济增长方式，产业结构调整要正确处理技术密集型产业与劳动密集型产业之间的关系，一方面需要继续推进产业升级，提高技术密集型产业比重，但由于河南发展水平还在全国平均水平之下，人口规模已达一亿，就业压力居全国之最，即便劳动力成本上升，河南同样需要坚持发展劳动密集型产业。所以，现阶段河南产业结构的目的是优化现有产业组成，选择目标应当是高也成、低也就，不能削弱或丢弃原有优势，更要理性认识新兴产业的发展成长期。河南省“十二五”规划描绘的战略性新兴产业的未来美好图景是：力争到2015年，战略性新兴产业产值突破1万亿。客观地看，河南省培育发展的电子信息、新能源汽车、生物、新材料、高端装备制造业、新能源和节能环保七大战略性新兴产业，不可能齐头并进。这里面有资源、技术、人才的约束，还有资金和市场等约束。这些投资选择主要是企业行为，这些产业那些能在河南发展得快，最终要由市场来选择。可以预见，新兴产业取代传统产业的地位需要相当的时间、不可能一蹴而就。传统优势产业已经是成熟的产业，是否需要发展，也要由市场需求来选择。对传统产业的发展不能一概抑制，以河南煤炭开采和火力发电这一传统的能源产业为例，当前市场需求很大，不可缺少。

当然，煤炭是不可再生资源，不必急于开发。可以更多地开发和利用太阳能、风能等可再生资源。但就相当一段时间来看，新能源仍无力取代煤炭及火力发电的位置。况且，通过新技术对进行改造，也能使传统产业焕发新生。比如，煤化工就很有发展潜力，应当积极提升技术水平；电解铝技术已经国际领先、节能技术也在跟进突破。

因此建议，在政策选择上不能轻易放弃对传统产业的发展。要根据市场需求来决定是否需要发展。2011 年起，河南实施中原经济区的建设，离不开对传统优势产业的巩固发展，这是河南经济较快增长的有效拉动所在。

2. 结构调整要与经济承受能力相适应，避免出现大的振荡波动

目前国际金融危机的影响仍在持续，其影响仍在继续，经济回升的内生动力依然不足。全省经济社会发展仍处于形势复杂、困难较多的严峻时期。

调结构的目的是为了能更好地发展，是为了保持经济长期稳定增长。因此，要尊重经济内在规律，避免增速出现大的波动。回顾 2010 年，全省经济一季度增长 15.7%、上半年增长 13.5%、前三季度增长 12.3%，全年增速 12.2%。经济增速的逐季回落又在后期转降为升，反映出河南产业结构对国家抑制落后产能、加大调结构转方式力度的不适应，是作为全省经济增长的主要动力的工业经济发展在调控政策影响下受到明显波动所导致的。纵观全年工业增长波动曲线与传统行业特别是六大高耗能行业增速波动曲线，二者走势的基本一致。即全省工业增长受传统行业特别是六大高耗能行业影响较大。2010 年，伴随着六大高耗能行业对规模以上工业增长的贡献率由一季度 49.3% 下降至 30.1%，全省工业增加值增速也由一季度的 27.9% 回落至 19.0%，年底，六大高耗能工业增加值增速从 10 月份的同比下降 0.3% 转为增长 5.6%，其对全省工业增长的贡献率也由 10 月份的 0.1% 升到 15.5%，全省工业增长也随着 10 月份的 12.6% 回升至 12 月的 17.1%。受工业经济运行的跌宕起伏影响，河南经济全年走势也出现了与之基本一致的动荡曲线，可见经济增长对传统产业的较强倚重。

2010 年 5 月，国家取消高耗能企业优惠电价，使河南支柱产业之一的电解铝出现全行业亏损。接着，《国务院关于进一步加强淘汰落后产能的通知》的出台，使河南列入淘汰的企业个数高居全国第一、占到了全国总量的 11%。由于河南工业小型企业比重大、产业集中度低，多数属于落后产能，淘汰了一大批两高企业后，2010 年前 8 个月，高耗能行业结构占全省工业比重由年初的 45.6%

降到42.6%，下降了3个百分点，增速也下降了10多个百分点，但同时这一块对全省工业增长的贡献减少了6.4个百分点，小火电、小煤矿、小水泥、小造纸、小黏土砖等遭受摧毁，客观上也影响了全省工业生产的快速增长。

河南节能减排力度之大、调结构步伐之快，居于全国前列。结构是调整了、减排目标也完成了，但工业生产却受到了严重抑制。由于工业投资增速的趋缓，减弱了拉动经济增长作用持续，导致2010年全省投资同比下降了10个百分点，前三季度城镇固定资产投资由2009年的30%多，陡降到20.6%，位居中部六省倒数第一、全国倒数第六，致使全省经济增速出现回调性波动。根据上述情况，在强调结构调整的紧迫性的同时，也必须认识到其长期性和复杂性。结构性痼疾是长期形成的，调整不可能一蹴而就，这是一项长期战略，要渐进式进行，不宜过度反应，避免对经济造成挫伤。

据2009年中国社会科学院对全国31个省市的工业化进程的进行指标评估结果，河南省尚处于工业化进程的初中级阶段，在全国各地工业化进程排在20名之后，处于中下水平。这个发展阶段的经济增长主要靠工业带动。目前，全省产业结构中二产占56.5%，其中工业占50.8%。在全部工业中资源、原材料工业比重又占一半以上，已达52%，无论总量和技术都具有国内比较优势，但同时又具有高载能的特征，发展受到限制。调结构、转方式是经济发展的永恒主题，经济发展过程本身就是结构不断调整升级的过程。从保持经济平稳较快发展的需要出发，不能停下发展去调结构。

因此建议：河南转型升级政策要设立可控可及的目标，不宜追求过度超前于目前发展阶段的，现阶段难以达到的过高的产业和技术结构。务实的做法是立足自身现有的条件和禀赋要素、采取小步快跑方式，各种调整出台措施要与经济承受能力相照应。

3. 长期以来，人为地压低资源和能源价格的长期状况已经开始转变，河南的能源原材料优势正在凸显

当下，各地普遍大上的所谓工业大多是中低端制造业。事实上，从未来发展战略看，中低端制造业的产成品价格将永远处于产能过剩，其实它的前景并不是特别好，反而是我们的农产品和能源原材料，未来可能会成为一个增长极。从2010年开始到目前，我们看到农产品价格从期货价格到现货价格，都在节节上涨，未来农产品价格的上涨，这是毫无疑问的，虽然幅度很小，但一定会上涨。

农产品的期货市场、大宗农产品的交易市场这一块其实可以从河南这个农业大省辐射出去，获得全国的定价权，前景很好。预计“十二五”中后期，随着国际国内经济的复苏好转，外部市场和省内装备制造业的壮大都将对有色、电力等等能源原材料工业形成旺盛需求。同时节能技术的进步，将使河南资源原材料的优势行业具有很好的市场前景。所以，我们资源原材料的优势不能丢，从这两年澳大利亚、巴西控制铁矿石进而控制世界钢铁产业的贸易就足以启示我们认识到资源原材料的重要。现在面临着成本上升、传统竞争优势减弱的环境，从“十二五”规划来看，当前一方面要改造和提升现有制造业；另一方面要加大力度扶持新兴战略型企业，将这两方面融入工业化进程，河南的工业化还有非常广阔的发展空间。

因此建议：巩固传统的竞争优势、培育新的竞争优势、提高综合竞争优势。要一方面抓紧突破节能技术难题、早日实现绿色生产；另一方面提高精深加工技术、大力发展资源原材料的下游产品，强化河南的资源原材料优势。

二　为减排而放慢经济增速行不通

我国中东西部地区发展不平衡，差别明显，由于各地区所处的发展阶段不同、面临的发展任务不同、对经济结构的要求也有区别。对于已经实现工业化和处于工业化发展后期阶段的地区来说，正以城镇化代替工业化成为经济增长的主要引擎，面临的主要任务是如何促进产业结构升级；而对于人均 GDP 刚刚进入 3000 美元的工业化初中期的河南省，面临的主要发展任务则是加快工业化进程。因为河南的优势，国家在经济布局中一直把我们定位在“能源原材料基地”，目前一半以上的产业都与能源原材料相关，经济增长主要靠资源型工业和原材料工业支撑，所以，在节能减排上要分类指导，责任有别。

1. 降低能耗指标不能是简单、机械的关停，要让市场发挥作用

事实证明，在节能降耗中，简单机械的行政手段行不通。这边行政命令“拉闸限电”，那边就有企业用自备的柴油发电，结果能耗更高。减排的关键是要发挥市场在资源配置中的基础性作用。如果单纯从节能降耗看，迅速改变河南重化工业结构对降低 GDP 能耗意义重大。但从全国资源和原材料大省实际情况看，调整面临的问题较多，特别是如果进行简单、机械的关停，必将对保持全省经济社会持续、稳定、和谐发展产生不利。

河南是资源大省，把资源优势转变为经济优势，必然要依托具有高载能特点的原材料工业和制造业，目前全省以资源转化为主的电力、煤化工、石油化工、冶金、建材等重化高载能工业比东部沿海地区有着明显的优势，其产品在全国举足轻重，如氧化铝占全国产量的37.6%、电解铝占24.8%、合成氨占10.7%、水泥、火电、焦炭、平板玻璃比重也都在5.0%以上。较长一段时期内，这些行业和产品仍是推动全省经济发展的支撑力量，经济结构继续向重型化方向发展也就不可避免。从经济发展规律客观地看，调整产业结构需要一定的时间，因此，以资源转化为特色的重型化工业结构还将持续，经济增长对能源、资源依赖性较强的问题还将存在。

2. 节能须分类指导，减排要责任有别，不能简单一刀切

“节能减排”是当前各国关注的热点，在责任问题上地区之间讨价还价、争执不断。发达国家和地区已经渡过了高耗能发展阶段，如今日子好过了，又来限制发展中国家排放。河南在这个问题上与中国在世界上的处境相似，应当借鉴我国在国际会上的减排立场和观点，强调“首先保证发展，然后承担我们能够承担的责任。”

人均GDP的差异决定着能源资源的使用差异。在资源使用的能效比例上，发达地区也要高于欠发达地区。2006年时，河南省建设用地是广东省的近两倍，创造的GDP仅为广东的1/2，效益仅为广东的1/4。这是由各地区产业组成的不同所导致的。欠发达省份生产的实体产品多，对于能源的需求和使用要大些，而发达地区服务业比例大，对于能源的需求和使用就小。比如：生产铝锭就比铝制品加工行业的能耗及排放要高得多；皮革的低端制造就比皮革制品的深加工行业排污要高得多，生产汽车的当然就要比生产轻工业产品的能耗要多些，我们把制出的铝锭、皮子提供给沿海地区去深加工，这段生产过程是高排放高能耗，而把高利润的铝箔、皮具留给了人家，所得收益就要少得多。这些由技术水平导致的差异都必须纳入我们的综合考虑当中。

根据上述考虑，建议“十二五”期间，河南省还要积极争取加快发展的权益。

三　河南经济实现“两高”发展目标需要保持较快的速度

“十二五”，河南省提出的发展目标是实现“两高一低”。其中“两高”是

“发展速度保持高于全国平均水平、力争高于中部平均水平”，这与河南实际和中央促进中部崛起的战略要求相符合，也是对总书记视察河南时，嘱咐要“走在中部崛起前列”的具体落实。河南地处全国内陆、人口总量最大、经济欠发达、要努力赶上全国发展水平、缩小差距、与全国同步实现全面小康社会目标，是现阶段面临的发展任务。提出两高目标体现的是河南对全国发展大局和自身富民强省的负责任。但实现这两高目标，绝不轻松。尽管“十一五”期间多数年份全省主要经济指标都位居中部前列，“十二五”河南还面临许多发展机遇，但清醒地看，实现这个目标的判断不能仅仅参照历史数据，更要考虑到新时期情况的新变化。

1. 经济增长速度“保持高于全国平均水平”是发展的必须

2011 年，全国经济增速预期目标为 8%，河南要高于全国两个百分点。从发展需要看，河南作为发展中大省，没有一定的经济增速，增加就业、改善民生、扩大消费就很困难。同时，这一目标低于“十一五”以来的实际增速。新的难度在于，“十二五”开局年，统计基数是关键。国家统计局选择从 2011 年起，实行 GDP 下算一级的核算方式，来解决各省 GDP 增速长期与全国不衔接问题。各省 GDP 将统一由国家统计局直接核算。这次核算方法的变动对河南实现发展速度“保持高于全国平均水平”的目标有多大影响，尚待观察。

“十二五”是全面小康社会建设的关键时期，河南全面小康进程 2009 年排在全国第 18 位。多年都低于全国平均水平 3 个百分点。这是因为“人均 GDP”和“城乡居民可支配收入”两项指标在国家全面小康标准中权重最大，恰恰又是河南的短板和弱项，2009 年全省人均 GDP 还不到全国平均水平的 82%、城乡居民人均收入分别低于全国平均水平 2803 元和 346 元，直接影响到小康社会总进程。河南省小康进程在中部地区排名，2009 年排在第 5 名，位居六省倒数第二。

2. 河南经济增速“力争高于中部平均水平”是个较高的新目标，实现起来需要较快的速度

自金融危机影响以来，河南省在中部经济回升处于缓慢，经济增速由之前的中部地区领先退到了后列，2008、2009 连续两年倒数第二，2010 年 1 至 11 月份，主要经济指标都处于三个倒数第一、两个倒数第二的境地。

究其原因可见：国家扩大内需对河南经济的现实带动不甚明显，对同处中部

的兄弟省作用明显。湖南有一批年产值百亿以上的企业，其民营企业"三一重工"，排名已是全国十强，"十二五"又提出突破500亿的新目标；"南车集团"抓住现阶段我国发展高铁的好机会，又在为高铁生产动车组，计划经济时期湖南株洲重工业比不上我们洛阳，但是这些年，他们密切关注国家技术发展新动向，其装备制造业在全国的影响力不断地超越我们，相比之下我们的发展太缓慢；湖北省本来工业基础就好，近年东风汽车、光谷等对经济具有强大带动能力；江西本来就有江陵、近年外向型经济又发展较快；安徽电器、汽车、通用设备制造发展强劲、加上皖江城市带承接产业转移规划获得国务院批准等先机的抢占，这些兄弟省份市场意识强、眼光敏锐，抓住了需求，近两年你追我赶，竞相"弯道超车"，把我们甩到了身后。而河南资源原材料工业和高耗能工业占工业比重分别为52.1%和42.6%，明显高于中部地区的湖北、湖南、安徽、江西，所以在这次国家加大淘汰落后产能、压缩过剩产能中，受影响最严重。

今后五年，国家控制年均经济增速在7%到8%，能源消费增速在4%以内。在此基调下，我们奢望过高的GDP增速显然不现实。以河南现阶段面临的发展任务和产业结构特点看，要在保增长与调结构的平衡中，由中部倒数走到前列，需要克服的困难还有许多。

经验证明，很多发展中国家，如：巴西、印尼等国，人均GDP达到3000～5000美元后，就出现经济增长回落或长期停滞，一直没能进步到发达国家层面，陷入"中等收入困境"（也翻译为：中等收入陷阱）。我国要避免陷入这个困境，一要首先保持经济平稳较快发展，二要普遍改善民生。

上述分析说明，"十二五"保持经济平稳较快增长是河南发展的关键，也是实现"两高"发展目标的前提。

B.21 要把现代农业特区作为中原经济区建设的内核

李铜山*

被温家宝总理赞誉拥有数个第一的河南，作为第一人口大省，河南无可比肩；作为第一农业大省，河南当之无愧；作为第一粮食加工转化大省，河南蜚声全国。作为粮食大省，河南贡献卓越。河南农业验证了“无农不稳”的极端重要性，已经成为国家确保粮食安全和社会安定的“稳定器”。遗憾的是，河南的工业、服务业还相对落后，还没有摆脱“无工不富”、“无商不活”的窘况，传统的农业大县仍然没有摆脱“财政穷县”的处境，河南还不是农业强省，更不是经济强省。河南要为中原经济区建设注入催化剂，加速中原崛起步伐，就必须从我国经济特区和生态特区建设的成功实践和典型经验中得到启迪，从更大规模、更高层次上找寻切入点，聚焦突破口，谋划大发展。而这方面最现实的选择，就是要充分认知河南农业在全国的特殊作用和功能定位，在域内适时、适地地建立现代农业特区，并把现代农业特区作为中原经济区建设的内核抓好，千方百计地促使现代农业特区与中原经济区一道纳入国家战略，使“全国‘三化’协调发展示范区”建设更有抓手。

一 在河南建立现代农业特区并将其纳入国家战略的突出优势

1. 农业文明根深蒂固

河南是我国农业重要发源地之一。早在古代时期，农业理论方面就已形成了

* 李铜山，河南工业大学经济贸易学院。

以“天、地、人”三才为主旨的农学思想：农业文化的传承集中表现为“三才思想”。“三才”即天时、地利、人和概念的形成和发展，是古代劳动人民农业生产实践的结晶，其作为一种农业哲学体系始于中国先秦时期的中原地域，历代都有继承和发展。其主要含义是人与自然的和谐共处，在尊重自然规律的前提下，去改造自然，达到“既改造自然，又不破坏自然；既满足当代人需求又不损害后代人利益”的一种状态。这种朴素辩证的农业发展观，从古至今源远流长，既指导了我们的农业活动，又丰富了我们对于农业文化的需求。

2. 地理区位得天独厚

我国自古就有“得中原者得天下”的说法，河南省位于中国内地腹地，地处中原，具有优越的区位条件：是从南至北的地理过渡带，各类物资交流的中转站地位突出；是经济发达地区向欠发达地区梯级发展的过渡带，各类技术、信息消化再转移的位置更加重要；是中国南北气候过渡带，既可通过引北方品种占北方市场“头”，又可通过引南方品种占南方市场“尾”。

3. 便捷交通无与伦比

河南省是国内外闻名的连南贯北、承东启西的交通枢纽：是京广、陇海两条铁路南北、东西交会中心点，是全国人流、物流、资金流、技术流、信息流交汇地；是汴洛高速公路和京珠高速公路的中心点，是全省东西南北人、财、物、技、信五大要素流动优化组合的极核点；是中华民族母亲河——黄河的中游，既可成为黄河上游经济区和黄河下游经济区的物质集散重要场地，又可成为黄河文化产业开发和经营的优势场所。

4. 资源禀赋丰富厚实

河南省的生物资源、社会资源、经济资源和矿产资源十分丰富。仅以生物资源为例，小麦、玉米、棉花、生猪、羊、牛等优势产业突出，原阳大米、黄河鲤鱼、花卉、莲藕、蔬菜、西瓜、大蒜、林果等特色产业颇具规模，而且质量较好，这就为加快现代农业特区建设奠定了良好的基础。

5. 农业产业独具特色

从20世纪90年代起，河南就提出要“围绕农业上工业、上了工业促农业”。进入21世纪，又明确提出要把河南建成“全国重要的优质小麦生产和加工基地”和“全国重要的优质畜产品生产和加工基地”，以及“中国大粮仓”和“国人大厨房”。也正是依靠这些战略举措，河南已经形成了在全国极其重要乃至举足轻重的优质化小麦、专用玉米、稻米、高蛋白大豆、猪、牛、羊、鸡、鸭等大型农畜产品生产基地和加工基地。

6. 农业科技支撑强劲

河南众多的科研院所可以为现代农业特区建设提供坚强后盾。其中，解放军信息工程大学在信息技术方面在全国具有领先地位；河南工业大学（原郑州粮食学院）拥有一流的粮食加工、仓储和物流人才；河南农业大学拥有我国唯一的国家小麦工程技术中心；河南农科院的小麦、玉米育种，中国农科院郑州果树研究所的园艺作物育种，中国农科院安阳棉花研究所的棉花育种等均在全国处于领先地位。

7. 粮食产量名列前茅

改革开放 30 多年来，河南粮食总产已经连续跨上 2500 万吨、3000 万吨、3500 万吨、4000 万吨、4500 万吨、5000 万吨 6 个台阶。2010 年达到 5437 万吨，连续 5 年稳定在 5000 万吨以上（见表 1），连续 7 年总产、单产刷新纪录，连续 11 年稳居全国首位。请参看表 1。河南用占全国 1/16 的耕地生产了全国 1/4 以上的小麦、全国 1/10 的粮食，养活了占全国 1/13 的人口，同时每年还输出原粮及其制成品 1500 万吨左右。河南每年的粮食增量占全国的 1/3 强，已经成为全国粮食增产的最大动力，乃至改革开放以来全国经济社会发展的一大亮点，赢得了“中原熟，天下足”的美誉。

表 1 近几年河南粮食产量及占全国比重

单位：万吨，%

年份	2004	2005	2006	2007	2008	2009	2010
全国	46947	48402	49748	50150	50250	53080	54641
河南	4260	4582	5055	5245	5370	5390	5437
比重	9.9	9.5	10.2	10.5	10.7	10.2	10.0

8. 农业发展潜力巨大

从全国目前的总体情况看，在河南建设现代农业特区，虽然起步较晚，但其发展潜力巨大，具有后发优势，完全可以后发先至地跨入国内先进行列。比如目前全省还有 5000 多万亩中低产田，只要下大气力改造，其增产潜力还是十分巨大的。

9. 农产加工国内领先

近些年来，河南食品工业茁壮成长，已经成为了全国最大的肉类生产加工基地，全国最大的速冻食品加工基地，全国最大的方便面生产基地，全国最大的饼干生产基地，全国最大的调味品生产加工基地。食品工业每年以30%以上的速度递增，居全国同行业第二位。已经形成了粮食制品、肉制品、乳制品、果蔬、油脂和休闲食品等六大农产品加工业体系，农产品加工业增加值已占工业增加值的1/4，成为全省第一大支柱产业。放眼国内食品市场，每10箱方便面，有3箱是河南制造；每10根火腿肠，有5根出自河南双汇；每10个汤圆，有6个产自郑州三全；每10个饺子，有5个来自郑州思念……具有河南特色的“中国味道”正在成为世人餐桌上的健康美味，“河南造”食品已飘香世界各地，正在向“世界餐桌”挺进。

10. 交易市场影响世界

郑州陈砦蔬菜批发市场、商丘农产品批发市场等30多家农产品批发市场，已经跻身“国家队”，成为农业部定点市场或国家级农业产业化龙头企业；中国郑州商品交易所是国务院批准的第一家期货试点单位，如今已成为国内外都参照的小麦、棉花等重要农产品交易价格“晴雨表”，“郑州价格”已经影响到国际市场。

二　在河南建立中国第一个现代农业特区的基本构想

1. 指导思想

立足于国家发展大战略，以推进传统农区社会经济的跨越式发展为出发点，以“粮食为基，带动三农，促进发展，加速农业产业的全面升级”为主题，以专业人才和科技教育为支撑，以改革开放为动力，以优化发展环境为保障，以新政供给和制度创新为跳板，以促进率先实现农业现代化、确保农民持续增收、确保国家粮食安全、改善经济运行质量、加快新农村建设为目标，按照“有特色、有产业、有规模、有效益”的要求，创新体制机制，运用大思路，建设大农业，强力打造中国第一个现代农业特区，加速河南由农业大省向农业强身的嬗变，推动河南由“中国大粮仓”向“国人大厨房”乃至“世界大餐桌”跨越，使现代农业及其关联产业成为强劲经济增长点，使现代农业特区成为中部崛起的撬动力量、中国现代农业发展的楷模和中国农业现代化的旗舰。

2. 范围界定

综合考虑，现代农业特区范围既不能太大，也不能太小。结合河南的实际情况，初步选定传统农业特征明显、粮食产量优势突出、经济发展相对落后的黄淮四市（包括商丘、周口、驻马店、信阳四市）作为试点区域。黄淮四市的具体情况及其与国家已经建立的五个经济特区的数据参照，请参见表2和表3。

表2 黄淮四市基本情况

黄淮四市	总面积（平方公里）	总人口（万人）	总耕地（万亩）	人均耕地（土地）（亩/人）（平方公里/人）
周口市	11900	1072	1170	1.09(11.10)
商丘市	17200	1020	1000	0.98(16.86)
信阳市	18915	800	851	1.06(23.64)
驻马店市	15000	850	1239	1.46(17.65)
黄淮四市合计	63015	3742	4260	1.14(16.84)

表3 黄淮四市与五个经济特区参照数据

经济特区（农业特区）	总面积（平方公里）	总人口（万人）	总耕地（万亩）	人均耕地（土地）（亩/人）（平方公里/人）
深圳市	2020	877	5.72	0.0065(2.30)
珠海市	1701	149	56	0.36(11.42)
汕头市	2064	507	80	0.16(4.07)
厦门市	1569	255	40	0.16(6.15)
海南省	35354	865	1094	1.26(40.87)
黄淮四市	63015	3742	4260	1.14(16.84)

3. 发展取向

产业导向上，以高新科技为核心，以现代农业产业为重点，把发展高新科技和发展现代农业产业紧密结合，集中支持“节水农业”、“生物灾害防治”、“农产品储运加工”、“现代化集约种养”、“农业资源高效利用”、“动植物品种选育”、“生物工程”、“信息技术”、“生态环保”等产业。

发展目标上，通过吸引国内外资金和技术、管理经验，实现跳跃式发展，成为21世纪中国传统农业开发的先锋和农业产业振兴的希望，为中部崛起和农业早日振兴作出战略性贡献。

管理体制上，中央和河南共建，行政区划相对独立，封闭式管理，开放式运行，业务上由国务院特区办归口指导。机构设置：副省级、国务院单列；管理体制：国务院、河南省共管，以河南省为主。

优惠政策上，享受比沿海特区相同乃至更为优惠的政策。

4. 功能定位

通过现代农业特区建设，争取到2020年，使特区的现代农业和农村经济发展总体上达到国内领先水平，成为中国农村改革发展之“新窗口”，现代农业优化升级之典范，农业现代化建设之先导，农村经济又好又快发展之龙头。具体讲，就是要成为以下“五大示范区”和“一大试验区”。

一是农村基础建设示范区。农业农村基础设施建设、农村生态建设、新农村建设的标杆。

二是国家粮食核心区示范区。全国粮食增产潜力挖掘的榜样、中国大粮仓的脊梁。

三是农业现代化示范区。现代农业发展示范区、农业产业带建设示范区、生物技术农业示范区、“三品”农业发展示范区、设施农业发展示范区、生物质能源开发示范区的先导。

四是食品工业集聚示范区。农业工业化、农业产业化、农产品转化加工增值的样板。

五是农业发展方式转变示范区。知识农业示范区、合作农业示范区、规模农业示范区、竞争农业示范区、多功能农业示范区、高科技农业示范区、高效农业示范区、循环农业示范区、持续农业示范区。

六是农村综合改革试验区。农村土地改革的先行者、体制改革的先行者、农村金融改革的先行者。

三　在河南建立现代农业特区并将其纳入国家战略的政策建议

1. 河南必须做的实事

一是广泛宣传，创新农业发展理念。使党中央、国务院明白地处中部地区的河南只有切实担当起“现代农业龙头”、“中国农业高地”的角色和责任，创新

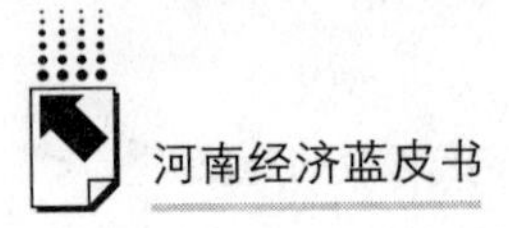

性地发展现代农业特区，才能为解决中原“塌陷”问题找到切切实实的突破口。

二是建立机构，积极争取配套政策。将省委、省政府现有的涉农机构适当归并，成立高规格的现代农业特区建设领导小组以及下属的建设指挥部，专门就争取党中央、国务院及其各部位的支持研究和设计相关政策，力争早日将现代农业特区建设工作纳入国家战略。

三是科学规划，分步推进特区建设。成立专门的专家组，讨论、规划和出台现代农业特区建设方案，详细制定发展阶段和建设步骤，并将该方案与中原经济区建设等密切结合，以中原经济区建设为总抓手，以现代农业特区建设为中心环节，力争到2020年，使“两区”建设大见成效。

四是变“出”为“入”，构建农村人才体系。认识到培养新型农民具有明显的社会公益性，把培养新型农民工作放到战略高度；要连续不断地加大对新型农民培养的财政支持力度，并适时设立“新型农民培养基金”；要变“出”为“入”，有目的地留住农村各类人才。

五是做强农业科教，振兴科教兴农大业。在农口院校设立职业农民专业，保证现代农业特区建设中新型农民的需要；建立国家级农产品加工研究院，为现代农业特区产业化经营提供技术支撑。

六是丰富农业内涵，扩大农业外延。提出建立农业硅谷，营造世界农业高地；深化农业的内涵，突出发展高科技、绿色、精细、休闲观光等农业，形成中国农业的龙头。发展农业高等和职业教育、农产品期货和农业会展，带动河南的相关产业。

七是加快改革开放步伐，疏通资金流物流人才流。以更加开放的姿态，更加灵活的经济外向度，吸引国内外资金、技术、人才到中原地区参与现代农业特区建设。

八是引进战略合作者，搭建大发展平台。以现代农业特区建设为跳板，以国家给予的特殊政策为催化剂，促动国内外大型工商企业、大型银行和财团、重点高等院校、国家级科研机构到现代农业特区设立办事处、分支机构或分院。

2. 要争取中央给予的支持

一是基础建设的强力支持。支持和帮助现代农业特区强化基础建设工程、交通运输、供电和通信设施的兴建和维修；通过补贴为现代农业特区提供价格低廉的用水、用电等。

二是宽松政策的强力供给。在现代农业特区实行全面的对外开放和完全的市场运作机制；中央出台相关政策，在全国范围内或在商品粮消费地区建立粮食风险基金，解决“产粮越多，包袱越重”的财政反差，合理调整粮食主产区与主销区的利益关系；制定粮食产出与补贴、支持挂钩政策，建立奖励产粮大省的长效机制；建立国家农业产业化专项资金，并设法与农民合作经济组织挂钩，使其能够参股大型龙头企业；确保转移支付大幅度增加的同时，取消中央财政支农资金的地方配套政策。

三是机构设置的强力调整。设立特区政府；农口机构归并——农业生产管理部门、农产品加工管理部门全部合并，成立农业食品局，并设定为高规格，使其能够具有绝对权威性。

四是制度创新的强力允诺。适度放活农产品国际贸易政策，给予农业特区粮食自由交易权，给予特区粮食外贸特权，使粮食产销有所突破；鼓励大型商业银行到农业特区，与特区工商企业联合开展混合经营，使经营方式有所突破。

五是科教兴农的强力推动。在现代农业特区设立中国农业大学特区分院和中国农业科学院特区分院，集中和整合全国的农业科技力量，推动现代农业特区建设中农业科技研究和技术普及。

六是财政支农的强力倾斜。适应“入世”后 WTO 的要求，充分利用“绿箱政策”，在农业科研、病虫害控制、农业科技人员和生产操作培训、技术推广和咨询服务、检验服务、市场促销服务、农业基础设施建设、为保障粮食安全而提供的储存补贴、一般性农业收入保障补贴、自然灾害救济补贴、地区发展补贴等方面，对现代农业特区全力倾斜。

七是农民收入的强力补贴。学习和借鉴美国、欧盟、日本等发达国家和地区促进农民增收的财税政策，通过财政扶持农业促进农民增收，或运用农业税收优惠政策促进农民增收。

八是试验探索的强力促进。允许农业特区“触碰”基本农田制度，在区域内耕地实现占补平衡的情况下，可以适当调整和归并基本农田；给予现代农业特区大规模土地流转试验权，允许特区先行进行规模经营试点，尝试建立土地承包经营权的退出机制和补偿机制，使土地流转有所突破；在现代农业特区全面铺开农业再保险，组建农业再保险共同体，使现代农业特区农业保险有新突破。

B.22

如何看待当前市场物价

欧阳建新　齐红卫　拓福星*

2010年河南省国民经济保持平稳较快增长，价格总水平也从2009年的低谷逐步回升，通货膨胀预期不断增强。面对通胀压力，河南省采取了一系列有力措施。预计2011年全省物价仍将适度上涨，但市场价格全面持续大幅上涨的可能性不大。

一　多种因素并举　推动价格上涨

2010年河南省价格上涨的主要特点：一是居民消费价格上涨具有明显的结构性特征。1～11月份，全省居民消费价格同比上涨3.4%，从八大类消费品结构看，以粮食、鲜菜、肉蛋奶等为主的食品类价格同比上涨7.8%，拉动CPI上涨2.3个百分点，对CPI上涨的贡献率为67.8%；以建材、房租等为主的居住类价格同比上涨3.9%，拉动CPI上涨0.6个百分点，对CPI上涨的贡献率为18.7%，两者合计达86.5%。其他居民消费品价格涨跌互现，对CPI上涨影响较弱。二是工业品价格持续高位运行。1～11月份，河南省工业品出厂价格上涨7.7%。在37个工业大类中，石油和天然气开采业、有色金属冶炼及压延加工业、黑色金属矿采选业、有色金属矿采选业等行业产品出厂价格同比累计分别上涨43.8%、25.0%、20.5%、15.9%，成为拉动PPI上涨的主导因素。三是农业生产资料价格温和上涨。1～11月份，河南省农业生产资料价格同比平均上涨3%，其中，下半年同比涨幅高于上半年。

2010年价格上涨的原因比较复杂，既有成本上升、自然灾害影响的直接因素，又有国际市场大宗商品价格大幅走高、国内流动性充裕、游资炒作的带动因素。

---

* 欧阳建新、齐红卫、拓福星，河南省发改委、国家统计局河南调查总队。

二　新的一年物价上涨压力仍然较大

2011 年价格稳定具有诸多有利因素。一是调控政策密集出台。2010 年河南省根据国务院有关文件精神，下发多个文件，提出了一系列具体有力措施，大力发展农业生产，保证基本生活必需品和基本生产资料供应，保障困难群体和在校学生生活，维护市场正常秩序。这对河南省当前和今后一段时期的价格稳定将产生积极影响。二是粮食生产丰收。2010 年河南省粮食总产继续稳定在 1000 亿斤以上，已连续 7 年实现粮食大丰收，粮食的丰收对于稳定物价起到至关重要的作用，为调控居民消费价格总水平奠定了物质基础。三是房价调控政策相继出台将遏制房价过快上涨。2010 年初国家出台了“新国十条”，下半年国家七部委又发布房地产调控新政“国五条”，这些政策措施对控制房价过快上涨、降低通胀预期将起到重要作用。四是国家货币政策转向稳健。2010 年中央经济工作会议已经明确，2011 年将“实施积极的财政政策和稳健的货币政策，增强宏观调控的针对性、灵活性、有效性”。稳健的货币政策是控制物价较快上涨的根本性措施，尽管前两年适度宽松的货币政策给我国积累了一定的货币流动性，但货币金融政策相机调整有利于防止价格总水平过快上涨，并为后期稳定物价奠定宏观基础。

当然，宏观经济变化引致的物价上涨，具有较强的惯性。当前的价格形势也不例外。构成价格继续上升的主要因素：一是随着工业化、城镇化进程加速，农副产品在生产、流通、销售各环节的水、电、土地、能源、原材料等生产要素刚性上涨，成为最终市场价格上涨的刚性因素。二是生活成本不断提高。近年来物价上涨增加了人民群众，特别是商品生产经营者的生活成本和压力。对雇佣工人来说，意味着需要增加工薪；对业主和商贩来说，意味着需要更多利润，才能维持原有生活水平。因此，在生产、流通、销售各个环节不可避免地都会出现比往年加价更多的现象。三是城市规模的扩大，农业人口向城市人口的转移，原来的农产品生产者变成消费者，扩大了对农产品为主的消费品的需求；社会资金流动性充裕以及人们收入水平的不断提高，加大了对消费品的需求。四是美国实行量化宽松的货币政策之后，美元贬值趋势增强，以美元计价的铁矿石、能源、粮食、大豆、食用油等大宗商品价格不断上涨，对国内市场价格和市场预期形成越来越大的冲击。

综合上述因素，2011 年全省物价仍将适度上涨，宏观调控不可松懈。

三　稳定物价，必须处理好经济建设与副食品生产的关系

价格问题，实际反映的是经济运行问题。历次物价大幅上涨，“菜篮子”无不表现突出。

20 世纪 80 年代初期，我国物价出现了明显上涨，主要是宏观上经济增长速度迅猛、投资规模猛增、财政支出加大导致出现较严重财政赤字、盲目扩大进口导致外贸赤字，外汇储备迅速接近于零。后来经过压缩基本建设投资、收缩银根、控制物价等一系列措施，通货膨胀得到抑制。如 1980 年全省消费品价格上涨 3.5%，其中肉禽蛋上涨 22.9%，蔬菜上涨 6.6%。而八十年代中后期的物价大幅上涨，主要是伴随着基建规模、社会消费需求、货币信贷投放急剧扩张，经济出现过热现象。需求膨胀，尤其是市场出现了抢购风，是物价上涨的主要原因。如 1988 年全省消费价格上涨 19.7%，其中肉禽蛋上涨 43.2%，鲜菜上涨 55.8%，食用植物油上涨 17.6%。20 世纪 90 年代，中国经济进入高速增长的快车道，固定资产投资规模扩张过猛，出现了房地产热、开发区热、集资热、股票热，高投资膨胀、高工业增长、高货币发行和信贷投放、高物价上涨，交通运输紧张、能源紧张、重要原材料紧张、资金紧张等现象。1994 年全省消费价格涨幅达 25.2%，其中肉禽及其制品上涨 52.7%，油脂上涨 64.9%，鲜菜上涨 61.9%。以 1993 年 6 月《中共中央、国务院关于当前经济情况和加强宏观调控的意见》提出 16 条措施为起点，经过 3 年的治理，到 1996 年我国实现了经济的“软着陆”。由于经济的高速增长，1996 年以后，我国基本告别短缺经济，市场商品总体供大于求的状况开始显现。物价总水平进入长期稳定时期。

但是，进入 21 世纪后，新一轮经济发展启动，2004 年物价上涨加快的苗头出现。2008 年由于国际金融危机的影响，这种趋势暂时得到转变。但是在 4 万亿经济刺激计划的影响下，2010 年物价又加快上涨，蔬菜等副食品价格再次成为人们关注的焦点。

与历次价格上涨周期相同，当前的物价上涨，同样是在经济建设加速，城镇

化、工业化快速发展的背景下出现的。从我国实际看，经济建设、投资扩张与副食品生产供给具有一定的内在联系。充分发挥副食品生产对于稳定市场的重要作用，要重视以下问题。

1. 处理好经济建设与副食品生产的关系，稳定副食品生产基地

在城市化、工业化快速发展的背景下，有两大趋势直接关系着农业生产结构的变化：第一个是农村有文化、懂技术的劳动力逐步向城市流动的趋势。随着农村劳动力流入城市数量的增加，农村从事农业生产的人员年龄偏大、文化素质低、技术水平低的问题突出。这些人员不适于经济作物、养殖等技术要求高的生产，在生产结构上，逐步倾向于生产易管理、产量高的品种，进而造成市场供给结构发生变化，引起价格的异常波动。第二个是城市化、工业化加速发展，城市近郊副食品生产基地有逐步萎缩的趋势。近郊副食品生产，具有运输距离短，易保鲜，成本低的特点。城市建设用地的不断扩张，压缩了近郊生产规模，无疑增加了市场蔬菜的总成本。

2. 完善“菜篮子”市长负责制，增强本地副食品自给能力

各地应以提高本地菜篮子商品自给率为目标，加大菜篮子工程建设，将其作为民生工程，而不单纯追求经济效益。比如，城市必须在周边规划满足副食品自给所需的生产用地，财政储备一定的调节资金，当菜篮子价格菜贱伤农时，补贴菜农；当价格上涨影响到低收入家庭时补贴低收入居民。切实把菜篮子作为民生工程，改变单纯依赖市场的取向。远水不解近渴，还应改变依赖长途运输保证蔬菜供应的做法。

四 2011 年稳定价格的对策建议

2010 年 12 月中央经济工作会议提出要“更加积极稳妥地处理好保持经济平稳较快发展、调整经济结构、管理通胀预期的关系，加快推进经济结构战略性调整，把稳定价格总水平放在更加突出的位置”。因此，河南省要在保持经济平稳较快增长的基础上，采取有力措施，抑制价格上涨势头，切实保障群众特别是中低收入群体的生活。

1. 改善宏观经济环境，加快调整经济结构

一方面，河南省要根据经济形势的变化，增强宏观调控的预见性和主动性，合理引导各方面加快经济发展的积极性，将经济增长保持在适度合理的区间，使经济增长与潜在增长水平相适应。另一方面，要加强对经济结构性矛盾的调整，优化产业结构，构建扩大内需长效机制，保持一定投资增速，避免引起新的投资冲动，把重点放在实现消费较快增长上来，逐步提高需求拉动力，实现消费和投资对本省经济的协调拉动。对于房市，要加大廉租房建设投入力度，稳定好市场房价，避免房价持续上涨预期增强。

2. 抓好粮食、蔬菜生产，保障农产品市场供应

“粮价是百价之基”。2010 年河南省粮食实现连续七年丰收，2011 年继续增产难度很大，要提前抓好 2011 年春管春播，稳定粮食播种面积，重点盯好主产区粮食生产，适当增加种粮补贴，确保农民逐步增收。蔬菜方面，应进一步加大对重点蔬菜生产基地建设的支持力度，加强蔬菜质量安全工作，保证稳定的供应渠道。

3. 建立健全价格调控机制

一要加强市场价格监测，稳定市场预期，及时、准确分析居民生活必需品价格动态，发现异常现象要及时预警预报。二要把握价格调整力度，适时适度推进资源性产品价格改革，保障低收入群体生活水平不因价格改革而降低。三要正确引导群众的消费心理预期；完善价格信息发布制度，引导市场行为。四要搞好市场管理，严厉打击串通垄断市场、抬高价格等不法行为。五要减免农产品在生产、流通及销售等环节的相关费用，降低农产品成本，惠及于农，惠及于民。

4. 研究建立社会救助和保障标准与价格上涨挂钩的联动机制

及时采用价格调节基金、财政统筹等调节手段，对城市低保对象、农村五保供养对象、省优抚对象、贫困大学生等生活困难群体及时发放价格临时补贴，保障其基本生活。

B.23

河南省全面小康社会建设进程研究

叶皓瑜*

2003年党的十六大提出全面建设小康社会的发展目标，是20世纪80年代提出的“三步走”发展战略的第二步，是总体小康和现代化之间的重要衔接。2000年我们基本实现了总体小康，但从实际经济发展水平和人民生活衡量，这样的小康是低水平的、不全面的、不平衡的，因此十六大提出了建设全面小康社会的新目标——GDP翻两番，依照科学发展的要求，十七大又调整为人均GDP翻两番。据此标准，参照同等发展水平国家经济社会各方面的实际状况，并结合我国发展阶段的特殊性，国家统计局制定了一套用于科学衡量全面小康社会建设进程的统计指标体系，以2000年为起点对全国及各省、直辖市、自治区的全面小康建设进程进行监测。由2000年至今已经基本上走过了两个五年规划期，离全面建设小康社会目标期还有一半的时间，作为全国经济大省、人口大省、农业大省的河南，建设全面小康社会的任务更为艰巨，能否如期完成既定目标、真正让全省人民全面小康，不仅是各级领导、也是全社会关注的焦点。

一　河南省全面小康社会建设稳步推进

自2000年以来，河南全面小康社会建设以年均1.87个百分点的进程逐年前行，由实现程度期初的56.6%提高到2009年的73.4%，年均提高2.1个百分点。

分六大类来看，实现程度最高的一直是民主法制（为94.0%，2009年，下同），之后依次为社会和谐（82.2%）、生活质量（81.6%）、资源环境（73.8%）、文化教育（69.8%），实现程度最低的一直是经济发展（57.3%），是影响全面小康建设的主要方面（见表1）。

---

* 叶皓瑜，河南省统计局科研所。

表1　河南省全面建设小康社会进程统计监测结果

单位：%

指　标	2000年	2001年	2002年	2003年	2004年	2005年	2006年	2007年	2008年	2009年
一、经济发展	39.2	40.4	41.5	43.3	44.4	45.9	48.9	51.6	53.2	57.3
二、社会和谐	59.6	55.9	52.5	59.5	62.7	66	71.8	77.8	81.9	82.2
三、生活质量	57.6	60.9	64.2	67.8	69.7	72.7	77.0	79.3	80.2	81.6
四、民主法制	79.2	86.2	87.5	88.8	90.1	91.4	92.6	94.1	92.2	94.0
五、文化教育	64.9	66.6	69.0	67.2	68.6	69.8	69.9	70.1	70.1	69.8
六、资源环境	62.8	63.5	62.1	67.0	67.4	67.9	67.5	69.4	72.0	73.8
总体进程	56.6	58.1	58.8	61.6	63.1	65.0	67.7	70.2	71.6	73.4

9年来，提升速度最快的是生活质量，其次是社会和谐，年均分别提高2.67个、2.51个百分点，其后依次为经济发展（2.01%），民主法制（1.64%），资源环境（1.22%），文化教育类进程最慢。随着各项社会事业的深入改革和发展，全面小康社会建设渐渐进入攻坚阶段。

总体来看，“十一五”期间的进程预计要快于“十五”时期。“十五”时期年均提升1.68个百分点，“十一五”前四年年均提升2.1个百分点，其中2006、2007年两年较快，同比分别提升了2.7个、2.5个百分点（见表2）。2008、2009年受金融危机等许多因素影响，进度有所放缓。

表2　全面建设小康社会年均进度对比

单位：%

指　标	2000~2009年		“十五”时期		2006~2009年	
	河南	全国	河南	全国	河南	全国
一、经济发展	2.01	2.48	1.34	2.06	2.85	3.00
二、社会和谐	2.51	2.20	1.28	1.06	4.05	3.63
三、生活质量	2.67	2.81	3.02	2.64	2.23	3.03
四、民主法制	1.64	0.92	2.44	0.16	0.65	1.88
五、文化教育	0.54	0.79	0.98	0.94	0	0.60
六、资源环境	1.22	1.27	1.02	0.82	1.48	1.83
总体进程	1.87	1.94	1.68	1.52	2.10	2.48

截至2009年，23项指标中6项完全达到全面小康目标，分别是失业率、地区经济发展差异系数、恩格尔系数、人均住房使用面积、5岁以下儿童死亡率和

耕地面积指数。6 项指标实现程度在 90% 以上，基本达到全面小康目标，分别是基尼系数、城乡居民收入比、高中阶段毕业生性别差异系数、平均预期寿命、公民自身民主权利满意度和社会安全指数。平均受教育年限实现程度在 80% ~ 90% 之间，环境质量指数在 70% ~ 80% 之间，其余还有 9 项指标实现程度在 70% 以下，其中不到 60% 的有 6 项。

1. 经济发展水平大幅提高，实现程度年均提高 2.01 个百分点

自 2000 年起，经济发展方面一直是六大方面中实现程度最低的，2009 年大幅提高，比上年提高 4.1 个百分点，是历年来提高幅度最大的一年。R&D 经费支出占 GDP 比重的实现程度“十五”期间年均下降 0.64 个百分点，近年来大幅提高，“十一五”前四年年均提高 4.03 个百分点，2009 年在上年下降的基础上大幅提高 11.1 个百分点，是经济方面提高的主要因素。如果能够继续保持这一速度，这个所有指标中实现程度最低的指标完全可以如期达到全面小康目标。城镇化进程稳步推进，实现程度年均提高 2.68 个百分点，相对于全面小康社会的要求，这个进程仍显得不足。人均 GDP 继续保持较高的增长速度，“十一五”期间实现程度年均提高 5.4 个百分点，但目前仍没达到 50%，与全面小康目标相距甚远。第三产业增加值比重多年来一直在降低，平均每年降低 0.51 个百分点，“十一五”前四年甚至每年降低 1.25 个百分点，2009 年才有所逆转，比上年实现程度提升 1 个百分点，产业结构调整初现端倪。城镇调查失业率继续保持在目标水平以内。

2. 社会和谐建设进度最快，实现程度年均提高 2.51 个百分点

社会和谐是六大方面中实现程度最高的，也是 2000 年以来进度最快的，年均提高 2.51 个百分点。目前提高幅度明显下降。这类主要靠社会保险覆盖率支撑，随着基本社会保险全覆盖政策目标的逐步推进，基本社会保险覆盖率正快速趋向饱和，提高的空间会越来越小。而收入差距的扩大使基尼系数、城乡居民收入比实现程度均下降。和谐社会建设需要进入新的阶段，调整收入差距迫在眉睫。

3. 生活质量明显提高，实现程度年均提高 2.67 个百分点

生活质量方面 5 个指标中的 4 项均已在 2008 年达到小康目标，仅有人均可支配收入 1 项实现程度比较低，目前仅有 44%。虽然近年来城乡居民收入尤其是农村居民收入大幅增长，提升的速度比较快，从 2000 年算起年均提高 2.94 个

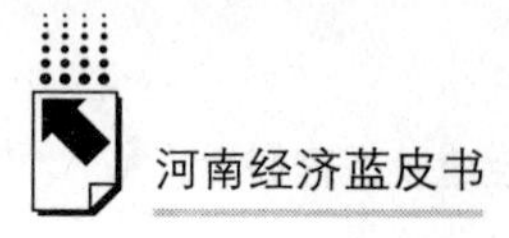

百分点，“十一五”前四年年均提高 4.75 个百分点，但由于基础太低，一直是影响生活质量类的主要指标，离全面小康社会目标差距较大。

4. 民主法制稳步推进，实现程度年均提高 0.98 个百分点

民主法制方面的两个指标基本上比较稳定，公民自身民主权利满意度每年小幅攀升，目前实现程度已在 80% 以上，基本反映了我国民主状况。值得注意的是，近两年由于刑事犯罪人数增加，使原本已达到全面小康目标的社会安全指数出现下降的趋势，社会治安状况不容乐观。

5. 文化教育基础差，提升速度缓慢

实现程度年均仅提高 0.54 个百分点。2009 年甚至比上年降低 0.3 个百分点。文化产业增加值占 GDP 的比重徘徊不前，居民文教娱乐服务支出占家庭消费支出比重则自 2004 年以来逐步下降。河南本是文化资源大省，但产业化程度不够，资源利用率太低，没有充分发挥对经济、社会发展应有的贡献。居民文教娱乐服务支出占家庭消费支出的比重逐年走低则主要是因为教育支出增长与消费支出增长不同步，根本原因还在于收入水平没有达到相应的层次，多数文教娱乐服务消费项目对大多数人来讲仍然是奢望。

6. 资源环境进一步改善，实现程度年均提高 1.6 个百分点

万元 GDP 能耗实现程度“十五”期间年均下降 0.76 个百分点，2006 年出现逆转，“十一五”前四年年均提高 2.83 个百分点，在产业结构“粗、重、低、耗”现实中，在工业化加速推进的形势下，能耗水平能够逐年降低实属不易。环境质量指数实现程度稳定提高，只是提高的幅度越来越小。2009 年因森林覆盖率的扩大而提高 2.1 个百分点，城市空气质量近两年一直在 90.8% 以上。由于河南是全国重要的粮食生产核心区，耕地保护工作备受重视，耕地面积基本上能够做到占补平衡，自 2000 年以来实现程度都是 100%。

7. 各指标有升有降，趋势性和偶然性因素并存

实现程度比较高的指标集中在收入差别、生活水平、社会安全及耕地保护方面；实现程度比较低的指标集中在人均经济总量、人均收入、科技发展、文化发展方面，经济社会呈现低水平下的和谐状态。从全部 23 个分指标监测情况看，9 年年均下降的有 4 项，分别是第三产业增加值占 GDP 比重、基尼系数、城乡居民收入比，都是趋势性下降，居民文教娱乐服务支出占家庭消费支出比重下降了 11.4 个百分点，这种情况全国各省都存在，是普遍现象，是个值得深入研究的问题。

二 河南全面小康建设基础差，进程慢，面临诸多难题

河南经过前期30多年的发展，奠定了全国经济总量第五、粮食产量全国第一、工业总产值第五的稳固基础，但欠发达的基本省情没有得到根本改变，人口多、底子薄、基础弱、发展不平衡，集中体现在“三低”和“四难”：人均水平低、产业层次低、城镇化率低；人往哪里去、钱从哪里来、民生怎么办、粮食怎么保。诸多问题导致河南全面小康建设进程一直低于全国，“十一五”时期与全国的差距呈现越来越大的趋势，2009年比全国低3.7个百分点，是监测年份以来最大的差距。在中部地区也处于落后位置，仅高于山西省2.1个百分点，与中部地区的平均差距也在拉大。2000年起点时间，中部六省实现程度差别很小，基本上都在55%左右，只有安徽2003年才达到54.7%，但2009安徽已经超过河南，实现程度达到75.7%（见表3）。实现程度年均提高幅度也仅仅高于山西。从全国各省区看，河南仅高于除四川、重庆以外的西部省区。如果与东部沿海省份相比，差距更大，无论是实现程度还是进度，东部地区实现程度为85.9%，年均提高2.41个百分点，是全国实现程度最高的地区，也是最快的地区。其中上海、浙江已经超过90%，广东、江苏接近90%。河南全面小康建设任务艰巨而紧迫。

表3 中部六省全面小康社会实现程度比较（2009年）

单位：%

	山西	安徽	江西	河南	湖北	湖南	全国
经济发展	63.1	60.2	58.2	57.3	69.2	64.3	72.6
社会和谐	79.3	83.9	82.2	82.2	74.8	85.6	77.3
生活质量	79.5	81.9	79.0	81.6	82.2	82.3	83.6
民主法制	92	85.9	95.5	94.0	95.5	93.5	93.1
文化教育	72.9	71.5	66.6	69.8	79.5	86.1	65.4
资源环境	47.7	88.8	89.0	73.8	77.7	79.8	76.8
总　体	71.3	75.7	74.7	73.4	77.9	79.0	77.1

1. 经济发展水平低，直接影响全面小康总体进程

2000年经济发展方面仅达到全面小康社会目标的39.2%，2009年也只有57.3%，9年提高了18.1个百分点，年均仅提高2.01%，略快于总体进程。比全国低15.3个百分点，相当于全国2003年的平均水平，因此导致河南整体小康进程低于全国将近3个百分点。其他类每年的进程与全国基本相当或略高，唯独经济类9年年均提高幅度低于全国平均水平0.38个百分点。经济方面的实现程度仅高于广西、甘肃、西藏、云南、贵州五个西部省区。

与经济发展水平密切相关的指标实现程度都比较低，“人均GDP”在23个指标中权重最大，实现程度目前还不到50%；“R&D经费支出占GDP的比重”在2009年大幅提高，实现程度首次达到30%以上，但在23个指标中实现程度仍是最低的；“第三产业增加值占GDP的比重”实现程度自2003年以来一直在下降，目前低于2000年4.6个百分点，不到60%。“居民人均可支配收入”、“居民文教娱乐服务支出占GDP比重”两个与收入密切相关的指标实现程度也很低，分别只有44%和52.6%。经济水平制约了相关方面的发展，这是河南全面小康社会建设最薄弱、也是最艰难的环节。

2. 地区之间、城乡之间差别呈持续扩大之势

2000年以来，“地区经济发展差异系数”扩大了13.67个百分点，虽然2008、2009两年都比上年略有下降，但扩大的趋势没有逆转。中原城市群经济增长基本上每年都高于黄淮四市，黄淮四市人均生产总值不到中原城市群的一半。以此为基础的其他各方面差异也十分明显。与“地区经济发展差异系数”相应，“城乡居民收入比”仍然没有逆转的迹象，2009年为3.15∶1，是9年来最高的一年。中原城市群城乡居民收入分别在13000元和5000元左右，而黄淮四市分别在11000元和4000元左右。黄淮四市均为人口比较多的省辖市，总人口都在800万以上，但基本社会保障参保人数仅相当于新乡、安阳、平顶山等500万人口的省辖市。

3. “三农”问题根深蒂固

全面建设小康社会监测指标体系中实现程度比较低的指标都与“三农”问题密切相关，包括第三产业增加值占GDP的比重、城镇化水平、居民人均可支配收入等。河南1亿人口，7000万农民，粮食总产连续5年居全国第一，在1.74%的国土面积上养活了全国7.5%的人口，而且超过五分之一的粮食外调。无论是河南农业的地位、贡献，还是“三农”问题的典型表现，河南在全国都算得上一个标准样本。而农业比较效益的低下、农业份额较高，无疑使“三农”问题成为死结。“全面建设小康社会的重点和难点都在农村”，这是河南在全面

建设小康社会发展战略中明确提出的。艰巨的粮食生产任务和全面建设小康社会的迫切需要之间，是一条十分狭窄的夹缝，农业现代化、城镇化、工业化要在这样的夹缝中完成，确属不易。没有农村的小康，就不会有全国的小康；同样，不解决河南的“三农”问题，全面建设小康社会的进程也要深受影响。中原城市群与黄淮四市之间的差别归根结底还是农村和城市的差别，是“三农”问题的突出表现。

三 “十二五”时期河南省全面小康社会建设进程展望

“十二五”是20年全面建设小康社会时期的第三个五年规划期，是全面小康社会建设的关键时期。按照目前的进程，河南到2020年总体实现程度可以达到90%以上，即基本实现全面小康。但其中要考虑三个因素：

1. 越靠近目标期，提高的难度越大

目前已经有失业率、地区经济发展差异系数、恩格尔系数、人均住房使用面积、5岁以下儿童死亡率、耕地面积指数6个指标实现程度达到100%，另有基尼系数、城乡居民收入比、高中阶段毕业生性别比、平均预期寿命、公民自身民主权利满意度、社会安全指数6个指标实现程度在90%以上，随着和谐社会建设进程的进一步推进，也将趋于饱和状态，达到一定水平后继续提高的空间有限。

2. 个别指标不能如期完成

这些指标基本上集中在经济方面，人均GDP、R&D经费支出占GDP比重两个指标是无法如期达到全面小康标准的。生活质量方面居民人均可支配收入也是很难如期实现的。其余指标——第三产业增加值占GDP的比重、城镇人口比重、基本社会保险覆盖率、文化产业增加值占GDP的比重、居民文教娱乐服务支出占家庭消费支出比重、单位GDP能耗6个指标随着结构调整、产业升级提速、城镇化进程加快、覆盖城乡居民的社会保障体系的健全，在今后几年内将会有明显提升，有可能在2020年基本达到全面小康标准。而平均受教育年限、环境质量指数则一定能够如期达标。

3. 全面小康不是全体小康

全面小康目标衡量的是平均水平，数字只描述总体水平，不反映个体情况，全面小康不是全体小康，即使是 100% 实现了全面小康，也不能代表全体小康，因为指标体系用的是平均值。尤其是河南，2020 年只能达到基本实现全面小康，其间的地区差别、领域差别、阶层差别仍然会一定程度存在，个别指标仍然会在全面小康标准以下，并且在一定时间内难以达标，这是不能回避的，也是真正难办的，涉及提高发展质量、经济结构调整、加快农村发展以及加快社会事业发展等各个方面。

B.24

河南省发展通用航空与培育低空经济的思考

李政新*

一　通用航空产业基本特征

所谓通用航空，是指使用民用航空器从事公共航空运输以外的各种民用航空活动，包括3000米以下低空空域的工、农、商、林、渔、建筑业等作业飞行和医疗卫生、抢险救灾、气象探测、海洋监测、科学实验、教育训练、文化体育等各种飞行活动。通用航空在发达国家和新兴工业化国家都具有十分重要的战略地位，特别是在经济发达国家，通用航空已经历了约百年的发展历程，如今已成为维系经济与社会繁荣的重要产业和载体。在美国，通用航空已成为与石油工业相当的支柱产业。仅1998~2007年9年间，美国通用航空产值由450亿美元增加到1500亿美元，年均递增14%，提供就业岗位由54万个增加到126.5万个，增加了1.35倍。通用航空在低空资源开发方面展现出的市场潜力和前景，已经成为世界发达国家和主要发展中国家最受青睐的产业之一。据预测，到2017年，全球通用飞机的需求量将超过42000架，总价值预计约2144亿美元。

二　通用航空是亟待发展的朝阳产业

从经济社会发展阶段性要求和通航产业成长自身规律看，当前我国通航产业发展需求空间巨大，市场前景广阔。主要表现在：一是通用航空巨大潜力开始释放。2008年我国经济总量突破30万亿元，通用航空产业统计产值仅17.9亿元，

---

* 李政新，河南省政府发展研究中心。

提供就业岗位仅8000余个。随着经济社会持续快速发展，公务飞行、商用飞行、空中游览、私人驾照培训等通航作业将越来越多地受到人们青睐，通用航空将呈现出快速发展的态势，成为继干线飞机、支线飞机之后另一个迅速崛起的航空朝阳产业，10年至少可形成1万亿元以上的低空经济市场容量。二是通用航空器数量严重不足。资料显示：截止到2009年底，全国通用航空全行业飞机数量仅有50多种、900多架，200多家企业、80个机场和500多个起降点，年作业飞行量约23万小时，虽比前些年有很大进步，但仍与经济社会快速发展的需求极不适应，特别在农林作业、救灾应急、商务运营、科学实验等领域需求缺口很大。据预测，未来几年如充分挖掘需求潜力，全国可能需要各类通用航空器1万～1.2万架。三是通航专业人才稀缺。合理的民用航空结构无论是飞行器数量还是飞行员数量，应呈现为处在底边的通用航空大、位于顶端的航空运输小的格局。目前我国的情况是：截至2008年底，全国民航运输飞行人员共14170人，通用航空飞行员仅有3076人，呈“倒金字塔”型。初步测算，改变这种不协调现状全国通用航空飞行员人数至少应增至10万人以上。四是空间布局不尽合理。从产业布局现状看，国内通用航空市场的消费80%集中在全国沿海三个经济最发达地区，即京津为中心的环渤海地区、上海为中心的长三角地区和珠三角地区，占国土面积近1/2的西部地区通用航空企业数量仅占总数的1/5。从促进区域协调发展趋势看，中西部必将成为通用航空产业新一轮发展的重点。五是通用航空已成为各省区竞相创新发展的新热点。近年来，东部沿海和中西部一些省份已将其列为重要的战略新兴产业，加快步伐，竞相发展。继东北地区成为全国通用航空政策试点后，中西部地区一些具有通航发展条件的省区，如湖北、陕西、四川等都在积极探索通用航空发展的新途径。湖北省近期已制定了《湖北省临空经济和通用航空产业发展专项规划（2009～2020年）》，提出依托重点企业示范推动，实行重点突破，一批临空经济和通航产业项目相继建设，力争经过十年努力，使通航产业和临空经济的工贸总收入突破千亿元大关，成为该省经济增长新亮点。陕西省渭南市积极打造卤阳湖通用航空城，发展通用飞机的设计、制造、试飞、飞行训练和航空旅游等产业，力求打造国内最具竞争力和世界知名的通用航空专业化园区。通用航空作为全国性朝阳产业和区域经济新的增长点，形势喜人，形势逼人。

三 通用航空是国家大力支持的新兴产业

从政策环境看，在制定“十一五”规划时，国家已将发展通用飞机列入高技术产业工程重大专项。之后出台的《促进中部地区崛起规划》中，将改善中心城市航空运输条件、新增布点机场建设和既有机场改扩建，形成客货航空运输高效安全、全面协调的发展格局，作为中部地区的重要任务。2008 年，为应对国际金融危机，国家民航总局已把促进通用航空发展列为民航行业机制体制创新的八个重要任务之一，出台了“促进通用航空发展，扩大航空服务范围”的一系列措施，包括：以农林航空、紧急医疗救护以及短途客货邮等为主要服务对象，引导和促进公众对通用航空的消费等。2009 年，民航总局又发布了《关于加快通用航空发展的措施》，从 15 个方面加大通用航空产业发展政策支持力度。近年来，国家先后有重点的把多个地区列为通航发展改革试验区，如东北的政策试点、江苏的应急救援试点、陕西蒲城的通用航空产业园建设、内蒙古、新疆的通勤试点等。2010 年 8 月 19 日，推进通用航空产业发展的《低空空域管理改革指导意见》正式获批，《意见》将此前确定的珠三角和东北两个地区作为 1000 米以下低空空域开放试点并逐步在全国推广。业内普遍认为，随着市场期待已久的低空空域开放，作为战略性新兴产业重要组成部分的通航产业，将带动超万亿元的市场规模和 10 年的黄金发展期。

四 河南具有发展通用航空的强烈需求

一是发展通用航空有利于创造经济增长新需求。经过前期发展，河南省经济总量目前已超过 2 万亿元，位居全国第 5 位和中西部地区第 1 位，基本具备了发展通用航空产业的物质条件和内在需求。通用航空产业的崛起，将有利于形成新的低空经济群体，拉动消费需求，形成新的产业群和经济增长点，为确保“两高一低”战略目标的实现提供产业支撑，在促进全省经济社会跨越式发展、加快中原崛起进程中发挥先导作用。二是发展通用航空有利于巩固河南“中国粮仓”地位。河南是全国第一农业大省和第一粮食大省，又是一个自然灾害多发的省区，北旱南涝、西部缺水，防灾救灾和沿黄区域治虫灭蝗任务十分繁重，需要通用航空在农业植保、灭虫灭蝗、飞播造林、人工降雨、气象和灾情监测等方面发挥保障作用，确保全国粮食安全、社会稳定以及人民生活的安康。三是发展通用航空有利于为经济发展提供技术保障。河南是全国重要的能矿资源生产和输出基地，肩负着南水北调、西气东输的重任，通用航空的快速发展可以在运输、物流、导航、矿山勘探、工农业服务等多个领域有所作为，改善中心城市航空运输条件、提供新的高技术保障。四是发展通用航空有利于经济结构转型升级。长期以来，河南产业结构落后，第二产业比重过大，第三产业滞后，亟待调整优化经济结构、促进产业转型升级。国际经验表明，一个通用航空产业项目10年跨度内带来的产出比为1:80，技术转移比为1:16，就业带动比为1:12。大力发展通用航空产业，着力培育低空经济，将有利于促进产业升级和提高综合竞争力。

五　河南发展通用航空产业具备难得的基础条件

从区域条件看：河南具有发展通用航空产业难得的、优越的基础条件。其一，有较好的通航物质技术条件。全省现有50多架通用飞机，有安阳、信阳、商丘、鲁山等18个可供改造利用的机场。按照国际化标准设计建设的郑州新郑机场区位优越、设施功能完善，机场飞行区等级为4E级，机场占地面积为25平方公里，跑道长3800米，宽65米，能满足目前世界上最大的波音747-400客机起降，具有建设中部地区通用航空发展的指挥调度中心和通用航空器制造维修基地的优势条件。其二，是全国通航飞行教学训练条件最好、单位最多的省份。拥有上街蓝翔航空、安阳航校、民航飞行学院洛阳分校、南阳机场等四所飞行员培训资质的学校，以及专门培养航空管理人才的高等院校郑州航院，已经培养出大批的通航专业人才。其三，具有独特的航空体育运动项目优势和农林作业优势。国家体育总局安阳航校是全国规模最大、培训能力最强的航空运动中心，安阳市拥有世界第三、亚洲第一的林州林虑山国际滑翔基地，飞行跳伞和滑翔伞两个运动项目在国内国际有很高的知名度和影响力。郑州上街蓝翔航空除了开展体育运动以外，在飞播造林、抢险救灾、人工降雨等飞行作业方面成绩显著，其中跨省作业给延安地区飞播造林带来了一片绿洲。其四，有难得的空域开放现实条件。在安阳航校航空运动资源和林虑山国际滑翔基地的基础上，安阳已经获得4420平方公里3000米以下扇形空域的开放使用权，进而为通用航空产业和低空经济的发展奠定了全国少有的空域开放基础。其五，通用航空器制造基础较好。河南机械装备工业基础雄厚，拥有诸如中航系统大型国企新乡航空工业（集团）有限公司、生产飞机重要部件的124厂等一批大型航空器配套企业。安阳神鹰公司已于2009年与美国自由航空公司签约，引进年产300架LIBERTYX12型通用飞机生产技术，首批两架样机组团参加了第七届珠海航空航天博览会，新型航空器项目制造开始起步。

总之，河南通用航空基础条件好，内在需求强，积极培育通用航空产业，发展低空经济，辐射面广，带动性强，对于建设中原经济区、加快实现中原崛起意义重大。其一，加快河南通用航空发展可以有效发挥产业引领作用。河南是全国第一人口大省，正迫切需要解决“钱从哪里来、人往哪里去、民生怎么办、粮食怎么保”的难题，大力发展通用航空产业，对创造经济增长新需求、巩固“中国粮仓”地位、安排有效就业、提升产业发展水平、促进经济结构转型升级等都有重大的现实意义。其二，加快通用航空发展可以有效发挥河南区域辐射作用。河南地处中原，区位条件好，战略位置重要，加快发展通用航空产业，可以从更广阔的领域集聚要素、拓展市场，更好地承担东引西进、承南启北的特殊作用。其三，加快通用航空发展有利于探索和推广经验。河南是全国为数不多的平原面积大于山区丘陵面积的省区，发展通航物质条件好，以河南为节点推进低空空域开放开发，成本低、收效快、影响大，更具有代表性、示范性和推广价值，更有利于全国的通用航空和低空经济科学发展。

六 发展河南省通用航空产业思路和途径

前不久发布的《中原经济区建设纲要》，将加快发展通过航空产业列为支撑体系的重要内容。我们必须创新思路，明确重点，积极推进，务实操作，争取早出成效。基本思路是：抓住当前国家深化低空经济管理改革的历史性重要机遇，站在抢占全国低空开发开放制高点的战略高度，拓宽思路，超前谋划，整合资源，选准突破口，着力实施河南特色的通航发展战略，为中原经济区建设提供有力支撑。建议采用“先三后二”的发展顺序，优先发展能充分发挥河南省通用航空优势条件、有较大需求潜力和较高现期收益的通用航空服务业，拉动消费需求，做大低空经济第三产业；在此基础上，积极引进战略合作伙伴，重点建设特色优势突出的通航产业集聚区，加快发展通用航空器制造业，使河南通航第二产业走在全国前列。空间布局是：打造“四个基地”和“两个体系”。“四个基地”：一是以郑州新郑机场为核心早日形成全国重要的通用航空产业生产研发基地；二是以安阳为重点早日形成具有全球领先优势的航空体育运动基地；三是依托现有培训优势早日形成具有全国影响力的通用航空人才培训基地。四是通过发展特色通航服务业，带动相关制造业、金融保险业等一系列新兴产业快速发展，早日形成面向全国性低空经济基地；“两个体系”：一是依托现有机场，打造以郑州为中心，以安阳、洛阳、南阳、信阳、商丘等地为支撑的低空网络体系；二是拓展通航作业点，打造覆盖全省、服务全国的空中公共服务和应急警务快速反应体系。政策取向是：一是加强低空空域管理配套设施建设，对全省涉及通航产业发展的机场、制造、运营、研发、培训等方面的企事业单位资源进行全面整合，优化、改造、提升通航基础条件和功能布局，完善通航服务保障体系；二是积极培育低空经济市场主体，促生一批产业示范项目，加强与国家有关通用航空研发部门和制造企业的产业对接，实行优惠的税费扶持政策引导社会资本投资参与通航和低空经济发展，面向国内外引进有影响力的通航制造和服务型企业并结成战略伙伴关系；三是争取国家给予更多的支持，尽早批准河南在低空开放开发方面先行先试。

B.25
“十一五”时期河南省招商引资形势分析

武安华*

“十一五”以来，河南省高度重视招商引资工作，省政府相继出台了《关于进一步加强招商引资工作的意见》、《关于积极承接产业转移加快开放型经济发展的指导意见》等一系列促进招商引资的政策措施，招商引资实现了跨越式发展，有效地弥补了经济建设的资金缺口，促进了全省企业技术进步，优化了产业结构，提升了城市化水平，创造了税收，对全省的经济发展提供了有力支撑。

一　河南省招商引资现状

1. 招商引资规模突飞猛进

“十一五”全省共设立外商投资企业近2000家，实际利用外资累计约200亿美元，年均增长38.4%，是“十五”实际利用外资的5倍多；利用省外资金项目累计2.14万个，实际到位省外资金9319亿元，年均增长40.3%，是“十五”引进省外资金的6倍多。“十一五”累计利用境外省外资金折合人民币突破1万亿元，达到10725亿元，超过新中国成立以来至“十五”末的总和，约占同期城镇固定资产投资的1/4。

2. 招商引资来源地比较集中，资金投资领域也较集中

近年来，河南省外资来源地具有高度集中化趋势，主要来源于香港、台湾、新加坡、加拿大和欧盟等国家和地区。境外资金主要投资于制造业、房地产业、建筑业、电力、燃气及水的生产和供应行业等。利用省外资金主要集中在北京、

* 武安华，河南省商业经济研究所。

浙江、广东、上海、江苏、福建六省市，2007～2009 年实际利用六省市资金分别占全省利用省外资金的 63.4%、59.9%、60.7%。房地产、冶金、机械电子、轻工纺织、新能源、石油化工等行业依然为外省、直辖市、自治区企业和客商投资的热门行业。

3. 招商引资活动密集、亮点频出

五年来，河南省先后成功举办和承办了第四、第五、第六届中国河南国际投资贸易洽谈会，第二届中国中部投资贸易博览会，中原文化澳洲行、中原文化港澳行、中原文化宝岛行，欧洲经贸活动、东南亚经贸招商活动，河南省与台湾、浙江、福建、上海、天津经济技术合作洽谈会、承接纺织服装玩具产业转移洽谈会、港澳深闽籍企业家访豫活动、承接台资企业产业转移洽谈会等，这些活动扩大了河南省招商引资的影响力，提升了招商引资形象，取得了良好成效。

省内企业通过境外上市融资，引进战略合作者不断做大做强，成为河南省利用外资的新亮点。目前，全省已有 30 家企业在境外成功上市，融资近 225 亿元人民币。

与中央企业合作更加密切，近年来，河南省共与 44 家央企签署战略合作协议，央企在河南省总投资已上百亿元。

4. 招商项目质量不断提高

目前世界 500 强企业、国内 500 强企业来河南省投资的分别达 68 家和 128 家，与 44 家央企签署了战略合作协议。“十一五”期间，全省新增加世界 500 强企业 30 家，大型跨国公司和国际知名企业如德国西门子、美国沃尔玛、英国吉凯恩、法国电力、百事可乐、富士康、家乐福、沃尔玛、麦德龙、百思买等相继落户河南。尤其是富士康项目的引进，项目全部投产后，每年将为河南省创造出口超过 200 亿美元，带动近百家配套企业布局河南省。

5. 投资环境不断优化

河南省在全国率先取消外资企业项目建议书和可行性研究报告审批，合同、章程实行备案制，下放外资项目审批权限，实行外商投资项目无偿代理制和投资便利化措施，开通运行投资促进网络管理系统，在全国率先实现招商引资和项目评估跟踪管理信息化。省政府相继出台了《河南省损害经济发展环境责任追究办法》和《河南省外商投诉处理应急机制》，进一步完善了外来客商投诉处理机制。河南省建立完善了投资环境评价机制、外商投诉案件处理分级负责制和责任

追究制、“零投诉”责任制、领导包案制、限期解决重大和久拖不决案件责任制。

6. 政府对招商引资的支持力度空前，各部门联动招商形成合力

2008年，全省第五次对外开放工作会议进一步明确把招商引资作为实施开放带动主战略的突破口。国际金融危机爆发后，河南省又把招商引资作为战危机、保增长的重要战略举措，掀起了声势浩大的招商热潮。省政府连续出台了《关于进一步加强招商引资工作的意见》、《关于积极承接产业转移加快开放型经济发展的指导意见》，建立5000万元招商引资专项奖励资助资金和5000万元承接产业转移专项资金，还从税收、资金、项目建设用地等多个方面加大对招商引资工作的支持力度，有力调动了全省上下大力开展招商引资的积极性。

河南省直有关部门结合自身职能，主动与市县和关联部门沟通，投身招商引资工作中，招商合力逐步加强。在招商活动中，河南省各级各部门的一把手亲临第一线，带头走出去引资。重大项目信息亲自掌握，亲自研究；重大客户亲自拜访、亲自谈判；重大活动亲自组织，亲自参加；重大问题亲自过问，亲自落实。

二　河南省招商引资成效分析

1. 招商引资拉动了河南省的经济增长

引资规模的大幅增长，质量和效益的显著提高，有力支撑了全省投资规模的扩大，成为经济平稳较快增长的重要推动力量。从各省辖市近几年的经济发展情况也可以看出，凡是招商引资工作走在全省前列的，经济就发展得又好又快。

2. 招商引资促进了企业技术进步，培育了一大批龙头企业

通过招商引资，大力利用境内外资金，引进战略投资者，设立新企业、重组改造老企业，培育了一大批龙头企业，尤其是通过引进战略投资者，实行强强联合，推动了企业迅速做大做强，加快了企业集成创新和引进消化吸收再创新，推动了技术进步和设备的更新换代。

3. 优化了产业结构

引进外来资金与调整结构、产业升级和企业改组改革结合了起来。通过招商引资，巩固了河南省优势产业、改造了传统产业、强化了战略性产业、培育了新兴产业、壮大了服务业，加快了现代产业体系形成，产业结构得以优化。

4. 招商引资促进了就业，提升了城市化水平

大批引资项目的建成投产，创造了一大批新的就业岗位。引进的内外资企业，大部分是劳动密集型企业，对河南省就地消化劳动力起到了非常重要的作用。尤其是县域的城市化水平得到提升。招商引资带来的大量资金投入、大型项目，促使大规模城市建设，进而带来众多人口集聚于城市和乡镇的产业园区，推进了河南的城市化进程。

5. 招商引资创造了巨额税收

近年来，随着一大批引资项目建成投产，源源不断的纳税，为全省财政税收的增长做出了积极贡献，已成为河南省财税来源的重要渠道之一。

三　河南省招商引资存在的问题

从促进全省经济发展的大局和与全国部分省份横向对比分析看，河南省招商引资工作仍存有差距。

1. 实际利用外资规模尚小，对全省经济发展贡献有限

河南省实际利用外资占全国的比重一直处于上升中，2009 年实际利用外资总量居中部六省第一位，但与先进省份相比仍然偏小。2009 年占全国比重仅为 5.3%，只分别相当于广东省、浙江省和福建省的 24.6%、48.5% 和 47.7%，与全国第五经济大省的地位极不相称。近几年，河南省利用境外省外资金增幅趋缓，表明利用外资后劲不足，形势严峻。同时，在现有招商引资项目中产业和布局结构不合理，真正科技含量高、产业关联度大、配套能力强的项目并不多。

2. 招商引资目的性、科学性、针对性不够

有些地方招商引资与经济发展总体战略衔接不够，仍处于“粗放型”阶段，存在无序竞争、各自为战现象，一些招商活动看似轰轰烈烈，实则收效甚微。在招商引资工作中对自身的比较优势认识不足，对自身发展的优势包括产业优势、资源优势、区位优势、环境优势、成本优势缺乏准确认识，找不到清晰的自身定位。一些地方对客商投资意向不掌握，对所要接触的客商在行业中的地位、实力、投资趋向、发展布局、关注点没有深入调研，与客商对接缺乏利益共同点，找不到项目洽谈的突破口，招商缺乏针对性。

3. 招商引资理念落后，招商主体单一

很多地方在招商引资工作中仍习惯于过分依靠给予外来投资者特殊优惠政策，在理念上还没有从"特殊政策型"向"双赢发展型"招商转变；有些地方在招商方式上仍主要采用大团组外出招商、综合性推介洽谈、大规模节会招商等传统招商形式，而对于专业化招商、小分队定向招商、产业链招商、依托商协会招商、园区招商、网络招商等新的招商方式应用不够；有些地方招商思维仍局限在依靠资源优势上。从招商主体上看，招商引资工作还过多地依赖于政府主导和组织，而作为招商引资主体的各类企业的积极性和内生动力明显不如沿海发达地区强劲。企业、园区、商协会及其他利益相关方的作用发挥得还很不够。

4. 招商力量薄弱，队伍建设亟待加强

一方面，据统计，除郑州、洛阳、漯河等少数省辖市设有专门的投资促进局外，一些省辖市商务局招商部门仅有几个人，有的县市至今甚至还没有专职的招商引资人员。另一方面，目前日趋激烈的招商引资工作形势，要求招商人员具有专业性强，涉及面广的专业素质，而河南省现有招商人员普遍达不到这一要求，队伍建设亟待加强。

5. 招商引资环境需要进一步优化

在硬环境上，基础设施、产业配套能力需要进一步加强。初步搭建的开发区、产业集聚区等招商引资载体的发展还相对滞后。在软环境上，无论是对客商的服务意识，还是职能部门的办事效率，省、省辖市和县（市、区）呈现逐级递减。部分地方"口惠而实不至"，造成政府信用缺失，影响了一些客商投资的信心。部分基层政府职能部门服务不到位，影响了综合投资环境。

四　河南省加强招商引资的政策建议

当前和今后一个时期，全省上下要充分认识招商引资的举纲带目作用，要坚持"重在持续、重在提升、重在统筹、重在民生"的方针，采取有力措施，加大招商引资工作力度。

1. 抓服务保障，打好招商引资整体战

建议把引项目、谈合作和服务招商引资作为重点工作，强化责任，协调联动，把招商引资工作列为各有关部门的目标考核内容；强化重大项目和重大招商引资活动成效的跟踪落实，实施责任目标考核督导。要强化政策支持，服务保障，重在优化投资环境，要在全省铺开外来投资项目无偿代理制和项目联审联批办法，同时进一步下放审批权，简化办事程序，提高工作效率，更好地为外来投资者提供优质、快捷、高效的服务；要加大外商投诉处理力度，切实维护外来投资者的合法利益，在全省营造亲商、重商、爱商、安商的良好氛围。

2. 着力引进重大项目，巩固招商引资成果

要按照“竞争力最强、成长性最好、关联度最高”的要求，谋划重大招商引资项目。各地、各部门要严格落实省政府《关于建立全省招商引资重大项目推进机制工作的意见》等文件，确保招商引资重大项目早落地、早建设、早投产、早见效。

3. 全面推进河南省产业集聚区建设，打造承接产业转移高地

围绕全省 180 个产业集聚区的发展定位，强化产业集聚区的招商功能，构建以重大产业基地、优势产业集团、特色产业集群为支撑的产业发展格局，形成现代产业体系。

B.26

投资需求拉动短周期结束 未来经济运行将小幅回调

——2010 年河南经济运行监测分析

宗 方*

河南省宏观经济监测系统数据显示，12 月河南经济运行指数稳中有升，经济运行小幅趋暖。整体上看，2010 年经济运行指数从黄灯区上半区逐步回落到绿灯区的上半区后逐步回稳，全年经济运行呈现前高后低并逐步走向正常态势。随着刺激政策力度减缓，由投资需求拉动的经济扩张暂告一段落。金融危机以来，河南经济运行基本上和我国经济运行保持相同的趋势，经历了从衰退、低谷、扩张到回落趋稳的经济短周期过程（见图 1）。

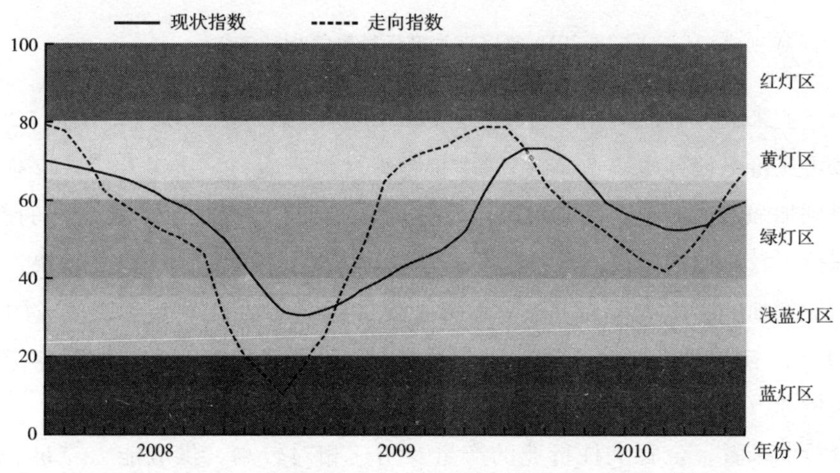

图 1　2008 年以来经济运行景气指数走势

* 宗方，河南省统计科研所。

一 2010年全省经济运行呈起伏波动增长

1. 农业和支柱行业供给充足

12月份河南生产运行指数较11月份略有回升。全年整体来看，生产运行呈现前高后低的走势，生产态势由较热到回落后逐步走向平稳（见图2）。

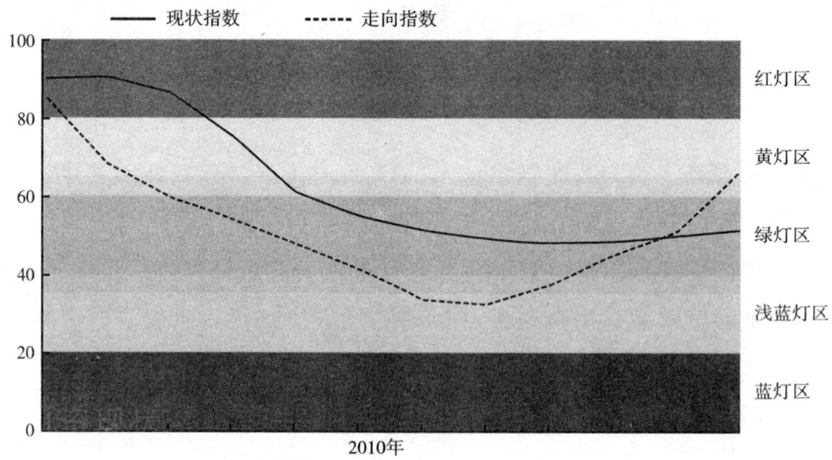

图2 2010年以来生产运行景气指数走势

分产业来看，第一产业平稳增长。2010年全省第一产业实现增加值3263亿元，按可比价格计算增长4.5%。其中粮食综合生产能力稳步提升，畜牧业生产能力得到加强，第一产业供应相对比较充足。工业生产经历了前高后低的态势，总体保持了较快增长势头，在外部需求好转的情况下，生产能力恢复较快，全年全部工业增加值同比增长15.4%。服务业发展相对滞后，2010年服务业的比重为28.1%，与2009年相比下降1.2个百分点，除了房地产业，其他服务行业供给的质量和数量都有待于进一步提高。

分行业来看，全省支柱行业的产量及增速相对较高，供应能力充足。2010年，装备制造、有色冶金、化工、食品、纺织等全省五大战略支撑产业实现增加值占全省工业的比重为54.3%，比2009年提高2.6个百分点。2010年，全省高技术制造业实现增加值同比增长31.9%，增速高于全省平均水平12.9个百分点。

从总供给整体上看，目前全省呈现部分行业和产业产能充足与部分行业和产

业生产不足并存。即传统优势行业供给相对充足，而高新技术、部分轻工业以及汽车等工业虽发展较快，但比重仍然较小，电子、汽车等消费热点和趋势性行业供给能力不足；高耗能行业虽发展虽有所趋缓，但所占比重依然较大；2010 年其占工业比重仍高达 41.2%，“两高一资”行业在未来结构调整中仍是重点；特别是服务业供给能力呈下降态势。

2. 名义总需求相对平稳，实际总需求有所回落

从投资需求来看，12 月份城镇固定资产投资同比增速为 23.7%，与 11 月份持平。2010 年，全年累计投资完成 13934.82 亿元，增速同比为 21.6%，比去年回落 9.7 个百分点。整体上来看，全年投资需求累计增速经历了高开低走，逐步回稳的过程。从城镇固定资产投资需求结构来看，工业投资需求仍是最主要的方面，其中比重较大的依次为机械、建材、化工、食品和冶金等行业；从投资需求同比增速来看，电子、纺织和机械的等行业增速较快。服务业中的房地产投资仍是服务业最主要的投资需求方向，其次是公共设施管理业的投资。而农林牧渔业的投资需求仍然较低，仅占 2.2 个百分点，与上年同期相比下降。

从消费需求来看，2010 年，全省实现社会消费品零售总额 7893.46 亿元，与上年同比增长 19.0%，增速与上年基本持平；整体上看，2010 年名义消费比较平稳，各月社会消费品零售总额同比增速变化不大，基本在 19.0% 上下波动。但考虑到 2010 年下半年物价上涨因素，后期实际消费需求出现下降趋势。

从出口需求来看，2010 年全年出口贸易额为 105.3 亿元，同比增速为 43.4%，虽较去年有较大提升，但仍没有超过金融危机前河南省对外出口额。河南省进出口需求在全省的生产总值中所占比重较小，占比不足 1%，与 GDP 前四位的广东、江苏、浙江以及山东的进出口总值相比，河南进出口总值分别仅约占其 2.2%、3.6%、6.7% 和 9.0%。

从内部总需求整体上看，投资需求不平衡，投资行业结构和内部结构不合理，经济转型有待于进一步加快，2009 年河南 R&D（科学研究与试验发展）经费为 174.76 亿元，与地区生产总值之比为 0.90%，低于全国平均水平 0.8 个百分点，2000～2009 年以来，河南省 R&D 经费支出以年均 24.2% 的速度增长，虽然高于全国平均速度 1.2 个百分点，但总体水平还有一定差距，2010 年全省城镇固定资产投资中用于改建和技术改造的投资仅占总投资的 7.4%，低于 2009 年 1.1 个百分点；同时 2010 年城镇居民人均可支配收入和农民人均现金纯收入实际增长为7%和10%左右，与上年同期增幅相比变化不大，其增幅远低于前几年，导致居民消费水平和消费能力停滞不前，消费对经济增长贡献率仍然较低；而出口对经济贡献依然较小，出口需求仍相对乏力。

从外部需求环境来看，2010年外部需求对河南一直有较积极影响。12月份PMI（制造业采购经理指数）指数为53.9，较11月份回落1.3个百分点，从全年来看，虽然外部需求环境有所起伏，但PMI始终都高于50，并且部分月份都处于较高水平（见图3）。

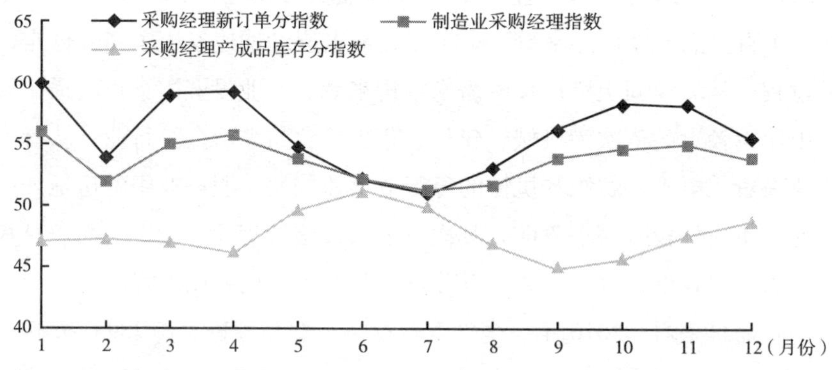

图3　2010年以来全国制造业采购经理指数和部分分指数变动趋势

3. 金融环境较为宽松，物价持续上涨

由于应对国际金融危机，我国采取扩张性的财政与货币政策，进入流通领域的货币数量巨大，造成流动性过剩。2010年12月末，全国广义货币（M2）余额72.58万亿元，同比增长19.7%，增幅比上月末高0.2个百分点，2010全年央行净投放现金6381亿元，同比多投放2354亿元。从国际因素看，货币流动性也较充足，特别美国在11月份通过的6000亿美元量化宽松政策对全球影响很大。从河南自身来看，12月末，金融机构人民币各项贷款余额为15871.32亿元，同比增加2433.89亿元。2010年河南货币市场供应充分，金融环境整体较为宽松。

2010年全省物价出现逐步走高趋势，10月份价格运行指数逐步转入黄灯区，达到金融危机以来最高水平，并且持续高于全国水平，通胀态势显现。12月份，河南消费物价指数同比上涨5.2%，虽同比有所回落，但环比仍上涨0.2个百分点，物价仍处于较高水平，2010年全省CPI同比上涨3.5%，高于全国3.3%的

平均涨幅。同时工业出厂品价格指数和原材料燃料动力购进价格指数等生产类价格指数12月份同比较11月份也有小幅上升（见图4）。

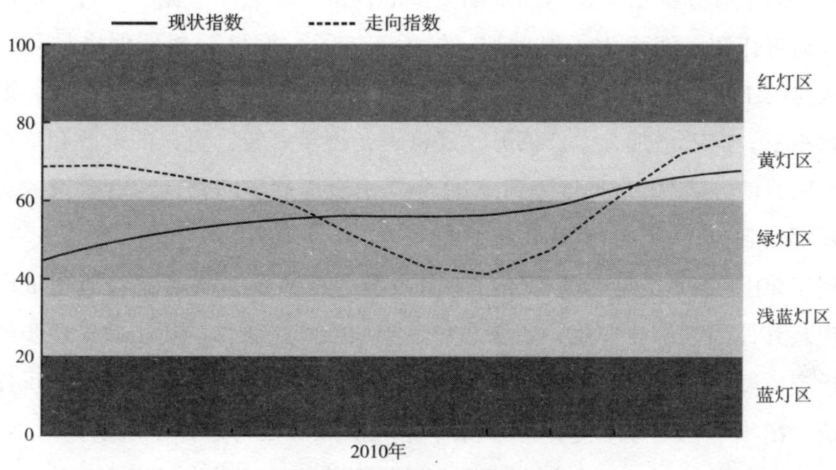

图4　2010年以来物价运行景气指数走势

物价迅速上涨，一方面由于国内货币增发及国外宽松的货币引发的需求拉动型的通货膨胀等一些因素，另一方面由于天气因素引起的部分产品的供给短缺，也助推了农产品价格上涨。除了上述国内物价上涨共性的因素外，郑州等二、三线城市，房价仍有一定上涨空间，居住类价格将会持续助推物价上涨，同时河南作为人口大省，也是全国食品加工大省，在现有价格管制体制下和粮食收购体制下，粮食价格传导相对较难，短期内容易形成实际需求或囤积需求拉动型的通货膨胀。因此，通货膨胀对河南影响大于全国。

物价上涨短期内促进生产增加，但持续通胀压力和通胀预期导致生产成本上升，不利于经济健康运行。同时，通胀对消费已产生一定影响，应引起足够重视。一方面是消费类、居住类等和生活息息相关产品，都是刚性需求的产品，此类产品价格上涨引起结构性通胀对居民本省影响就较大；另一方面居民工资性收入没有显著上升，随着物价上涨，实际工资下降，对于大多数靠工资性收入的居民影响较大。

二　金融危机后投资需求拉动的经济短周期结束

为应对金融危机，防止经济出现更大波动，我国实行了宽松的财政政策和货币政策。宽松的货币和财政政策，使得流通中货币供给充足，随着国家和地方投资的项目落实，投资乘数效应也开始显现，即随生产的增加，居民的收入增加，引起社会需求进一步增加，从而带动更多的投资，并进一步循环，对经济回稳产生积极促进作用。河南为了保增长，先后实施了“8511”投资促进计划、产业集聚区建设工程、对外开放行动计划等五项工程、七项行动计划，在这一系列的政策刺激下，需求增加，生产回升，经济运行逐步好转。宽松的财政和货币政策持续作用，使经济从2008年底到2009年初由衰退逐步回升，随着政策效应的进一步发挥，到2009年底和2010年初经济达到一个高点。

到了2010年下半年，随着经济刺激政策力度减缓，同时随着前期货币效应的显现及其他因素综合作用，通胀态势逐步加强，扩张性的货币政策逐步转向稳健，投资力度也逐步下降，以投资为主要驱动因素的经济下乘数效应的反作用使得均衡产出水平也迅速下降，2010年今年经济经济运行总体呈现前高后低态势。整体上看，我国经济运行在危机后从大低谷到复苏，然后再经历小低谷，之后逐渐趋稳这样一个由需求拉动的小周期。河南省经济运行趋势基本上和我国保持一致，经历了一个短周期的波动之后，逐步趋稳，只是时间略有滞后。

三　未来经济运行将小幅回调，进入稳定增长期

2010年，经济运行在曲折中前行，全省经济规模逐步增大，经济效益稳步提高，节能减排取得了一定成效，经济运行迈入稳定运行轨道，但是2011年经济运行仍面临一定通胀压力和宏观经济环境的改变，预计未来经济运行将会小幅回调。

1. 未来短期内物价仍有上涨压力

首先，美国新增6000亿美元货币的发行，刺激经济增长，增加就业，目前已起到作用，加快美国经济的复苏，同时也加速国际生产资料价格呈上涨势头，现在国外的资源产品的价格，铁矿石、钢材、铜铝铅锌的价格，除了石油外已经全面超过2008年金融危机之前的水平。其次，从国内来说，工业化、城镇化在加快发展，包括土地供应趋紧、劳动力红利逐步减少，生产要素价格也是一个上涨趋势。再次，河南极端干旱气候导致农业生产受影响，农产品价格还有上涨压力。同时，当前我国物价水平高涨，房地产等资产价格泡沫居高不下，新一轮通

胀预期正在形成，随着通货膨胀的持续，生活资料价格上涨，劳动力成本也会逐步上升。未来短期内物价仍有上涨压力。

2. 短期内货币政策将进一步收紧

2011 年我国既要控制通货膨胀，又要保持经济增长，也需要相应的货币支持。目前，通胀主要是需求拉动型的结构性通货膨胀，但随着物价水平的提高，生产资料价格也不断提升，再加上劳动力成本的逐步上涨，一旦成本推动型的通胀形成，即使紧缩的货币政策，作用也不太大，有可能出现滞涨。因此，短期内通货膨胀将是经济运行中主要矛盾。为防止进一步通胀，短期内必定将实行紧缩的货币政策。因此，2011 年开局货币政策会相对紧缩，央行可能会有进一步加息控制货币信贷规模，但后期随着物价的回稳，货币政策将会有所松动，从全年来看，与其说是稳健的货币政策，不如说是适时调控的货币政策。

3. 2011 年是河南结构调整和转型关键时期

省十一届人大四次会议政府工作报告中显示，河南经济增长不设具体目标，仅高于国家 1 ~ 2 个百分点，由于国家经济增长的目标调低，河南经济增速会适当回调。同时客观方面刺激性的政策的结束，宏观经济政策对经济的刺激作用变弱，经济将更多地转向调结构、保民生。温家宝近期视察河南时以及省政府工作报告都强调要走新型工业化和信息化道路，要通过科技创新提升传统产业质量。2011 年是“十二五”开局之年，经济发展方式和方向不但关系到当年，还会影响整个“十二五”经济发展走向。

目前，虽然总体上供给相对充足，需求一定程度上决定经济增长的快慢，但对河南来说，如能有针对性的调整产业结构，增加有效供给，仍能促进经济增长，增加就业。特别是在劳动力成本上涨的背景下，服务业将会有好的发展时机，河南省应加快发展服务业。同时应该认识到，靠低廉劳动力成本参与市场竞争的时代已经结束，企业应该靠自主创新、产业升级、技术进步打入国内和国际市场。此外，要加快广大农村劳动力的技术提升，加快人力资源结构的调整，逐步把河南建设成为工业强省和人力资源强省。因此，河南既要顺应国家宏观调控政策，争取国家财政资金支持，及时调整产业结构，增加产业和产品的技术含量，有针对性启动内需，同时要以产业集聚区和出口加工区的开发利用为契机，有选择的承接产业转移，优化创业、就业环境，扩大就业、增加居民收入，扩大消费在国民经济中的比重。

区域经济篇

B.27

2010～2011 年郑州市经济形势分析与预测

黄飞　郑惠*

2010 年以来，面对复杂多变的国内外经济形势，全市上下深入贯彻落实科学发展观，坚持“四个重在”，紧紧围绕跨越式发展十大工程，把“保增长、保态势”作为首要任务，牢牢把握经济工作主动权，加强经济运行调节，努力克服不利因素影响，采取切实有效措施，加快转变经济发展方式，保持了经济平稳较快发展势头，较好地完成了全年各项目标任务。

一　2010 年郑州市国民经济总体情况

1. 主要指标快速增长，跨越式发展势头良好

经过全市上下的共同努力，2010 年郑州市生产总值达到 4000 亿元，比上年

* 黄飞、郑惠，郑州市统计局。

增长13%左右，经济规模跃上了新台阶。规模以上工业增加值完成1756.60亿元，比上年增长18.0%；全社会固定资产投资2760亿元，比上年增长21%。其中城镇固定资产投资2432.3亿元，比上年增长21.9%；社会消费品零售总额1678亿元，比上年增长19.0%；全市地方财政总收入完成642.9亿元，比上年增长23.2%，其中一般预算收入完成386.8亿元，比上年增长28.1%。金融机构存款余额7990.9亿元，比年初增长22.2%；各项贷款余额5717.5亿元，比年初增长16.2%；城乡居民储蓄存款余额2911亿元，比年初增长15.9%。全市城镇居民人均可支配收入18600元，比上年增长9%；农民人均纯收入8855元，比上年增长9%。居民消费价格指数比上年上涨3个百分点。在工业经济快速增长的同时，能耗大幅降低，预计单位生产总值能耗2010年比上年下降3.6%左右。

2. 工业增速前高后缓，经济效益明显提高

2010年郑州市规模以上工业呈现高开低走、前高后缓的发展趋势。四个季度规模以上工业增加值累计分别为343亿元、730亿元、1154亿元、1756.60亿元；同比增长28.3%、24.0%、18.8%、18.0%。增速在2010年1月达到最高值36.2%，然后逐月回落（见图1）。

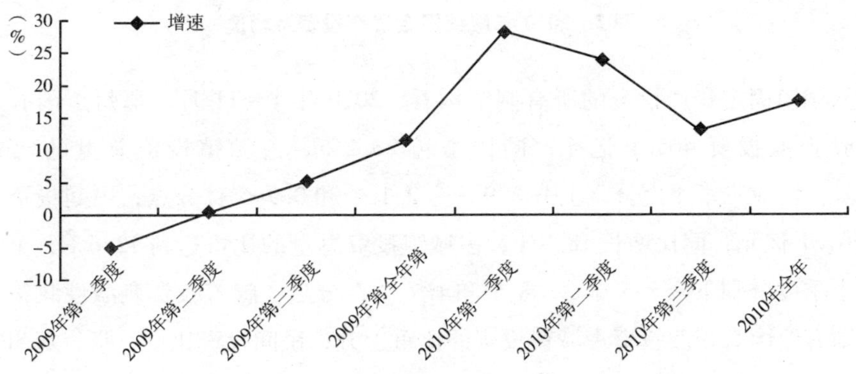

图1　2009～2010年规模以上工业增加值增速

工业效益指标明显提升。2010年全市规模以上工业完成销售收入5800亿元，比上年增长25%，实现利税总额900亿元，比上年增长24%。亏损企业数与亏损额明显减少。2010年前三个季度，在全市规模以上企业中，分别有298家、248家、226家企业亏损；企业亏损额分别为7.9亿元、13.5亿元、19.9亿元，同比分别下降49.6%、43.7%、32.8%。

3. 固定资产投资稳步增长，投资结构进一步优化

2010 年，全市城镇固定资产投资完成 2432.3 亿元，比上年增长 21.9%（见图 2）。分月看，2 月份投资增速最高达到 29.6%，然后整体增速呈缓慢下降走势，5 月份下降最多，比上个月下降 3.1 个百分点，7 月份投资增速最低降到 22.2%；然后随着郑州市实施强化运作、高效落实跨越式发展措施，8 月份开始出现止跌回稳，在全国、全省固定资产投资增速普遍下滑的背景下，郑州市固定资产投资增速在 2010 年依然保持强势。

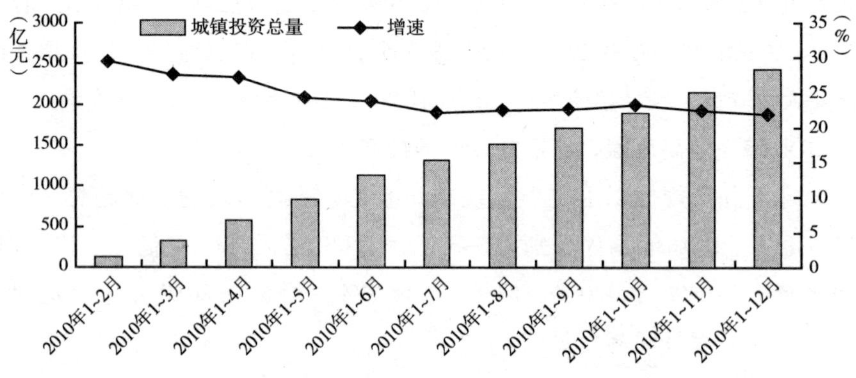

图 2　2010 年城镇固定资产投资及增速

从城镇固定资产投资的所有制结构看，2010 年 1～11 月，郑州市国有及国有控股企业投资 465.1 亿元，同比增长 23.2%，占城镇投资总量的比重为 21.6%，比前三个季度分别上升 3.9 个、2.1 个和 0.9 个百分点；民间投资共完成 1561.1 亿元，同比增长 18.8%，占城镇投资总量的比重达到 72.6%，分别比前三个季度分别下降 3.5 个、3.8 个和 1.7 个百分点。随着投资刺激性政策的实施，国有及国有控股投资占城镇投资的比重上升，民间投资比重下降，郑州市工业企业受国家宏观调控影响比较明显。

工业投资与房地产投资占城镇固定资产投资的比重最大，一般决定着城镇固定资产投资的规模和走势。2010 年 1～11 月，郑州市工业投资完成 904.6 亿元，房地产投资完成 648.8 亿元，两项合计占全市城镇固定资产投资的 72.3%。2010 年以来全市工业投资增速缓慢下降，但在多种应对措施综合作用下降幅逐渐收窄。房地产投资保持 2009 年底的走势继续以较高速度增长，而且与工业投资和城镇投资的总体走势相反，增速呈逐月提高（见图 3）。从投资构成来看，2010

年1～11月，商品住宅、办公楼、商业营业用房分别投资468.4亿元、43.3亿元、59亿元，占房地产投资的比重分别为72.2%、6.7%、9.1%。同比分别增长37.7%、152.8%、49.4%。办公楼投资增速最快，受房地产调控政策的影响，住宅投资增速及房价过快增长的局面初步得到遏制。

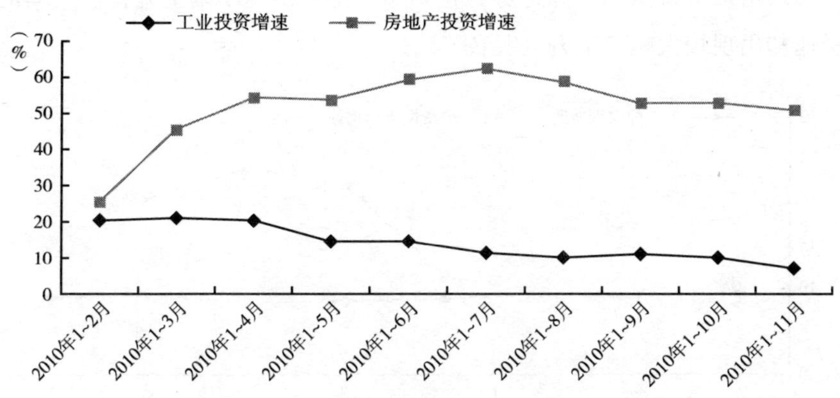

图3　2010年工业投资与房地产投资增速

4. 消费品市场平稳增长，城乡居民收入稳定增加

2010年郑州市消费品市场持续稳定增长，实现社会消费品零售总额1678亿元，比上年增长19.0%。消费品市场已经恢复稳定增长，与2009年的宽幅震荡形成鲜明对比（见图4）。

批发零售业2010年实现销售额1411.3亿元，比上年增长20.5%，占社会消

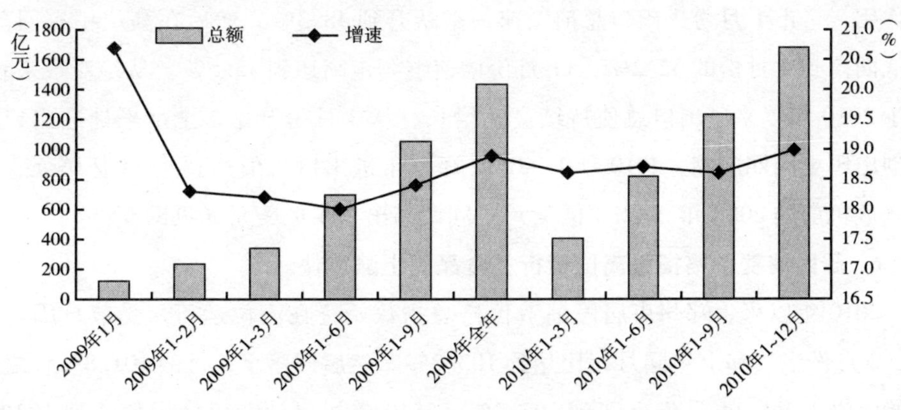

图4　2009～2010年社会消费品零售总额及增速

费品零售总额的84.0%，依然是消费品市场的主导力量；住宿、餐饮业累计实现销售额270.3亿元，比上年增长12.7%，增速下降2.9个百分点。

2010年郑州市城镇居民人均可支配收入18600元，比上年增长9%。农村居民纯收入达到8855元，比上年增长9%。进入2010年以来，全市城镇居民人均可支配收入增幅呈现微幅下降趋势，直到9月份才出现小幅上升，但人均消费性支出增速却出现较大幅度上升（见图5）。

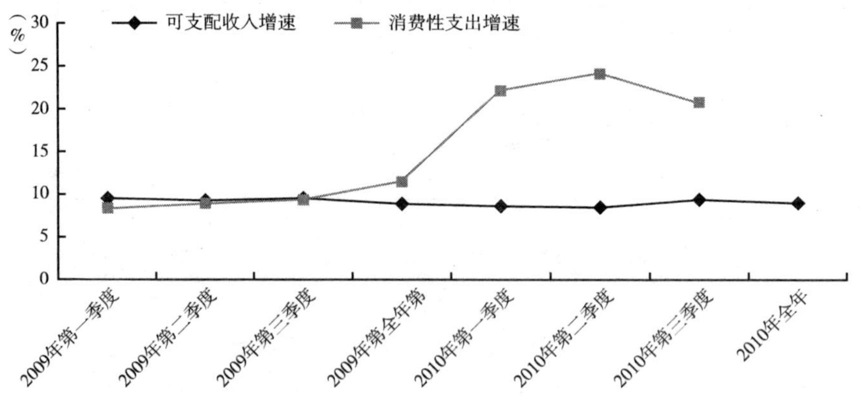

图5　2009~2010城镇居民人均可支配收入、支出增速

5. 进出口贸易迅速回升，形势好转

2010年全球经济处于复杂的恢复进程中，对外贸易环境总体好转，郑州市进出口延续了恢复性增长的态势，从年初开始回升幅度超过预期，加上基数因素的作用，全市1月份进出口总值增速一举跃升到48.3%，然后在高位稍有回落，最低回落到4月份的32.2%，11月份增速继续走高达到45.5%。从绝对数来看，由于2010年以来进出口总值持续高速增长，从4月份开始，全市累计进出口总值创出历史同期新高，2010年1~11月郑州市进出口总值达到45.3亿美元，比金融危机前的2008年（42.8亿美元）同期高出2.5亿美元（见图6）。

6. 居民消费价格指数高位运行，食品类上涨过快

2010年以来，郑州市居民消费价格总指数始终在高位运行，受节日因素影响，2月份当月和上年同月相比达到103.2%，然后回落至5月的101.8%，之后开始缓慢上升，11月份上涨到105.2%。2010年居民消费价格指数达到103%。从1~11月数据来看，除家庭设备用品及维修服务下降0.6个百分点，其余七项

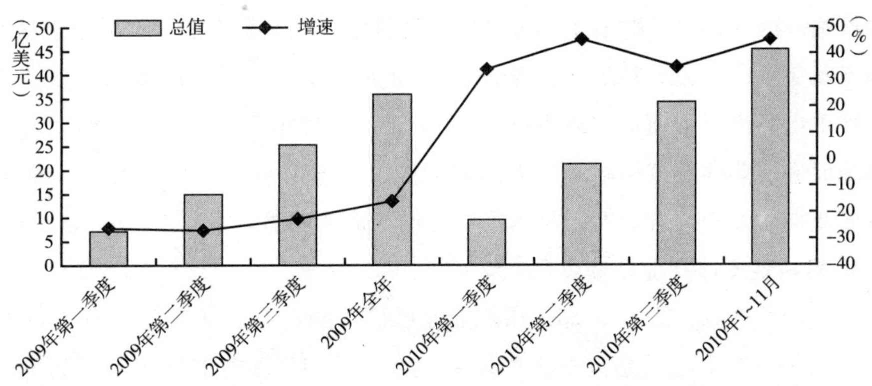

图 6　2009～2010 年进出口总值及增速

均上升。价格总指数的上升主要由食品类价格上涨过快引起，1～11 月食品类消费品中，尤其以鲜菜价格上涨幅度最大，比上年上涨 20.5%；其次是禽蛋价格上涨 5.7%，肉禽及其制品价格上涨 3%。

7. 工业能耗降幅扩大，节能形势好转

2010 年下半年以来，随着国家、河南省、郑州市一系列节能降耗调控措施的实施，郑州市节能降耗成效日渐明显。8 月份，初步扭转之前的规模以上工业万元增加值能耗降低率持续收窄局面，11 月郑州市工业用电量累计增长 14.4%，与前三季度累计分别增长 36.2%、30.8%、15.2% 相比增速明显减缓；1～11 月全市规模以上工业万元增加值能耗降低率为 -10.5%，与前三季度累计降低率分别为 -6.4%、-5.8%、-6.4% 相比下降幅度增大，扭转进入 2010 年以来规模以上工业万元增加值能耗持续收窄之趋势。初步统计，2010 年全市万元 GDP 能耗下降 3.6%。

二　2010 年郑州市经济社会发展的主要特点

1. 经济结构更加优化

2010 年郑州市充分利用金融危机和节能减排形成的“倒逼”机制，大力淘汰落后产能，为产业升级和新兴产业培育提供了空间。装备制造、电子信息等产业规模不断扩大。特别是富士康、海马汽车、郑州日产、格力电器、香港保绿太阳能薄膜电池等一批重大项目的开工建设，为全市工业结构调整奠定了基础。在基础设施、融资担保、财政激励等方面支持鼓励产业集聚发展，产业集聚区承载功能不断完善，已成为新的经济增长点。商贸物流业发展步伐加快，38 个跨越式发展重点物流商贸项目完成投资 70 余亿元，超过年投资计划的 50% 以上。积极实施促进消费的政策措施，加大万村千乡、家电下乡、汽车和家电以旧换新、特色商业街等工程推进力度，扩内需、保增长成效明显。

2. 战略性支撑产业快速发展

从统计数据看，2010 年郑州市工业发展最快的行业是交通运输设备制造业，同比增长 55.1%。尤其是汽车生产增势强劲，1～11 月全市汽车产量达到 19.5 万辆，同比增长 107.5%；改装汽车 1.6 万辆，同比增长 12%。2010 年以来，支持汽车产业调整发展的利好政策和保障措施相继出台，郑州市进一步加快宇通客车 5 万台客车产能提升、郑州日产第二工厂、海马（郑州）二期 15 万辆等项目建设步伐，加快电动汽车的研发和示范推广，主要汽车企业以自主创新为突破口，增强企业的核心竞争力，汽车产业发展迅速，成为支撑郑州市工业经济的“旗舰”产业。

高技术产业是郑州市工业快速发展的又一亮点。截至 2010 年 11 月，郑州高技术产业完成增加值 38.7 亿元，同比增长 30.1%，与工业平均增速相比高出 12.1 个百分点，而且发展速度逐月加快。为了推动高技术产业的发展，2010 年郑州市着力实施了现代装备与制造关键技术及产业化等七个重大科技专项，科技自主创新工程、“十城千辆”创新示范工程等六个重大科技工程，科技攻关计划、创新主体培育计划、创新人才培育计划等六项重点科技计划，大力发展高新技术产业。

装备制造业也是郑州市重要的战略性支撑产业之一。2010 年郑州市装备制造业完成增加值 305.9 亿元，同比增长 29.7%，比规模以上工业增速高出 11.7 个百分点。

3. 都市区高成长性产业、企业发展较快

郑州市产业发展“总体要求轻”，加快电子信息、物流商贸、文化创意、纺织服装、食品加工等产业的发展，把结构求轻作为节能减排目标的“制胜”措施来抓。“重工要求优”，在不断提升发展重工业的前提下，让轻工业发展得更快。加快运用高新技术和先进适用技术改造提升汽车及装备制造、铝及铝加工、能源、耐材建材等产业，着力拓展高水平的深加工，提高产品的科技含量和附加

值。“新兴要求多”，培育和加快发展新能源、新材料、服务外包、生物医药、节能环保、新能源汽车和物联网等战略新兴产业成为郑州市产业发展的制高点。“大企力求强”，实施大企业、大集团和知名品牌培育计划，力争更多企业进入中国500强。“分散力求聚”，全市对每个产业集聚区要求有清晰的发展定位，突出一个主导产品或产品集群进行重点扶持，避免相互之间同质化和无序发展。

三 郑州市经济发展存在的主要问题及风险

2010年郑州市圆满完成了富士康项目引进、综合保税区申报、煤炭企业兼并重组等重大工作任务，经济发展成效显著，同时面临的困难不同寻常，我们也清醒认识到，全市经济发展中还面临不少突出矛盾和问题。

1. 经济发展排位面临前面标兵愈来愈远，后面追兵愈来愈近的处境

在27个省会城市中，2010年前三季度，排名居第7位～第11位的长沙市、济南市、郑州市、哈尔滨、石家庄五个省会城市，生产总值分别完成3107.5亿元、2780.2亿元、2753.3亿元、2557.2亿元、2392.5亿元，增速分别为16.0%、13.0%、13.0%、14.7%、13.2%。由此可见，郑州市与长沙市、济南市之间的差距越来越大。而位居郑州市后两位的哈尔滨、石家庄经济总量仅比郑州少196.1亿元、360.8亿元，增速分别高于郑州市1.7个、0.2个百分点。可见，郑州市排名后移风险在加大。

2. 第三产业比重呈现逐年下降趋势

近年来，郑州市现代服务业同工业相比，发展速度长期落后。自从2002年郑州市实施“拉长工业短腿”发展战略以来，第二产业增速远远超过第三产业增速。10年的发展结果是：第一、二、三产业的比重从2001年的5.6∶46.5∶48.0，演变为2010年的2.9∶57.2∶40。

3. 工业增速高位波动且有下行风险

2010年四个季度，规模以上工业增加值增速分别为28.3%、24.0%、18.8%、17.5%。从增速上看，规模以上工业呈逐季下降走势，工业经济总体表现出上涨动力不足。

4. 投资形势不容乐观

2010年以来，郑州市固定资产投资虽然总体上延续了恢复性增长的态势，但投资增速和结构等方面都存在诸多问题。郑州市 2009 年全社会固定资产投资增速达到 29.1%。而 2010 年四个季度，全社会固定资产投资分别为 378.7 亿元、1256.5 亿元、1928.3 亿元、2760 亿元，增速分别为 25.8%、23.0%、20.8%、21%。2010 年及分季度增速均低于 2009 年全年。与中部六省省会城市的对比来看，2010 年 1~9 月，武汉、长沙、合肥、南昌全社会固定资产投资增速分别达到 27.1%、32.6%、37.3%、30.2%，比郑州的 20.8% 分别高出 6.3 个、11.8 个、16.5 个、9.4 个百分点。

5. 居民收入增速相对较低

从城乡居民收支情况看，2010 年，郑州市城镇居民人均可支配收入、农民人均纯收入增速均为 9%，比 2010 年生产总值增速（13%）低 4 个百分点。与中部六省其他省会城市相比，2010 年前三季度，武汉、长沙、合肥、南昌、太原城镇居民人均可支配收入增速分别为 14.8%、13.8%、9.9%、10%、8.2%，郑州市则为 8.7%，处于倒数第 2 位；农民人均现金收入增速分别为 15.1%、16.6%、13.6%、14.5%、12.4%，郑州市为 11.4%，位居倒数第 1 位。收入的低速增长直接导致消费支出增长缓慢，进而对消费市场发展产生抑制作用。

6. 利用外资总量偏低、后劲不足

2010 年郑州市实际利用外商直接投资 19 亿美元，比上年增长 17%。与中部六省会城市相比，1~11 月郑州市实际利用外商直接投资 17.6 亿美元，相比武汉的 29.8 亿美元、长沙 21.3 亿美元，有明显差距。

四　2011 年郑州市经济发展需要注意的问题

2011 年国内外经济形势更加复杂，发展面临诸多挑战，需要积极有效地应对。

1. 要积极应对国内外经济形势复杂多变的严峻挑战

美国进一步推行量化宽松货币政策，将加大人民币升值压力、加剧通胀压力、挤压我国商品出口利润。人民币升值对我们有挑战，也有机遇，这个机遇就是有利于降低进口成本。利用这一机遇我们一可以加大引进国外先进设备、先进技术，提速技术改造；二可以有选择地进口原材料，综合比较国内外市场价格，引进价格较低的原材料，降低企业生产成本；三可以争取利用国际金融

组织贷款。

2. 要积极应对融资难度增加的严峻挑战

2010 年央行数次上调存款准备金率，冻结银行资金。资金将成为 2011 年发展的重要制约。我们要在银企合作方面加大力度，要进一步加强政府融资平台建设，把握国家政策，让其更加符合银行贷款的条件，同时还要优化资产，提高融资能力。

3. 要积极应对发展空间不足的严峻挑战

当前全市土地供需矛盾十分突出。一方面占补平衡资源匮乏，易地补充耕地难度大且成本高。土地指标严重不足，另一方面还存在有批而未供、供而未用的现象。

4. 要积极应对生产要素成本提高的严峻挑战

能源、劳动力、技术等生产要素供应不足、成本上升的问题日益突出，我们要善于运用政策，根据企业成本的区域性差异，通过变更企业注册地、帮助落实税收政策等方式，降低企业成本。

B.28

开封市经济发展的态势分析

刘荣旭　杨文娣　文 静*

2010年4月26日，中国社会科学院在北京发布了《2010年中国城市竞争力蓝皮书》，开封作为三线城市也是河南省唯一一个省辖市入选未来十年最具竞争力城市。其入选理由是“乘天时地利之势，再现古都之繁华。开封地处中原城市群中心区，产业布局优化，成本洼地优势明显，一体化进程加速。此外，全省工业化提速，开封乘势而起”，这样的评价给予了开封客观的定位和发展的信心。2010年岁末，从世界著名品牌大会第七届年会上又传来令人振奋的消息，河南省郑州、开封两个省辖市入选“2010年度中国最具投资潜力城市50强”，这更坚定了开封重振古都雄风的信心和决心。在新的历史起点上，开封如何抓住有利时机、找准定位，对于开封未来的经济、社会发展至关重要，本文运用态势分析法也即“SWOT”分析法，具体分析开封经济发展的优势、弱势，面临的机遇和挑战。

一　开封市经济发展的现状

从纵向看，“十一五”以来，在省委、省政府建设中原城市群、优先推进郑汴一体化发展、打造郑汴洛城市工业走廊、加快建设郑汴新区等一系列重大决策部署的扶持下，开封市深入贯彻落实科学发展观，坚持“重在持续、重在提升、重在统筹、重在为民”，实现了全市经济社会发展跨越式发展。经济总量从“十五”末的408亿元，逐年跃上新台阶，2007、2008年分别突破500亿元和700亿元大关，2009年实现778.72亿元，提前一年完成了“十一五”目标。初步测算，2010年全市GDP实现891亿元，比上年增长12.2%；财政一般预算收入由

* 刘荣旭、杨文娣、文静，开封市统计局。

“十五”末的不足14亿元增加到37亿元；规模以上工业增加值由“十五”末的75亿元增加到260亿元；城镇化率比“十五”末提高8.2个百分点。

从横向看，2009年，开封市人均GDP为16571元，位居全省第14位；在岗职工平均工资21234元，位居全省第12位；开封市农民人均纯收入为4695元，位居全省第13位；开封市城镇居民人均可支配收入12318元，位居全省第15位。从数据可以看出，开封部分人均指标低于全省平均水平，处于中等偏下的位次。当前现状要求我们必须快速转变，加速发展，才能实现开封的新跨越，真正成为郑汴一体化的重要一“翼”。

二 开封市经济发展的SWOT分析

根据开封的发展现状，我们不妨综合分析一下开封发展的“SWOT”，即：优势（Strength）、弱势（Weakness）、机遇（Opportunity）、威胁（Threat）。见图1。

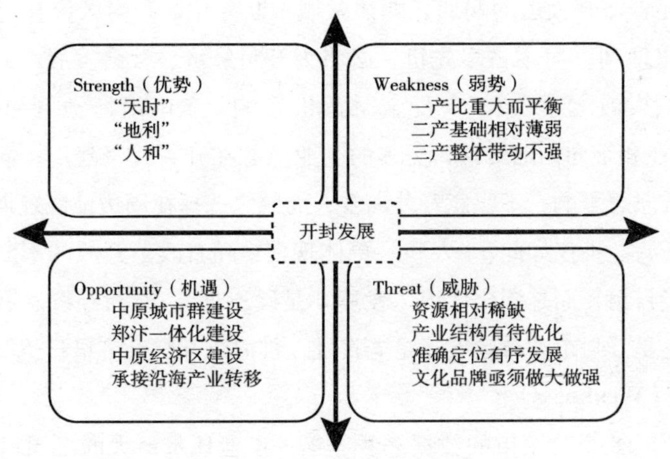

图1 开封市经济发展的SWOT分析

1. 优势（Strength）

开封历史文化悠久、水资源丰富、区位优势明显、劳动力资源富足、产业基础稳固，这些都是开封的比较优势，这些“S”可以从“天时”、“地利”、“人和”三个方面得以彰显。

（1）开封发展之“天时”。开封正面临着前所未有的政策优势，从2003年7

月河南省委、省政府正式提出实施加快中原城市群发展战略，2004 年提出“郑汴一体化”设想，到 2005 年 10 月郑汴城市通道开工启动，再到 2006 年把“郑汴一体化”作为重大发展战略写入河南“十一五”规划，这一系列政策举措让开封的发展获得了巨大支持，而这种良机无疑是开封改变城市面貌、发展经济的“天时”。

（2）开封发展之“地利”。公路方面，开封是新亚欧大陆桥沿桥重要城市之一，横有陇海铁路和连霍高速公路，纵有日南高速公路和阿深高速公路。这 4 条交通大动脉呈不规则“井”字形贯通开封全境，又在市区东边勾勒出一个三角地带，这是建设现代物流中心的理想位置，是难得的“金三角”。4 条大动脉、1 个“金三角”，充分体现了开封的区位优势。开封公路密度高于全国、全省平均水平，并以运输半径短、综合运营成本低成为发展现代物流的理想之地。铁路方面，陇海、京广两大干线在郑州交会，开封与郑州铁路畅运；航路方面，从开封市区到达华北地区唯一的“全国八大区域枢纽机场”——新郑机场只需一个小时。另外，随着郑开大道的畅通，郑汴融城不断深化，开封区位和交通优势更加凸显，如此“地利”可谓占尽先机，必将为开封经济、社会发展增光添彩。

（3）开封发展之“人和”。受金融危机影响，东南沿海地区出现了“用工荒”，沿海产业相继向内陆转移，更多的企业愿意在开封投资建厂；同时，开封大部分人受传统思想影响，不愿意背井离乡，而愿意选择在周边地区短期打工，并且更愿意留在开封。不仅如此，“人和”更体现在：随着改革开放的不断深入，古城开封不再故步自封，而是深刻认识“发展才是硬道理”，开封经济发展相对滞后的现实，让无论是开封市委市政府还是老百姓，都渴求开封经济早日腾飞。

2. 弱势（Weakness）

从 2009 年 18 个省辖市的数据来看，第一产业比重最大的是周口市（三产结构为 29.9∶44.7∶25.4），其第一产业占全省第一产业的 11.5%；第二产业比重最大的是济源市（三产结构为 5.1∶74.3∶20.7），其第二产业占全省第二产业的 1.9%；第三产业比重最大的是郑州市（三次产业结构为 3.1∶54.0∶42.9），其第三产业占全省第三产业的 24.9%（见图 2）。因此，我们就选取这三个典型城市与开封市做个比较，以便更清楚地认识开封发展中各产业的“W”。

（1）与农业大市——周口市相比。周口市人口结构中农民占 70.5%，农业在经济结构中占 30% 比重，是比开封市更为典型的农业大市、人口大市。从绝

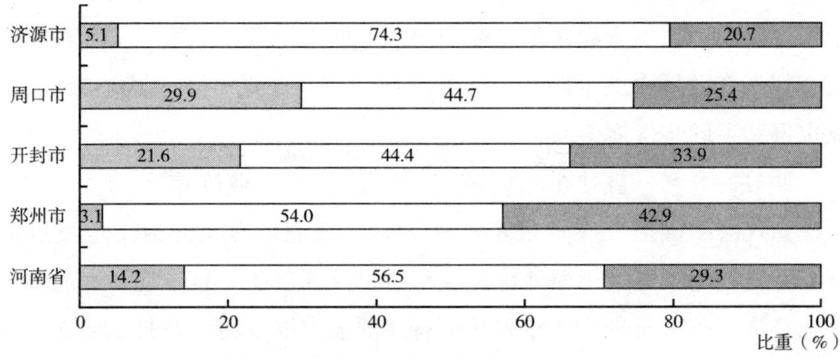

图2　三次产业结构对比

对量上来看，周口市第一产业增加值为开封（168.6 亿元）的近一倍，第二、三产业与开封相近；从增速上来看，第一产业增速仅比开封高出 0.1 个百分点，第二产业与开封持平，第三产业落后开封 2.6 个百分点；从人均水平来看，周口市人均 GDP 为 10648.7 元，增速为 10.1%；而开封人均 GDP 为 16570.6 元，增速为 11.8%。与“粮仓”周口相比，第一、二产业增加值“量弱速平”、第三产业增加值“量平但速高”。周口和开封同作为农业大市，周口比开封农业有优势，开封比周口三产较为领先。

（2）与工业强市——济源市相比。“济水之源”的济源，建有黄河上最大规模的水电站——小浪底水利枢纽和河南省最大的火力发电厂——华能沁北电厂，因而电力工业是整个城市的经济支柱，机械、冶金、纺织等工业也具有一定规模，是中西部地区重要的能源基地、铅锌基地和煤化工基地，济源“市虽小，工业强”，是典型的工业化城市。一看其“优”。济源富足的资源和能源为其工业发展奠定了雄厚的基础，成就了其铁、铅锌、能源、化工、建材五大支柱产业。较之济源的五大支柱产业，开封的五大支柱产业（农副产品加工、纺织、化工、医药、机械制造），主要是以加工制造为主，对资源依赖程度不高。二看其“强”。目前，济源市有济源钢铁、豫光金铅、豫港焦化、沁北电厂 4 家企业跻身河南省工业企业百强；济源钢铁公司、豫光集团公司更是迈入中国企业 500 强行列；而开封虽然工业基础较好，但是工业企业规模相对较小，至今还没有一家企业进入全省百强，与济源的差距不言而喻。三看其“发展”。作为工业强市，济源财政收入大部分来自于工业税收，近年来，济源市一方面在“三农”

方面的投入连年增长，用于农村基础设施建设和农民生活质量的提高，城乡之间的差距正在缩小；另一方面由于工业的快速发展，济源市的第三产业也得到了蓬勃发展，其三产贡献率逐年提升。济源市坚持“工业强市”主战略带动，第一、三产业也得到了同步发展。

曾几何时，开封一直处在“旅游兴市”还是“工业强市”的矛盾中，2002年市八次党代会明确把“工业强市”作为六大战略之首，开封工业发展逐渐走出低谷。经过近年来坚持不懈地深化改革、扩大开放、项目带动，一大批重点骨干企业在经济运行中显现出多年来从未有过的强大爆发力，开封工业无论总量还是增速在全省的位次都有明显提升，事实证明走“工业强市”的道路，通过工业反哺农业，同时辐射带动服务业，是实现开封经济社会全面发展的引擎。

（3）与省会——郑州市相比。郑州是河南省省会，是中原崛起的龙头城市。得天独厚的区位优势，使郑州在全国经济发展格局中具有承东启西、贯通南北的重要作用，其商贸、旅游、金融、文化等相关的第三产业也因此而蓬勃发展。近年来，郑州市不仅做大了郑东新区 CBD 商圈，还大力提升传统商圈的硬件条件，并大力招商吸引外来企业转移进入。2009 年，郑州市实现生产总值 3308.5 亿元，其中第三产业增加值为 1418.9 亿元，增长了 11.5%，拉动生产总值增长 4.7 个百分点，第三产业对 GDP 的贡献率为 41.3%。

相比之下，2009 年，开封第三产业增加值 264.34 亿元，增长 14.6%，拉动生产总值 5 个百分点，对 GDP 的贡献率为 41.6%。从数据上看，开封第三产业对经济的影响正在加大，而要在“量”上赶超郑州市仍需时日。

通过与三市的比较，可以看到，开封市在经济发展过程中的“W”：一方面经济总量与其他地市存在较大差距。2009 年开封 GDP 仅占全省 GDP 总量的 4.0%，比比重最大的郑州市（17.0%）少了 2529.78 亿元。另一方面开封经济结构不够合理，第二、三产业没有优势。“知己知彼”，在深刻了解开封的“W”之后，有利于汲取经验，有效带动开封经济的飞速发展。

3. 机遇（Opportunity）

回首新中国成立以来的开封发展史，自 1954 年河南省会西迁郑州，开封就从河南的巅峰城市位置上衰落了，郑州取代其地位作为省会迅速崛起；“一五”时期国家将对河南投资的重点放到了洛阳，洛阳崛起了；之后，河南的焦作、平顶山、濮阳、济源等城市依托资源优势做大、做强了；改革开放使漯河以“内

陆特区”的身份吃了政策“小灶”，快速发展起来了；商丘凭借“大京九”的优势也迅猛“膨胀”起来了……50 多年过去了，开封在错失了一次又一次的发展机遇（“O”）后，终于迎来了新时期属于自己的“O”。

（1）郑汴一体化建设。河南省《“十一五”发展规划纲要》及省发改委《中原城市群总体发展规划纲要》明确提出：要“优先推动”郑汴一体化发展，建设郑汴新区。这使开封面临一次绝佳的、“含金量”极高的发展机遇！从省委、省政府对郑汴新区的定位和发展目标看，郑汴新区的建设对于开封发展势必会起到强有力的拉动作用。而开封新区在做好郑汴新区强有力的一“翼”的同时，必将很好地助推开封崛起。

（2）中原经济区建设。省委八届十一次全会做出了全面建设中原经济区，加快中原崛起和河南振兴的重要战略抉择。河南“十二五”规划建议已将中原经济区建设列入未来五年发展的总体战略。开封作为省会郑州的近邻、中原经济区的核心城市之一，必将迎来新的发展机遇。

（3）承接沿海产业转移。近年来，在国际产业转移新浪潮、我国东部沿海地区产业向中西部转移、“万商西进”工程的背景下，河南省承接国内外产业转移的规模增长很快，开封市更是以突出的区位优势、丰富的劳动力资源、热情周到的服务、快捷简明的办事速度吸引了一批海内外客商，一系列投资项目选择落户开封，其中奇瑞汽车等大项目的落地为开封经济带来了新的发展机遇。

4. 威胁（Threat）

（1）谨防“软资源”稀缺成为经济发展的硬伤。所谓的资源稀缺，我们可以从“硬资源”和“软资源”两方面来解读：一方面，开封作为内陆平原地区，矿产、能源等“硬资源”稀缺，这种“硬资源”的稀缺从客观上造成了开封经济发展不能依附于自然资源；另一方面，开封中高级技工和具备研发能力的科技人才相对较少，“软资源”实力较弱。目前，开封高级专业技术人员每千人仅 2.1 人，中级专业技术人员每千人 10.4 人，初级专业技术人员每千人 16.4 人。在今后的发展过程中，我们唯有从根本上改善“软资源”的稀缺，有效阻止本地人才外流和加强对外来人才的吸引力，否则“软”、“硬”两方资源稀缺势必会阻碍开封经济的发展。

（2）产业结构有待进一步优化。开封经济结构中存在着工业规模较小、产业层次偏低和优势产业不突出等问题。这些问题一定情况下制约了开封经济的总体增长质量。对开封来说，在当前形势下要实现国民经济又好又快发展，要抓住中原崛起、郑汴一体化和承接沿海城市产业转移的重大机遇，把优化经济结构作为工作主线，主动调整，顺势调整，科学调整，抓住重点，扎实推进，努力提高经济增长的质量和水平，使经济结构更加符合新时期经济发展的要求。

（3）“零条件”准入不可取。在以往招商引资和城市发展过程中，开封这样一个自身实力相对较弱的中小城市，长期以来基本处于一种被选择状态。近年来，随着中原城市群建设、郑汴一体化发展的逐步深入，更多大型、优势企业看中了开封人力资源、土地成本优势和广阔的发展前景，纷纷投来了橄榄枝，打算入驻开封。这时，我们更应慎重对待：一是要清醒地认识到面对这样的重大历史机遇，必须进一步加强招商引资力度，引来大项目带动经济快速发展；二是要善用自己的选择权，绝不盲目引进项目，更不能“零条件”准入开封；三是要做到有规划地引进企业和项目，利用自身优势，明确支柱产业定位，形成有效的产业链，带动经济快速发展。在明确城市产业定位后，应高度关注产业结构内部优化问题，注重本地企业的培养，巩固开封自身支柱产业的优势。

（4）文化品牌尚未做大做强。谈起开封，外地人看来，最有名的有龙亭、铁塔、相国寺、清明上河园、包公祠、开封府等知名景点，朱仙镇木版年画、大宋汴绣等文化产品，开封菊花以及丰富多彩的开封小吃，如开封的花生糕、马豫兴的桶子鸡、第一楼的小笼包子、稻香村的锅贴、兴盛德的花生等等。近些年来，开封市委、市政府在这些文化品牌上狠下工夫，虽然也取得了一些成绩，但这些文化品牌距离闻名全国乃至全球的文化大牌尚有差距。如果，我们能在自身优势的基础上，强化开封特色，打造出一批叫响全国的知名文化品牌，势必会带动开封整个经济的进一步发展。

三　对加快开封市经济发展的建议

在中原崛起和郑汴一体化的大背景下，开封需要把握机遇，发扬长处，并且找出经济发展中的不足之处，为以后能够更快、更好发展铺平道路。一是优化投资结构。从投资的源头抓起，在保证对农业投资的基础上，加大对工业和现代服务业的投入。在产业选择上要严格把关，加大向优势产业倾斜力度，坚决控制高耗能、高排放和产能过剩行业盲目投资和重复建设。二是优化产业结构。重点做

大第二产业，加快提高第三产业，稳定发展第一产业。要努力打造开封五大支柱产业和培育骨干企业，着力改造提升传统服务业，拓展生产性服务业，丰富消费型服务业。三是优化布局结构。在尊重市场规律的情况下，把关联度较高的企业成片布局，达到互补、节能、增效目的。四是优化财税结构。优化财税收入结构，调整支出结构，增强财政实力，提高财政保障能力，以此促进全市经济结构调整。五是优化招商结构。围绕开封的产业定位和优势产业，以调整优化产业结构为目标，提高招商的针对性，拉长现有优势产业链条，提升开封产业层次，加大科技型、环保型、规模型项目的招商力度，积极引进世界500强及跨国公司、国内大公司来汴投资，不能因为片面追求总量而引进上马能耗高、污染重、效益低的落后产能。六是优化人才结构。经济快速发展和结构调整，离不开人才结构的优化。要着力引进高层次人才，培育技能熟练的产业技术工人队伍，促进专业技术人才向企业和生产一线转移。促进人才合理有序流动，打造有创新精神和创业能力的经营管理人才队伍。

B.29

提升洛阳综合经济实力
发挥豫西中心城市作用

张尚君　辛中庙　王凯旋　黑星瑞*

“十一五”期间，洛阳市综合经济实力不断增强，三次产业和社会事业基础较好，发展势头居河南省前列。当前正逢国家实施《促进中部地区崛起规划》和推进中原经济区建设、全省加快推进“三化”等机遇，将洛阳市加快打造成为豫西地区中心城市，既具有良好的基础和条件，又面临难得机遇。

一　洛阳市建成豫西地区中心城市的现实意义

“区域性中心城市”是经济区域中经济发达、功能完善、能够渗透和带动周边区域经济发展的行政社会组织和经济组织的统一体，它是调节区域社会经济活动的枢纽，是带动区域经济走向现代化的“火车头”。洛阳市东邻郑州，西邻西安，而在郑州和西安两个省会城市间缺少一个中心城市来带动与辐射周边区域的发展。这个区域包括洛阳、三门峡、济源、平顶山市，面积达38241平方公里，占全省22.8%；人口1453.68万人，占全省14.6%；2009年该地区生产总值为4119.65亿元，是郑州的1.24倍（3308.51亿元），但还抵不上一个武汉市（4621亿元）；一般预算收入252.10亿，仅相当于郑州市的83.4%。

洛阳作为豫西地区的中心城市，有其地理、历史、经济等方面的依据。从地理位置来说，洛阳是豫西地区最具影响力的城市，周边地区如三门峡、济源距离最近的大城市只有洛阳。从历史上看，洛阳地区曾经管辖现在的三门峡市全境、现属平顶山市的汝洲，这些地区与洛阳至今仍有很深的渊源。从经济上看，洛阳

* 张尚君、辛中庙、王凯旋、黑星瑞，洛阳市统计局。

与这些区域经济联系密切，具有很强的关联性、互补性。河南省中原城市群发展规划确定洛阳市为副中心城市，这就要求洛阳不仅是全市行政区域的中心，还应该带动更大区域的发展，这个区域理所当然首先是与其有着密切联系的豫西地区。

在豫西地区中，洛阳市区位优势独特、经济基础较好、产业集聚态势初成，旅游人文资源丰富，将洛阳市打造成为中心城市和豫西地区的核心增长极，能够更好更快地辐射带动周边地区发展，是实现区域资源优化配置、促进中原经济区建设的现实选择，也是洛阳提升经济实力、拓展发展空间、增强发展动力、实现跨越式发展的必然选择。

二　洛阳市建成豫西地区中心城市的现实条件

1. 战略地位重要

洛阳在全国整个交通网络中处于东西交会、南北沟通的中枢地区。它北接京、晋、冀，东望长三角，南连两湖、珠三角，是西部地区通往我国沿海最具活力的三个主要经济区的必经之路，具有得天独厚的交通区位优势。依托广阔经济腹地，加快新型工业化、城镇化和农业现代化进程，是打造豫西经济板块的重要支撑，是实施中原经济区建设的重要开发空间。

2. 经济实力具备

近年来，洛阳市经济持续稳定快速发展。预计 2010 年全市实现地区生产总值 2200 亿元、连续 9 年保持两位数增长；人均 GDP 将达 34338 元；地方财政一般预算收入 142 亿元，占全省的 10.28%；规模以上工业实现增加值 1006 亿元；城镇居民人均可支配收入 17783 元；农村居民人均纯收入 5482 元；城乡居民储蓄存款余额达 1111.7 亿元。

3. 产业基础坚实

近年来，洛阳市结合自身优势，围绕“工业强市、旅游强市、科教强市”三大战略，成为全省重要的先进制造业基地。2009 年全市五大优势产业实现增加值 618.5 亿元，占全市规模以上工业的 74.5%。部分支柱行业不仅在全市、而且在全省都具有重要地位，如石油加工及化学纤维制造业完成增加值 53.3 亿元，占全省该行业的 43.2%；有色金属业完成 200.1 亿元，占全省有色金属业的

31.0%；装备制造业完成192.3亿元，占全省装备制造业的17.7%；电力行业完成69.02亿元，占全省电力行业的15.4%。

4. 比较优势突出

与豫西周边的城市相比，洛阳经济规模具有明显的优势。2009年，洛阳经济总量分别相当于三门峡的2.85倍、平顶山的1.77倍、济源的6.96倍，地方财政收入均为这些城市的1.6倍以上。特别是洛阳工业对周边地区影响力十分突出。与豫西地区城市相比，2009年，洛阳规模以上工业增加值分别是三门峡的2.11倍、平顶山的1.47倍、济源的4.53倍。

5. 文化积淀深厚

洛阳是海内外知名的历史文化名城，文化内涵、文化品位得天独厚。洛阳有华夏第一王都美誉，是中国历史上建都最早、朝代最多、建都时间最长的都城，龙门石窟、白马寺、关林驰名中外。中华民族文明起源——“河图洛书”发源于此，儒学创基于洛阳，理学渊源于洛阳，道家经典产生于洛阳，玄学形成、发展于洛阳，释教植根于洛阳、发展于洛阳，佛学光大于洛阳，是闻名中外的丝绸之路的起点之一，青铜、陶瓦、酿酒、造纸、印刷术、火药、地动仪等重大发明都发生于此地，历史上无数名人在洛阳留下了绚丽的华章，潜在的经济价值巨大。

6. 交通运输便利

洛阳地处中部，是承东启西的桥头堡，完全可以辐射周边尤其是西部的广大地区。洛阳陆路交通四通八达，陇海、焦枝铁路，连霍、二广、郑—少—洛高速公路，310、207国道均经过其境内。洛阳机场与北京、上海、广州、香港等各大机场通航。

三　洛阳市建成豫西地区中心城市的制约因素

洛阳市与区域中心城市的要求还存在不小的差距和不足。从经济辐射功能看，洛阳在豫西各市中块头虽较大，但综合实力不强，对区域的辐射带动和服务的能力不足。从城市功能看，洛阳市虽然规模较大，但目前优势还不突出，对经济要素的集聚能力还有待提升。从社会事业辐射作用看，洛阳虽然是豫西地区科技、教育、文化、医疗中心，但对周边地区辐射服务的优势较弱。

1. 综合实力不强，带动能力不足

城市综合实力是指一个城市在一定时期内经济、社会、基础设施、环境、科技、文教等各个领域所具备的现实实力和发展能力的集合。总体上来说洛阳的综合实力不强。在2009年河南省各省辖市经济社会发展监测指标评价中，洛阳排第3位。洛阳经济发展排第3位、社会发展排第7位、居民生活排第5位和可持续发展排第15位（见表1）。尤其是经济结构、基础设施、生态环境、城乡均衡发展四项排位都比较靠后。从豫西各个城市横向比较来看，在经济规模上洛阳市在豫西四市中虽居首位，但人均GDP仅为31170元，低于济源（42181元）和三门峡（31587元）；在社会发展方面，洛阳市弱于平顶山和济源；在可持续发展方面则弱于济源、平顶山和三门峡。因此，洛阳要承担起区域性中心城市的重任，带动周边城市的经济社会发展，还需努力加快发展速度，提升发展质量，增强综合实力。

表1　2009年豫西四市经济社会发展指数

单位：%

城市	总指数		经济发展子系统		社会发展子系统		居民生活子系统		可持续发展子系统	
	指数	排名	指数	排名	指数	排名	指数	排名	指数	排名
全省平均	58.40		48.35		52.41		71.80		73.00	
洛 阳 市	63.62	3	59.66	3	56.55	7	74.90	5	69.17	15
济 源 市	68.04	2	67.14	2	60.87	4	75.78	3	72.57	12
平顶山市	61.33	5	46.16	7	63.30	2	74.41	6	71.10	14
三门峡市	57.16	9	44.83	9	49.22	13	75.17	4	73.51	9

数据来自：《河南省省辖市经济社会发展报告》。

2. 产业结构调整不快，辐射作用不够

2009年洛阳实现生产总值2001.48亿元，其中：第一、二、三产业分别为173.79、1167.06、660.63亿元，三次产业结构为8.7∶58.3∶33.0，全市第二、三产业合计占GDP比重91.3%，仅居全省第5位，分别比郑州、济源低5.6个和3.6个百分点。尤其第三产业依然薄弱。2006、2007、2008年连续三年第三产业发展速度低于第二产业，第三产业占GDP的比重常年徘徊在30%左右。2009年第三产业增加值占GDP比重达到了33%，比全国平均水平低10.4个百

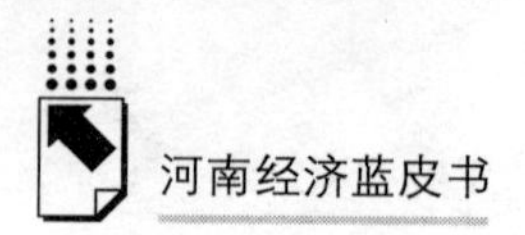

分点，绝对量还不及郑州的一半。第三产业从业人员占全社会从业人员的比重为31%，低于济源6.5个百分点。洛阳产业转型升级慢，发展相对滞后，致使中心城市的服务功能尚未充分体现。因此，必须加快洛阳市交通、物流、信息、贸易、金融、旅游等第三产业的发展，促进从业人员向第三产业转移，增强中心城市的吸纳能力和辐射功能，确实带动豫西地区的经济社会发展。

3. 区域中心优势不突出，对经济资源的聚集效应不强

目前洛阳的综合实力、发展优势和带动能力还不能在毗邻地区形成绝对优势，因而削弱了对豫西区域内资源、资金、人才、信息等生产要素的吸引力，聚集效应难以充分发挥。二是与区域周边城市的产业协调发展不够。洛阳市与周边的三门峡、平顶山、济源三市在产业发展、区域市场等方面还没有实现一体化格局，尚未形成真正的豫西经济板块，与南阳、焦作等毗邻地区尚未形成有效的经济协作，无法充分发挥出区域中心城市的辐射带动作用。

4. 发展动力不足，竞争力不强

中心城市带动战略的实质是打造核心增长极和统筹城乡区域发展，但是，一方面洛阳市城镇化水平偏低，城乡二元结构长期存在，城乡矛盾日益突出，城乡协调发展进程缓慢，城乡分割局面尚未打破，致使中心城市带动作用大打折扣。另一方面，从工业化发展整体水平和素质看，洛阳工业经济自身结构比较粗放，能源原材料比重大，质量效益不高，规模以上工业利润总额在全省长期处于第6名左右的位置；2009年，洛阳市对外贸易进出口总额仅占全省的8.34%，只有郑州市的31.8%，经济外向度（进出口总额和GDP之比）不足4%，低于全省平均水平近1个百分点。洛阳作为中原城市群副中心城市，城镇化水平和综合竞争力距领先水平还相差甚远。

四　对洛阳市建成豫西地区中心城市的建议

目前洛阳市已经具备了建设区域性中心城市的基础条件，但离区域性中心城市的差距表现在经济实力不强、产业结构不优、开放竞争力不足等各个方面。洛阳市应充分发挥在中部崛起、中原经济区建设、经济结构调整的多重优势，以打造豫西地区中心城市的定位谋划自身发展，不断增强城市综合实力、创新能力、可持续发展能力和竞争力，努力推进率先发展、科学发展，与周边的三门峡、济

源和其他周边城市呼应发展、联动发展，形成豫西经济增长板块，在建设中原经济区中发挥独特作用。

1. 以构建豫西商贸、物流中心为突破口，在增强辐射能力上求突破

以便利的交通为前提，以关林商贸城产业集群为基础，全力打造“大流通、大开放”的商贸、物流中心，以实现豫西地区的物资集散地为目的，整合铁路枢纽的优势和公路网络的优势，建立和完善现代物流业体系，促进流通格局多元化，大力推进流通现代化，积极发展新兴服务业，组建流通领域大型商贸龙头企业集团，发挥商贸物流业的牵导作用，促进和带动豫西区域经济的崛起。

2. 以加快产业升级为动力，在提高带动能力上求突破

产业结构的状况与水平对中心城市的扩散功能具有特殊意义。洛阳要以加快转变经济发展方式为主线，积极构建现代农业、新型工业和现代服务业协调发展的现代产业体系，使各个产业在做大做强中实现统筹发展、融合发展，全面提升产业水平。以五大支柱产业为重点，建设具有国际竞争力的现代装备制造业基地和全国重要的能源电力基地、大型石油化工基地、硅光伏产业基地和新材料产业基地。靠拉长产业链条来培育优势产业，靠改造提升来发展壮大传统产业，靠产学研融合来加快发展高新技术产业，靠危机“倒逼”机制来大力发展新能源等新兴产业。同时，依托工业发展加快生产性服务业发展，依托产业集聚区建设实现新型工业化与特色城镇化的融合发展。

3. 以基础设施建设为基础，完善交通枢纽功能，在增强要素聚集能力上求突破

强化基础设施条件支撑，加快交通基础设施重大项目建设步伐，完善电力、通信、水利配套保障；强化发展平台支撑，建立区域一体化信息、投资、贸易、公共服务、政策平台，促进区域生产要素自由流动；强化发展环境支撑，优化投资环境，提升服务意识，创新服务方式，将洛阳市建设成为一个优质要素的集聚中心。

4. 以中原经济区建设为契机，加强融合发展，在增强经济带动作用上求突破

大力推进与周边区域的联合协作，共同建立紧密的产业链、产业集群和产业市场；发挥科研、教育、医疗、环境、公共服务等综合功能，提升服务质量，扩大服务范围；形成各具特色、联系紧密、要素流动顺畅的区域经济新关系，形成能够分享区域发展成果、具有整体合力的区域经济合作体。

B.30

平顶山市2010年经济运行情况分析

牛继庆　陈卫华　左进宇　王玉玺　吕志斌*

2010年，平顶山市坚持以科学发展观为统领，认真贯彻落实中央及省委、省政府决策部署，积极应对国内外复杂多变的经济环境，大力推进发展方式转变，求真务实，开拓进取，全市经济运行总体保持平稳增长态势。初步核算，2010年全市地区生产总值完成1300亿元，增长12.1%。其中第一产业增加值112亿元，增长4.0%；第二产业增加值858亿元，增长12.5%；第三产业增加值330亿元，增长14.0%。

一　2010年全市经济运行的特点

1. 农村经济平稳发展，粮食总产再创历史新高

2010年，全市认真贯彻落实中央"一号文件"精神和一系列惠农政策，继续优化农村经济结构，进一步加大各项惠农政策力度，把"三农"工作作为各项工作的重中之重。以提高农业综合生产能力为主线，以农业稳步增产、农民持续增收、农村全面发展为目标，全市农村经济整体情况良好。全年粮食总产达197.2万吨，增长0.8%，再创历史新高。其中夏粮100.1万吨，增长0.6%，秋粮97.1万吨，增长0.9%。畜牧业生产稳定发展。全年大牲畜年末存栏达78.2万头，生猪存栏265.2万头，山绵羊存栏102.7万头；肉类总产量37.6万吨，同比增长6.5%，禽蛋产量15.6万吨，增长8.5%，奶类总产量21.8万吨，增长9.6%，水产品产量3.96万吨，增长13%。全年完成农林牧渔业总产值199.3亿元，增长3.8%，其中农业93.8亿元，增长2.4%，林业7.7亿元，增长6.0%，牧业90.9亿元，增长3.6%。渔业2.7亿元，增长5.0%。

* 牛继庆、陈卫华、左进宇、王玉玺、吕志斌，平顶山市统计局。

2. 工业生产震荡回升，大型企业效益下滑明显

2010 年以来全市工业生产持续低迷，企业效益下滑明显，与全省较高的增长势头相比，反差明显。全年完成工业增加值 805 亿元，比上年增长 11.2%，其中规模以上工业完成增加值 650 亿元，同比增长 13.1%，增速比 1～10 月份提高 0.4 个百分点，比全年目标低 1.9 个百分点。分行业看，轻工业完成增加值 80 亿元，增长 22%，重工业完成增加值 570 亿元，增长 11.5%，低于平均增速 1.6 个百分点。非公有制工业增长较快，累计完成增加值 330 亿元，增长 18%，高于规模以上工业增加值平均增速 4.9 个百分点。主要工业产品产量除原煤、化肥外均有一定增长，其中增幅较大的品种有：洗煤增长 28.3%，焦炭增长 21.9%，烧碱增长 43.2%，帘子布增长 20.9%，化学纤维增长 34.7%。

大型工业效益下滑明显。全年规模以上工业企业实现利税 225 亿元，增长 9%，其中利润 134 亿元，增长 6%，增速比前三季度提高 2.8 个百分点，下滑势头得到初步遏制，有企稳回升迹象。增速比全年目标低 1 个百分点。分月看，利润增速从 3～5 月呈递增趋势，5 月份达到 81.7%，接下来的利润增速呈负增长，分别为：6 月 -22.7%、7 月 -47.2%、8 月 -24.2%、9 月 -1.8%，至 11 月份利润提升为 13.9%。从大中小型企业看，前 11 个月，大型企业利润下滑 10.1%；中型企业利润提升 5.2%；小型企业利润提升 3.4%。

3. 投资需求较快增长，投资结构进一步改善

全年完成全社会固定资产投资 710 亿元，增长 22.9%，高于全年目标 1.9 个百分点，其中城镇以上固定资产投资完成 582 亿元，同比增长 22.5%，高出目标 0.5 个百分点。城镇以上投资中，房地产开发投资完成 55.8 亿元，同比增长 35%，民间投资完成 398.6 亿元，同比增长 23.0%，民间投资占城镇投资的比重为 69.4%，比上年提高 1.4 个百分点，对城镇投资增长的贡献率为 70.9%，是拉动全市城镇投资平稳增长的主要力量。从民间投资的行业分布来看，民间投资主要集中在工业、房地产业，其中，工业完成投资占民间投资的 61.5%；房地产业完成投资占民间投资的 18.5%。投资结构进一步改善：第一产业投资下降，第二产业投资平稳增长，第三产业投资比重上升。1～11 月，全市第一产业完成投资 13.6 亿元，同比下降 24%；第二产业完成投资 292.8 亿元，同比增长 20.7%；第三产业完成投资 193.3 亿元，同比增长 32.2%，所占比重为 38.7%，比上年同期提高 2.8 个百分点。全市三次产业投资比例渐趋合理，为 2.7∶58.6∶38.7，已与全省 2.4∶54.1∶43.5 的投资结构相差不大。

房地产投资继续保持较快增长。全年房地产开发完成投资 55.8 亿元，增长 35%。房地产市场继续保持活跃，前 11 个月，全市房屋施工面积 608.8 万平方米，同比增长 18.6%，其中住宅施工面积 512.4 万平方米，同比增长 21%；实现房屋销售面积的 79.3 万平方米，同比下降 8%，其中住宅销售面积 78 万平方米，同比下降 6.6%；实现商品房销售额 17.6 亿元，同比下降 5.2%，其中住宅销售额 17 亿元，同比增长 2.4%。

4. 消费需求不断增强

全年实现社会消费品零售总额 350 亿元，比上年增长 19.5%。分行业看，批零贸易业实现社会消费品零售额 290.5 亿元，增长 19.3%，住宿餐饮业实现社会消费品零售额 59.5 亿元，增长 20.1%。“家电下乡”工程的进一步推行和下乡电器品种的增加，大大激发了居民的消费欲望，使家用电器和通信器材销售快速增长。1～11 月份全市“家电下乡”销售近 50 万台（部），同比增长 85.1%；销售额达 10.7 亿元，同比增长 116.1%。当月全市“家电下乡”销售达 67402 台（部），销售额达 14861 万元，同比增长 35.8%。居民消费结构升级变化明显，体现生活质量提升的汽车等高档耐用消费品销售仍保持高速增长。从分商品销售类值看，在国内汽车、家电消费政策作用下，1～11 月份限额以上汽车类销售 24 亿元，增幅 41.6%，家电和音像器材类销售 6.9 亿元，增幅 41.7%。

5. 出口贸易稳定增长

全年实现进出口总值 45626 万美元，其中出口 31374 万美元，增长 11.0%。利用外资持续增长，全年实际利用外商直接投资 16390 万美元，同比增长 16.7%。全年新签直接利用外资项目 7 个，年末实有“三资”企业 357 家。

6. 财政金融运行平稳

1～11 月全市地方财政收入 91.95 亿元，增长 17.5%；一般预算收入 72.43 亿元，比上年同期增收 7.7 亿元，增长 11.9%。收入规模在郑州市（351.68 亿元）和洛阳市（124.69 亿元）之后稳居全省第 3 位。11 月末，全市金融机构人民币各项存款余额为 1139.8 亿元，比去年同期增 164.3 亿元；其中储蓄存款余额 728.1 亿元，同比增加 89.0 亿元。全市金融机构人民币各项贷款余额为 677.2 亿元，比去年同期增 124.3 亿元。

7. 物价上涨创近年新高

全年居民消费价格指数累计上涨3%，分类别看，八大类商品价格同比五涨一平两降，其中食品类上涨8.2%（其中粮食上涨12.5%，蛋类上涨2.6%，蔬菜上涨16.3%），烟酒及用品类价格上涨1.6%，衣着类价格上涨2.0%，家庭设备用品及维修服务价格下降0.6%，医疗保健及个人用品类价格上涨3.6%，交通和通信类下降6.4%，娱乐教育文化用品及服务类价格持平，居住价格上涨2.9%。商品零售价格指数上涨2.9%。

8. 城乡居民收入稳步增长

全年在岗职工平均工资31847元，同比增长12.0%；城镇居民人均可支配收入16120元，同比增长9.5%；农民人均纯收入5245元，增长9.8%。

回顾2010年，在极其复杂的局面下，平顶山市经济运行取得如此成效实属不易，主要经济指标完成和接近完成全年目标，但是放到全省范围看，按照“走在全省前列，率先实现崛起”的目标要求，差距还十分明显。

二 经济运行存在的问题

1. 主要经济指标离全年目标差距较大

主要有：限额以上工业增加值增速比15%的省定目标低1.9个百分点；万元GDP能耗与省定目标下降4.4%相差1.5个百分点；高技术产业增加值增速比12%的省定目标低7个百分点；限上工业实现利润增速比省定目标7%低1个百分点。

2. 一些主要经济指标增幅在全省位次后移

前三季度，平顶山市生产总值增速10.1%，同比低0.1个百分点；城镇居民可支配收入增长8.9%，增速排全省第17位，后移7位。1～11月份，全市规模以上工业增长13.1%，增速低于全省平均水平6.2个百分点，居全省第18位，连续两年居全省倒数第1位；财政一般预算收入增长11.9%，增速低于全省平均增速8.1个百分点，居全省第18位，后移13位；社会消费品零售总额增长19.5%，增幅位居全省第2位，后移1位；城镇固定资产投资增长22.9%，居全省第6位，后移4位。

3. 工业经济面临的问题

一是结构性矛盾突出。从全市工业的行业结构看，重工业占 87.7%，其中 80% 的属于能源原材料等上游产品，其市场形势受下游产品制约性大。煤炭开采和洗选业增加值占全市规模以上工业的比重达 42.5%，受地方煤炭企业停产重组、小洗煤违规占地清理影响，增长速度低于全省平均 10 个百分点，严重影响全市经济的健康发展。在全市 36 个行业大类中，超过五分之一（7 个）行业处于下降，过半（20 个）行业低于全省平均水平。二是停产半停产企业多，影响工业生产。在全市 987 家规模以上工业企业中，2010 年以来一直有 200 家左右停产，有 100 家左右企业负增长，这严重拖累了全市工业的正常发展，成为近年来平顶山工业最困难的时期。这些企业如果不能尽快改变状况，全市工业经济明年的形势也不容乐观。三是地方煤炭企业停产重组、小洗煤违规占地清理、能耗空间制约，市场竞争激烈等因素是造成全市工业经济增长乏力的另一重要因素。

4. 项目建设的“抓手”作用不明显，产业集聚区建设亟待加强

在 10 月份进行的全市产业集聚区摸底调查中，全市目前入住集聚区的规模以上工业企业仅 138 家，占全市规模以上工业企业的 14%，规上批发零售和住宿餐饮企业 44 家，资质以上建筑和房地产企业 14 家，50 万元以上的投资项目 156 个。从以上数据可以看出，入住企业少，入住的三产企业少，投资项目少的“三少”问题是平顶山市产业集聚区存在的主要问题。

5. 节能减排形势仍然严峻

目前平顶山市工业经济依然是以高耗能、初级原材料产业为主体，高耗能产业发展快、比重大，高耗能化趋势加剧，全市工业生产消费仍以原煤等常规能源为主导地位，高耗能行业主要集中在煤炭、化工、建材、黑色、有色、电力、炼焦等七大行业。2010 年 1～11 月份，这七大行业综合能源消费量同比增长 5% 以上。目前，全市节能监督和执法力量较为薄弱，部分企业还存在着投入资金不足、节能降耗意识薄弱、管理手段落后等问题，2011 年全市的节能减排形势依然严峻。

三　2011 年全市经济形势展望

综合以上情况，我们认为全市经济 2011 年将面临一个较好的发展环境。

1. 全球经济复苏势头良好，美国、欧洲、日本等主要经济体的经济增长在曲折中前行，新兴经济体的经济增长势头强劲有力，世界大宗商品期货看涨，需求旺盛

2011年世界经济增长可期。

2. 2011年是国家“十二五”规划的开局之年，鼓励发展战略新兴产业、经济结构调整将有实质性措施出台

为保证全国经济增长，国家稳健积极的货币财政政策将不会有大的改变。这些将为平顶山市经济的快速发展创造一个良好的外部环境。

3. 平顶山市经济具备较快增长的基础

一是随着2010年底全市100多家地方煤矿的复产，全市工业经济已度过了近年来最困难的时期，2011年有望实现较快增长。二是2011年也是平顶山市“十二五”规划的开局之年，大项目、新项目上马较多，将对全市经济较快发展提供强力支撑。平顶山市经济将迎来一个新的快速发展时期。

B.31

安阳市“十一五”经济社会发展成就及“十二五”展望

冯文元 桑 军 杨克俭 孟宪法*

“十一五”时期是安阳市承前启后、科学发展的重要时期，也是安阳市加快发展、建设豫北区域性中心强市的关键时期。五年来，安阳市认真贯彻落实科学发展观，努力构建和谐安阳，加快推进现代化建设进程，经济社会发展取得了辉煌成就，安阳“美丽富强、文明开放”的崭新形象开始展现。

一 “十一五”安阳发展成就

1. 经济总量跃上新台阶

“十一五”时期，安阳市紧紧围绕“一强五前”目标，大力实施“四路并进”战略，成功应对国际金融危机带来的不利影响，实现了国民经济平稳较快发展。2010 年预计全市生产总值将达到 1300 亿元，扣除物价因素，比 2005 年翻了一番，五年年平均增速 14.3%，比全省高 1.8 个百分点。2010 年前三季度在全省 18 市排第 4 位，比 2005 年前移 5 个位次。预计 2010 年人均生产总值将达到 24000 元，年增速 14.1%。2009 年全市财政一般预算收入达到 55.2 亿元，是 2005 年的 1.9 倍，“十一五”前四年年均增长 17.4%。财政保障能力的提升，为促进全市经济社会健康发展发挥了重要作用。

农业保持平稳发展。大力实施“四大兴农计划、三大惠民工程、十大农业产业链开发、十大增效技术”，粮食五年连续丰收，预计 2010 年粮食总产量将达到 334.2 万吨，比 2005 年增长 31.8%。农业增加值预计可完成 162 亿元，比

---

* 冯文元、桑军、杨克俭、孟宪法，安阳市统计局。

2005 年增长 27.6%，年均增长 5%。

工业实力增强。五年来，积极调整产业结构，强力推进"工业振兴工程"，预计 2010 年工业增加值将达到 700 亿元，是 2005 年的 2.5 倍。着力培育冶金建材、煤化工、装备制造、电子信息、食品加工、纺织、新能源等支柱产业，荣获"中国光伏产业示范基地"称号。中升多晶硅、新能光伏、欧美亚光伏、凤凰光伏等一批新能源企业快速成长。2009 年七大产业实现主营业务收入 1600 亿元。

投资消费快速增长。五年来，积极贯彻国家扩大内需的各项方针政策，加大招商引资力度，大力开拓消费市场，促进了全市经济健康快速发展。预计 2010 年全社会固定资产投资 890 亿元，社会消费品零售总额 345 亿元，分别是 2005 年的 3.9 倍和 2.4 倍。投资、消费成倍增长，有力拉动了经济发展。

第三产业得到快速发展。第三产业发展水平是衡量现代经济社会发达程度的重要标志，大力发展三产是促进就业和提高人民生活水平的重要手段。五年来，安阳市第三产业取得了长足发展，市委、市政府提出"三产富市"战略，安阳市人均 GDP 突破了 3000 美元，第三产业步入加快发展轨道。

目前，安阳市形成了围绕北大街、文峰中路为核心的商业中心，以丹尼斯、卫东购物广场、海鑫购物广场、美丽华购物广场、沃尔玛购物广场为代表的现代商业集群。2009 年批发零售贸易业零售额 228.1 亿元，比 2005 年增长 87.4%；住宿餐饮业零售额 62.2 亿元，比 2005 年增长 182.6%。

文化旅游业呈现勃勃生机。中国文字博物馆震撼开馆、曹操高陵得到考古确认，极为丰富的文化旅游资源，为安阳市发展文化产业奠定了坚实的基础。旅游消费呈现迅速膨胀趋势。2009 年全市接待国内游客 1430 万人次，旅游收入 47.9 亿元，比 2005 年增长 45.9% 和 35.3%。

2. 经济结构进一步优化

三次产业结构由 2005 年的 15.8∶57∶27.2 调整为 2009 年的 12.7∶60.1∶27.2，第二、三产业比重提高 3.1 个百分点。工业增加值占全市 GDP 的比重由 2005 年的 50.4% 提高到 2009 年的 54%。五年来，安阳市加大淘汰落后产能力度，对小钢铁、小水泥等能耗高、污染重的企业进行了关停整治，国家重点调控领域投资明显减弱，投资结构进一步优化。预计全市万元生产总值能耗五年下降 23%。

3. 民生改善步伐加快

安阳市坚持民生优先原则，不断扩大公共服务，完善社会管理，实施积极的就业政策，统筹各类群体劳动者实现就业，认真贯彻落实扶农惠农政策，促进了居民收入的增长。五年来，城乡居民收入保持两位数增长。预计 2010 年城镇居民人均可支配收入 16000 元，农民人均纯收入 6000 元，分别是 2005 年的 1.8 倍和 1.9 倍，年均增长 12.6% 和 13.3%。

随着居民收入的增加，消费结构也发生了显著变化，消费逐步追求食品营养化、衣着时尚化、家电高档化、通信便捷化、住房宽敞化。2009 年全市宽带用户达到 29.1 万，移动电话用户达到 320.5 万。每百户城镇居民拥有电脑 42 台，比 2005 年增长 71%；每百户农村居民拥有冰箱 48 台、空调 26 台，分别比 2005 年增长 108.7%、188.9%。城市人均居住面积达到 22 平方米，农村人均居住面积达到 35.25 平方米。

人民群众共享经济发展成果。事关建设和谐社会和民生的财政支出保持较高增长。2009 年，全市财政一般预算支出 122 亿元，其中用于社会保障与就业、医疗卫生、环境保护支出 25.6 亿元。

居住环境明显改善。2009 年空气质量 API 指数达到二级以上天数为 324 天，达标率为 88.8%；省控地表水责任目标断面平均达标率 96.8%，市控地表水责任目标断面平均达标率为 91.7%；饮用水源水质达标率为 100%；城市烟尘控制区覆盖率达 100%。

社会保障事业进一步发展。2009 年城镇新增就业人数 99853 人，安置下岗失业人员再就业 36784 人，就业困难对象再就业 13288 人，年末参加城镇基本养老保险人数 58.8 万人。

“十一五”时期，是安阳发展史上极不平凡的五年，是全市人民应对重大挑战、取得重大成就的五年，是经济社会又好又快发展、在科学发展道路上迈出坚实步伐的五年。在市委、市政府的正确领导下，全市上下围绕建设豫北区域性中心强市的奋斗目标，紧紧扭住工业、抓好农业、加快发展第三产业，大力实施项目带动战略，着力强化产业、城市建设、交通运输和软实力四大支撑，在经济建设、政治建设、文化建设、社会建设以及生态文明建设方面都取得了重大进展。经过五年努力，安阳的首位度和美誉度不断提升，建设豫北区域性中心强市步伐不断加快，为“十二五”时期奠定了发展基础、创造了发展条件、积蓄了发展势能。

二 “十二五”时期安阳市发展前景与战略思路

“十二五”时期，是安阳市全面建设小康社会、加快建设豫北区域性中心强市的关键阶段，也是安阳市加快推进转型升级、着力构建和谐安阳的攻坚时期。置身于国内外发展的大背景，未来五年，安阳仍将处于一个大有可为的发展机遇期，同时也面临着严峻挑战。一方面，全球产业结构调整和国内沿海地区产业加快向中西部地区转移，国家大力培育战略性新兴产业，中部崛起和中原经济区建设步伐不断加快，为安阳市经济实现新一轮、高质量发展提供了有利条件。这一时期，安阳市将进入人均 GDP 从 3000 美元向 6000 美元跨越的阶段，经济发展进入适度较快增长期，经济结构进入加快调整期，公共需求进入快速扩张期，发展的内生动力不断增强，发展环境进一步优化。另一方面，也应该清醒地看到，外部环境日趋复杂、区域竞争更加激烈，安阳市产业结构调整压力加大、企业自主创新能力不强、转变发展方式更加迫切，以及资源环境约束强化、节能减排任务压力加大、改善民生任务艰巨、社会转型压力加大等，仍是安阳市经济社会发展面临的突出矛盾和问题。总之，“十二五”时期是机遇与挑战并存时期。面对复杂多变的形势，需要未雨绸缪，努力用足用好宝贵机遇，在新一轮区域竞争中抢占先机、赢得主动。

1. 拓宽城区发展空间，推动城镇化进程

随着城镇化步伐的加快，安阳市现有城市框架及城市容量已远远不能满足城市人口膨胀的需要。进一步拉大城市框架，完善城市基础设施和功能，扩张城市容量迫在眉睫。为此，我们应该实施组团式城市发展战略，着力构建以中心城区为核心，以水冶镇、白壁镇、汤阴县城、柏庄镇为卫星城镇的安阳都市圈。学习邯郸等城市发展经验，拓展市区发展空间，平衡县域与市区经济发展。着眼于中原崛起的战略大局，做到与全省发展战略的对接与融合，争取纳入全省乃至全国区域经济发展的总体格局中，并积极争取在产业布局、政策措施和有关项目上得到省、国家的支持。

2. 加快工业经济结构调整，建设现代新型工业基地

坚持工业强市战略，走新型工业化道路，以新兴产业为先导，以骨干企业为引领，以产业集聚区为载体，积极推动工业结构调整。改造提升冶金、建材、煤化工、食品、纺织等传统产业，促进传统产业由粗放向集约、由低端向高端、由规模向效益转变。积极培育壮大新材料、新能源、航空制造、节能环保、生物医药等战略性新兴产业，将其打造成为全市转变经济发展方式的重要支点。

3. 加快发展现代服务业，实现服务业跨越式发展

依托区位、交通和资源优势，着力推动旅游、现代物流、房地产等基础条件好、带动作用强的服务业扩张规模、提升层次，逐步发展成为立足豫北、辐射周边的服务业支柱产业。大力实施“三阳开泰”旅游发展战略，发挥“红色、文化、山水”三源并举的资源优势，重点培育殷墟、红旗渠、周易、中国文字博物馆、曹操高陵、马氏庄园等六大品牌，努力建成国内一流的精品旅游景区。

4. 着力保障和改善民生，努力建设和谐社会

坚持民生优先，扩大公共服务，完善社会管理，着力构建均等化、广覆盖、高标准、可持续的公共服务新体系，形成民主法制健全、充满公平正义的社会发展新体制，创造人民富裕、和谐文明的小康社会新生活。千方百计扩大就业，促进农村劳动力转移，提高城乡居民收入水平。

B.32

鹤壁市经济形势分析与展望

王 琦　王鹤宁*

“十一五”期间，鹤壁市深入贯彻落实科学发展观，紧紧抓住发展第一要务，解放思想、锐意进取，认真落实中央、省一系列重大决策部署，采取有力措施妥善化解国际金融危机严重冲击，综合实力得到大幅提升，经济结构调整取得明显成效，经济发展后劲持续增强，人民群众获得较多实惠，“十一五”规划目标胜利完成。

一　经济发展保持好态势，综合实力跃上新台阶

“十一五”时期，鹤壁认真落实科学发展观，按照“十一五”规划确定的发展思路和目标，坚持以项目建设为主抓手，大力发展循环经济，全市经济在转变发展方式的同时实现了又好又快发展，为“十二五”规划目标的实施积蓄了能量、奠定了发展基础。

1. 经济发展不断实现新跨越

“十一五”时期，全市经济持续快速增长，多项经济指标取得新突破。五年间，经济总量连续突破200亿元、300亿元、400亿元大关，预计2010年达到414.21亿元，比2005年增长1倍，五年平均增长15.1%，高于全国、全省平均水平。全市人均GDP达到28750元。

在经济快速增长的同时，经济运行的质量明显提高。第一，财政实力显著增强，收入结构优化。全市地方财政一般预算收入由2005年的8.01亿元增加到2010年的22.15亿元，比2005年增长1.7倍，五年平均增长22.3%。其中，税收收入完成16亿元，增长24.5%，占地方财政收入的比重由2005年的62.6%

* 王琦、王鹤宁，鹤壁市统计局。

提高到72.2%，提高9.6个百分点。财力的增强对加快经济发展、加强经济和社会中的薄弱环节、切实改善民生、有效应对各种风险和自然灾害的冲击提供了有力的资金保障。第二，经济效益大幅提高。2010年单位GDP能耗预计比2005年下降22%，规模以上工业企业预计实现利润51.03亿元，比2005年增长1.9倍。第三，城乡居民收入快速增加，居民拥有财富快速增长。2010年预计城镇居民人均可支配收入和农民人均纯收入分别达到14790元和6286元，比2005年增长87.3%和84.1%，五年平均增长13.4%和13.0%。年末居民储蓄存款余额达177.9亿元，比2005年末的95.7亿元，增长了85.9%，年均增长13.2%。

农业综合生产能力迈上新台阶，农畜产品产量大幅度增长。2010年万亩高产创建示范区小麦、玉米平均亩产达到617公斤和783公斤，在全国率先实现万亩小麦、夏玉米一年两熟亩产吨半粮。2010年，鹤壁市粮食总产量111.63万吨，其中夏粮59.67万吨，秋粮51.95万吨，总产量连续5年超过且稳定在百万吨以上。肉类、禽蛋和牛奶产量分别达到23.66万吨、14.50万吨和8.86万吨，分别比2005年增加4.10万吨、3.15万吨和7.35万吨。

工业化进程明显加快，主导地位进一步增强。“十一五”期间，工业规模不断扩大，规模以上工业企业数由2005年的264家增加到2010年的524家，企业个数增加近一倍，其中产值过亿元的企业有216家，工业综合实力不断增强。随着工业经济总量的不断扩大，工业在国民经济中的主导地位进一步增强。预计2010年工业占GDP的比重将达到66.8%，比2005年提高11.1个百分点，工业的发展在地方经济发展中发挥越来越重要的作用，对全市经济增长的贡献率达到79.6%，比2005年提高12.6个百分点。

第三产业较快发展。人民生活质量稳步提高。预计2010年全市第三产业增加值78.14亿元，比2005年增长78.0%，五年平均增长12.2%。其中消费品市场繁荣活跃。随着城镇化发展进程的推进以及商业基础设施投入的加大，消费环境不断改善，消费品市场货源充足，随着国家“家电下乡”等一系列惠农补贴政策的实施，农民收入不断提高，购买力不断增强，农村市场越发繁荣。2010，全市实现社会消费品零售总额92.06亿元，比2005年增长1.3倍，年均增长17.9%。

2. 结构调整迈出新步伐

“十一五”时期，鹤壁抓住国家推动经济增长方式转变的有利时机，大力发

展循环经济，结构调整迈出实质性步伐。产业结构升级取得明显成效。三次产业结构由2005年的17.5∶59.3∶23.2变化为2010年11.4∶69.8∶18.8，第二、三产业增加值占GDP的比重提高6.1百分点。所有制结构发生显著变化，2010年非公有制经济占全市GDP的比重将达63%，比2005年提高10.9个百分点。

随着城镇化和工业化进程的加快，城镇吸纳就业的能力不断增强。2005年，鹤壁市从业人员78.57万人，2009年从业人员为84.91万人，年均增长1.27万人。其中，城镇从业人员从2005年的17.31万人增加到2009年的21.23万人；农村从业人员从2005年的61.26万人增加到2009年的63.68万人。从业人员增加同时，就业结构逐步优化，劳动力不断由第一产业向第二、三产业转移，由农村向城市转移。三次产业就业结构由2005年的46.4∶28.2∶25.4调整为2009年的36.8∶35.4∶27.8，第一产业就业比重下降9.6个百分点，第二、三产业比重分别上升7.2和2.4个百分点。

3. 重大项目建设取得新成效。

“十一五”以来，鹤壁市委、市政府坚持以项目建设为抓手，围绕煤电化材一体化、汽车及零部件、食品等特色主导产业和电子信息、金属镁精深加工等战略性新兴产业，淇河生态建设和棚户区改造等关系全市经济社会长远发展的重点项目和民生项目建设均取得突破性进展。电厂二期三期、热电联供、盘石头水库、水泥厂二期三期等一批重点项目建成并发挥效益。河南煤化投资17.2亿元的1，4-丁二醇项目开工建设，与中国五环工程有限公司合作的煤制乙二醇项目正在投料试车。华晨集团一期总投资12亿元的年产10万辆载货车项目全面开工，年产2万辆生产线已投产。中科院半导体研究所与深圳仕佳通信科技有限公司合作投资6.5亿元的年产400万件光分路器芯片项目开工。与中国航空集团深圳航盛电子股份有限公司合作投资8亿元的年产300万套汽车仪表及200万套车载视听娱乐系统等40多个电子信息产业项目签约落地或开工建设。石林新型陶瓷产业园区引进了总投资超过50亿元的56条陶瓷生产线，已建成9条、在建5条，一批配套企业落地建设，陶瓷产业初具规模，带动效应已经显现。“十一五”期间，城镇固定资产投资连续取得重大突破，2007年突破100亿元，2009年突破200亿元，达到244.3亿元，2010年达到了305.3亿元，占GDP的比重达到73.7%，比2005年提高了38个百分点。五年间累计完成投资1069.92亿元，是“十五”时期的5.3倍，年均增长35.6%。固定资产投资保持高速增长，为国民经济持续、快速、健康发展奠定了坚实的物质基础。

4. 产业集聚区建设取得新进展

“十一五”期间，鹤壁市委、市政府统筹规划全市产业布局，科学明确功能定位，重点规划建设了宝山、鹤淇、金山、黎阳4个省级产业集聚区和山城区石林陶瓷、浚县粮食精深加工、鹤山区姬家山3个市级产业集聚区。2010年1～11月，4个省级产业集聚区和3个市级专业园区共完成投资154.2亿元，占鹤壁市城镇固定资产投资的52.1%。其中，基础设施项目72个，完成投资42.8亿元；工业项目153个，完成投资111.4亿元，占全市工业投资的63.2%以上，聚合优势和效应初步显现。开发区升级为国家级经济技术开发区，鹤淇产业集聚区被确定为省首批新型工业化产业示范基地。产业集聚区和专业园区的快速发展，为鹤壁今后的经济综合实力的提高打下了坚实的基础。

二　经济发展中存在的问题

1. 工业生产转方式、调结构任务艰巨

一是“十一五”期间鹤壁市工业经济虽然增长较快，但是长期以煤电化材、食品为主，对资源尤其是煤的依赖较重。高新技术企业、高附加值产品、新兴产业较少，市场竞争力相对较弱。经济增长以工业为主，工业增长以重工业为主的问题虽然有所改观，但没有得到根本的改变。

二是近两年各种原材料价格大幅上扬，企业生产成本不断增加，来料加工等一部分与上游材料关联密切的企业生产经营难度将进一步加大，从客观上也阻碍了企业转方式、调结构的脚步。

2. 中小企业融资难

一是中小企业的规模和信用水平低下。全市中小企业大部分规模较小，很多都是家庭经营的模式，没有完善的管理制度和财会制度，资金管理混乱，这些都降低了企业在银行的信用评级，争取银行信贷资金的难度加大，即使能够贷款，对还款期限等各方面的要求也比较苛刻。

二是缺少可供担保抵押的财产，融资成本高。银行在放贷时，一般需要企业有固定资产作为抵押，而中小企业的固定资产相对较少，缺乏可以作为抵押的不动产，使得银行放贷风险大，一旦出现问题难以收回成本，随着银行运作的商业

化，越来越不符合银行的放贷要求。全市四大国有商业银行贷款主要投向盈利水平较高的大中型企业，其他商业银行虽然条件相对宽松，但是利息较高；通过担保机构贷款则需要要繁杂的担保手续，高昂的担保费用，也增加了企业的融资成本。

3. 劳动密集型企业劳动力流失严重

在劳动力市场，薪酬高低是决定劳动力去留的主要原因。鹤壁市目前的工业企业中，以劳动密集型企业居多，工资多按照底薪加计件提成模式，劳动强度大，流水线作业工作枯燥，工作时间长，经常需要加班加点工作，而工资水平相对较低（一般为1000元左右），因此年轻、有一定学历和工作技能的劳动力，由于薪酬待遇偏低，一旦有机会，就会跳槽到工资较高、工作时间短、劳动强度相对较小的服务行业（如宾馆、商场）和文员、财会之类的技术职业。再者由于原材料价格的上涨等因素，生产企业成本不断升高，短期内工资无法有大的增长，企业劳动力流失情况严重，劳动力短缺影响了企业产品产量、质量和效益。

三 “十二五”时期鹤壁市经济社会发展面临的形势和挑战

“十二五”时期，鹤壁市发展面临的机遇和挑战前所未有，总体上机遇大于挑战。机遇有：我国仍处在可以大有作为的重要战略机遇期，国家实施扩大内需战略并加大促进中部崛起力度，沿海产业转移的重点已转向内地且步伐加快。河南省工业化城镇化进程加速推进，人民群众收入水平持续提高，产业升级和消费升级步伐加快，建设中原经济区创造了发展新机遇。鹤壁市委、市政府提出并实施创建科学发展示范区战略构想，明确了鹤壁在全省发展大局中的定位。但不利因素仍然存在，鹤壁长期形成的“产业单、链条短、规模小”的结构问题尚未根本解决，农区工业化、老区改造发展等历史性难题还需破解，三次产业结构不够优化，新老区发展不平衡，高科技专业性人才缺乏等问题依然存在，各地竞相加快发展，区域竞争更加激烈。综合判断，当前和今后一个时期，是鹤壁加快两个构建、实现率先崛起的关键发展期，是负重爬坡、不进则退、务求突破的攻坚期。

四　政策建议

1. 优化产业结构，发展循环经济

一是充分利用鹤壁市自身的资源优势和发展条件，构建新型产业体系，优化产业结构，拉长产业链条。充分利用高新技术改造来推动传统产业优化升级，综合利用新技术、新工艺、新设备、新材料，通过提高产品技术含量和质量，提高产品附加值和竞争力；二是通过政策引导，大力发展循环经济。严格限制能耗高，污染严重的产业和项目发展，推广节能降耗项目，推行低碳经济。

2. 努力培养新的消费热点，适应消费升级转型

近年来，推动消费品市场发展的动力主要来自居民消费升级转型所带来的市场热点，主要表现在家用电器、通信、住房等耐用消费品的购买大幅增加，但是耐用消费品的使用的周期长，不易形成长期持续的增长点。针对全市目前情况，应采取以下措施：一是大力发展建材消费，随着居民对住房的要求越来越高，建材需求增长迅速，建设大型建材市场，规范销售，正确引导建材消费健康发展；二是鼓励汽车类商品的消费，要引导金融机构针对汽车的购买进一步配套相关的按揭政策，促进汽车销售市场的繁荣；三是大力发展旅游业，加大对旅游基础设施、景区和服务设施建设的力度，改善旅游景区环境。做大做强鹤壁民俗文化节，云梦山鬼谷子军事文化、大伾山石刻、古灵山封神榜等旅游品牌，使旅游业不但成为附近居民致富的有效途径，而且成为县域经济发展的强力支撑。

3. 提高就业质量，抓好技能培训

立足企业用工需求，联合企业开展岗位技能培训；依托定点培训机构组织培训；围绕企业用工需求，组织短期技能培训，尤其加强困难企业在岗工人对口培训，为企业提供素质高，留得住的劳动力资源.

2011 年鹤壁市经济发展虽然存在着不确定和不稳定因素，同时也面临着诸多发展机遇和有利条件，综合判断，如果外部环境不出现大的变化，全市经济仍将保持稳定较快增长。

B.33

统筹城乡聚合力　新乡奋起恰逢时

陈伟　潘仁林　焦莉琴*

近年来，新乡市坚持政府引导，规划先行，群众自愿，典型示范，因地制宜，有序推进方针，强力推动统筹城乡发展，探索以中心城市为主体、以产业集聚区和新型农村社区为载体的统筹城乡发展道路初见成效，为全省乃至全国探索不以牺牲农业和粮食、生态与环境为代价的“三化”协调发展路子做出了积极有益的实践。

一　新乡统筹城乡发展成效

1. 改革创新力度不断加大，政策组织体制已经建立

经过多年艰苦努力，新乡统筹城乡发展硕果累累。初步建立了财政、金融和社会三大资金筹措机制。探索并走出了一条以土地综合整治和旧村整体拆迁为主要途径的土地难题破解办法。完善了统筹城乡发展政策体系，2010 年出台 17 个政策文件，累计已达 66 个，在养老保险、金融服务、增加收入等方面正在发挥积极作用。探索构建基层党建和乡村治理新思路，农村党建县乡村三级目标管理机制、村级干部激励保障约束机制和新型农村社区管理运行机制雏形初显。特别是在成为河南省统筹城乡发展实验区之后，新乡市以此为契机，成立由市委书记任组长，市长任第一副组长，各分管市领导任副组长，市直 50 多个部门主要负责人任成员的试验区工作领导小组，积极争取成为国家统筹城乡发展的试验区。

2. 发展活力初步显现，经济增长正在持续

各项工作顺利启动，投资规模不断增大，无论是全社会投资还是城镇投资，新乡的投资总量均已经连续八年位居全省第 4 位。投资规模的扩大，不断为新乡

---

* 陈伟、潘仁林、焦莉琴，新乡市统计局。

经济注入了新的发展活力，经济社会总体出现了持续向好的势头。近五年发展提速，全市地区生产总值增速在2006年仅位居全省第12位的起点上，2007～2010年期间，各年地区生产总值增速分别上升到了全省第6位、第4位和连续两年的第2位。全市财政一般预算收入总量也由2006年的位居全省第7位，经过4年的发展之后，2010年财政一般预算收入总量位次已前移至全省第4位。

3. 两大载体功能增强，双箭齐发为在持续

产业集聚区与新型农村社区是新乡推进城乡统筹发展的两大载体。依托这两大载体，新乡市委、市政府高强度、密集出台了一批批支持产业集聚区及新农村社区建设的政策措施，不断清除两大载体发展障碍，极大地推动了两大载体功能的发展与完善。2010年1～11月份，全市28个产业集聚区（包括平原新区、13个产业集聚区及14个专业园区）完成规模以上工业总产值1393亿元，现价增长36.8%；对全市规模以上工业总产值增长的贡献率为82%，拉动全市规模以上工业总产值增长25.3个百分点。新型农村社区目前已启动309个，累计投资115.7亿元，完成建筑面积1484万平方米，入住农户5.56万户。

4. 上下一心成合力，发展状态趋和谐

城乡统筹，极大地促进了新乡全市经济社会的和谐发展。2009年，新乡市城镇居民人均可支配收入14170元，“十一五”时期的前四年年均增长14.3%；农民人均纯收入5431元，年均增长14.7%；城乡居民收入年均增速分别比全省平均水平高0.8个百分点和0.9个百分点。城乡居民收入比由2005年的2.65∶1缩小到了2009年的2.61∶1，低于全国、全省的3.57∶1和3.15∶1。城乡居民家庭恩格尔系数由2005年的39%下降到了2009年的32.6%，低于全国、全省的38.9%和35.3%。基尼系数一直处于正常区间，2009年为0.377，低于全国、全省的0.458和0.416。

5. 各县（市）区齐发力，地区差异正在缩小

自2003年党的十六届三中全会提出“五个统筹”是新世纪新阶段发展的新要求之后，2004年温家宝总理明确指出“促进地区协调发展，是我国现代化建设中的一个重大问题”。新乡敏锐地抓住了国家以“五个统筹”促进地区协调发展的新机遇，在全国率先进行城乡统筹。2009年，新乡下辖的12个县（市）区地区经济发展差异系数为46.04%，与全省发展趋势相反，比2000年下降了15.38个百分点。不仅如此，新乡地区经济发展差异系数还比全国低了11.83个百分点。地区经济发展差异是指一定时期内各地区之间人均意义上的经济发展水平非均等化现象，通常用地区经济发展差异系数来反映（即人均 GDP 的变异系数）。从全省的地区经济发展差异系数来看，2009 年比 2000 年总体呈现扩大趋势。

二　新乡推进城乡统筹发展的经验

1. 狠抓支点求发展，夯实基础筑根基

城乡统筹，谁来统筹、怎么统筹，没有现成的模式可以照搬。结合新乡实际，我们实施以城带乡、以工促农办法，确立区域经济中心、先进制造业基地、高素质人力资源培育基地、生态宜居城市的发展定位，科学编制城市发展规划，将中心城市作为统筹城乡发展的主体，努力通过构建合理的城镇体系，形成合理的产业布局，推升合理的就业结构，最终促成人口的合理分布。以市区为中心，长垣、平原新区为副中心，形成囊括 7 个卫星城，带动 48 个建制镇与 1000 个新型农村社区在内的发展载体。其中，主城区发展高端服务业、高端制造业，培育高端文化消费；县城发展劳动密集型加工产业。依据产业发展，推动劳动力就近就业，逐步实现 4/5 的劳动力从事第二、三产业。有关专家预测，新乡全市人口的峰值为 646 万人。当全市人口达到峰值时，力求主城区人口发展到 180 万人；主城区和县城、平原新区人口占总人口的 60% 左右；镇区人口、新型农村社区人口各占 20% 左右。

2. 狠抓要点寻突破，鹤立潮头揽全局

农民居住什么环境，农民在什么地方居住？不仅关系着耕地保护问题，又影响着粮食生产的安全问题。建设新型农村社区是推进城乡一体化的切入点。抓好新型农村社区的发展，就等于是顺应了新阶段农村发展的客观要求，顺应了农民过上更加美好生活的强烈企盼，顺应了中央统筹城乡发展、推进城乡一体和使公共服务向农村延伸并切实以人为本的发展要求。按照“政府引导、规划先行、就业为本、量力而行、文化传承、注重风貌、群众自愿、循序进行”的原则，坚持农村向城镇靠近，城镇向农村延伸，将农民建房纳入城镇体系加以规划引导，把全市 3571 个行政村规划整合为 1050 个新型农村社区。其中，将首批启动条件较好的 1412 个行政村整合为 369 个新社区，确实因地制宜，确立示范带动，务求有序推进。基础设施投入以政府为主，社区建房以农民为主，严格执行“五项标准、一票否决”工作要求，先易后难，分批启动，走“群众自建、集体统建、招商建设和社会援建”四条路径，初步形成了“城中村改造型、旧村完善型、村庄合并型、产业带动型、服务共享型、整体搬迁型”六种建设模式，使新型农村社区真正成为确保农业，发展第二、三产业，城乡一体与加快城镇化发展步伐的有效载体。目前，全市已启动建设309个新型社区，占规划建设社区总数的29%。

3. 狠抓重点保民生，强力推进促和谐

农村发展什么产业，在什么地方发展？不仅关系区域发展问题，也事关产业布局问题，更影响着支点与重点的联结问题、支点与重点的发展问题和城乡居民的可持续增收问题。发展与构建产业集聚区就是解决这一问题的良方。因为产业集聚区可以依托中心城市、县城、集镇和原有工业基础，打破城乡和区域界限，使项目集中布局，资源集约利用，产业集聚发展，功能集合构建。根据省委、省政府有关产业集聚区科学发展的若干政策，新乡坚持产城融合理念，编制完成了8个县城、36个重点乡镇和28个产业集聚区（包括平原新区、13个产业集聚区和14个专业园区）的“三化”协调发展规划，辐射全市1/2以上乡镇、1/3以上行政村，目前为止共吸纳全市1/6的就业人员。

4. 狠抓农业谋转变，全新农业绽新颜

大力发展现代农业，着力转变农业发展方式。坚持用现代科技、现代装备、现代经营方式发展农业，走区域推进的农业现代化道路。粮食生产“七连增”、“五连创”，总产持续稳定在75亿斤，优质粮比重达85%，小麦机收率达98.5%；中科院、中国农科院和省农科院试验示范基地及中粮集团、雨润集团等大型农业产业化项目建设进展顺利；新增11个绿色食品、9个无公害农产品，总量分居全省第1位、第2位；登记专业合作社带动农户占农户总数的38%，流转土地31.3万亩，建成养殖小区401个，95%的奶牛、83%的生猪实现规模饲养。

5. 狠抓创新机制，着力破解难题

一是破解资金难题。调整财政支出结构，组建惠农发展投资担保公司，落实企业税前12%捐赠政策，组建农村公益事业基金会。整合组建融资能力达40亿元的新乡投资集团，13家省定产业集聚区融资平台注册资本已经接近10亿元。

二是破解土地难题。开展农村建设用地专项整治活动，积极申报城乡建设用地增减挂钩项目区。累计已拆除旧宅基地2.166万亩、复耕6492亩。三是破解拆迁难题。坚持“政府零受益、群众得实惠、城市得形象”政策，以40个旧村整体拆迁为重点，通过协议拆迁、奖励拆迁、补偿拆迁、招商拆迁等形式加大旧宅拆迁力度。四是破解人口、产业集聚难题。制定出台政策，从土地供给、税收、引进人才、生产用电同城同价等7个方面引导鼓励企业到集聚区发展。坚持不以农民放弃承包地、宅基地为前提，出台教育、社会保障、就业等10个方面优惠政策，有序推进符合条件农民就近入住县城、镇区转为城镇居民。

三　统筹城乡发展过程中需要关注的几个问题

1. 新乡统筹城乡发展态势虽然良好，但要素制约因素依然存在，统筹城乡工作在推进过程中还面临着一些亟待解决的问题

土地和基础设施建设资金仍满足不了群众建设新村的需要；现行土地产权制度、户籍制度和城乡用电、金融等二元分割体制，作为基层很难破解。这些问题，不仅需要省委、省政府从全省角度予以考虑，亦需党中央、国务院从宏观层面上予以调研、研究及解决。

2. 目前新乡统筹城乡发展虽处和谐状态，但这仅仅是一种低水平、低层次的和谐

2009年，全市人均GDP为19122元，比全省平均水平低1475元，比全国平均水平低6130元。人均财政一般预算收入为1013元，比全省平均水平低178元，比全国地方合计平均水平低1436元。规模以上工业企业R&D经费支出占GDP比重为1.21%，虽然比全省平均水平高0.31个百分点，但与2020年实现全国小康水平的目标值2.5%相比，仍然低了1.29个百分点。万元GDP能耗为1.41吨标准煤，基本与全省平均水平持平，但却比全国平均水平多0.15吨标准煤，仅仅实现了该指标全国小康要求的59.6%。

3. 统筹城乡发展虽然使新乡的地区发展差异系数有所缩小，但异军突起之时出现这种状况应当引起高度关注

2009年，全市地区经济发展差异系数为46.04%，比全省平均水平高5.19个百分点，但却比全国平均水平低了11.83个百分点。与2000年相比，全市地区经济发展差异系数缩小了15.38个百分点，而全省地区经济发展差异系数却扩大了13.67个百分点。不仅如此，从2009年人均财政一般预算收入、人均GDP、人均社会消费品零售总额、城镇居民人均可支配收入、人均金融机构存款与人均金融机构贷款占全省平均水平的比重来看，分别比2000年下降了0.8个、1.4个、4.1个、5.1个、23.6个和5.1个百分点。所以，在全市多数主要人均指标占全省平均水平比重有所下降的情况下，面临各地市竞相发展、百舸争流以及全省地区发展差异不断加大背景，全市所辖各县（市）区之间却出现了发展差异缩小的状况。这种现象的出现，值得我们深思，需要我们关注。

四　做好统筹城乡发展工作的建议

1. 狠抓经济结构调整不放松

2009年，全市地区生产总值1054.57亿元，三次产业结构为12.5∶55.5∶32，其中，工业增加值占GDP的48.1%；第二产业与工业增加值分别占GDP的比重均创历史新高。与2000年相比，第一产业增加值所占比重下降了11.7个百分点，第二产业增加值所占比重上升了14.2个百分点，第三产业增加值所占比重下降了2.5个百分点，而工业增加值占GDP的比重提高了11.9个百分点。然而，与其他地市对比，在工业化加速推进时期，新乡工业经济的带动作用仍然不强，产业结构层次依然较低。从平顶山、安阳、焦作、许昌四市“十五”以来三次产业结构的发展变化看，伴随着第一产业增加值占GDP比重的不断下滑，2009年，平顶山、安阳、焦作、许昌四市第二产业增加值占GDP的比重分别比2000年提高了11.5个、15.9个、17个和13.5个百分点。其中，2009年工业增加值占GDP的比重分别达到了60%、55.9%、62.2%和62.3%，所占比重分别比2000年提高了11.7个、14.1个、16.3个和14.1个百分点。与平顶山、安阳、焦作、许昌相比，2009年新乡第二产业增加值所占比重分别比之低8个、6.3个、10.9个和10.4个百分点，工业增加值所占比重分别比之低11.9个、7.8个、14.1个和14.2个百分点，反映出新乡工业化水平仍然较低，工业化进程明显落后。因此，我们必须狠抓经济结构调整工作，加快工业发展，提升全市综合经济竞争力。

2. 坚持实施科学发展不放松

紧抓政策机遇，突出加快提高新型工业化、新型城市化、低碳化的水平，为实现科学发展增添新动力，拓展新空间。一是以扩大消费为契机，做大做强消费品生产和服务业。目前，新乡耐用消费品中，汽车与小型拖拉机产量仅分别相当于全省的4.2%和3.1%，“短腿”现象明显。我们要根据政策导向，抓住众多产品发展升级的难得机遇，及早瞄准居民消费水平提高和结构升级大趋势、大市场，选准突破点，急起直追。二是以推进城镇化为契机，拓展经济社会发展新空间。要利用工业化加速推进、国家将放宽中小城市和城镇户籍限制等机遇，力争新乡市城市化水平每年提高1.5个百分点左右，尽快赶上全国平均水平。这将起到扩大居民消费、带动城镇投资、提高进城农民生活水平、促进社会和谐稳定等一举多得的作用。三是以落实重点产业调整振兴规划为契机，加快新型工业化进程。要认真落实省委、省政府出台的十大产业调整振兴规划和相关政策措施，争取省委、省政府的大力支持，力争工业增加值占地区生产总值的比重每年提高1个百分点左右。四是以发展低碳经济为契机，加速发展战略性新兴产业。利用危机所形成的倒逼机制，抢占先机，大力发展新能源、新材料、生物医药、环保等战略性新兴产业。围绕发展低碳经济，改变能源结构，发展新能源和可再生能源，倡导节俭的消费方式，优先发展两型产业，积极推进节能减排。

3. 整合支撑经济发展动力不放松

产业集聚区建设是按照科学发展观的要求，推进工业化、城镇化、农业现代化协调发展，加快构建现代产业体系、现代城镇体系和自主创新体系重要抓手，是推动经济社会向集约发展、科学发展和可持续发展转变的重要途径。一是推进集聚区建设不放松。我们要充分利用省委、省政府推动产业集聚发展，构建中原经济区强区的机会，积极反映新乡集聚区建设情况，省、市资金共抓，双管齐下，推进产业集聚区的建设进度。二是集聚区辐射点谋划不放松。针对每个产业集聚区，我们要充分考虑其发展特色，发展方向与发展趋势，积极谋划产业集聚区的辐射范围和带动能力。三是集聚区发展群构建不放松。在产业集聚区的发展定位方面，我们不仅要考虑各产业集聚区的自身层面，更要考虑各产业集聚区的产品关系，努力构建产业集聚区发展群。四是集聚区产业带擘画不放松。在构建集聚区发展群的基础之上，我们要对产业集聚区进行有效整合，争取形成几个集聚区发展产业带，使产业集聚区发展结构不断得到优化。

B.34

“十二五”焦作市大力发展战略性新兴产业论证

董玉根*

战略性新兴产业是引导未来经济社会发展的重要力量，发展战略性新兴产业已成为世界主要国家抢占新一轮经济和科技发展制高点的重大战略。目前，焦作市正处在全面建设小康社会的关键时期，随着资源转型压力日益加大，加快培育战略性新兴产业越来越成为焦作市提升工业竞争力、加速资源城市转型的迫切要求。因此，“十二五”期间，焦作市必须抓住机遇，明确方向，突出重点，加快培育和发展战略性新兴产业。

一　发展战略性新兴产业是焦作经济发展的必然选择

战略性新兴产业是以重大技术突破和重大发展需求为基础，对经济社会全局和长远发展具有重大引领带动作用，知识技术密集、物质资源消耗少、成长潜力大、综合效益好的产业。加快培育和发展战略性新兴产业对焦作市具有重要的现实意义和深远的历史意义。

加快培育和发展战略性新兴产业是实现可持续发展的必然选择。目前，焦作市人均 GDP 突破 5000 美元，处在工业化、城镇化、农业现代化快速发展的关键时期，面临改善民生的艰巨任务和资源环境的巨大压力。2009 年，焦作市城镇居民人均可支配收入为 14282 元，比河南省平均水平低 90 元，比全国平均水平低 2893 元。与此同时，焦作市万元 GDP 能耗为 1.875 吨标准煤，比河南省平均水平高 62.2%，比全国平均水平高 74.1%。因此，要实现可持续发展，必须着

* 董玉根，焦作市统计局。

眼于战略性新兴产业。

加快培育和发展战略性新兴产业是走在中原经济区前列的客观要求。焦作市委九届十二次全会提出了"要奋力走在中原经济区前列"的目标，"十二五"期间的"发展速度要高于全省平均水平，人均主要经济指标要高于中原经济区核心区平均水平"。21 世纪以来，焦作产业的发展路径主要是承接产业转移，总体上是跟随着发达地区的发展而发展的，因此，要实现跨越赶超，一定要在承接产业转移的过程中，大力发展战略性新兴产业，形成新的经济增长点，来支撑焦作经济的快速发展。

加快培育和发展战略性新兴产业是推进产业结构转型升级、加快经济发展方式转变的重大举措。焦作市工业为传统的基础原材料工业，产业层次低、链条短，产品附加值低、科技含量低。2009 年，全市规模以上工业高技术产业增加值仅占规模以上工业增加值的 3.8%。发展战略性新兴产业，用新兴产业的增长来稀释传统产业的比重，用新兴产业技术的渗透来带动传统产业的改造，用新兴产业的扩张来引领传统产业的升级，从而优化焦作市的产业结构，构建现代产业体系，转变经济发展方式。

二　焦作具备发展战略性新兴产业的潜力

在 30 多年的改革开放历程中，焦作经济实现了快速发展。尤其是在"十一五"期间，焦作市地区生产总值连续跨过 600 亿～1000 亿元 5 个台阶，2009 年突破 1000 亿元，预计 2010 年将达到 1200 亿元以上，年平均增长 13.6%。目前，焦作市以占河南全省 2.44% 的土地面积、3.49% 的人口，实现了占全省 5.50% 的 GDP 和 4.83% 的财政一般预算收入。2009 年，焦作市被评为全省唯一的"全国技术创新示范市"。焦作市发展战略性新兴产业，具有以下四个方面的基础。

1. 拥有一批骨干企业，形成了战略性新兴产业雏形

目前，焦作市初步形成了生物、新材料、新能源、节能环保等四大战略性新兴产业雏形。在生物领域，涌现出焦作健康元生物制品有限公司、广济药业（孟州）有限公司等骨干企业；在新材料领域，涌现出焦作市卓立烫印材料有限公司、多氟多化工股份有限公司、河南飞孟金刚石工业有限公司等骨干企业；在新能源领域，涌现出河南省裕华玻璃有限公司、河南思可达新型能源材料有限公司等骨干企业；在节能环保领域，涌现出焦作铁路电缆工厂、焦作华飞电子电气股份有限公司等骨干企业。焦作市卓立烫印材料有限公司已发展成为国内最大的烫印材料生产企业，河南飞孟金刚石工业有限公司已发展成为中国最大的砂轮用多晶金刚石磨料和立方氮化硼磨料生产厂家。

2. 搭建了技术创新平台，掌握了一批关键技术

一是具备了较好的科研实力。2010 年末，焦作市拥有省级企业技术中心 76 家，国家级企业技术中心 2 家，省级以上企业技术中心个数居全省第 3 位；拥有 4 家博士后科研工作站，9 家博士后研发基地。二是掌握了一批关键技术。焦作市工业企业采用国际标准和国外先进标准 45 项，有 5 家企业主持制定或修订 12 个国家标准，4 家企业主持制定或修订 13 个行业标准，拥有 2 个全国标准化工作组，1 家企业成为国际标准的主持修订者。多氟多化工股份有限公司被国际 ISO 标准组织吸收成为起草国际氟化盐标准的主要成员。焦作健康元生物制品有限公司开发出国际领先水平的酶法生产 7 – ACA 技术，填补了国内空白。河南裕华玻璃有限公司是国内第一家生产太阳能电池封装玻璃的企业。三是产品具有一定的竞争力。目前，焦作市拥有中国名牌产品 1 个、河南名牌产品 31 个，河南省优质产品 60 个。焦作市工业产品省级以上监督检查合格率连续 6 年不断提高，2010 年首次超过了 95%。

3. 发展载体初具规模，产业素质较高

一是产业集聚区发展良好。焦作市拥有 9 个省级产业集聚区，规划总面积 127.05 平方公里。初步统计，2010 年，焦作市 9 个产业集聚区基础设施投资 42 亿元，工业投资 266 亿元，规模以上工业主营业务收入实现 905 亿元，增长 31%。二是产业素质较高。焦作市工业占 GDP 比重达 64%，工业经济对经济增长的贡献率为 68%。传统产业通过技术改造加速升级，高能耗产业的增幅明显趋缓，新兴产业迅速成长。焦作市规模以上工业企业 1142 家，从业人员 28.7 万人。2010 年 1 ~ 11 月份，焦作市战略性新兴产业实现销售收入 184.2 亿元，增长 28.1%。

4. 抢抓历史机遇，发展势头较好

近年来，深圳健康元、湖北广济药业和修正药业等国内知名企业纷纷来焦作投资建厂或战略合作。北京同仁堂、南京金陵药业、东阿集团、中国药材集团总公司、宛西制药等企业围绕焦作的“四大怀药”，先后在焦作建立了中药材种植

基地和开展深加工项目。中国兵器工业公司在焦作投资12.3亿元建设中国兵器工业产业园项目。焦作市卓立烫印材料有限公司与韩国科林公司合资成立焦作市卓林数码有限公司，主要生产热转印碳带（TTR）。河南飞孟金刚石有限公司、河南省中原内配股份有限公司与美国万森钻石公司共同组建了河南大地合金有限责任公司，主要生产具有世界先进水平、被列为国家863计划的高新技术产品纳米级碳化钨及其工具、刀具、磨具制品。

在看到焦作战略性新兴产业发展的同时，也应该看到存在的问题：一是企业技术创新能力不强，掌握的关键核心技术少。高水平的企业研发中心少，绝大多数企业的研发能力不强；二是产业规模较小，大个头龙头企业少，产业链条短。目前，在500多家主营业务收入超亿元企业中，战略性新兴产业仅有17家；三是融资困难。战略性新兴产业大多为中小企业，由于风险投资机制不健全，信用担保体系不完善，造成融资困难；四是创新型人才少。科研人员、高级管理人员和高级技师数量不适应战略新兴产业发展的需要，特别是高端人才更为匮乏。

三　焦作市战略性新兴产业的发展重点

根据目前焦作的产业优势，在"十二五"期间，应大力培育和发展生物、新材料、新能源和节能环保等四大战略性新兴产业。重点发展烫印材料、超硬材料、纳米材料、光伏产品制造、风电装备制造、锂离子动力电池、半导体照明、生物医药等八大类特色产品。

1. 生物产业

发挥比较优势，重点发展生物医药，加快发展生物制造、生物能源、生物农业。一是构筑以创新药物为先导、生物发酵技术为基础、医疗设备及诊断试剂为支撑、四大怀药精深加工为特色的生物医药产业体系。一方面做强头孢菌素类抗生素原料药，另一方面以氨基头孢烷酸为原料的头孢类衍生物制品为龙头，扩大以"四大怀药"为基础的现代中药产业规模。二是着力培育生物制造、生物能源、生物农业产业体系。延伸玉米、秸秆等多种农作物深加工产业链，大力发展糠醛、聚葡萄糖膳食纤维等单体原料。以农林可再生资源为原料，开发生产生物柴油、生物基燃料酒精等生物物质能源产品。组建大型生物育种企业集团，选育、推广动植物新品种，推动生物农业产业化。

2. 新材料产业

面向市场需求，提升精深加工水平，提高品级，增加品种。依托焦作市卓立烫印材料有限公司、河南飞孟金刚石工业有限公司、焦作市维纳精细陶瓷有限公司、博爱新开源制药股份有限公司等企业，重点发展烫印材料、超硬材料、节能新材料、新型合金材料、半导体照明芯片衬底材料、纳米材料等六大类新材料。

3. 新能源产业

密切跟踪技术和市场发展趋势，围绕太阳能、地热能、生物质能等新能源产业重点培育三个产业链。一是以多晶硅、太阳能电池封装玻璃、EVA 胶膜、太阳能电池和非晶硅薄膜电池等产品为节点的光伏产业链；二是以风力偏航制动器、兆瓦级电控制系统、高性能风机碳纤维叶片、风力发电整机等产品为节点的风电装备制造产业链；三是以六氟磷酸锂电解液、正负极电池材料、锂离子动力电池等产品为节点的锂离子动力电池产业链。

4. 节能环保产业

重点开发推广高效节能技术装备及产品，示范推广先进环保技术装备及产品，提高资源综合利用水平和再制造产业化水平。节能产业重点发展高效节能技术和装备，包括锅炉窑炉、余热余压利用装备、照明产品、建材产品等；环保产业重点发展先进环保技术和装备，包括环保材料、环保药剂、固废处理固化剂和稳定剂等；资源循环利用产业重点发展共伴生矿产资源、大宗工业固体废物综合利用、汽车零部件及机电产品再制造、再生资源回收利用等。

四 加快战略性新兴产业发展的建议

培育和发展战略性新兴产业，要坚持政府引导扶持、科技创新引领、企业为主体市场为导向、产业集聚发展。

1. 制订规划，出台扶持政策

要根据《国务院关于加快培育和发展战略性新兴产业的决定》，结合焦作市实际和优势，研究出台《关于加快培育和发展焦作市战略性新兴产业的意见》，制定《焦作市战略性新兴产业“十二五”发展规划》，明晰战略重点，明确发展目标，引导全市战略性新兴产业又好又快发展。整合现有政策资源和利用现有资金渠道的基础上，研究制定促进焦作市战略新兴产业发展的配套政策，建立促进

战略性新兴产业发展专项资金。同时，要积极帮助企业开展产品间的对接、争取国家、省的政策支持。

2. 科学谋划，合理布局

目前，在焦作市初步培育的四大战略性新兴产业中，骨干企业分布在不同的县（市）区，位于不同的产业集聚区。在未来的产业布局中，要综合分析不同地区的客观实际，明确不同产业集聚区的主导产业选择，围绕各县（市）区、各产业集聚区的产业基础、要素聚集能力科学规划产业布局，形成重点突出、产业关联、优势明显、定位明确的产业发展格局。要通过经济的手段，形成一定区域内的产业融合。政府可以通过构建公共服务平台，使相关企业形成有机整体。企业间可以依托产品、技术和资本为纽带，形成一个联合体。

3. 选准合适的发展路径

培育和发展战略性新兴产业，一是立足自身，培大做强。要积极引导、扶持现有的战略性新兴产业尽快做大做强，走“节点企业—产业园区—产业集群”的发展方式。二是以产业链嵌入方式循序发展。围绕国家重点扶持的领域，利用比较优势嵌入某些战略性新兴产业的产业链中，依靠形成的产业链控制力和竞争优势，向产业链两端延伸，走“传统产业—战略性新兴产业”的发展方式。三是鼓励有条件的企业，把握后金融危机时代的产业发展趋势，积极介入战略性新兴产业，走“直接发展”的发展方式。

4. 积极破解要素制约

一是加强创新体系建设。建立健全战略性新兴产业创新体系，组建和完善一批国家和省级企业技术中心、工程研究中心、工程实验室等研发平台。积极推进产学研合作，不断增强自主创新能力建设。二是加快创新载体建设。加快推进焦作新区的实质性建设，打造创新型示范区。加快产业集聚区建设，提升发展水平。大力发展专业园区，建设特色产业基地。三是积极拓宽融资渠道。在利用好传统资金渠道的同时，积极引进风险投资和私募股权基金。扶持具备核心技术、拥有一定市场潜力、经济效益较好的战略性新兴产业企业加快进行战略重组和上市融资。四是强化人才队伍的培养和引进。完善人才流动和使用机制，重奖具有重大社会效益创新成果的人员。积极培养创新型人才和高级实用型人才，引进高层次人才。

B.35

濮阳市以科技创新促进节能降耗报告

李保国　冯煜熙　孙云朋*

科技创新是一个民族进步的灵魂，是一个国家兴旺发达的不竭动力，也是推进节能降耗再上新台阶的重要支撑。当前，濮阳市正处于工业化加速发展的重要阶段，面临发展的新形势、出现的新问题，需要走科技含量高、经济效益好、资源消耗低、环境污染少的新型工业化道路。

工业是濮阳市经济的支柱，也是能源消耗的最主要产业，2009 年工业能源消耗占全社会能源消耗的比重达 81.5%。"十一五"以来，全市节能降耗工作取得积极进展，工业增加值能耗持续下降，规模以上工业增加值能耗由 2005 年的 3 吨标准煤/万元下降到 2009 年的 2.26 吨标准煤/万元（按 2005 年可比价），四年累计下降 24.7%，工业成为实现节能降耗目标的主要领域和关键环节，也是实施节能降耗战略的重点领域，科技创新的作用功不可没。但由于工业增加值在国民经济中所占比重较大，且能耗处于较高水平（按 2005 年可比价计算，2009 年单位 GDP 能耗为 1.618 吨标准煤/万元，排在全省 18 个省辖市的第 5 位，比全省平均水平 1.156 吨标准煤多 0.462 吨，高出 39.97%），一定程度上影响了全市国民经济的健康、快速发展。而当前企业仍然存在对以科技创新促进节能降耗的认识不到位、研究投入不足、研发能力不强等问题。为此，我们提出了工业企业以科技创新促进节能降耗的一些对策和建议，以期为濮阳市的工业节能降耗工作提供咨询参考。

一　以科技创新促进企业节能降耗的现状及特点

1. 工业企业节能降耗取得明显成效

2009 年，濮阳市工业能源消费 772.2 万吨标准煤，占全社会能源消费的比

* 李保国、冯煜熙、孙云朋，濮阳市统计局。

重为81.5%，同比增长3.8%，工业增加值增速为11.0%，万元工业增加值能耗同比下降6.5%。其中规模以上工业能源消费占全社会的比重为71.5%，同比增长2.9%，增加值增速为12.0%，万元规模以上工业增加值能耗同比下降8.1%，降幅分别比全社会、第一产业、第二产业和第三产业分别多了3.5个、5.7个、1.5个和1.3个百分点，工业特别是规模以上工业企业是带动全市节能降耗的主导力量。

2. 科技创新已成为企业取得节能降耗成效的主要因素

企业通过生产工艺的技术创新和对生产设备的改造升级，来减少对能源资源的消耗，不断提高生产效率，降低生产成本，使科技创新成为企业取得节能降耗明显成效的主要因素。如国电濮阳公司通过一系列技术改造，使发电标准煤耗由2006年的343.6克/千瓦小时，降到2009年的302.3克标准煤/千瓦小时，每千瓦小时降低41.3克标准煤，按2009年的发电量217422万千瓦时计算，年可节约89795吨标准煤。又如濮阳县飞达炉料有限公司采用改造燃煤锅炉结构、改造鼓风机引风机电路系统、添加冷凝型燃煤锅炉节能器、改进余热回收等技术创新，使企业年节约原煤消耗2万多吨、节电450万千瓦时，折合标准煤15000多吨。濮阳市第二次R&D资源清查资料显示：2009年，为减少能源消耗或提高能源使用效率目的投入的10万元以上科技项目有16个，占10万元以上科技项目个数的5.2%；参加项目人员为350人，占10万元以上科技项目参加人数的8.5%；项目经费内部支出为5536万元，占10万元以上科技项目经费内部支出的14.2%。

3. 企业对科技创新可促进节能降耗的认识有了较大提高

在能源价格相对较低的情况下，在市场竞争不太激烈的时候，企业对节能降耗工作还不甚重视，但随着国家节能降耗政策约束的日益严厉，能源价格不断上涨，企业生产成本不断增加，利润空间渐渐缩小，使企业认识到为求生存、求发展，必须进行科技创新，对原有设备、工艺进行技术改造，降低单位产品能源消耗，降低生产成本，提高产品市场竞争力。科技创新调查资料显示：在开展了科技创新的企业中，有79.4%的企业家认为创新对企业的生存、发展起了重要的作用；从开展的产品创新与工艺创新给企业带来的各种影响的重要程度来看，有60.6%的企业家认为降低了能源消耗。

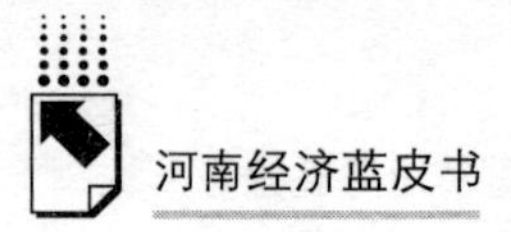

4. 节能降耗政策对企业科技创新的作用日趋明显

政策引导与措施到位是企业开展科技创新、促进节能降耗取得明显成效的有力支撑。近年来，国家、省、市先后出台了一系列节能降耗政策措施，全市淘汰落后产能工作有序开展，重点节能降耗工程全力推进，节能新技术广泛应用，节能降耗工作不断向纵深推进。如濮阳龙宇化工有限责任公司的 HT－L 航天炉煤气化工程，作为工业示范装置列入国家循环经济高技术产业化发展计划，获得国家资金支持，该项目建成投产，将替代原有的高耗能造气装置，使能源利用效率得到较大提高。

二　科技创新促进节能降耗中存在的问题

在能源日益紧缺、价格不断上涨的背景下，当前企业还存在对以科技创新促进节能降耗的认识不到位、研究经费投入不足、研发能力不强等主要问题。另外，激励政策不完善、法律和监管体系不健全也是企业不重视加强科技创新促进节能降耗的重要因素。

1. 企业为节能降耗进行科技创新的意识有待提高

濮阳工业企业由于自身的先天不足，大多数是依靠资源优势和原始资本积累，采取设备引进和技术模仿方式发展起来的，企业以科技创新促进节能降耗工作的认识不到位。2009 年，全市规模以上工业企业中有 90.2% 企业没有开展科技活动，科技创新活动开展困难，这反映出较多企业仍满足于维持现状，为节能降耗进行科技创新活动的动力不足，技术储备的危机感不强，创新意识有待提高。

2. 企业为节能降耗进行科技活动的经费投入明显不足

2009 年，全市规模以上工业企业为减少能源消耗或提高能源使用效率投入的 10 万元以上科技项目经费内部支出为 5536 万元，占 10 万元以上科技项目经费内部支出 39107 万元的 14.2%，占全部科技项目经费支出 56299 万元的 9.8%，占主营业务收入 11996087 万元的 0.05%。全市工业企业的科技创新特别是为节能降耗的投入强度还很低，阻碍了企业科技创新活动的开展，使企业对能源的消耗维持在原有水平或者持续上升，增加了企业生产成本，削弱了企业的市场竞争力。

3. 企业为节能降耗进行科技创新的人才十分匮乏

人才是提高企业自主创新能力的重要支撑力量，也是节能降耗工作取得成效的重要保障。2009 年，濮阳市规模以上工业企业中为减少能源消耗或提高能源使用效率目的参加的项目人员为 350 人，占 10 万元以上科技项目参加人员 4126 人的 8.5%，占全部科技人员 7252 人的 4.8%，占全部从业人员 182146 人的 0.2%，科技开发人员的缺乏直接影响着企业科技创新的进程，导致全市企业科技研发能力薄弱，为节能降耗开展进行的科技创新活力、实力与潜力不足。

4. 激励政策不完善、法律和监管体系不健全

当前，节能降耗的激励和约束机制还不完善，鼓励研发、生产和使用节能产品以及抑制高耗能产品的财政税收政策还不完善，一定程度上影响了节能技术、设备、产品的研发和推广。一些资源性产品的价格还不能充分反映资源稀缺程度和市场供应关系，高耗能和资源性产品仍有较大的盈利空间。一些高耗能产品由于有旺盛的市场需求，不顾国家产业调整政策和对高能耗产品实行的限制措施，仍然高成本运行，将提高的成本转嫁给下游消费者。同时由于相关法规和政策措施乏力，外部监管不落实等原因，使节能降耗并没有成为大多数企业的自觉行动，以科技创新来促进企业节能降耗工作难以实施。

三　企业以科技创新促进节能降耗的措施

随着能源紧缺时代的到来，以科技创新促进企业节能降耗工作必将对濮阳市经济发展方式产生越来越深刻的影响。发达国家实践证明，只有在工业技术、工艺、装备上取得重大突破，才能在较短时间内走出一条跨越式的节能降耗之路，技术改造的意义便在于此。《中华人民共和国节约能源法》规定：支持企业开展节能技术应用研究，开发节能共性和关键技术，促进节能技术创新与成果转化。因此，濮阳应切实把推进企业科技创新、促进节能降耗作为一项紧迫任务来抓，采取各项有效措施，确保全市工业企业节能降耗工作深入开展。

1. 营造环境，使科技创新成为企业节能降耗的主导力量

一是建立鼓励企业以科技创新促进节能降耗的政策支持体系。完善并落实好国家、省、市出台的政策法规，通过宣传、培训等形式让企业了解掌握和运用这些政策，切实增强企业对此项工作的认识，努力营造鼓励企业以科技创新促进节能降耗工作的市场环境、法制环境和文化环境，使政策能够真正的惠及企业。二是改革科技计划项目管理，加大对企业节能降耗科技创新的投入力度，努力提高企业科技创新的积极性，使企业成为承担项目的主体，推动全市工业企业节能降耗科技创新能力与水平实现新的跨越。三是建立完善企业节能减排科技创新示范企业评价制度，由统计部门牵头制定评价指标体系，由科技局、环保局、发改委等部门组织对企业进行年度考核，对于节能减排科技创新活动投入和产出突出的单位给予奖励，并授予“节能减排科技创新型示范企业”称号，优先支持其承担省市级科技计划项目。

2. 加大投入，使科技创新成为企业节能降耗的有力保障

一是要积极支持和鼓励企业加大对节能降耗科技创新研发经费的投入，从而使企业真正成为研发投入的主体、科技创新的主体和成果应用的主体。作为企业，应强化对节能技术开发的资金投入，建立企业技术开发基金，从而形成以科技创新促节能降耗、以节能降耗求经济效益的良性发展局面。二是要加大财政科技经费对企业节能降耗科技创新活动的支持力度，落实国家有关财税政策，积极发挥政府的导向作用，并向工业企业重点项目倾斜。三是要鼓励金融机构、引导社会资金对企业节能科技创新项目支持，要使金融机构、社会投资者走进企业，了解企业的科技研发情况，对那些市场前景好，企业又有一定科技开发实力的项目，给予资金支持。通过以上措施，逐步建立起以政府投入为引导，企业投入为主体，其他融资方式为有益补充的节能降耗科技创新投入体系。

3. 以人为本，使科技创新成为企业节能降耗的不竭动力

一是企业要牢固树立“人才第一”的观念，积极营造尊重知识、尊重人才的企业文化，重视人才的引进和培养，努力建设一支高素质人才队伍。二是要注重提高广大职工素质，通过开展职工群众性节能降耗科技创新活动和加强职工培训等，提高企业职工科技素质和创新能力。三是政府应研究出台更具吸引力的人才引进和培育政策，帮助、指导企业引得来、留得住、用得好各类人才，真正实现“招知引智”，让人才成为推动濮阳工业企业以科技创新促进节能降耗的不竭动力。

4. 健全相关政策体系和加强节能监管力度，使科技创新成为企业节能降耗的强力推手

一是深化改革，完善政策，建立长效机制，这是推动节能降耗的最有效措

施，积极稳妥地推进和完善能源产品的价格形成机制，研究制定促进节约能源的税收政策，建立健全能源产权制度，加快形成有效的能源开发和生态补偿机制，使能源使用成本和环境治理成本得到真实全面的反映，通过市场的力量，让企业切实感受到节能降耗的好处，深刻认识浪费能源对自身发展有可能带来的种种不利影响，进而主动积极地承担社会责任。二是加大政府对工业节能的支持和监督力度，在对节能技术和产品推广、信息服务等工作给予支持、所需节能经费纳入各级人民政府财政预算的基础上，组建和加强节能监督执法检查队伍，着力加大对工业企业的节能管理力度。三是要加强对《中华人民共和国节约能源法》的宣传贯彻落实，组织对重点耗能企业进行能源审计，注重节能示范工程项目的推广和节能技术的引进，加快对高耗能企业节能技术改造力度，把科技创新作为企业节能降耗的强力推手。

B.36
加快推进许昌市城镇化进程的思考

韩继周　韩岐章　张晓辉*

城镇化是衡量一个国家或地区经济发达与否及文明程度高低的重要标志。推进城镇化进程是加快经济社会发展、提高人民群众生活质量的基础，是调整经济结构、转变经济发展方式的必然选择。目前，许昌市城镇化率虽高于全省平均水平，但相比全国平均水平仍有很大差距。城镇化水平滞后，阻碍许昌现阶段经济社会的快速发展。2010 年 10 月 17 日召开的“许昌市城镇化工作会议”指出，要把城镇化作为全局性举措来实施、紧迫性工作来推动、历史性任务来完成。因此，如何积极稳妥地推进城镇化进程，已成为全市上下必须认真思考和深入研究的重大命题。

一　许昌市城镇化发展的现状

近年来，许昌市坚持工业化、城镇化、农业现代化协调发展，在推进产城融合、城乡统筹、新区建设和创新城市管理等方面积极探索，走出了一条中心城市带动、县（市）城区联动和中心镇竞相发展的新兴城镇化发展路子。

1. 城镇化率逐年提高

2010 年，预计许昌市城镇人口 177 万人，城镇化率达到 41%，比全省的 39.5% 高出 1.5 个百分点。与 2005 年相比，城镇化率提高 9 个百分点，平均每年提高近 2 个百分点。城镇人口增加 41 万人，年均增加 8.2 万人。许昌市城镇化率 2009 年居全省第 10 位，2006 ~ 2010 年城镇化率年均提高的幅度高于全省 0.1 个百分点，年均增幅居全省第 7 位。

* 韩继周、韩岐章、张晓辉，许昌市统计局。

2. 形成了中心市区、县城区、重点镇区的城镇体系

依托城市新区、产业集聚区发展，促进产业向城镇集聚，人口向城镇集中，形成了许昌至长葛的带状城市和10个产业集聚区新型城镇化发展载体。据有关部门调查数据显示，许昌市区规划面积为300平方公里，建成城区面积已由2005年的45平方公里扩大到2010年的80平方公里；城市人口由48万人增加到80万人。东城区建设粗具规模，初步形成20平方公里城市框架。市经济开发区建设取得新进展，建成区面积已达8平方公里。180平方公里的许昌新区建设已经全面启动。中心市区已由古老的小城市变成了充满勃勃生机的现代都市。

县（市）城区建设和重点镇发展亮点突出。禹州市城区面积32平方公里，人口达到28万，长葛市城区面积20平方公里，人口达到18.8万。全市建制镇36个，镇区面积超过100平方公里，总人口超过50万人。建成1个国家级历史文化名镇、2个国家级小城镇建设试点镇、4个全国小城镇建设重点镇、19个中州名镇。

3. 城镇化进程的加快带动经济快速发展

2010年许昌市生产总值预计将突破1300亿元，按可比价计算，是2005年的1.9倍。人均GDP预计突破4000美元，是2005年的1.8倍。2010年城镇固定资产投资预计完成686亿元，是2005年的4.1倍。2010年地方财政一般预算收入将达到57.4亿元，是2005年的2.9倍。2010年城镇居民人均可支配收入预计突破15000元，是2005年的2.7倍，农民人均纯收入预计2010年将突破6800元，是2005年的1.9倍。

4. 现代产业体系初步形成，为城镇化进程的加快提供了强力支撑

工业方面，许昌市形成了能源电力、食品制造、装备制造三大主导产业和烟草、电力电子、超硬材料和发制品四大特色产业，培育壮大了许继、瑞贝卡、黄河、森源、众品食业、青山金汇等一批在全国有竞争力的大企业集团。2010年，全市规模以上工业增加值达到695亿元，是2005年的2.5倍。服务业方面，重点推进商贸流通、现代物流、文化旅游、信息服务、农村服务等服务业的发展。2010年全市服务业增加值为270亿元，是2005年的1.8倍。

现代产业体系的形成，使更多的农村人口从土地上解放出来，向非农产业加快转移，为乡村人口向城镇集中提供了源泉。2010年全市第二、三产业增加值占GDP比重达到89.1%，比2005年提高5.7个百分点，从事第二、三产业的人员占全市从业人员的比重达到61.5%，比2005年提高11.8个百分点。

5. 城市基础设施投入加大，推动城市功能逐步完善，提高了城市吸引力

城市基础设施是城市运行和发展的先决条件，近年来，全市通过实施经营城市战略，加大了城市基础设施架设投入，实现了城市资源合理配置，高效使用。"十一五"全市城镇基础设施投资预计累计完成338亿元，是"十五"时期的2.5倍。据建设部门统计，2006年以来中心市区实施城建重点项目264个，项目投资70.7亿元，已有228个建成投用，完成投资61.8亿元。截至目前市区人均城市道路面积11.5平方米；市区日供水能力30万立方米，市区供水管网覆盖率为95%，用水普及率98.5%；日处理污水能力达到35万吨，污水处理率93%；累计铺设天然气管网90余公里，燃气普及率70%；市区供热面积450万平方米，各级热网总长度已达70多公里。

注重城市生态环境建设，建成各类公园12处，园林广场8处，街头游园及公共绿地92处，城市绿地总面积达到2387.7公顷，绿化覆盖面积2689.5公顷，公共绿地面积516公顷，城市绿地率达37.9%，绿化覆盖率42.6%，人均公共绿地面积11.3平方米。随着城市生态环境建设步伐的加快，城市人居环境质量明显提高，2009年城市环境质量优良天数329天，优良率达到90.1%，饮用水源水质达标率100%。近年来，全市先后获得中国优秀旅游城、国家园林城、国家森林城、国家卫生城、全国绿化模范城、创建全国文明城市先进市、最佳文化生态旅游城、最佳特色魅力城。2007年在全国宜居城市中排名第4位、2009年被评为十佳宜游城，2009年在全国城市公共文明指数省辖市组测评中排名第9位。

6. 房地产业发展迅速，为城镇人口向城镇集中提供了坚实保障

目前，许昌市房地产业随着城镇化进程的加快，迅速发展壮大，并且受新城开发，旧城改造的带动，房地产开发投资由2005年的不足10亿元，扩大到2010年的60亿元，增长5.5倍。房地产开发面积由2005年的159万平方米扩大到2010年的500万平方米，增长2.1倍，商品房销售面积由2005年的68.6万平方米扩大到2010年的165万平方米，增长1.4倍。房地产开发业的快速发展为城镇居民的居住条件和环境的改善作出了突出的贡献。2009年全市城镇居民人均住宅居住面积达到28.13平方米，比2005年增加了2.2平方米。

二　许昌市推进城镇化进程中存在的问题及制约因素

近年来，许昌市在推进城镇化进程中取得了显著成效。但也要看到，全市城镇化率尽管高于全省平均水平，但2009年仍低于全国（46.6%）7.3个百分点，也不同程度地低于省内的郑州（63.4%）、洛阳（44.2%）、焦作（47.0%）、平顶山（41.8%）和新乡（41.0%）。

1. 中心城市规模小，辐射带动能力弱

2009年市区生产总值169亿元，低于所辖的禹州、长葛、襄城三个县市，占全市的比重仅为14.8%。2009年，全市市区人口占全市常住人口的比重只有16.5%，占全市城镇人口的比重则为42.0%。

从大中型工业企业向中心城市集聚情况看，全市12家大型工业企业，市区（含许昌县）仅有4家，89家中型企业中，市区（含许昌县）只有32家，从商贸流通企业向中心城市集聚情况看，全市212家规模以上批零贸易企业中，市区（含许昌县）只有70家，165家限额以上住宿餐饮企业，市区（含许昌县）只有23家，企业向市区集聚度不够，直接影响中心城市区域性“龙头”辐射作用。

2. 县市城镇规模偏小，集聚功能较低

从所辖的5个县市情况看，2009年，全市有4个县市城镇化率均在36.0%以下。县市城镇化率偏低是造成全市城镇化率偏低的主要原因。

建制镇人口少。调查数据显示，全市19个中心镇中，除了襄城县的城关镇、鄢陵县的安陵镇、禹州市的神垕镇、长葛市的大周镇镇区人口在2万人以上外，其他镇区人口不足2万人。而17个一般建制镇，镇区人口则不足1万人。

建制镇与建制乡的比例偏低。2009年，全市镇乡建制的比例为46.2∶53.8，同期全省为48∶52，郑州为78.5∶21.5；洛阳为53.8∶46.2；焦作为62.1∶37.9。另外，襄城县、鄢陵县的县城仍为城关镇建制。

3. 小城镇建设滞后，对农民进城吸引力不强

一是小城镇建设资金缺口大。据有关部门测算，小城镇建设每平方公里的投入（包括基础设施、公用设施、服务设施等）至少需要2.5亿元，而全市的镇级财政收入多在几百万或千万元左右，多数属于吃饭财政，用于城镇建设的资金

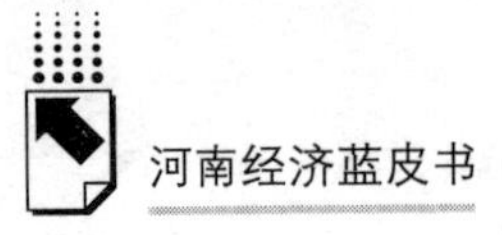

匮乏。

二是产业基础薄弱。全市缺乏像大周镇、神垕镇那样产业雄厚的镇区，城镇经济集聚能力和集聚效益偏弱，支柱产业不突出，缺乏支撑产业，农民真正做到弃农还有一段距离。

三是引导性政策措施不配套。如农村土地流转制度、小城镇社会保障制度、城乡户籍制度等尚未完善，小城镇发展的环境尚未真正形成。

4. 农民自身存在的原因，也影响着农民进城脚步

农民在思想观念上存在对土地的眷恋，随着农业机械化水平的提高，农民耕作的强度降低，农忙时节回家劳作，农闲外出打工已经成为习惯，农民真正实现从农村转移出来，留在城市还需要一个相当长的过程。另外，与撤乡建镇相比，无论是乡（镇）改为办事处、还是村改居，都将涉及农民享受国家惠农政策的取消问题。甚至有人认为，当前即便给予其双重身份，但享受不到惠农政策补贴是迟早的事。

自身素质不高，就业创业技能的不足以及收入偏低也成为农村人口向城镇转移的“绊脚石”。

三　加快推进城镇化进程的政策性建议

按照城镇化发展的一般规律，一个国家或地区的城镇化水平达到30%左右时，城镇化进程将进入快速发展阶段。从经济发展水平看，世界银行对全球133个国家的统计资料表明，当一个国家人均国内生产总值从700美元提高到1000～1500美元、经济步入中等发展国家行列时，城镇化进程加快，城镇人口占总人口比重将达到40%～60%。预计2010年全市人均GDP将超过4000美元，城镇化水平将超过40%，这些均表明许昌市正处在城镇化加速发展阶段。

实现上述目标，必须着力打造“一中心五组团”，加快中心市区、县市城区、中心镇区、新型农村社区四个层次的现代城镇体系，解决好“城镇怎么建、钱从哪里来、人口怎么转、转来干什么、如何留得住”等一系列问题。

在城镇建设方面，要彰显特色，突出优势。一是在规划引领上，要因地制宜地对各组团进行科学定位，逐步建立和完善具有地区特色、布局合理的现代城镇体系。二是在城镇基础设施建设方面，要以中原经济区建设为契机，利用好该经

济圈的资金、技术、人才和区域大市场，加快综合交通网络建设，强化交通区位优势，实现与郑州对接联动发展。三是在产业培育上，围绕三大主导、四大特色产业发展，每年都要谋划一批事关全局的大项目，培育特色的产业体系。中心镇区要围绕产业向城镇集中，杜绝村村冒烟，培育和发展农业产业化龙头企业，快速推进农业产业化。同时大力发展包括金融业、现代物流业、信息服务业、科技服务业、商务服务业、职业培训等服务领域的生产性服务业，补齐全市的“三产”短板。

在解决城镇建设资金方面，要多渠道筹集，形成合力。一是建立多元化的城镇建设投融资体系。吸引民资、外资和社会资本参与城镇建设，尤其是引导本地农民投资建城。二是继续实施“经营城市”。通过盘活存量，激活增量，把一切可以经营的项目推向市场，实现投资主体多元化。三是整合相关的政府投资、财政资金，如扶贫搬迁、整村推进等方面的投资，形成合力，投入城镇基础设施建设和生态环境建设。

在解决人口转移方面，要注意思想观念的转变，应调动一切积极因素，动用所有有效手段，教育、引导、影响、熏陶、感染农村群众，转变思想观念，摈弃小农意识，树立开拓进取精神。城镇化的主体是农民，要把农民积极性充分调动起来，农民有创新能力，推进城镇化才有希望。另外，要狠抓技能培训。应特别注重帮助拓宽女性就业渠道。一般来说，一名农村妇女在城镇就业，就会带动一个家庭在城镇定居下来，进而后代也能够留在城镇。

在解决农民进城创业就业方面，一是要注重劳动力市场建设，给予进城农民与城镇居民同等的就业待遇，消除城乡歧视，增加农民的就业机会。二是注意把劳务输出与返乡创业相结合。在不断提高劳务输出水平的同时，积极利用多年来劳务输出成果，鼓励和引导外出务工人员带着积累的资金、技术和项目回乡创业，丰富家乡经济产业，壮大城镇经济实力。

在实现农民留在城市方面，要克服相应的制度障碍和政策障碍，实现制度创新和政策创新，才能让农民安心留在城市。需要在就业制度、户籍制度、土地制度、社会保障制度进行创新，进而调动农民留在城市的积极性。各级政府应高度重视城镇化进程中的社会保障工作，对进城务工有稳定工作并有固定住所的农民，应确保其在子女上学、参军、招工等方面与城镇居民享有同等待遇。

在政府指导城镇化推进方面，要注意建立科学完善的城镇化评价指标体系，发挥好“指挥棒”作用。在评价城镇化建设成果时，不仅要考核其城镇化率，还要从反映“水平提高、经济发展、生活方便、环境优美和社会安定”等方面选取能体现有效推动新型城镇化进程的分项具体指标，建立一套科学、系统、完善的城镇化评价指标体系，对城镇化建设的总体水平进行全面科学的综合评价。

B.37

"十一五"漯河市实现科学发展的新跨越

陈化民　陈洪举　刘红毅*

2010年是"十一五"规划的最后一年，刚刚过去的"十一五"时期，全市人民在市委、市政府的正确领导下，深入贯彻落实科学发展观，抢抓发展机遇，加快转变发展方式，调整优化产业结构，成功化解国际金融危机带来的严重影响，取得了经济和社会发展的辉煌成就。立足当前，展望"十二五"时期，漯河面临的发展机遇和挑战并存，如何发挥自身优势，在中原经济区大发展大潮中彰显优势，综合经济实力迈入中原经济区先进行列，是摆在漯河面前的重要课题。

此分析报告结合漯河近年来经济运行情况，从总结"十一五"发展成就入手，进而查找当前经济社会发展中存在的问题，分析判断当前面临的形势，提出促进漯河科学发展新跨越的建议，供领导和社会各界参考。

一　"十一五"时期漯河市经济社会发展取得辉煌的成就

1. 经济总量迅速扩张，综合实力显著增强

预计2010年全市生产总值（GDP）达到674.1亿元，比2005年增长87.5%，"十一五"年均增长13.4%，年均增速分别比"九五"、"十五"时期提高1.3个和1.1个百分点（见图1）。

预计"十一五"末，全市人均GDP达到26027元，突破3000美元。全市财政一般预算收入达到26.1亿元，比"十五"末增长97.7%，年均增长14.6%。全市金融机构各项存款余额达到421.8亿元，比"十五"末增长99.8%，年均增长14.8%。

---

* 陈化民、陈洪举、刘红毅，漯河市统计局。

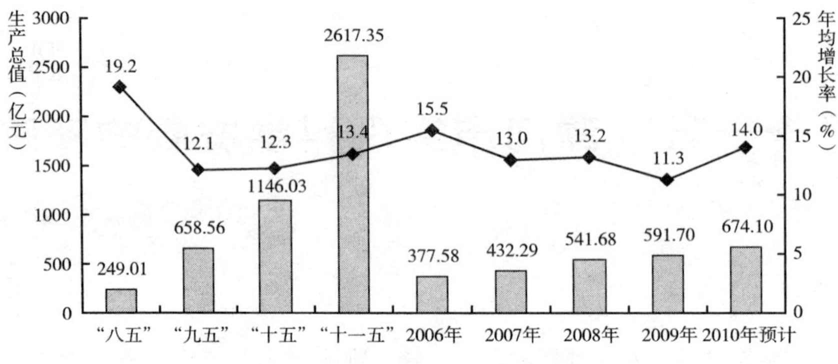

图1 “八五”时期以来及“十一五”历年
漯河生产总值及增长率

在经济总量快速增长的同时，全市三次产业竞相发展，产业结构不断优化，主导产业对经济发展的支撑作用逐步增强。2010 年，第一产业增加值达 81. 8 亿元，比 2005 年增长 17. 3%，年均增长 3. 2%；第二产业增加值 477. 3 亿元，比 2005 年增长 99. 0%，年均增长 16. 4%；第三产业增加值 115 亿元，比 2005 年增长 51%，年均增长 10. 2%。三次产业结构由 2005 年的 18. 0∶62. 1∶19. 9 变化为 12. 1∶70. 8∶17. 1，第二、三产业增加值所占比重提高了 5. 9 个百分点（见图 2）。工业增加值占生产总值比重达到 66. 8%，比 2005 年提高 8. 0 个百分点，工业经济的主导作用进一步增强。

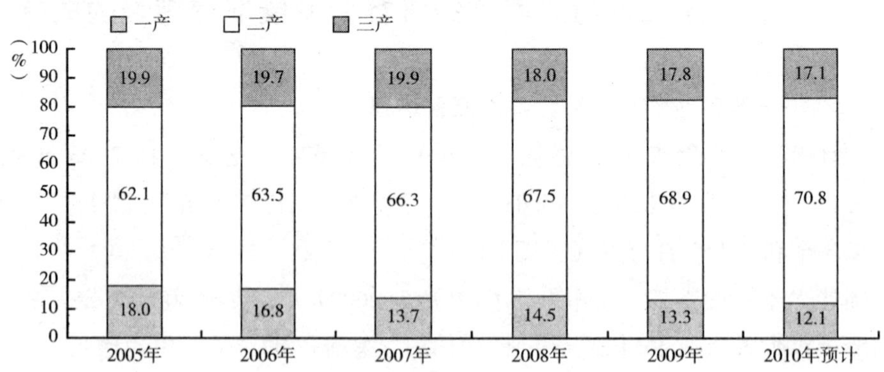

图2 “十一五”时期漯河市经济结构变动情况

2. 粮食产量连创新高，农村经济再上台阶

“十一五”以来，全市粮食生产能力快速增长，粮食总产量五创历史新高，

粮食综合生产能力跨上了新台阶。"十一五"开局之年的2006年，全市粮食总产量达156.45万吨，比1999年141.96万吨的原历史纪录增加14.49万吨，增幅达到10.2%，并突破了150万吨大关。2007~2010年逐年提高，分别达到156.47万吨、166.02万吨、166.4万吨、167.99万吨（见图3）。与"十五"末相比，全市粮食总产量"十一五"期间增幅为26.5%，年均增长4.8%。

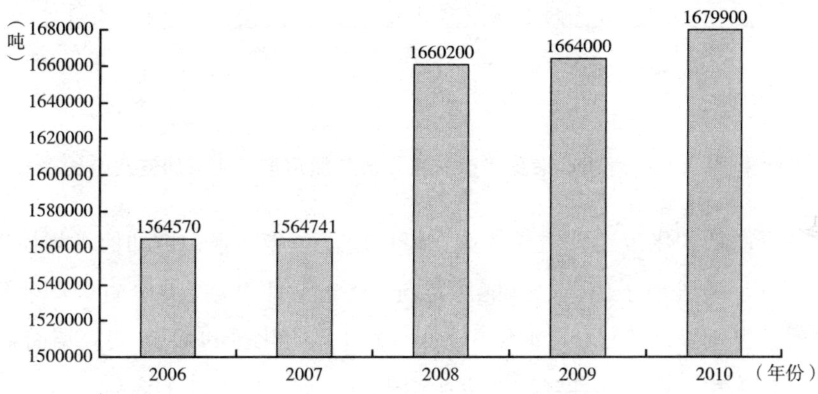

图3 "十一五"期间漯河市粮食总产量

规模化养殖已占据主导地位，畜牧业已成为全市农业和农村经济的主导产业。"十一五"末，全市规模养殖场（户）已达5035个，其中养猪场（户）3464个、养牛场（户）69个、养羊场（户）98个、养禽场（户）1404个。全市已建成投产的万头猪场25个，千头以上的养猪场300个，全市养殖小区156个。全市农、林、牧、渔各业产值占农林牧渔业总产值的比重由2005年的51.3∶0.8∶43.8∶0.4调整为2010年的49.2∶0.8∶46.1∶0.6，五年间牧业产值所占比重提高了2.3个百分点。

农业产业化和特色农业得到长足发展。"十一五"末，全市各类农业产业化龙头企业445家，其中双汇集团等4家企业被确定为国家级农业产业化龙头企业，南街村集团等27家企业被确定为省级农业产业化龙头企业。

3. 工业经济高速增长，主导产业优势彰显

预计2010年全市全部工业增加值达到450亿元（见图4），比"十五"末增长119.4%，年均增长17%，工业增加值占GDP的比重稳定在65%左右。预计2010年全市规模以上工业增加值390亿元，比"十五"末增长145%，年均增长19.6%。

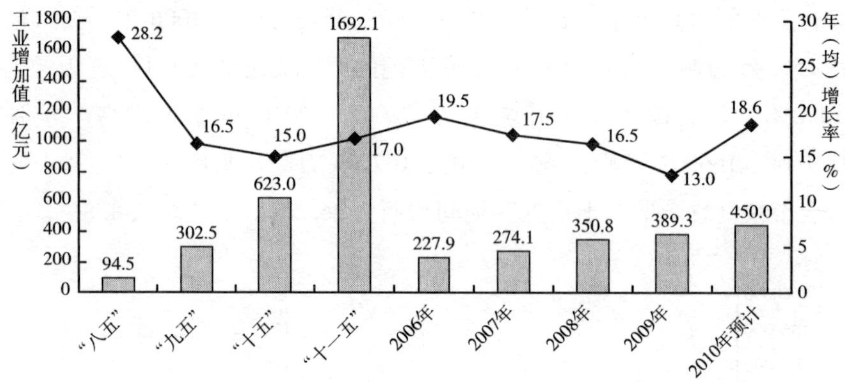

图4 “八五”时期以来及“十一五”历年漯河市工业增加值及增长率

食品、造纸、化工三大主导产业支撑作用进一步增强，增加值占规模以上工业的68.2%。此外电子信息、新能源等新兴产业异军突起，6个省级产业集聚区竞相发展，漯河工业驶入工业化中期阶段和工业化推进加速期，培育壮大了“双汇”、“银鸽”等一批具有较强市场竞争力、知名度较高的名牌产品，产业特色日趋明显，食品工业在经济中的主导地位和在全国的竞争优势得到巩固，“食博会”已成为见证漯河工业快速发展的一张“明信片”。

4. 投资建设力度加大，城乡面貌焕然一新

“十一五”期间，累计完成全社会固定资产投资1282亿元，是区划以来前20年投资规模（598亿元）的2.14倍，是“十五”投资规模的3.4倍，其中2010年达到385.5亿元（见图5），比2005年增长270%，“十一五”年均增长29.9%，比“十五”提高12.2个百分点。累计完成城镇以上固定资产投资1199.8亿元，是“十五”的4.2倍，“十一五”年均增长32.2%，比“十五”提高8个百分点。累计工业完成投资764.1亿元，是“十五”的6.7倍，其中食品、造纸和盐化工业共投资346.6亿元，是“十五”期间全部工业投资的2.9倍，占“十一五”工业投资的42.8%，占城镇以上固定资产投资的28.9%，尤其是产业集聚区及盐化工业的集中投资建设为全市工业发展增添了新的活力。

“十一五”期间，开工建设了沙河节制闸、舞阳县北舞渡沙河治理、澧河险工治理、泥河洼安全建设等一批重大水利工程设施，农业综合生产能力显著提高，农村基础设施进一步完善，农业生产抗御旱涝等自然风险的能力进一步增强。乡村道路建设扎实推进，建成了一批农村饮水、农村沼气、节水灌溉、农田

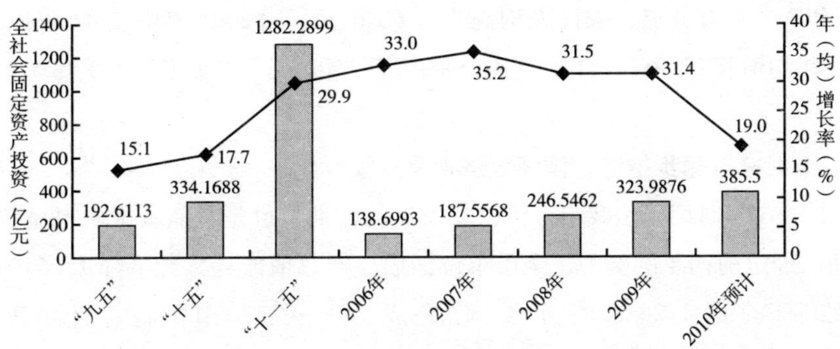

图5 “九五”时期以来及“十一五”历年漯河市全社会固定资产投资及增长率

水利综合开发等小型基础设施项目，社会主义新农村建设步伐加快。投资建成了华电漯河热电厂2×30万千瓦热电项目、河南省电力公司漯河供电公司电力建设项目，完成了城市、县城和农村电网升级改造，豫中南供电中心地位更加突出。全面推进沙澧河综合开发，城市功能进一步完善，城市品位进一步提升，滨河宜居城市已现雏形，相继获得中国优秀旅游城市、国家森林城市称号。

5. 城乡贸易趋向繁荣，居民收入稳步增长

预计2010年全市社会消费品零售总额达到210亿元（见图6），比2005年增长120%，“十一五”期间年均增长17.1%，年均增速分别高于“九五”、“十五”2.4个和6.2个百分点。

预计“十一五”末，全市城镇居民人均可支配收入14528元，比2005年增长83.3%，“十一五”年均增长12.8%，年均增速分别高于“九五”、“十五”

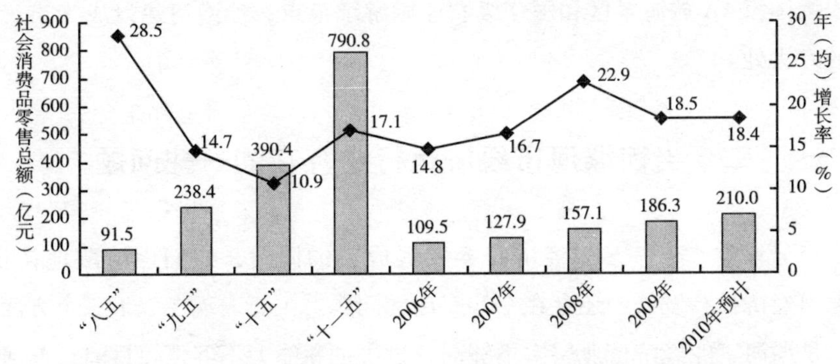

图6 “八五”时期以来“十一五”历年漯河市社会消费品零售总额

2.4个和2.7个百分点；农民人均纯收入6070元，比2005年增长82.9%，“十一五”年均增长12.8%，年均增速分别高于“九五”、“十五”4.3和5.2个百分点。

6. 节能减排稳步推进，循环经济初具规模

“十一五”时期，是我市经济快速发展的时期，也是节能减排取得显著成效的时期。经过前四年的努力，全市单位国内生产总值能耗累计下降15.64%，下降幅度高于全国1.26个百分点，已完成“十一五”节能目标计划进度的85.7%。预计2010年单位GDP能耗下降2.79%，“十一五”单位GDP能耗下降18.0%的节能目标有望全面完成。

双汇集团、银鸽集团、北徐集团、百川畅银有限公司等企业的沼气发电已初具规模，南街村秸秆发电工程积极推进。至2009年底，全市沼气发电装机容量3500千瓦，已并网运行3000千瓦，年发电量达到1200万千瓦时。预计到2010年底装机容量可达到7300千瓦，其中并网运行6000千瓦。太阳能、地热、沼气等新能源和可再生能源的利用取得了长足的发展。

7. 城镇化加速推进，社会事业全面进步

预计“十一五”末，全市城镇化水平达到40.9%，比2005年提高9.2个百分点，年均提升1.84个百分点，城镇化呈现加速推进趋势。

“十一五”期间，全市教育事业健康协调发展，科技创新的实力不断增强，卫生事业健康快速发展，公共卫生体系框架基本形成。文化旅游产业发展成就斐然，许慎文化园、小商桥和杨再兴陵园景区的建设有序推进，恒辉国际旅游酒店和喜来登旅游度假酒店的开工兴建，填补了我市没有五星级旅游酒店的空白，南街村成为国家4A旅游景区和国家级农业旅游示范点，沙澧河建设成为市民休闲娱乐的好去处。

二　当前漯河市经济运行中存在的一些问题

在充分肯定“十一五”经济社会发展成就的同时，我们也清醒地认识到，当前漯河经济社会发展中还存在一些突出的问题。主要表现在以下三个方面。

一是漯河工业经济产业层次不够高，自主创新能力不够强。目前，漯河工业经济以食品、造纸、盐化工等传统行业为主导，其规模占全市的比重接近七成，

生产的产品多为初级产品，加工深度不够，附加值不高。高新技术产业和技术密集型产品比重明显偏低，占全市的比重不足3%，企业普遍缺乏具有自主知识产权的技术和产品，管理方式粗放，不具备核心竞争优势。

二是漯河第三产业发展滞后，突出表现为总量小、发展慢、层次低。2010年，预计全市第三产业增加值比上年增长10.5%，增幅低于全省平均水平。从全市第三产业内部结构来看，传统行业仍然占据主导地位，金融、房地产等新兴第三产业落后局面没有得到改观。

三是漯河城镇化水平相对偏低，对工业化进程形成制约。国内外的有关研究表明，在工业化初期，工业化可带动城市化；而当工业化接近和进入中期阶段之后，则需以城市化促进工业化。尽管近年来漯河城镇化进程步伐不断加快，但由于受基础薄弱的制约，当前城镇化率还达不到全国平均水平，在全省位次也不靠前。2010年，全市城镇化率为40.9%，尽管比“十五”末有较大幅度的提高，但低于全国平均水平，在省内18个市居中下游。目前，漯河正处于工业化初级阶段向工业化中级阶段加速推进时期，城市化水平较低已成为工业化进程的制约因素。

三　新时期漯河市经济社会发展面临的形势

从当前世界经济形势看，国际金融危机并没有结束，世界经济复苏的动力不强，甚至可能出现反复。世界经济不稳定、不确定因素仍然较多，世界经济仍处于缓慢复苏期。从国内经济形势看，宏观经济上行力量仍是主要的，“十二五”规划中的战略性新兴产业振兴计划、区域发展规划、民生工程、收入分配政策的调整，城镇化进程的加快，将成为支撑经济较快运行的基本力量，我国经济发展长期向好的趋势没有改变。当前，各地发展千帆竞发、百舸争流，区域竞争异常激烈。漯河作为一个经济总量小、整体实力不强的内陆城市，面临的压力非常巨大。

当然，我们也需要准确把握诸多机遇优势。一方面宏观经济政策中蕴涵着多种机遇。国家实施积极的财政政策和稳健的货币政策，加之进一步扩大内需、促进中部地区崛起、加大“三农”投入、启动实施“十二五”规划，以及省委作出建设中原经济区战略部署等，有利于我们争取更多的上级支持。另一方面经过近年来的发展，漯河市综合实力显著增强，发展基础更加坚实。经济开发区升级为国家级经济技术开发区，漯河新区获得省委、省政府批准建设，西城区建设全面启动，一批重大项目投产运营，这些都为我市今后的发展增添了强大动力。

综合分析各方面因素，“十二五”期间，漯河经济社会发展机遇和挑战并存，总体上机遇大于挑战。

B.38

三门峡市2010年度及“十一五”经济运行情况报告

李　玉　张建立*

2010年三门峡市经济平稳高位运行，“十一五”时期全市经济保持了较好的运行势头。整个“十一五”期间，全市上下紧紧围绕再造一个三门峡、跻身中原崛起第一梯队的奋斗目标，深入贯彻落实科学发展观，努力克服经济危机产生的不利影响，经济总量快速扩张，社会事业不断发展，使“十一五”成为三门峡建市以来国民经济发展最好的时期之一。

一　2010年国民经济运行的基本态势

1. 经济增长高开低走，总体运行保持高位

2010年全市生产总值预计完成845亿元，同比增长14.5%，其中第一产业增加值预计完成65亿元，同比增长3%；第二产业增加值预计完成580亿元，同比增长18%；第三产业增加值预计完成200亿元，同比增长9.5%。2010年三门峡市国民经济运行明显呈现高开低走的态势，四个季度生产总值的增幅分别为23.2%、21.5%、17%和14.5%，第四季度与第一季度增长幅度的落差达到8.7个百分点。尽管生产总值的增幅在逐步回落，但总体判断，全年14.5%的速度仍然属于高位运行。

2010年三门峡的经济运行之所以呈现这种态势，主要是产业结构决定的。三门峡的经济结构最突出的特点是“工业经济”，第二产业特别是工业在国民经济中的比重达到2/3强，其比例比全省高12个百分点以上，相对而言，工业经

---

* 李玉、张建立，三门峡市统计局。

济增长易受国内外市场波动、宏观经济政策调整等因素的影响，运行的平稳度较低，而在经济运行中相对平稳的第三产业和第一产业的比重不足1/3。

2. 农业生产持续平稳，农副产品价格普遍上扬

（1）粮食生产喜获丰收。全年粮食总产量达63.25万吨，比上年增长0.7%，2010年粮食总产量是历史上第二个高产年，仅次于1998年的63.55万吨。

（2）水果产量增长较快。作为全省水果生产大市，水果生产一直是三门峡市农村经济的特色产业和广大农民增加收入的重要途径。预计2010年全市水果产量达175万吨，同比增长8%，在去年增长9.6%的基础上，继续保持稳定增长态势。

（3）畜牧业生产态势良好。2010年，三门峡市各类畜禽价格稳中有升，刺激了养殖业的发展，牛、羊等草食牲畜发展态势良好，生猪价格下半年回升较快，猪粮比提高，生猪生产形势好转。

3. 工业下行势头得到遏制，经济效益态势良好

（1）工业生产持续滑落的势头得到初步遏制。2010年是三门峡工业生产波动较大的一年，规模以上工业在经历了第一季度高增长之后，从4月份开始，增幅一路下滑，9月份增速回落到个位数（8.1%），10月份增速只有1.6%。11月份，工业生产下滑的势头得到初步遏制，当月速度恢复到两位数，增幅为13.3%，累计增长的下滑幅度也由每月2个百分点左右，减缓为0.9个。

前11个月，全市规模以上工业累计完成增加值435.26亿元，同比增长22.1%，仍然保持在较高的运行区间，比全省19.3%的速度高2.8个百分点，增幅在18个省辖市中，列第3位。

导致工业运行5~10月工业增长持续下滑的的原因，一是由于受电解铝等部分高耗能产业优惠电价取消等宏观调控政策实施的影响，部分企业利润空间被压缩，企业不能满负荷生产。据调查，优惠电价取消大致使电解铝企业每千瓦时电价升高0.1433元，吨铝成本上升1978元，如陕县恒康铝业有限公司2009年前11个月盈利6098万元，2010年受电价调整的影响，巨亏6854万元，三门峡天元铝业股份有限公司前11个月同比增亏3159万元；二是2009年工业生产增长呈现低开高走态势，后半年工业生产增速逐步加快，导致增长基数不断拔高，增加了2010年工业增加值持续平稳增长的难度；三是节能减排的压力增大，8月

份以后，部分高耗能企业相继压电限产，导致生产开工不足。

（2）工业经济效益持续看好。由于部分工业产品，特别是能源原材料产品价格上扬，为工业企业效益提供了空间。前11个月，全市694家规模以上工业企业，仅49家亏损，亏损面为7.1%；规模以上工业企业实现主营业务收入1831.78亿元，同比增长36.5%；规模以上工业企业利税总额239.87亿元，同比增长57.6%，其中利润179.49亿元，同比增长64.9%，税金总额60.37亿元，同比增长38.2%；前11个月利税前25名的企业，利税额全部超过亿元，比2009年的只有11家企业利税过亿元有所好转。

（3）部分大宗工业品出厂价格提高。据调查，义煤集团2010年原煤平均销售价格为439.33元，比2009年的379.88元提高59.45元；开曼铝业（三门峡）有限公司12月份氧化铝出厂价格为2811元，而11月份为2756元，2009年12月份为2590元，吨价分别提高55元和221元；三门峡天元铝业股份有限公司12月份电解铝价格为13246元，分别比11月份和2009年12月份提高143元和1548元；大宗工业产品价格上浮是2010年工业企业经济效益持续看好的主要动因。

（4）主要工业产品产量增加。2010年，全市大部分工业产品产量保持增长。初步统计，全年原煤产量达1968.4万吨，同比增长1.3%；洗煤106.4万吨，增长75.2%；硫酸58.3万吨，增长5.8%；化肥17.4万吨，增长18.2%；氧化铝420.9万吨，增长6.4%；十种有色金属50.4万吨，增长7.8%；电解铝37.4万吨，增长12.8%；铝材8万吨，增长44.7%；发电量135.8亿千瓦时，增长7%。

4. 固定资产投资企稳向好，结构调整步伐加快

（1）城镇投资增长企稳回暖。2010年，三门峡市固定资产投资增长经历了“高开低走”的过程。12月份初步统计，全年城镇投资完成570.8亿元，增速回升到22.1%。

导致2010年三门峡市城镇投资增长产生波动的原因，一是项目个数减少，二是建设规模缩小。由于城镇投资完成额与投资项目数量和项目建设规模相关度较高，因此项目个数增加的快慢和项目计划总投资的增减幅度的大小直接影响到投资完成的增速。年底城镇投资之所以强势反弹，也在于投资项目个数的增加和投资规模的快速扩张，初步统计，12月末，全市城镇投资在建项目1045个，同比增加48个，施工项目计划总投资1350.5亿元，同比扩大47.8%。

（2）投资结构进一步改善。一是民间投资比例在进一步升高，民间投资占城镇投资的比重达到64.7%，同比提高4.7个百分点；二是房地产开发投资增长强劲，全年完成房地产开发投资46.6亿元，同比增长75.8%，占城镇投资的比重由5.7%，提高到8.2%；三是民生领域投资快速增长，全年第三产业投资完成218.7亿元，同比增长37.7%，其中，交通运输、公共事业管理、文化、卫生等行业投资都保持了快速增长；四是部分高耗能产业投资下降或增速趋缓，其中煤炭工业下降28.5%，电力热水工业下降60.8%，冶金工业仅增长5.9%。

5. 城乡市场贸易活跃

（1）国内贸易运行平稳。2010年前11个月，全市共实现社会消费品零售总额182.27亿元，比上年同期增长18.2%。其中城镇增长18.5%，农村增长16.9%。

（2）家电下乡保持高速增长。2010年，全市共销售家电下乡产品165828台（部），同比增长120%；实现销售金额3.74亿元，同比增长159.32%；实际兑付补贴资金4786.86万元，同比增长179.68%。

（3）旅游情况平稳快速增长。2010年，全市共接待入境游客52291人次，同比增长26.2%；接待国内游客1217.96万人次，同比增长25.7%；旅游创汇984.91万美元，同比增长25.8%；旅游总收入94.28亿元，同比增长27.46%。

6. 节能减排成效明显，万元增加值能耗下降

（1）节能减排工作成效明显。2010年上半年三门峡万元GDP能耗上升25.5%，受到省政府有关部门的橙色（二级）预警，三门峡市迅速启动二级应急响应，加快淘汰落后产能，限制高耗能企业用电，节能降耗出现成效。目前，列入工信部门2010年淘汰落后产能企业名单的3家企业（三门峡天元铝业股份有限公司80千安3万吨电解铝产能、三门峡天懋绝缘材料有限公司1.2万吨造纸产能、三门峡市惠强玻璃制品有限公司2万重量箱玻璃产能）已在4月份、7月份相继停产，其他落后产能已有2家企业（渑池县笃忠乡藕池铸铁厂、灵宝市达宇化工厂）也在4月份、6月份自行停产。9月份三门峡市又排查出了电解铝、铁合金、磨料、水泥等能耗超标企业限电企业名单，这些企业10月后相继限电压产，致使整个节能工作取得了明显成效。

（2）综合能源消费量增加，万元工业增加值能耗下降2010年，三门峡市规

模以上工业万元增加值能耗比上年同期预计下降9%左右。电力消费是三门峡市规模以上工业能源消费比重较大的能源消费品种。2010年，全市规模以上工业电力消费量138.38亿千瓦时，比上年同期增加12.98亿千瓦时，增长10.4%（主要是由于陕县恒康铝业有限公司2010年新增电耗7.4亿千瓦时），占全部规模以上工业综合能源消费量的比重由上年同期的20.6%上升到21.0%，上升了0.4个百分点。2010年规模以上工业万元工业增加值耗电比上年同期下降8%左右。

二　2010年经济运行中存在的主要问题

2010年三门峡经济保持了高位运行的态势，随着宏观政策的逐步趋紧和经济运行环境的变化，经济运行中一些深层次问题在进一步显现，突出表现在以下几个方面。

一是经济结构导致经济运行的平稳度不高。由于长期以来形成的以工业为主的经济结构，工业又集中在某几个行业，使得三门峡的经济增长不得不依赖于部分行业和部分行业中的骨干企业。这样的经济结构很容易受到宏观经济政策调整和市场环境变化的影响。2010年之所以出现“高开低走”的现象，第一季度和全年GDP产生了近9个百分点的落差，就是因为工业生产波动的影响所致。

二是调结构、促转型、增效益的压力仍然很大。这几年三门峡市通过投资拉动和项目建设带动了经济总量的扩展和结构优化，但经济结构还不够合理，资源型、原材料型产业比重偏大的状况仍没有根本改变，经济自主增长，良性循环的机制尚未完全形成，尤其是第三产业发展不足，占GDP比重不足24%，高精深加工业、装备制造业占工业增加值的比重在10%以下，远远低于全国和全省水平。

三是部分商品市场物价增幅偏大。物价总指数为103.7%，仍然在可接受的范围之内，但食品类价格指数却达到110.5%，物价问题，特别是菜价问题仍然值得关注。

三　“十一五”时期三门峡市经济综合实力显著增强

1. 经济总量快速扩张，综合实力显著增强

预计2010年全市生产总值完成815亿元，按2005年价格计算为677亿元，

占规划目标的114.7%；“十一五”时期年均增长15.1%，高于目标值（12%）3.1个百分点，“十一五”平均增长速度比“十五”时期的11%，高出4.1个百分点。

预计2010年人均GDP达到5507美元，占规划目标（3187美元）的172.8%，年均增长19.3%。

预计2010年财政一般预算收入完成46亿元，占规划目标35亿元的131.4%，年均增长22.6%，高于目标（16%）6.6个百分点。

2. 工业强市建设成效显著，产业结构进一步优化

（1）工业经济规模快速扩大。开曼、东方希望氧化铝项目和三门峡火电二期等大型骨干项目的相继建成投产，使得工业总量快速扩张。预计2010全部工业增加值完成536亿元，按2005年价格计算为444亿元，占规划目标的120%；“十一五”时期年均增长19.3%，高于目标（14.5%）4.2个百分点。

（2）工业内部结构进一步优化。一是资源优势进一步向经济优势转化，重工业比重由2005年的91.9%上升为93.9%，比重上升2个百分点；二是采掘和原料工业比重降低，加工工业比例提高，在重工业中，采掘工业的比重由53.3%降到52.9%，原料工业的比重由34.8%降到29.9%，而加工工业的比重则由11.9%提升到15.2%；在规模以上工业中，煤炭、电力工业的比例减小。而冶金、机械工业比例提高，冶金工业的比重由2005年42.2%提高到48.1%，机械工业由3.6%提高到5.1%，而煤炭、电力工业的比重则分别由21.3%和21.3%降低为15.5%和6.7%；三是非公有制工业发展迅速，占规模以上工业的比重由2005年的20.6%提高到47.5%，公有制工业的比重由78.4%降到52.4%；四是高技术产业比重增加，在规模以上工业中由2005年1.1%提高到“十一五”末的1.4%。

3. 投资规模不断扩大，多元化投资格局逐步形成

（1）固定资产投资规模不断扩大。预计2010年全社会固定资产投资完成654亿元，“十一五”时期累计完成全社会固定资产投资2130亿元，占目标1200亿元的177.5%，年均增长30%，高于目标（12%）18个百分点。

（2）投资结构明显改善。一是民间投资日益活跃，投资主体多元化的格局基本形成，民间投资占全部投资的比重由2005年的39.5%提高到63.9%，国有单位投资的比重则由49.1%降低到33.5%；二是投资的重点更加倾向于农村和

民生。第一产业投资的比重由2005年的2.9%提高到5.8%，第三产业投资的比重由2005年的23.5%提高到36.9%

4. 城镇化水平提高，城乡居民生活显著改善

（1）“十一五”时期城镇化水平提高。5年间城镇化水平提高7.7个百分点。2005年全市城镇化率为39.3%，2009年达到45.4%，预计2010年达到47%，

（2）城乡居民生活显著改善。预计2010年全市城镇居民人均可支配收入达到14815元，占规划目标12130元的122.1%，年均增长12.9%，高于目标（8.5%）4.4个百分点；预计2010年农民人均纯收入达到5450元，占规划目标4310元的126.5%，年均增长13.2%，高于目标（8%）5.2个百分点。

B.39
“十二五”南阳市经济跨越发展的着力点

王书延　杨海金*

作为河南省经济社会发展的重要一翼，“十一五”时期南阳市总体实现和保持了良好的发展态势、趋势和气势，全市经济连续8年保持两位数以上较快增长，产业结构实现了由“二一三”向“二三一”的升级演变，粮食连续7年增产并连续5年超100亿斤，第二产业增加值占GDP的比重超过50%，固定资产投资跨过千亿元大关，高速公路通车里程占全省的1/9强，已基本建成全国、全省重要的粮食生产基地、新能源产业基地、高新技术产业基地和交通枢纽城市。但放在全省蓬勃发展的大环境中审视，南阳的发展还相对落后，一直未能摆脱总量靠前、人均居后的状态，与全国、全省的人均水平差距较大，“十一五”期间的年均发展速度比全省平均水平大约慢了一个百分点，目前人均GDP尚不足全省平均水平的85%。

“十二五”时期是南阳市工业化、城镇化的加速推进期，也是必须紧紧抓住并可以大有作为的重要战略机遇期，南阳必须从基本市情和发展的阶段特征出发，突出科学发展的主题和加快转变经济发展方式的主线，找准跨越发展的着力点，努力构筑中原经济区重要的区域增长极，打造豫鄂陕毗邻地区省际区域性中心城市。

一　着力科学发展，重在持续

南阳市作为传统农业区，人口多、底子薄、基础差、经济大而不强、结构不

* 王书延、杨海金，南阳市统计局。

优、发展方式粗放、中心城市辐射带动能力弱等现实制约因素明显。目前南阳人口约占全省的11%，但GDP只占全省的8.8%、财政一般预算收入只占全省的5%，第一产业比重比全省高7.2个百分点，城镇化水平比全省低1.1个百分点，人均GDP居全省第13位。“十二五”期间，无论是破解“四道难题”、应对不断出现的新课题，还是实现人均水平与全省平均水平缩小差距的现实要求，都要求南阳要千方百计增加经济总量，努力加快发展，使全市经济发展速度高于全省平均水平。同时，由于是欠发达地区，南阳高耗能行业占比较高，升级改造压力很大。钢铁、水泥等属于产能过剩行业，而这些行业又恰恰是南阳当前和今后一段时间经济发展的支柱，是财政的主要来源和就业的重要渠道。“十二五”期间，作为南水北调水源地和粮食主产区，南阳承担着更多的耕地保护、水源保护、移民迁安任务，特殊的战略分工使全市发展空间和产业布局受到更多限制，必须更加突出发展第一要务，突出科学发展的主题，坚持重在持续、重在提升、重在统筹、重在为民，坚持科学发展的思路、举措和进程，为全面建设小康社会奠定坚实基础。

二 着力转变发展方式，重在提升

南阳市经济发展长期以来主要是依赖投资规模扩张来支撑，产业结构中资源产品、初级加工比重高、核心竞争力弱的问题一直没有得到有效解决。目前南阳第一产业比重仍在20%左右，而全国已降到10.2%，全省约为14.0%；13个县市区中有7个还是“二一三”结构。全市规模以上工业中增加值居前5位的行业为：纺织、非金属矿物制品、电力热力的生产和供应、石油和天然气开采、农副食品加工，合计占到全市规模以上工业增加值总量的47.6%，这种以传统产业、初级产品为主导的产业结构现状、优势产业较低的行业集中度决定了南阳在全国以控制总量、淘汰落后、企业重组、技术改造、优化布局为重点的产业振兴、行业调整中缺乏比较优势。同时，南阳新能源、新材料、光电、光伏、生物等战略性新兴产业还刚刚起步，能否在新一轮发展大潮中做大做强，还面临激烈竞争。因此，“十二五”期间，南阳要坚持把经济结构战略性调整作为加快转变经济发展方式的主攻方向，从实际出发，以产业集聚区建设为载体，重点推进产业结构调整，加快培育以战略支撑产业为支柱、高新技术产业为先导、现代农业为基础、基础产业为支撑、服务业全面发展的现代产业体系，切实提高发展的全面性、协调性和可持续性，走出一条不以牺牲农业和粮食为代价发展工业和不以牺牲环境为代价发展经济的“三化”协调、科学发展之路，真正实现经济社会又好又快发展。

具体讲，在经济结构战略性调整中，南阳可以培育和强化五大支柱产业，一是涉农产业，南阳作为粮食主产区，必须继续巩固和加强农业的基础地位，要通过粮食生产核心化和涉农工业、涉农服务业的发展，构建现代农业产业体系，在传统农区工业化进程中实现突破。二是高新技术产业，充分发挥南阳比较优势，依托中光学、乐凯华光、天冠、迅天宇、中南金刚石等骨干企业，以新能源、光电、新材料为重点，有选择地发展优势战略产业，使高新技术产业真正成为全市工业强市战略的重要支撑。三是能源资源产业，进一步加强联合，扩大规模，通过科学规划和积极培育，强化石油、建材、电力、化工为代表的能源资源产业在工业发展中的支柱作用。四是先进制造业，以优化产业、产品结构为重点，重点发展专用车辆、汽车零部件、先进装备制造，打造特色专业装备制造业基地。五是文化产业，南阳具有丰厚的楚汉文化、医药文化、衙署文化、曲艺文化、玉文化、盘古文化、三国文化等特色文化积淀，拥有众多文化底蕴深厚的人文景观和引人入胜的自然景观，要进一步加快文化旅游生态资源大市向文化旅游强市和生态宜居名市跨越，推动文化产业发展成为支柱产业。

三　着力协调发展，重在统筹

“三化”协调推进，既是科学发展的要求，也是转变发展方式的重点，对于“十二五”期间的南阳而言，尤其需要重视。一是要把农区工业化作为龙头。南阳是传统农业区，目前工业化进程还相对滞后，工农业增加值之比为2.1∶1，与全省3.6∶1、全国3.8∶1相比差距明显，规模以上工业增加值只占全省的6.3%，下一步必须要顺应产业转移的大趋势，继续实施项目带动、品牌带动、创新带动和服务带动，加快推进产业集聚区和现代产业体系、现代城镇体系和自主创新体系建设，以工业化来促进城镇化、农业现代化。二是要抓住机遇，提升城镇化水平，特别是中心城区的发展水平。南阳中心城区是在原县级南阳市的框架中发展起来的，工业和城市基础较为薄弱，在带动全市经济发展能力上“先天不足”，

目前中心城区的经济首位度只有22.4%，比郑州和洛阳分别低20和10个百分点以上；建成区面积87平方公里，不仅与郑州、洛阳相距甚远，甚至还不及新乡、开封、焦作，是典型的"小马拉大车"。"十二五"期间南阳面临着举办第七届全国农运会和新区建设两大机遇，还提出了"聚焦中心、加快中心、强化中心"和"一体两翼"的发展战略，必须要牢牢抓住、认真落实，切实推进城镇化进程和城乡良性互动发展。三是要大力发展现代农业。在稳定农业基础、加快推进新农村建设、为国家粮食安全继续作出稳定贡献的同时，不断拉长南阳农业产业链条，实现农产品多层次转化增值，让南阳由大粮仓变成"大厨房"，由传统农业转型为现代农业。

四　着力提升人均水平，重在为民

南阳是一个人口超千万的大市，目前主要经济指标人均水平在全省仍处于中等或靠后位次，同时基本公共服务薄弱，社会事业历史欠账多，改善民生的任务十分艰巨。发展的根本目的是要提高每个老百姓的生活水平，而要提升人均水平，关键和首要因素是要牢固坚持"一高一低"不动摇，在加快发展的同时，坚决把人口数量降下来。同时，在新的发展时期，要完成共同富裕、社会和谐的任务，就必须坚持以人为本，加快推进以改善民生为重点的社会体制改革，着力解决社会事业滞后、城乡不平衡、民生问题突出等一些制约发展的共性问题，特别是要以调整收入分配结构为目标，进一步扩大居民消费需求，增强消费对经济增长的拉动作用。在当前社会保障水平不高、教育医疗等消费预期看涨的情况下，要兼顾政府、企业和居民三者利益，逐步提高居民收入在国民收入分配中的比重，为提高居民消费能力、扩大居民消费需求创造条件。要建立健全与经济发展进程、效益相适应的长效增收机制，充分使人民群众享受到发展的成果，增强消费对经济增长的拉动作用。要不断提高人民群众的生活水平质量，促进社会公平正义，依靠人民谋划发展，尽快使南阳主要人均指标赶上全省平均水平。

五　着力政策争取、找准在中原经济区战略中的定位

长期以来，南阳在区域经济发展中的贡献和地位不相适应。一方面作为全省

面积最大、人口最多的省辖市，南阳的发展之于全省具有举足轻重的地位和作用，南阳生产总值每增长一个百分点，对全省的经济增长的贡献约为0.1个百分点；另一方面南阳长久以来一直未被列入国家、省政策、资金支持及产业布局重点，总体上一直处于落后、欠发达状况，在区域经济发展格局中存在被边缘化的可能。但如果没有面积接近全省1/6、人口占全省1/9的南阳的振兴，就不可能实现河南乃至中原经济区的全面发展。“十二五”时期，国家进一步扩大内需、加大转移支付力度、全面落实促进中部崛起战略，省委、省政府启动建设中原经济区、研究出台支持南阳加快发展的若干意见等，对南阳的加速发展而言是重大政策机遇，南阳要以“区域经济开放和发展的前沿”的要求来找准定位，凸显承东启西、连南贯北的区位优势，确定发展方向和发展重点，制定发展战略与规划，围绕优势产业、重大基础设施和产业发展项目，积极主动融入全省发展大局，发挥南阳在中原经济区建设中的支撑作用、枢纽作用、门户作用和生态示范作用。从省内讲，南阳与平顶山、信阳、驻马店三市相接，有相似的历史文化、自然资源和经济社会条件，经济互补性很强，合作发展空间很大。从省外来讲，南阳与湖北的襄樊、十堰和陕西的商洛相邻，在区位条件、资源禀赋、产业基础等方面有不少共同点，各市支柱产业中，有一些十分相近，甚至共通共生。特别是南阳与襄樊、十堰都有汽车零部件、装备制造、化工医药等优势产业，完全可以加强合作，共同做大做强。在注重与省内、省外合作的同时，还要积极争取国家和有关部委的支持，广泛加强与长三角、珠三角、中部地区及其他地区的合作，积极推动南阳中原经济区主体区建设。

六　着力措施的跟进落实，确保发展实效

先进的发展理念需要有效的政策措施推动实现，而政策措施能否行之有效，关键就在于能否及时跟进落实。近年来，南阳早已意识到经济结构层次低是制约经济发展的突出问题，也是影响经济转型调整的根本症结所在。为了解决这个难题，相继出台了诸多规划、政策和措施，但在实际落实过程中，当总量扩张和结构调整不可避免地成为一对矛盾时，往往难以割舍对传统优势产业的情愫，致使结构调整、经济转型步履维艰、收效缓慢。以服务业发展为例，近年来，南阳出台了诸多促进服务业发展的政策和措施，服务业发展进入较快发展时期，但

投入少、占比低的问题依然没有明显改观，与全省平均水平差距进一步扩大。2009 年南阳全社会投资总量占全省的 8.5%，但服务业投资仅占全省的 7.1%，服务业投资占全社会投资的比重比全省低 6.8 个百分点。南阳应以“有舍才有得”的胆识和魄力、奋起有为的实干精神和积极抢占高地的必胜信心，以扎实的作风及时推进政策措施的落实，这样才能在新一轮跨越发展过程中，取得突破和实效。

B.40

商丘市传统农区推进城镇化进程路径分析

刘晓亭　代克斌*

“十一五”期间，商丘市提出了工业化、城镇化、农业现代化“三化”统筹的发展目标，工业化、城镇化进入快速发展阶段．但商丘城镇化与全省相比，特别是与周边发展较快地市相比，还存在着较大的差距，如何走出一条商丘特色的新型城镇化道路，通过推进城镇化发展进程拉动消费增长，促进经济增长方式转变，实现城乡统筹发展和社会和谐进步，已经成为商丘市实现经济又快又好发展、实现富民强市的现实选择。

一　商丘市城镇化发展现状和特征

近年来，商丘市积极打造区域性中心城市，优先发展中小城市，集约发展特色镇，加快建设农村社区，加大以工促农、以城带乡力度，初步形成了特色明显、功能互补、布局合理、协调发展的现代城镇体系，有效地推动了城乡统筹可持续发展。

1. 城镇化水平显著提高

改革开放的深入和经济建设加快，使农村剩余劳动力向城镇非农产业不断转移，推进了城镇化进程，商丘市城镇化提速。据统计，1978 年商丘市城镇人口占总人口的比重仅为 3.7%，城镇化水平极低，1990 年上升到 8.9%，1995 年为 10.8%，1995 年以前的 17 年城市化进程缓慢，1995 年以后城市化率提升较快，2000 年城镇化率为 13.2%，2010 年为 37.8%，1978 ~ 2010 年这 32 年间城镇化

---

* 刘晓亭、代克斌，商丘市统计局。

水平提高了34.1个百分点，而2000年以后以年均2个百分点的速度增长，10年间城镇化率提高了24.6个百分点。

至2009年底，全市城镇建成区面积已达372.4平方公里，城镇总人口达到295.14万人。其中商丘市建成区面积达到94.8平方公里，人口95.4万人。6个县城和永城市建成区面积达到104平方公里，人口93.2万人。围绕创建国家级园林城市，商丘市的中心城市地位得到进一步巩固。永城市依靠资源优势和区位优势，推动了城镇化快速发展，建设具有区域性影响力的中等城市的目标正在逐步成为现实。夏邑县、虞城县、民权县、睢县、柘城县、宁陵县以县城建设为着力点，以城带乡，以工促农，城乡互动，城镇实力不断壮大，逐渐成为全市城镇化发展的次中心。会亭镇、车站镇、演集镇、宋集镇、利民镇、谢集镇、北关镇、柳河镇等一批小城镇发展迅速，逐步成为辐射周边的中心镇。

2. 城镇体系规划基本形成

近几年，商丘市城区面貌发生了巨大的变化。2006年商丘市城区建成面积仅为89平方公里，人口85万人，绿地面积1177.5公顷，绿化覆盖率36.2%，人均公园面积7.5平方米；到2009年底，商丘中心市区已完成了《商丘市金贸中心地段控制性详细规划》、《商丘古城组团分区规划》、《商丘古城控制性详细规划》等规划编制，全市控制性详细规划覆盖率已达到42%。全市176个乡镇应独立规划编制的159个，已完成154个，完成率97%；其中35个重点镇全部完成了总体规划编制工作，修编率为100%。

3. 城市基础建设逐步完善

目前，商丘城市公共绿地面积达到1364.7公顷，城市建成区绿化覆盖率达到37.6%，绿地率达到32.5%。同时加大了城市基础设施和公益设施建设，城市道路达到128条，实现新增供暖能力110万平方米，天然气普及率90%，城市污水处理率达到62.5%，城市居住环境得到明显改善。改扩建了310农产品中心批发市场，完善了光彩大市场、中原车城、中意建材市场、丹尼斯大卖场等建设任务，市场规模进一步扩大，功能进一步完善。

4. 城镇特色产业日趋明显

全市30多个乡镇依托资源优势和文化传承优势，促进特色产业发展，形成了具有地方特色的产业乡镇，特色产业对地方经济的贡献率逐年提升。夏邑县火店乡从事宫灯、中国结等工艺品加工生产的农户有1500余户，每年给该乡带来

4000多万元的经济收入。夏邑县车站镇以"公司+协会+基地+农户+标准"的模式加速发展，形成了一个生机勃勃的食用菌产业，年产双孢菇、草菇7万吨，产值约3.5亿元，部分产品远销欧亚各国。民权县北关镇王公庄村，有400多人从事以画虎为主的绘画产业，年绘画作品2万余幅，作品不仅行销国内书画市场，还远销美国、日本、韩国、新加坡等国家。虞城县稍岗乡年产钢卷尺2亿多只，占全国钢卷尺市场总量的85%以上，占出口总量的三分之一。夏邑县会亭镇的铸造业和火机业，两大产业继续保持着良好的发展趋势。虞城县利民镇的食品加工、站集乡的棉纺织、睢阳区闫集乡儿童服装、睢县白楼乡的建筑劳务、永城芒山镇的旅游等已成为带动地方经济发展的主要力量。

二　商丘市城镇化发展存在的主要问题及原因

商丘属典型的传统平原农区，由于建市较晚，经济基础差，城镇化水平滞后，已经成为制约商丘经济发展的主要因素。

1. 城镇化率偏低，落后于全省及周边地市平均水平

2000～2009年十年间，商丘城镇化水平增速达22.3%，超过全省增速7.8个百分点，高于周边其他四市城镇化增长速度，也超过了聊城的水平，且与其他市的差距也在逐步缩小，但商丘城镇化水平仍然滞后。2009年河南的城镇化率为37.7%，而商丘城镇化率仅为35.5%，为全省的94.2%，比全省平均水平低2.2个百分点。与周边四市相比，商丘的城镇化率也偏低，为徐州的72.3%，济宁的83.5%，临沂的76.5%，2009年仅高于聊城0.5个百分点。

2. 农村社会保障力度不够，失地农民社保情况堪忧

农村社会保障力度比城市相差很多，特别是还没有建立健全失地农民的就业等后续保障机制和农民进城从业的激励机制。随着城镇规模的不断扩大，商丘每年都有大量农民失去土地。在当前城镇社会保障制度不健全及保障水平极低的情况下，这些失地农民既享受不到国家的惠农政策，又很难享受到对城镇居民的社会保障政策，他们中的相当一部分人失地后形成了新时期的特困群体，种粮无耕地，就业无岗位，创业无资金，生活无着落，给社会稳定带来了极大隐患。

3. 土地供需矛盾突出，用地亟须规范

在近几年商丘快速推进城镇化的过程中，土地供需矛盾显得格外突出，建设

用地缺口问题也是最集中的问题，无论是重点项目建设、“城镇化进程三年行动计划”、农村新型社区建设等，对建设用地的需求量都很大。商丘目前的用地计划指标，仅能基本满足重点项目建设用地。耕地后备资源非常有限，补充耕地潜力不足，随着扩内需保增长政策的深入实施，一批重大项目将开工建设，耕地占补平衡的问题十分突出。

4. 小城镇建设资金严重匮乏，基础设施条件落后

城镇建设是一项需要大量资金投入的事业，城、镇政府一直承担着投资主体的重任。但自分税制财政体制改革以来，从中央到地方受财权上移、事权下移的影响，越往基层政府财力越紧张，绝大多数城、镇政府除了确保党政机关运转所需经费之外，根本没有用于搞城镇公共设施建设的财力，加上缺乏有效的投融资机制，小城镇建设资金严重匮乏，基础设施难以配套，各方面环境长期得不到改善，严重影响了小城镇建设的进程。

三　商丘城镇化发展的机遇和有利条件

按照商丘市委市政府“打造一中心（中原经济区的区域性中心城市）、一枢纽（全国的交通枢纽城市）、三基地（新型的工业基地、全国重要的粮食生产基地、商贸物流基地），把商丘市建设成为中原经济区东部重要的战略支点”的总体发展战略，全市经济社会不断取得新的突破和进展，城镇化发展也拥有诸多有利条件。

1. 得天独厚的区位交通优势日益彰显

商丘市位于豫鲁苏皖四省交界，地处我国东部沿海和中部地区的过渡带上，是河南省距出海口最近的城市，是中原地区承接国外及沿海产业转移的最佳区域城市。又是陇海铁路、京九铁路、连霍高速、济广高速的交会处，交通区位条件非常优越。特别是郑州至徐州铁路专线、商杭高速铁路客运专线的陆续开工建设，必将进一步完善商丘与外部连接的“大交通”，为将来拓展城镇化进程，打造区域性中心城市打下良好的基础。

2. 丰富的资源优势享有较高的知名度

一是旅游资源丰富。全市拥有国家级文物保护单位 8 处，省级文物保护单位 62 处；国家级非物质文化遗产保护项目 2 个，省级非物质文化遗产保护项目 7 个。商丘古城文化旅游区、永城芒砀山汉梁文化旅游区、黄河故道文化生态旅游景区，成为全国知名文化旅游景区。二是文化资源独具特色。商丘是火文化的发祥地，是商人、商业、商品的发源地，是至圣先师孔子的祖籍、文哲大师庄子的故里、巾帼英雄花木兰的故乡。目前，全市共有市级以上文物保护单位200余处，被授予国家历史文化名城和“中国商贸名城”。三是物产资源丰饶。商丘是全国六大无烟煤基地之一，储量达100亿吨，全部为工业用优质无烟煤，年开采量达1600万吨；商丘是中原粮仓，是小麦、玉米、大豆、棉花、油料、水果、蔬菜等重要农副产品的生产基地，是全国重要的商品粮基地，被确定为粮食核心主产区，常年粮食产量在100亿斤以上。

同时全市通过多年的努力，经济社会发展迅速，先后获得了“中国优秀旅游城市”、“中部最佳投资城市”、“全国双拥模范城”、“国家园林城市”、“中国特色魅力城市”等殊荣。商丘拥有的丰富资源与不断提升的知名度、美誉度将成为吸引外部人口投资兴业、居住生活的强大“磁铁”，成为提升城镇化水平增长的强劲推力。

3. 凭借有利政策顺势发展正当其时

随着国家支持中西部地区发展的力度不断加大，中央把经济结构调整的重点指向战略性新兴产业、服务业并专题就旅游业发展出台意见，为旅游城市发展提供前所未有的战略机遇，建设中原经济区发展战略上升到国家层面正在积极推进。中央、省、市对于鼓励城镇化发展先后出台了政策措施，特别是市委市政府制订下发的“城镇化进程三年行动计划”更是细化了城镇化工作，推出了一系列新举措，商丘城镇化进程借势发展正当其时。

四　商丘加快推进城镇化进程的途径和对策

1. 商丘市城镇化的路径选择

结合商丘实际，单纯发展中心城区和县城，或者把城镇化推进重点仅仅放在乡镇、农村社区建设上都是不切合实际的。商丘应该走一条中心城区、县域城区、小城镇、农村社区“四位一体”的整体发展模式，以商丘中心市区为核心，以县城和重点镇为骨干，以一般乡镇和中心村为依托的布局合理、协调推进的城镇化发展格局。

（1）做大做强商丘中心城区。围绕打造与郑汴相呼应与周边省市相连接的区域性中心城市，推进商虞、商宁一体化建设，加大商东新区建设力度，增强城

市的聚合辐射能力，提高城市的人口承载能力，努力使商丘中心城区人口接近200万。在完善“三个十字交叉”基础上，加快济祁、商周、新商等高速公路建设，加快郑徐客运专线、邢商、商济等铁路建设，开发沱浍河水上通道，建设军民合用机场，形成陆水空综合交通运输体系，构建综合交通枢纽；利用商丘煤炭、农副产品、林业资源，抓好特色专业市场升级改造和扩容提质，加快城市综合体开发建设运营步伐，发挥龙头带动作用，做大做强商贸物流园区，构建豫鲁苏皖商贸物流中心；加强对商丘古城、阏伯台、应天书院的保护、开发和利用，叫响“商”文化、“火”文化，打造“华商之都”城市品牌，彰显出城市厚重的历史文化，构建华商之都。整合区域内生态资源、文化资源、旅游资源，休闲资源，构建宜居、宜游、宜业的特色魅力城市；坚持以产带城、以城促产、产城一体、相互促进理念，重点加快四个产业集聚园区的建设，大力推进现代服务业和高效农业等新兴产业建设。

（2）着力推进副中心城区建设。充分发挥永城市资源优势、区位优势，在经济发展上实行“黑、白、绿”三色循环经济战略；在规划功能布局上实施“西城商贸区、沱南工业区、沱北综合区、邙山旅游区”的大格局，形成与商丘中心城市优势互补、分工协作、相互支撑和具有区域性影响力的副中心城市。

（3）加快推进五组团发展。夏邑县要以中国食用菌之乡、中国打火机生产基地、中国铸件出口基地的品牌，做大产业集聚；睢县要围绕“中原水城”的城市定位，加快改造湖泊的建设，改造修复人文景点，发展水上娱乐、度假休闲为一体的旅游观光业；柘城县要坚持“重心北移、两翼展开”的战略方针，建设成为以农副产品加工、医药化工、超硬材料等轻工业为主导的生态园林城市；民权县要实施东扩南联战略，做好东区开发，搞好南华工业园区的建设，打造成为庄子文化名城、制冷基地、果酒加工和以生态林、经济林为主的花园式城市；宁陵县要强力推进旧城改造，加快新区组装步伐，逐步向东发展，向市区靠近，激活酿酒、板材、皮革等支柱产业。

（4）加大中心镇建设力度。全力抓好49个沿边乡镇的规划和建设，加大扶持力度，加快沿边乡镇与周边省市道路的通连。发展特色经济，使沿边乡镇尽快改变面貌，树立商丘市在周边省市的形象。积极培育中心镇建设，支持已经形成一定产业和人口规模、基础条件较好的集中建设中心镇，如永城市邙山镇、夏邑县会亭镇、虞城县利民镇、宁陵县柳河镇等，使其成为城镇化发展的重要支点，

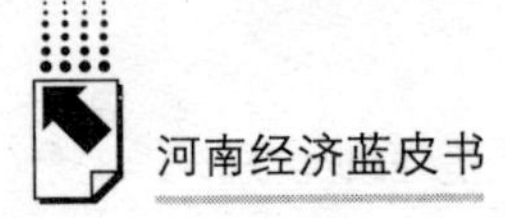

增强对周边乡镇的辐射带动能力。

（5）积极推进新型社区建设。积极实施中心村（社区）发展战略，继续推进新农村建设“百村示范”工程，探索不同类型新型社区模式，鼓励村庄规模较小，村庄密度较大或生产生活方式相近的地区，逐步通过合村并居、集中居住建设社区；提倡通过兼并邻近村、撤并弱小村、改造空心村进行合村并居，加快推进新型农村社区建设；鼓励具有较强经济实力的企业集团，建设服务企业职工和社区居民的企业型社区。

2. 商丘市城镇化的产业支撑

城镇化重在形成产业与各种生产要素的集聚和有效整合，需要强大的产业集聚力和具有比较优势的支柱产业来支撑。

一是要大力发展现代农业。二是要加快新型工业化进程，培育壮大主导产业。三是要大力发展现代服务业，拓展产业发展新空间。四是要积极培育战略性新兴产业。

3. 商丘市城镇化的特色定位

突出城镇特色，体现城镇个性，城镇才有竞争力。商丘要立足本地实际，用好优势资源，加强对历史文物古迹和地方特色文化、自然景观的保护和利用，注重培育和发展特色文化产业和特色经济，差异发展，形成风格积极构建地域特色鲜明、产业优势明显的品牌城镇。

（1）形成历史文化风格。围绕“商”字做文章，叫响商祖王亥故里和商人、商品、商文化的发源地，培育好“华商之都”城市品牌。充分挖掘商丘古城文化、火文化、姓氏文化、孔祖文化、庄周文化、汉梁文化、木兰文化等文化品牌内涵，积极打造独特的历史文化城镇。

（2）形成自然景观风格。搞好生态水系规划，加强黄河故道、睢县北湖、民权龙泽湖、夏邑天龙湖、永城生态湖、柘城北湖等的保护与开发，打造宜居城镇。抓好林业生态工程，以民权申甘林带、宁陵万亩梨园、黄河故道森林公园、芒砀山森林为重点，把“绿色景观”作为建设生态城镇、提升城镇形象的切入点。

（3）形成特色经济风格。用具有传统优势的地方经济品牌提高城市的魅力，如民权北关镇的“画虎经济”、夏邑火店乡的“宫灯经济”、宁陵柳河镇的“梨花经济”等。用具有集聚效应的现代经济品牌提高城镇的影响，如夏邑的“火机经济”、虞城的“量具经济”、柘城的“金刚石”经济、民权的“制冷经济”等。

B.41
"三化"协调发展　彰显信阳特色

李雪洋　张慧娟　王 为*

信阳市位于鄂豫皖三省交界处，是江淮河汉之间的战略要地，素有"江南北国，北国江南"之美誉。这里历史悠久，文化厚重，山川秀美，生态良好，是全国44个交通枢纽城市之一，"信阳毛尖"更是饮誉古今中外。"十一五"以来，地处豫之南的信阳立足市情，聚焦发展，锐意进取，坚持不懈地推进农业现代化、工业化、城镇化"三化"协调发展，逐步走出了一条有信阳特色的经济振兴之路。

一 "三化"发展成效突出

"十一五"时期，信阳市以科学发展为主题，聚力"三化"协调发展，加快推进工业小市向工业大市、农业大市向农业强市、中等城市向区域性中心城市跨越（简称"三大跨越"），"三化"水平明显提升。预计2010年，全市工业化水平接近40%，城镇化水平达35.9%，分别较"十五"末提高近10个和8.5个百分点，农业现代化水平同步大幅提升。

1. 现代农业长足发展

农业经济稳定性增强。农村和农业生产条件极大改善，抵御自然灾害能力显著增强，农业经济一改以往"五年两减产"或"五年三减产"的局面，连续五年保持稳定增长。粮食生产能力稳步提高。全市粮食生产首度跨入百亿斤俱乐部，连续7年增产丰收，连续3年稳定在110亿斤以上，持续增产的时间跨度之久为新中国之最。优势农产品区域布局基本形成。优质专用小麦、优质水稻、专用棉花、双低油菜等优势农产品产业带和茶叶、花卉、果木、食用菌、花生、芝

---

* 李雪洋、张慧娟、王为，信阳市统计局。

麻等特色农产品经济区生产集中度不断提高，名、优、特农产品供给、市场占有率及效益显著提升。与此同时，生产方式规模化、生产过程机械化、生产技术科学化、增长方式集约化、生产经营市场化、生产组织社会化等诸多方面实现较快发展。

2. 工业主导地位确立

信阳市规模以上工业企业个数由“十五”末的366家发展到2010年末的1204家，推动工业增加值由153.24亿元增加到400亿元左右，5年翻一番还多，工业增加值占GDP比重自2008年持续全面超越第一、三产业比重，成为全市经济最重要的组成部分。工业主引擎作用彰显。“十一五”前4年，工业经济对全市经济增长贡献率依次为37.6%、46.5%、44.2%、37.8%，预计2010年工业经济贡献率将超过前4年，成为拉动经济增长的主导力量。工业效益显著改善。全市规模以上工业企业销售收入由“十五”末的224.1亿元增至2010年超千亿元，有力支撑了工业经济的蓄能和地方财政收入的增长；创造就业岗位由10.25万人增至16.73万人，2010年还将较大幅度地增加，有效缓解了就业压力。

3. 城市建设全面发展

全市发展承载力日益增强。信阳市不断加大城市基础设施投资力度，投资规模从“十五”末的15.6亿元快速扩张至2009年的70.9亿元，使中心城区面积由48平方公里拉大到66平方公里，道路、供电、供水、燃气、通信等公共基础设施逐步完善，承载发展的能力大大提升。城市新区光彩夺目。新区建设高起点规划，高强度投入，累计投入60多亿元，循序打造“一轴、三组、三带、三环、三节点”总体景观，目前新的政治、经济、文化、教育中心已粗具雏形，成为信阳一张靓丽的城市名片。文化铸魂提升内涵。充分挖掘特色自然资源，建成百花园、博物馆、浉河景观带、浉河新八景等新景观，融悠久的茶文化与城市建设为一体打造中国茶都，塑造信阳魅力新姿。5年来，信阳先后获得中国优秀旅游城市、中国最具投资潜力中小城市20强、中国十佳宜居城市、中国创业之城、中国休闲城市、中国最具绿色竞争力城市等诸多殊荣。

4. 发展与生态相得益彰

“三化”的协调发展，推动信阳市经济发展跃上新台阶，“十一五”时期全市首度实现6个“1”突破：经济总量、金融机构存款、固定资产投资突破1000亿元，人均GDP突破1万元，粮食产量突破100亿斤，对外出口突破1亿美元，

为“十二五”时期经济和社会发展奠定了良好基础。经济加快发展的同时，生态文明建设再谱华章，通过开展“六城联创”活动、加大节能减排力度，大力发展循环经济，推进资源节约集约利用，强化林业生态建设，全市环境生态优势得到保护和巩固，森林覆盖率达到34.4%，城市空气环境质量优良天数比例达97%，饮用水源地水质达标率继续保持100%，居住环境优美宜人，成为国家级生态示范市、国家级园林城市。城市知名度、美誉度的提升，产生了“巢引凤”、“凤还巢”效应：外乡投资者慕名纷至，在外游子返乡忙创业，信阳已成为更多环境生态要求高的产业及企业的投资洼地。

二 “三化”发展地方特色浓郁

透视信阳“三化”发展历程，不难发现，其中既有与全国、全省相似之处，又折射出浓郁的地方特色。

1. 以农村改革发展试验区建设为动力，快速推进农业现代化

为破解“三农”难题，加速推进农业现代化，信阳率先启动实施了河南省农村改革发展综合试验区建设。以此推动了全市农业综合生产能力的稳步提升、农业结构的优化调整、农业经济效益的显著改善，加快了农业生产方式规模化、生产过程机械化、生产技术科学化、增长方式集约化、生产经营市场化、生产组织社会化进程。

2. 以产业集聚区建设为动力，快速推进新型工业化

工业化发展离不开有效的载体。信阳根据工业基础薄弱的发展现状，依托现有各类园区，积极进行资源整合，创建了15个省级产业集聚区，将其作为建设现代产业体系、现代城镇体系、自主创新体系等三大体系、推进“三化”协调发展的有效载体和平台。2010年1~11月，全市15个省级产业集聚区完成总投资254.55亿元，占城镇总投资的35.3%，其中基础设施投资65.19亿元，占全市的31.1%；实现工业总产值394.39亿元，占全市的39.4%，产业集聚区已成为加速推进全市工业化乃至“三化”发展的重要支撑和活力源泉。

3. 以城市新区建设为动力，快速推进新型城镇化

信阳立足平原、丘陵、山区三分制的地貌及生态环境优势，选择城市新区建设为突破口，组建了羊山新区、信阳工业城等6个管理区、开发区，在农产品需求、劳动力转移、土地规模集约利用等诸多方面为现代农业打开了更多更大的发展空间，推动了全市“三化”协同发展。

三 “三化”发展瓶颈制约突出

“十一五”时期信阳“三化”发展虽然成绩斐然，但存在的矛盾和问题在一定程度上制约着全市“三化”进程的加速推进。

1. 经济基础薄弱

“三化”发展离不开物质技术条件的支撑。然而，由于种种原因，信阳经济发展水平滞后，全市三次产业结构、人均 GDP、全员劳动生产率、城乡居民收入、工业化水平、城镇化水平等均居于全省后五位，与全国、全省平均水平存在较大的差距，在此情况下，生产力水平及创造的物质技术条件必然落后于全国、全省，在区域经济竞争日益加剧的形势下，难以有效满足目前乃至更长时期全市“三化”发展的需要。

2. 建设资金匮乏

对于经济欠发达的信阳而言，资金是最稀缺的资源之一。一方面，由于经济发展水平滞后，目前全市仍处于资本原始积累阶段，政府财政为“吃饭财政”，收入仅能满足发放财政供给人员工资需要，企业盈利能力不强，实现利润总体停留在维持简单再生产水平，居民可支配收入偏低，满足日益增长的物质文化需求尚显不足，自身可用于建设发展的资金有限。另一方面，信阳市金融机构运营存在巨额存贷差，贷款额一直不足存款额的六成，严重的时候甚至低于五成，大量资金被上级金融机构解调用于外地，使本已资金严重贫血的信阳再遭大量失血重创。

3. 产业素质不高

表现在，信阳产业体系发育不足、产业支撑较弱的问题极为突出。农业大而不强，生产经营组织化、规模化、标准化程度不高、农产品商品率低及精深加工不足，总体上缺乏市场竞争力；工业小而弱，经济规模排列全省后四位，第三产业仍以传统服务业为主，现代服务业规模小、发展迟缓，在一定程度上制约了“三化”的快速有效推进。

4. 农村人口多，就业问题突出

现行的"二元制"经济社会结构，人为割裂了城乡之间的天然有机联系，土地、住房、劳动就业、文化教育、社会保障等方面政策城乡差异明显，且与"二元制"户籍挂钩，制约了农村人口向城镇的转移就业与定居，也不利于生产要素向现代农业转移。同时，由于人口众多，经济发展水平低，劳动力供给大大超过需求，全市城镇就业形势相当严峻，在此情形下，承载吸纳农村剩余劳动力转移的能力必然有限，而农村隐性失业劳动力大量存在，解决其转移就业问题必然需要付出长期而艰苦的努力。

四　"三化"协调发展路径选择

全省已经明确，"十二五"乃至更长一个时期，要全面推进中原经济区建设，走出一条不以牺牲农业和粮食、生态和环境为代价的新型工业化、新型城镇化、农业现代化"三化"协调发展的道路，这与信阳发展之路不谋而合。作为中原经济区建设的南部支撑，信阳要顺应形势，争当先锋，持续思路，奋力推进"三化"协调快速发展。

1. 着力科学规划

要按照中原经济区建设战略定位，立足信阳市情，突出科学化、全局化、特色化、新型化、前瞻化，坚持城镇化引领、一体化发展，统筹考虑城镇建设、产业集聚、农业布局、新村分布、生态保护，以及"一个载体"、"三大体系"建设的协调推进，充分体现针对性、实用性、可操作性，科学做好全市"三化"协调发展规划，使其真正能够在"三化"协调发展实践中发挥重要的引领作用。

2. 着力资本运作

突破"三化"发展资金瓶颈。首先，着力市外资本运作。要针对资本的逐利本性，有选择地谋划一批既有较大盈利空间，又对"三化"协调发展具有重大带动作用的项目，强化运作，力促市外资本与本地项目有效对接。加大政策资金争取力度，吃准摸透现行扶持政策，创造有利条件，广泛争取国家、省政策资金投入。其次，着力自身资本运作。要蓄积用活地方财政资金，挖掘增收潜力，慎择扶持对象，力求起到促进发展"四两拨千斤"作用。深化金融体制改革，引导和规范小额信贷公司、村镇银行等新型金融组织发展，发挥其民间资金蓄积池作用，最大限度地用足民间资金于“三化”发展主战场。

3. 着力突出特

要按照“高产、优质、生态、安全”要求，着力扩大特色农产品生产规模，做大做强茶叶、水禽、水产品、花卉等特色农产品生产基地；加快农村改革发展试验区建设，改善农业物质技术装备，培育现代农业组织形式，健全现代农业产业体系，促进农业生产经营专业化、标准化、规模化、集约化。新型工业化方面，围绕现代产业体系构建，以产业集聚区为载体，以项目建设为抓手，优先发展高端制造、新型建材、绿色食品等战略支撑产业，积极发展节能环保、新能源、生物三大战略性新兴产业，改造提升钢材、水泥、纺织等传统制造业。新型城镇化方面，要依托厚重的文化资源和豫风楚韵特色，以中心城区、固始和潢光一体、其他县城形成的“一主两副多支点”宁西城市带为主体形态，加快构建“复合型新区引领、中心城区辐射、县城带动、重点镇支撑”的新型城镇体系，推动中心城区、县城与小城镇协调发展，加快产城融合、城乡一体化，建设城乡一体、山水信阳，发挥新型城镇化引领“三化”协调发展作用。

4. 着力技术进步

抓住发达地区高新技术产业中的中低端环节向欠发达地区转移的机遇，创造有利条件，主动进行承接，促进、带动和提升本地产业技术含量和水平。着力培育自主创新能力，深化科技体制改革，建立功能完备、运作高效的科技信息交流、成果转化和要素共享平台，有效整合各种资源，推进产学研有机结合，形成自主科技创新强大合力，加速科研成果产业化。加快创新人才队伍建设，坚持引进外智与培育本地人力资本相结合，高度重视并适度加大投资力度，逐步形成依靠本地力量进行技术创新的格局。

5. 着力制度创新

深入推进户籍制度改革，逐步解除“二元”户籍制限制，给居民自由迁移的权利，减少农民进城的身份障碍。加快劳动就业制度改革，建立城乡统一的劳动力市场，实现用人单位与劳动者自由双向选择。继续深化农村改革，完善土地承包经营权，推进土地有偿流转，创新农业经营机制。探索建立城乡统一的社会保障制度，切断住房、医疗、养老、劳保、就业、教育等社会保障与户籍身份的联系。

B.42

"快追赶、惠民生"，推动周口市经济跨越发展

——2010～2011年周口市经济形势分析与展望

梁洪斌　李育宏　孙　威*

2010年，周口市以科学发展观为指导，坚持"四个重在"实践要领，认真落实国家和河南省的宏观调控政策，围绕建设"繁荣富裕、文明开放、和谐稳定新周口"的奋斗目标，不断强化农业基础地位、推进工业化城镇化进程，着力转变经济增长方式，提高经济运行质量，改善民生，经济社会保持了稳定快速健康发展，呈现出供给增势平稳、需求结构优化、增长质量提升、发展趋于协调的特征，走出了一条传统农区追赶型、跨越式发展的新路子。

一　2010年周口市经济运行基本情况

初步预计，2010年周口市实现生产总值1185.2亿元，增长11%左右。其中，第一产业增加值347亿元，增长4.0%；第二产业增加值535.6亿元，增长15.9%；第三产业增加值302.6亿元，增长9.6%。一些主要经济指标创历史新高。

（一）供给实现稳步增长

1. 工业经济快速发展

工业总量快速扩张。初步预计，2010年全部工业实现增加值470亿元，增长14.4%。规模以上工业实现增加值350亿元，增长20.5%。高技术产业增加

* 梁洪斌、李育宏、孙威，周口市统计局。

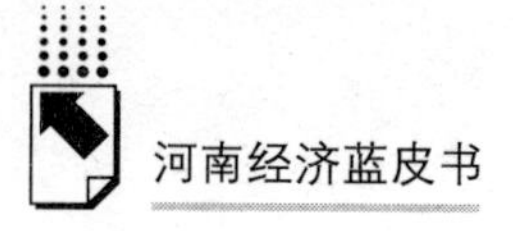

值增长43.6%，新兴产业、先进制造业发展势头良好。

企业规模不断壮大。目前，全市工业企业已达7400多家，其中规模以上工业企业1086家。全市主营业务收入亿元以上企业179家，突破50亿元的企业4家。

支柱产业作用明显。周口市委、市政府充分发挥资源优势，加大食品加工、纺织服装、医药化工三大支柱产业的发展，调整产业结构，拉长产业链条，着力培育具有市场竞争力和有知名度的名牌产品，把周口打造成在全省乃至全国有影响的优质农副产品精深加工基地。2010年，三大支柱产业占全市规模以上工业增加值比重达63.7%，同比增长16.9%。

工业发展质量不断提升。2009年市政府确定69家重点监控工业项目，2010年又确定60家技术改造项目，市、县两级财政列出专项资金，用于企业技术改造贴息贷款，引导企业加快技术改造，推动产业升级。全市有43家企业通过合作、参股、兼并等方式，与省内外企业实现了战略重组，58家企业落实了技改和结构调整项目。

2. 农业生产稳步推进

粮食总产量居全省第一位，连续七年丰产增收。2010年，周口市粮食总产达144.7亿斤，较上年增产1.8亿斤，实现了粮食产量超140亿斤的目标，主要农产品产量大幅增加。

农业结构调整成效突出。一是调出了优质。全市优质农产品的比重稳步增加，优质专用粮食发展到1186.9万亩，占播种总面积的64.0%；优质专用棉发展到127.6万亩，占播种总面积的64.0%；优质花生发展到59.2万亩，占播种总面积的65.6%。二是调出了标准化。全市无公害标准化农业发展速度较快，已建成省级无公害生产基地86个、国家级无公害蔬菜生产基地县1个、国家级无公害农产品示范农场2个。在畜牧业发展方面，全市新建大中型标准化养殖场和养殖小区410个，其中包括年出栏300万只的大型肉鸡养殖小区16个、年出栏30万只的华英肉鸡养殖小区37个。

农业产业化水平持续提升。全市紧紧围绕农业产业化龙头企业需求，形成了在省内外具有较高知名度的800万亩优质小麦、400万亩高淀粉玉米、150万亩高油大豆、150万亩无公害蔬菜、100万亩优质小杂果等十大农产品生产基地。

3. 服务业发展态势良好

初步预计，2010年第三产业增加值增长9.1%。第三产业地税入库税收12.6亿元，占税收总额的65.1%，同比增长39.5%。其中交通运输仓储和邮政业增长12.4%，批发和零售业增长10.8%，住宿和餐饮业增长6.9%，金融业增长9.1%。房地产量价齐升，全年商品房销售面积增长37.0%，入库税收4.68亿元，增长43.1%。

（二）内需拉动保持强劲

1. 投资增长总体平稳

预计2010年，全社会固定资产投资完成794.2亿元，增长15.0%；城镇固定资产投资完成583.1亿元，增长18.0%，其中工业投资完成293.3亿元，增长15.0%。

2. 消费需求稳中趋旺

2010年，周口市社会消费品零售总额483.8亿元，增长18.9%。其中，城镇消费品增长20.1%，乡村消费品增长14.1%。家用电器和音像器材类、金银珠宝类、家具类等消费热点增长明显，消费结构升级步伐加快，全市限额以上批零贸易企业实现家用电器和音像器材零售额增长86.8%、金银珠宝增长40.7%、家具增长40.7%。外贸进出口总额3.9亿美元，增长20.0%；其中外贸出口总额1.8亿美元，增长31.4%。

（三）经济效益明显提升

1. 工业企业效益显著提高

预计2010年，周口市规模以上工业实现主营业务收入1200亿元，增长30.0%；实现利润150亿元，增长28.0%。主营业务收入、利润增幅分别比上年同期高11.2个和1.1个百分点。

2. 财政金融运行稳中趋好

2010年，全市一般预算收入完成38.3亿元，增长24.1%，其中市本级一般预算收入突破10亿元，增长26.6%。税收占一般预算收入的比重为70%。全市一般预算支出完成193.4亿元，增长18.7%。社会保障和就业、文化体育与传媒、环境保护、城乡社区事务等支出增幅均高于平均水平。金融机构人民币存款余额930.8亿元，比年初增加138.3亿元；金融机构人民币贷款余额563.2亿元，比年初增加63.4亿元。

3. 城乡居民生活继续改善

以改善民生为重点的社会建设进一步加强，用于保障和改善民生的财政支出逐年增长，连续三年占财政总支出的比重超过50%。全市城镇居民人均可支配收入由6355.6元增加到12455元，增长69.8%，农民人均纯收入由2276元增加到4270元，增长57.6%。

4. 节能降耗完成目标任务

2010年，周口市把节能降耗、污染减排、保护生态环境与转变发展方式结合起来，完善城市污水管网建设，控制农村面源污染，加强重点流域、区域、行业环境综合整治；COD、二氧化硫排放量均低于省控目标；6个河流断面COD、氨氮平均达标率分别达到98.6%和82.0%，较上年分别提高2个和5个百分点，环境质量明显改善。

5. 产业集聚区建设发展加速

11个产业集聚区累计完成投资585亿元，建成区面积达到61.4平方公里，入驻企业662家，2010年预计完成销售收入590.4亿元，实现入库税收20.4亿元。市经济开发区、扶沟县产业集聚区被定为第一批河南省新型工业化产业示范基地。淮阳县产业集聚区被评为全省先进产业集聚区、国土资源集约节约利用模范县试点集聚区。沈丘县产业集聚区（食品类）、扶沟县产业集聚区（纺织服装类），被省工信厅确定为承接产业转移示范区。中小企业服务体系建设逐步完善。全市被省工信厅批准省级中小企业创业基地3个、省级中小企业公共服务平台4个。

二　2010年周口市经济运行中需要关注的问题

1. 加快经济发展面临诸多挑战

经济发展外部不确定因素增多，资源环境约束不断加大，区域竞争日趋激烈，保持经济平稳较快发展、缩小与全省平均水平的差距难度增大。

2. 投资拉动作用不强

全社会固定资产投资增幅低于全省1.4个百分点，其中城镇投资和农村投资

分别低于全省0.9个和0.3个百分点，投资项目数量少、规模小、水平低，投资结构不优。

3. 工业化、城镇化水平较低

全市工业化率仅38.6%，分别低于全省、全国12.3个和8.2个百分点，主导产业集中于生产链前端和价值链后端，工业的支撑能力不强；城镇化率29.5%，分别低于全省8.2个、全国16.2个百分点，城乡生活水平和基础设施差距较大，中心城市经济实力弱，建设管理水平不高，综合承载能力不强。

4. 服务业发展滞后

2010年，周口市服务业发展呈现出良好势头，但第一、二、三季度服务业增长仍分别低于全省2.4个、2.1个和1.5个百分点，与市委、市政府加快服务业发展的要求还有一定差距。特别是现代服务业发展的规模和速度还很难适应制造业发展的需求。在提高服务业增加值、服务业投资、服务业税收"三个比重"和实现生产服务业发展、服务业招商引资、服务业集聚区建设上还需下更大工夫。

5. 劳动者素质不能适应发展需要

人口总量大但整体素质低，全市具有大专以上文化程度的人员仅占1.5%，专业技术人才仅有0.8%，农村劳动力中受过专业技能培训的仅占37.0%，人口压力还没有转化为资源优势；全社会研发经费占生产总值的比重低，创新人才和成果比较少，区域核心竞争力不强。

总体上，周口的经济增长方式粗放，产业层次低；工业经济总量小，主导作用不突出；投资乏力，具有带动力和支撑力的大项目少；城镇化水平低，中心城区辐射带动能力不强；农业抗灾减灾能力较弱，农业稳定增长和农民持续增收基础不牢。

三　2011年发展环境分析

从外部环境看，转变发展方式将成为经济工作的主线。2011年是"十二五"的开局之年，国家宏观调控政策将围绕十七届五中全会精神，继续加大"调结构"、"重民生"和"促进社会公平"的分量。预计2011年国家会加大金融管理力度，货币政策也将适度从紧，全国经济增速有放缓趋势。

从周口自身发展看，机遇与风险挑战并存。“十二五”是周口全面建设小康社会的关键时期，是加快发展方式转变的攻坚时期，是实现追赶跨越发展的加速时期，是缩小发展差距的重要战略机遇期。周口市发展呈现出新的阶段特征，既面临十分难得的历史机遇，又面对诸多风险挑战。

发展机遇上，周口目前正处于工业化、城镇化加快推进的关键阶段，面临国家实施扩大内需战略、国际和沿海地区产业转移等一系列重大机遇，特别是中原经济区建设的有利机遇。周口经过这几年的发展，已经基本具备了实现跨越式发展的条件。特别是近年来建设了一大批项目，相当一部分投资将结转今后几年完成，2011 年还将继续建设漯阜铁路电气化改造、联塑实业 PVC 生产、财鑫糖业生物化工醇、辅仁药业固体口服制剂、中方棉业 6 万锭紧密纺等重大项目，为经济增长提供有力支撑。从挑战来看，周口作为一个后发展、欠发达的地区，仍然存在着经济发展水平低、产业结构不合理、自主创新能力弱、资源环境压力大、民生亟待改善等深层次矛盾和问题。

总体看，2011 年周口发展机遇与挑战并存，完全有条件也有能力在新的起点上实现新跨越。

四　促进经济持续发展的工作建议

按照省委八届十一次全会提出的“两高一低”目标，周口市“十二五”时期的发展目标确定为“快追赶、惠民生”，经济发展速度高于全省平均水平，人口自然增长率低于全省平均水平，综合实力明显提升，经济结构明显优化，居民收入明显增加，社会建设明显加强，改革开放明显推进，不断缩小与全省平均水平的差距。根据以上指导思想和发展目标，建议着重抓好以下工作。

（一）准确把握经济工作的总体要求，继续调整优化产业结构

2011 年周口市经济工作要抓住中原经济区建设重大机遇，以科学发展为主题，以加快转变经济发展方式为主线，以富民强市为中心任务，以项目建设、招商引资和产业集聚区建设为抓手，以改革开放为动力，以改善民生为目的，推进“三化”协调发展，实现经济社会各项工作新突破，确保“十二五”发展开好局。

1. 全面推进农业现代化

农业大市既是周口的区域功能，也是比较优势。一是要促进传统农业向现代农业转变，创建国家现代农业示范区，为推进工业化、城镇化提供坚实基础，做到"三化同步"；二是把粮食生产作为加快转变的支撑点，重点抓好全省重要的粮食生产核心示范区、现代农业示范区、农业服务体系"两区一体系"建设，加大以水利为重点的农业基础设施建设力度，不断提升粮食生产的可持续发展能力，为国家粮食安全作贡献；三是要大力推进农村市场化改革。着力抓好农民专业合作组织建设、农村土地流转、农村金融体制改革等，激发农业农村发展活力和动力。

2. 大力发展现代服务业

发展服务业，重点抓好文化、旅游、金融等产业发展，拓展服务业新领域、新业态，培育新热点。在产业培育过程中，一是要努力提高服务业投入在投资总额中的比重，加大服务业利用外资力度，研究、制定实施促进服务业重点区域、重点行业和重点企业加快发展的政策措施；二是加快产业集聚区建设，促进企业集中布局、产业集群发展、资源集约利用和功能集合构建；三是大力实施项目带动和服务带动；四是以周口港口物流园区建设为龙头，发展培育仓储物流业。

3. 加大工业结构调整力度

产业和企业是加快追赶跨越的重要支撑。周口必须以调整产业结构、产品结构为途径，以打造新型劳动密集型产业中心、农产品精深加工产业中心，走新型工业化道路。第一，壮大支柱产业。以 40 户重点企业为龙头，重点发展食品加工、纺织服装、医药化工三大支柱产业，不断提高农产品加工度，打造农副产品精深加工基地，实现面粉加工、食用油加工、肉鸡加工、纺织服装加工、制鞋加工全省第一。第二，积极培育新兴产业。培育电缆、包装材料、生物产业等新兴产业，以科信、久通、阳光电缆等企业为主体，发展碳纤维电力电缆和光纤光缆；依托龙源纸业、迪冉制药包装为龙头，发展包装材料和包装彩印业；以金丹乳酸、辅仁集团等为重点，发展生物产业等"高技术、高效益、低污染、低能耗"产业，提升制造业发展水平，加大运用先进适用技术提升传统产业力度。引导企业适应市场需求调整产品结构，加快产品提档升级，着力提高产品附加值和竞争力。

（二）加快转变增长方式

1. 加大节能减排工作力度

着力抓好重点行业、重点企业、重点单位节能减排工作，突出抓好节能技术工程，完善技术支撑服务体系，加强技术改造力度，着力研究、开发、推广一批节能减排新技术。加快推进行业结构调整，淘汰落后产能。严格控制新开工高能耗、高污染项目，加强重大投资项目的节能评估和环保审核，新项目不符合节能环保标准的坚决不上，加强对现有企业的整改。要强化责任，加大考核力度，逐步建立与考核结果挂钩的激励机制。

2. 加快科技创新

努力在确立企业自主创新主体地位、促进产学研紧密结合、引进消化吸收再创新、加快科技创新载体和服务平台建设、优化创新环境、建设创新人才高地等六个方面取得新进展。

B.43

2010～2011年驻马店市经济形势分析与展望

王 琳 苑拥军 韩若愚*

2010年是“十一五”规划的收官之年，也是新世纪以来经济发展较为复杂的一年。在这一年里，全市上下深入贯彻科学发展观，紧紧围绕发展主题，实施“三百工程”，力争“三个突破”、落实“三个确保”，并根据形势变化特点，采取积极有效措施，认真解决经济运行中出现的矛盾和问题，努力在发展中调整、在发展中转变、在发展中提升，全市经济保持了平稳较快增长的良好势头。年初确定的各项经济工作目标都得以完成或超额完成，“十一五”规划制定的主要经济社会发展目标顺利完成。但当前国际金融危机的影响还没有消除，还存在着许多不确定、不稳定因素，需要继续积极有效地转变发展方式，推进结构调整，着力改善民生，以确保在2011年实现“十二五”规划的良好开局。

一 2010年驻马店市经济运行情况分析

1. 经济总量取得突破

预计2010年全市生产总值突破1000亿元，达到1007亿元，比上年增长12%，生产总值比2009年净增100亿元。“十一五”时期生产总值由500.36亿元增加到1007亿元，实现翻一番，“十一五”GDP年均增长12.1%，完成了年均增长12%的目标。预计2010年全市人均GDP为13000元，接近2000美元。驻马店经济总量突破1000亿元，人均水平大幅提高，经济社会发展进入规模快速扩张期。

---

* 王琳、苑拥军、韩若愚，驻马店市统计局。

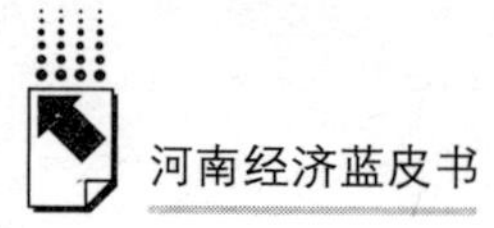

2. 经济结构有所优化

一是第二、三产业比重继续提高。2010 年，全市三次产业增加值的结构由上年的 26.2∶42.7∶31.1 调整为 25.1∶43.1∶31.8，第二、三产业比重达到 74.9%，上年提高 1.1 个百分点。现代服务业发展势头良好，金融业存贷款规模增量创历史新高，2010 年末，全市金融机构各项存款余额 969.32 亿元，较年初增加 176.05 亿元，比上年增长 22.2%；各项贷款余额 499.44 亿元，较年初增加 79.91 亿元，比上年增长 19%，利用资本市场融资近 30 亿元。现代物流业、文化、旅游、社区服务、房地产等现代服务业健康发展，预计全年第三产业增加值达到 320 亿元，增长 11%。

二是工业经济的推动力增强。2010 年，全市第一、二、三次产业增加值分别增长 4.5%、14% 和 11%，对经济增长的贡献率分别为 10.4%、57.4% 和 32.2%，其中，工业对经济增长的贡献率超过 50%，达到 52.9%。工业经济的结构也进一步向好，全市规模以上工业实现增加值 270 亿元，比上年增长 21%，规上工业占全部工业的比重达到 70%，比上年提高 5.5 个百分点。工业产业层次得到提高，传统产业技术改造步伐加快。食品、医药、建材、制造、能源和煤化工等主导产业规模进一步壮大，五大主导产业实现增加值占全部规上工业增加值的比重达 63.1%。

三是内需拉动作用明显。2010 年，在较为复杂的经济形势下，全市消费“马车”快步前行，实现社会消费品零售总额 376.67 亿元，增长 18.4%。投资需求快速跟进，全市完成全社会固定资产投资 665 亿元，增长 18.3%，其中，城镇固定资产投资 496.7 亿元，增长 21.5%。在建项目大幅增加，全年施工项目 1590 个，累计完成投资 389.7 亿元，增长 17.4%；其中，本年亿元以上项目完成投资 90 亿元，增长 182.6%。全年完成工业投资 206.8 亿元，增长 21.2%；完成基础设施投资 91.6 亿元，增长 16.1%。

3. 三大收入逐步好转

一是企业盈利大幅回升。2010 年，全市规模以上工业企业实现利润 70 亿元，比上年增长 40%，比上年提升 26.5 个百分点。盈利最多的五大行业是：农副食品加工业、非金属矿物制品业、皮革毛皮羽毛及其制品业、木材加工及木竹棕藤制品业、非金属矿采选业，共实现利润 30 亿元。其中，农副食品加工业和非金属矿物制品业两行业分别实现利润 10 亿元以上，增速均超过 30%。

二是财政收入持续好转。2010 年，全市财政总收入 61.92 亿元，增长 20.9%，其中，地方财政一般预算收入 36.44 亿元，增长 24.3%，增速比上年提高 9.8 个百分点；税收占财政一般预算收入的比重达到 76%。

三是居民收入稳步增长。2010 年国家和河南省继续加大对“三农”的支持和补贴力度，为实现粮食丰收和农民收入平稳增长提供了有力支撑。2010 年全市粮食产量 667 万吨，连续 5 年超过 120 亿斤，为国家粮食安全作出了重要贡献。城市居民人均可支配收入 13480 元，增长 9.5%；农民人均纯收入 4600 元，增长 9.1%，增幅均高于年初目标任务。

4. 发展动力日渐增强

一是招商引资成效明显。2010 年全市大力开展招商引资，积极承接国内外产业转移，组织开展了一系列重大招商引资活动，成功承办了 2010 年全国农产品加工业投资贸易洽谈会。全年新批外商投资企业 20 家，合同利用外资 4.16 亿美元，比上年增长 20%，实际利用外资 1.26 亿美元，首次突破 1 亿美元大关，增长 50%。新落地市外内资项目 343 个，合同投资总额 549.79 亿元，增长 45.6%；实际到位资金 105.36 亿元，增长 35.4%。

二是创新能力加快提升。2010 年，全市规模以上工业新产品完成产值 27.7 亿元，增长 23.7%，其中，6、9、12 月累计增幅分别为 19.5%、21.6% 和 23.7%，呈加快增长之势。

三是一批企业做大做强。2010 年，全市规模以上工业企业中主营业务收入超亿元的企业有 152 家，比上年增加 5 家；其中，主营业务收入超 10 亿元的企业有 10 家，比上年增加 1 家。

5. 民生状况不断改善

“十大民生工程”顺利实施。城镇新增就业 6.8 万人，下岗人员实现再就业 2.8 万人，其中“4050”人员 1.3 万人，城镇登记失业率 3.6%。社会保障体系不断完善，新农保试点顺利开展，新农合实现全覆盖，企业退休人员养老金标准提高，城乡低保实现应保尽保。实施廉租住房保障 17589 户，新开工廉租住房 37.2 万平方米。圆满完成了 118 个村的整村推进任务，解决了 11.54 万贫困人口的温饱问题。

2010 年全市经济发展中存在的主要矛盾和问题：一是发展速度慢、经济总量小、人均指标和产业结构层次低，人口多、基础差、底子薄的基本市情尚未得到根本改变。二是经济发展中的不确定性、不稳定性因素较多，经济增长内生动力仍然不足，节能减排压力加大，结构调整任务繁重，保持经济持续较快发展、缩小与全省差距的任务艰巨。三是城镇化水平低，社会事业欠账较多，公共服务水平不高，农民持续增收难度大，统筹城乡发展的任务依然十分艰巨。

二 2011 年及“十二五”全市发展形势分析预测

“十二五”时期，是驻马店全面建设小康社会、加快平安崛起的重要战略机遇期。2011 年是实施“十二五”规划的开局之年，国际因素和国内因素相互影响，政策的不确定性因素仍然很多，可以说 2011 年是经济形势最复杂、最不确定的一年，困难和机遇同在。

有利因素，国际金融危机导致的急剧动荡逐渐缓解，世界经济将继续缓慢复苏，我国经济发展长期向好的趋势没有改变。国家实施中部崛起战略、加大粮食核心区建设和河南省推进中原经济区建设发展战略，将为驻马店市加快发展提供重要的政策支持，加之进一步扩大内需、促进中部地区崛起、加大“三农”投入以及启动实施“十二五”规划等，有利于争取更多支持加强薄弱环节建设，解决自身难以解决的问题。从发展潜力看，全市加快发展的潜力巨大。

一是消费拉动的潜力大。2010 年，驻马店市城乡居民人均消费支出分别低于全省 600 元和 250 元，人均衣着、居住、交通和通信等消费水平明显偏低，绝大多数耐用消费品拥有量均达不到全省平均水平。目前，以住房、汽车、家用电脑、文化教育、交通通信、医疗卫生等为主导的新一轮消费升级已经开始，并将延续多年。驻马店市如果要达到全省现有水平，以上消费需求就能带动全市经济规模再上新台阶。

二是城镇拓展的潜力大。2010 年，驻马店市城镇化率为 31.5%，比全省平均水平低 8 个百分点。2005 年以来全市城镇化率以年均 1.8 个百分点的速度提高，目前已进入城市化进程的中期阶段，“十二五”时期内全市城镇化率将处于加速提高阶段。城镇化进程的不断推进，将对全市经济的持续增长起到促进作用。

三是产业升级的潜力大。2005 年以来，全市工业增加值占生产总值的比重年均提高 1.5 个百分点，2010 年已达 38.3%，工业化进程正在由工业化初期阶

段向工业化中期阶段推进。驻马店市工业化和城镇化的加快推进，需要建造大量的基础设施，比如城市设施、交通通信、能源和生态建设等，更需要加快相应的第二、三产业发展。

综合分析国内外经济发展环境，国家宏观调控政策取向以及“十二五”发展规划，2011 年全市经济发展将呈现稳步提升态势，发展速度将快于 2010 年，“十二五”时期全市经济仍将保持平稳较快增长，有望继续保持年均两位数增速。

三　2011 年及“十二五”时期发展思路

根据党的十七届五中全会和省委八届十一次全会精神，基于对驻马店的发展现状和面临形势的把握，2011 年及“十二五”时期，全市经济社会发展需要立足中原经济区建设大局，依托自身优势，遵循经济发展规律，奋力快速发展，努力建设“一个中心，三个基地”，即豫南区域中心城市；以优质粮生产为核心的现代农业基地，以食品、医药、装备制造、能源和煤化工为支柱的特色产业基地，以天中文化、主要景区为依托的生态旅游基地，使驻马店成为中原经济区的重要经济板块。

打造豫南区域中心城市。按照市中心城区、县城、中心镇、新型农村社区“四位一体”、整体推进的工作思路，高起点规划、高标准建设、高效能管理，加快城镇基础设施建设，完善城市配套功能，形成产业集聚，提高中心城区经济首位度。力争到“十二五”末，全市城镇化率达到 40% 以上，城镇固定资产投资增幅保持在 20% 以上，总额在 4800 亿元左右，中心城区面积达到 100 平方公里，人口达到 100 万人。

打造现代农业基地。紧紧围绕国家粮食战略工程，积极推进粮食生产核心区建设，稳步提高粮食综合生产能力，确保完成“十二五”时期粮食增产目标，努力实现到 2020 年粮食总产量净增 40.7 亿斤的目标。加大农业投入，加强农业基础设施建设，改善农业生产条件，保证农业生产旱能浇、涝能排。大力发展优质高效农业，加大农业结构调整力度，加快推进农业产业化。继续承办好全国农产品加工业投资贸易洽谈会，努力把“农洽会”打造成对外开放的窗口、承接产业转移的平台，积极引进、培育农业产业化龙头企业，拉长产业链条，提高农产品附加值。

打造特色产业基地。立足产业基础和资源优势，着力做大做强医药、能源和煤化工、食品加工、装备制造、建材等支柱产业，积极培育壮大一批新的工业主导产业。大力实施项目带动战略，推进新型工业化进程，全面提升工业经济实力。大力发展劳动密集型产业、高新技术产业，抓好产业集聚区建设，加大项目建设力度，新上5000万元以上重大建设项目1400个左右，项目总投资达3000亿元，力争“十二五”末全部工业增加值占生产总值的比重提高到45%以上。

打造生态旅游基地。依托丰富的生态、文化、红色等特色旅游资源优势，以贯穿驻马店南北交通通道为轴线，加快嵖岈山生态度假旅游示范区、天中文化旅游体验区、薄山湖—铜山湖旅游休闲度假区、竹沟红色旅游区的开发建设，构建“一带四区”旅游发展大框架，促进旅游业及其相关产业融合发展，形成旅游综合产业体系。

B.44

济源市：努力建设中原经济区新兴中心城市

王军霞 李春红 刘金霞 孔小兵*

党的十七届五中全会后，河南省省委八届十一次全会提出《河南省十二五规划建议》和《中原经济区建设纲要》，这两个全新的纲领性文件指明了河南未来的发展方向。目前济源上下正在科学谋划“十二五”发展，就济源主动融入中原经济区发展本文展开分析研究，提出相应政策建议。

一 济源概况

济源因济水发源地而得名，是传说中愚公移山故事的发祥地。面积 1931 平方公里，人口 68 万。1988 年撤县建市，1997 年升格为省辖市，2003 年被列入河南省“中原城市群”，2005 年被列为河南省城乡一体化试点城市。“十一五”时期，济源坚持以科学发展观为指导，用城乡一体化统揽经济社会发展，改革开放和现代化建设取得显著成效，不断在新的起点上实现发展新跨越。初步预计，2010 年，济源全市生产总值完成 330 亿元，同比增长 12%；规模以上工业增加值完成 218 亿元，增长 17%；全社会固定资产投资完成 224 亿元，增长 25%，其中城镇固定资产投资完成 187 亿元，增长 28%；社会消费品零售总额完成 69.5 亿元，增长 18.4%；城镇居民人均可支配收入达到 16330 元，增长 9%；农民人均纯收入达到 7440 元，增长 10%；城镇化率达到 50%，各项指标均居全省前列。

二 准确定位，主动融入中原经济区

济源市经济总量虽小，但人均高、增幅快。“十一五”的发展奠定了良好基

---

* 王军霞、李春红、刘金霞、孔小兵，济源市统计局。

础、创造了条件、积蓄了潜能。“十二五”时期，济源要紧紧抓住加快中原经济区建设的发展机遇，以科学发展为主题，以加快转变经济发展方式为主线，以城乡一体化为主战略，以富民强市为中心任务，力求在全省率先全面建设小康社会、率先实现城乡一体化，把济源建成中原经济区西部经济高地。围绕上述指导思想和奋斗目标，济源将着力加快实现“两个率先”，着力打造中原经济区“四区三基地”。

1. 发挥优势，主动融入中原经济区

经过多年的加快发展，济源综合实力显著增强，优势十分明显：一是产业优势，建成了全国最大的铅锌基地和河南省重要的钢铁、能源、化工、装备制造基地，形成了产业集群式发展、高端式发展的良好态势，工业化水平达到81.4%，高于全省22.9个百分点，处于工业化的后期阶段。二是区位优势，地处豫西北、晋东南交会处，自古就有“豫西北门户”之称，交通便利，焦枝、侯月铁路在境内交会，207国道穿境而过，济洛、济焦、济运、济晋高速公路形成“十”字形框架，再加上未来城际铁路的建设，济源在豫西北、晋东南的交通枢纽地位更加凸显。三是生态优势，先后获国家卫生城市、国家园林城市、中国优秀旅游城市、全国水土保持示范城市、中国人居环境范例奖城市，全市森林覆盖率达42.9%，比全省高出22.74个百分点，城市空气优良天数达到316天，占86.5%，连续4年成为全省环境质量良好城市。四是体制优势，省直管的特殊体制，减少了行政环节，降低了行政成本，提高了行政效率，促进了济源区域经济的快速发展。五是“愚公移山”的精神优势，创大业、不怕难，已成为济源人的特有品质。六是活力优势，省委卢展工书记指出：济源最大的优势就是有活力，今后要更好地发展，一定要研究怎样使这个城市仍然能够充满活力。

2. 打造“四区一基地”，建设中原经济区新兴中心城市

根据河南的发展定位和战略布局，结合济源现实基础，济源有条件成为“城乡一体化先行区”、“沿边开放合作示范区”、“南太行沿黄生态屏障区”、“改革创新试验区”和“新型有色、装备制造、能源基地”，主要基于以下考虑。

（1）城乡一体化先行区。济源被确定为河南省城乡一体化试点市以来，城乡基础设施和公共服务体系建设实现“三个率先”：率先在全省实现自然村通硬化路、率先在全省全面实现饮水安全和村村通自来水、率先出台了农村社会养老保险制度，首批进行新农保试点；取得“三个领先”：农村清洁能源（沼气、管

道燃气）使用率29.6%、财政支农资金占财政支出比例14.7%、新型农村合作医疗覆盖率达到98.34%，三项指标均居全省第1位；走出“三个前列”：城镇化率49.01%，城乡居民收入与2009年相比2.2∶1，农村自然村垃圾集中处理率36%，均位居全省前列。“十二五”，济源要以城乡一体化为主战略，强化中心城市带动，加快扩张中心城区规模，加快三个复合型组团和三个产业集聚区融合发展，提升三个重点镇的辐射带动能力，加快建设新型农村社区，在全省统筹城乡发展上先行先试、走在前列。

（2）沿边合作开放示范区。济源市与晋东南、豫西北周边地区区域认同度高、产业关联紧密，加强沿边开放合作有着良好的基础和广阔的空间。济源市将进一步突破行政区划，发挥晋东南、豫西北资源大通道的优势，连南贯北，东引西进，打造豫西北、晋东南经济优势发展板块，提升合力和综合竞争力。其一，打通六条济源对外通道。积极争取国家规划建设济源至山西运城铁路，加快实施济源至孟州铁路和济源至焦作、济源至洛阳轻轨建设，建设济源至山西阳城高速公路，建设提升王屋至山西、邵原至山西公路，进一步彰显交通优势，拓宽济源同沿边、沿黄地区的联系。其二，完善沿边区域合作机制。济源作为晋煤外运的重要通道，一直以来与焦作、山西晋城、运城等周边城市的联系合作密切。2010年10月，济源以中原经济区发展为主题，举办了中原经济协作区第21届市长联席会议，与会的晋冀鲁豫13个成员市都纷纷表示要主动融入中原经济区建设中来。济源要继续用好这个平台，在原有基础上全方位深化产业、物流、科研、文化、旅游等方面的合作，建立健全长效合作机制。其三，加快洛阳、三门峡、济源整合发展，推进建设“洛三济”经济隆起带建设。洛阳位于沿陇海发展轴上，为河南省的副中心城市，三门峡在黄河金三角地区有较大影响，济源毗邻山西，是“西出东进”的重要通道。三市占全省16.5%的土地，承载全省9.5%的人口，创造全省15.9%的GDP，生产全省5.9%的粮食，创收全省16.3%的地方财政一般预算收入，是河南省的人口大区、能源基地、重工业基地和重要市场，同时连接承接周边地区。“洛三济”使命相同，三市要实现对接发展、互动发展、合作发展，共同打造中原经济区“洛三济”重要经济增长板块。

（3）南太行沿黄生态屏障区。济源市2009年森林覆盖率42.9%，高出全省22.74个百分点，城市空气优良天数达到316天，占86.5%，城乡人居环境优良。全省生态建设规划格局中，济源既在“南太行生态区”，又在“横跨东西的黄河滩区生态涵养带”；在旅游业发展布局上也列入了“一心两翼”。全市“1133”的总体发展思路，充分考虑了“经济、生态、宜居”三大功能的共生，对“城镇建设、农田保护和生态环境”等空间布局已做了科学规划和合理安排。结合自身现实基础，济源市要借太行、王屋绵亘市境西北，黄河玉带横绕市境南岭的地理优势，以“生态建设，幸福家园”为核心理念，高标准规划、设计、建设和打造“南太行生态示范区”，构筑南太行绿色屏障。要加快山区生态体系建设，实施矿区生态恢复工程，大力发展生态经济和循环经济，建设“南太行沿黄生态屏障区”。

（4）改革创新试验区。济源市近年来的快速发展，显现了“省直管体制”的效果。“十二五”济源要创新创造，不断深化“扩权强镇”改革、行政审批制度改革、户籍制度改革、农村物权置换改革等各项改革，加快推进企业战略重组上市，创新领导决策机制、工作推进机制、绩效考核机制和抓落实的工作机制，积极实践，大胆探索，增添发展新活力，再造发展新优势，争做全省乃至全国的“改革创新试验区”。

（5）新型有色、装备制造、能源基地。济源的有色、装备制造、能源产业占工业总量的比重为79.8%，铅产量占河南的74.6%，占全国的22%，居全国第一位；锌产量占河南的84.7%，占全国的6%，居全国第四位；焦炭产量占全省的11.7%，烧碱产量占全省的19.6%，发电量占全省的7.9%。全省《构建中原经济区规划纲要》提出，要“推进济源铅锌等特色产业发展”、“打造豫北、豫西、豫东三大煤化工基地，以及平（顶山）漯（河）、焦（作）济（源）、濮阳和南阳四大盐化工基地”。济源市可依托现有产业基础，调整产品结构，拉长铅锌、钢铁、化工产业链条，提高产品附加值；支持装备制造业集群、集团式、高端化发展；建成中原经济区最大的电力基地；鼓励优势企业实施“走出去”战略，抢占资源和市场，做大总部经济；鼓励企业战略重组，着力推动钢铁、铅锌、能源、化工、机械加工等优势产业做强做优。形成新型工业化发展格局，成为全国重要的新型有色、装备制造、能源基地。

3. 抢抓机遇，实现“两个率先”

济源市全面小康实现程度2009年已达88.2%，高于全省平均水平15个百分点；城乡一体化实现程度达到79%，较2008年提高了3.3个百分点。2002年省委七届三次全会确定河南要和全国同步全面实现小康社会，2003年时任省委书

记李克强就指出有条件地区要率先实现全面建设小康社会目标，2005 年济源被确定为省“城乡一体试点市”，2007 年济源市十次党代会和十二届人大一次会议明确提出了“率先在中原地区实现全面建设小康社会、率先在河南省实现城乡一体化”的奋斗目标。经过“十一五”实践，济源市初步探索出了率先发展的路子，“十二五”仍以“两个率先”为目标，按照“关键抓发展、重点抓农村、核心抓统筹”的基本思路，着力提高第三产业比重，缩小城乡居民收入差距，着力解决城乡一体化建设中农村环境治理难、基础设施不完善等因素制约，确保“两个率先”早日实现。

“十二五”时期，济源正处在“两个率先”建设工业化提升、服务业发展提速的关键期，处在改革创新的关键期，应牢牢把握发展这个第一要务，不放松、不懈怠，坚持在发展中调整，在发展中提升，在发展中增效，在发展中为民，努力建成中原经济区新兴中心城市！

B.45

台前县——努力打造中原经济区衔接环渤海经济圈的桥头堡

贾祖贫*

台前县位于冀鲁豫三省交界处，是濮阳的东大门，东、南、北三面与山东省接壤，离环渤海经济圈最近，濮阳市要做环渤海经济圈与中原经济区的衔接点，要成为河南省与沿海地区衔接的前沿阵地，台前县的特殊区位优势就成为濮阳市衔接环渤海经济圈的最前沿，具备广阔的发展前景和发展空间。经专家组调研论证，台前县未来的发展有了明确定位和发展目标，就是要着力做好四大对接，把自身先打造成濮阳衔接和融入环渤海经济圈的桥头堡，力争到“十二五”末，全县国内生产总值比“十一五”末翻一番，一般财政预算收入达到目前的5倍，努力把台前县建设成为工业集聚、交通便捷、商贸繁荣、农业高效、环境宜居的冀鲁豫三省交界处的区域性城市。

一 着力抓好基础设施对接

一是利用交通优势，打造“无水港口”。台前县西依濮范、德商高速，东临济荷高速，已开工在建的山西中南部铁路大通道途经台前，与县境内的京九铁路交会形成铁路交通“十字架”，并设有万吨货运站，向东可直达山东日照港，是我国也是世界上第一条按万吨重载铁路标准建设的铁路，为发展“无水港口”经济提供了必要条件。我们按照“依托优势，策划论证，极力争取”的发展要求，积极谋划建设“无水港口”。南北方向，高标准建设北接山东聊城、天津，南通山东菏泽、日照横跨黄河的高等级公路，全长11.15公里，概算投资7000

* 贾祖贫，中共台前县委书记。

万元。东西方向，修建连接濮阳范县的快速通道，全长约33.2公里，概算投资3.98亿元；对省道S101郑吴线台前段进行升级为国道，建成山西—林州—台前—山东公路大动脉；规划投资3.5亿元建设吴坝黄河公路大桥，直通山东省东平县，连接山东省公路网。“无水港口”项目建成后，可打通外贸进出口货物直接通关的便捷快速通道，吸引濮阳及周边地区进出口货物在此集聚，形成带动和辐射豫东北、鲁西南、冀东南地区的区域经济带，拉动物流产业和物流体系全面协调快速发展。二是加快城市建设步伐，打造优美宜居台前。加快新区开发和老城改造，抓好投资2.05亿元的城区供水供气供暖、投资5000万元的综合性文化活动中心等工程项目。加快金堤河公园和梁庙沟治理工程建设步伐，筹建黄河湿地公园，形成以水相连、以园相衬的自然景观，努力打造宜居、宜业、宜商的优美县城。计划到2015年，县城建成区面积达到20平方公里，城区人口达到15万人。三是加快产业聚集区建设，搭建产业集聚发展优质平台。坚持“政府引导、市场运作、多元投入、上下联动”的建设模式，进一步完善产业集聚区基础设施和配套服务功能，为促进产业转移、项目建设和集聚发展营造一流的投资环境。目前，县产业集聚区完成基础设施投资2.64亿元，进驻企业40家，年内要完成基础设施投资3亿元，完成产业投资10亿元以上。规划到2015年，产业集聚区入驻企业达到150家以上，其中投资10亿元以上项目5个，亿元以上项目20个，累计完成固定资产投资12亿元，预计年实现收入100亿元，利税16亿元，力争达到省级产业集聚区先进水平，成为承接沿海发达地区产业转移和产业集群发展的最佳平台。

二　着力抓好产业对接

一是促进产业集群发展。充分发挥区位、交通和劳动力资源优势，以羽绒、化工、机动车配件、彩印包装、食品加工、橡胶、造纸、物流等八大优势产业开发为依托，打造上下游产业链，形成产业集群发展，有效实现与环渤海经济圈优势互补、共同发展。二是引导项目落户。组织人员到环渤海经济圈招商考察；选派干部到山东省即墨市挂职锻炼等，深入研究环渤海经济圈经济结构调整方向和重点，瞄准他们的主导产业，融入产业链，积极发展配套产业，随时掌握他们准备外迁项目和大型企业情况，积极争取更多的项目落户台前。目前，台前县引进山东省及环渤海经济圈企业52家，投资达7.8亿元。三是抓好项目建设。着力抓好中石油援建总投资15亿元、产值50亿元的碳四综合利用项目，与新加坡合作投资2.2亿元的羽绒产品生产项目，与山东省广饶县华泰轮胎有限公司合作投资3亿元的汽车外胎生产项目，北京客商投资2.48亿元的聚丙烯酰胺化工项目建设。今后将全力开展环渤海经济圈大招商活动，重点选择符合产业定位的成长型项目、单位投资强度大的规模型项目、企业增资扩股的集约型项目和税收贡献率大的税源型项目。年内合同利用县外资金要完成10亿元、实际到位资金5.2亿元，今后5年年均增幅要达到10%以上。

三　着力抓好政策对接

一是外出招商学习。依托台前与山东地缘、人脉优势，积极加强与环渤海经济圈等发达地区的沟通联系，先后组织300余名优秀年轻干部、120名科级后备干部、40支招商引资小分队到环渤海经济圈等发达地区招商引资、学习经验。建立冀鲁豫三省十县统战部长联谊会制度，互通有无，服务经济发展。二是出台优惠政策。参照胶东沿海、天津等地招商引资政策，结合台前实际，出台了《台前县招商引资优惠办法》、《加快台前县产业集聚区发展意见》等文件，全面落实税收、土地、用工等政策，打造优惠务实的投资环境，扶大、扶优、扶强一批重点企业，带动工业快速发展。三是优化服务环境。投资3000万元建设了县、乡行政服务大厅，健全了县级领导挂牌服务、部门承诺服务、行政服务中心“一站式”服务和“一费制”结算制度，以优质的服务环境打造承接环渤海经济圈产业转移的平台。加快信用体系和信用制度建设，开展“信用政府”、“信用单位”、“信用企业”评选活动，打造诚实守信的信用环境。从市场准入、市场规划、市场体制人手，创造公平竞争的市场环境。深入开展平安台前创建活动，推行豫鲁两省五市六县联防联调治安模式，创建成河南省治安模范县。加大对损害经济发展环境行为的查处打击力度，切实保护投资者合法权益，打造公平公正的法制环境。

四　着力抓好人力资源对接

一是积极与环渤海经济圈等发达地区开展劳务对接交流活动。先后与环渤海

经济圈48个县市建立了统一的人力资源市场信息对接平台，畅通了人力资源配置信息导向渠道，使区域间人力资源市场信息共享共用。二是大力促进企业与技工学校合作。开展“校企合作”、“订单培养”，与天津、山东青岛等地23所技校开展联合办学，为海尔集团、中集集团、富士康等50多家企业输送员工6000余名。三是大力发展职业教育。培育发展各类职业技术学校22所，涉及电子、缝纫、电焊、烹饪、计算机等10多个专业。投资5000万元建设了县职业高中，力争将其建成豫北地区高标准、现代化的职业教育基地。四是加强劳务输出。建立县、乡、村三级劳务输出网络、举办招聘会、搞好职业教育培训等，加强向环渤海经济圈等发达地区的劳务输出。目前，已输出务工人员9万人次，实现劳务收入7.3亿元。

图书在版编目（CIP）数据

2011 年河南经济形势分析与预测/刘永奇主编. —北京：社会科学文献出版社，2011.3
（河南经济蓝皮书）
ISBN 978-7-5097-2135-3

Ⅰ.①2… Ⅱ.①刘… Ⅲ.①地区经济-经济分析-河南省-2010 ②地区经济-经济预测-河南省-2011 Ⅳ.①F127.61

中国版本图书馆 CIP 数据核字（2011）第 020389 号

河南经济蓝皮书

2011 年河南经济形势分析与预测

主　　编 / 刘永奇
副 主 编 / 刘明宪　金美江

出 版 人 / 谢寿光
总 编 辑 / 邹东涛
出 版 者 / 社会科学文献出版社
地　　址 / 北京市西城区北三环中路甲 29 号院 3 号楼华龙大厦
邮政编码 / 100029
网　　址 / http://www.ssap.com.cn
网站支持 /（010）59367077
责任部门 / 皮书出版中心（010）59367127
电子信箱 / pishubu@ssap.cn
项目负责 / 任文武
责任编辑 / 安　蕾　申　杰
责任校对 / 李月芳
责任印制 / 董　然
品牌推广 / 蔡继辉

总 经 销 / 社会科学文献出版社发行部
（010）59367081　59367089
经　　销 / 各地书店
读者服务 / 读者服务中心（010）59367028
排　　版 / 北京中文天地文化艺术有限公司
印　　刷 / 北京画中画印刷有限公司

开　　本 / 787mm×1092mm　1/16
印　　张 / 21　字数 / 360 千字
版　　次 / 2011 年 3 月第 1 版　印次 / 2011 年 3 月第 1 次印刷

书　　号 / ISBN 978-7-5097-2135-3
定　　价 / 78.00 元

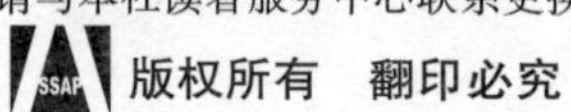

盘点年度资讯 预测时代前程

从“盘阅读”到全程在线阅读

皮书数据库完美升级

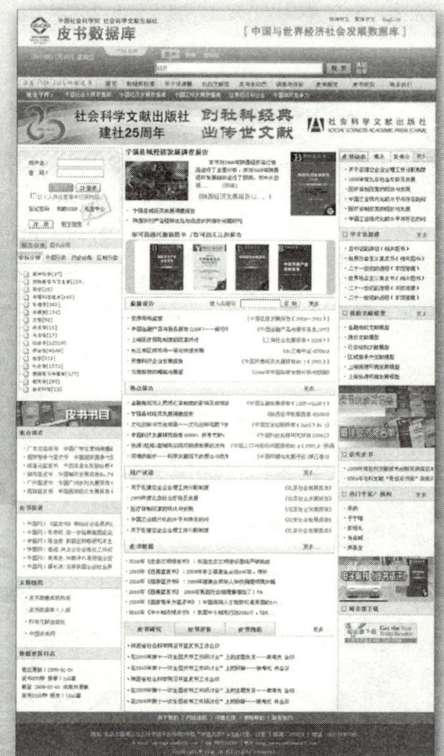

· 产品更多样

从纸书到电子书，再到全程在线网络阅读，皮书系列产品更加多样化。2010年开始，皮书系列随书附赠产品将从原先的电子光盘改为更具价值的皮书数据库阅读卡。纸书的购买者凭借附赠的阅读卡将获得皮书数据库高价值的免费阅读服务。

· 内容更丰富

皮书数据库以皮书系列为基础，整合国内外其他相关资讯构建而成，内容包括建社以来的700余部皮书、20000多篇文章，并且每年以120种皮书、4000篇文章的数量增加，可以为读者提供更加广泛的资讯服务。皮书数据库开创便捷的检索系统，可以实现精确查找与模糊匹配，为读者提供更加准确的资讯服务。

· 流程更简便

登录皮书数据库网站www.i-ssdb.cn，注册、登录、充值后，即可实现下载阅读，购买本书赠送您100元充值卡。请按以下方法进行充值。

充值卡使用步骤：

第一步

· 刮开下面密码涂层

· 登录 www.i-ssdb.cn
点击“注册”进行用户注册

第二步

登录后点击“会员中心”进入会员中心。

社科文献资源库
SOCIAL SCIENCE DATABASE

（本卡为图书内容的一部分，不购书刮卡，视为盗书）

第三步

· 点击“在线充值”的“充值卡充值”，

· 输入正确的“卡号”和“密码”，即可使用。

如果您还有疑问，可以点击网站的“使用帮助”或电话垂询010-59367071。

广视角·全方位·多品种

皮书系列